독점규제법

[제7판]

권오승 · 이봉의 · 홍대식
홍명수 · 조성국 · 신영수 · 황태희

法 文 社

머 리 말

제6판을 출간한 지 2년이 지났다. 그동안 독점규제법에도 상당한 변화가 있었다. 가장 큰 변화는 2020년 4월에 동법이 개정된 것이지만, 법원의 판례와 공정위의 실무에도 적지 않은 변화와 발전이 있었다. 법 개정은 주로 공정위 조사의 적법절차를 강화하고, 조사권한의 재량을 축소하며, 사건처리의 투명성을 제고하는 등 전반적인 법집행 절차를 정비한 것이다. 그리고 판례와 실무의 변화와 발전은 주로 불공정거래행위의 금지와 부당지원행위의 금지 및 특수관계인에 대한 부당한 이익제공 금지 분야에서 발견되고 있다. 제7판에서는 이러한 변화와 발전을 비롯하여 독점규제법 전반에서 나타난 이론과 실무의 변화와 발전을 충실히 반영하려고 노력하였다.

제7판에서는 공저자의 구성에 작은 변화가 있었다. 그동안 제5장 부당한 공동행위의 제한과 제10장 제2절 형사처벌을 담당해 왔던 이호영교수(한양대)가 권오승교수(서울대)로 바뀌었다.

끝으로 이 책이 독점규제법에 관심을 가지고 공부하는 모든 학생들에게 좋은 길잡이가 될 수 있기를 간절히 바라며, 이 책의 개정작업에 적극적으로 동참해 주신 여러 교수들과 편집을 맡아서 수고해 주신 법문사 편집부 노윤정 선생에게 깊이 감사드린다.

2020년 8월

권 오 승

차 례

제 1 장 독점규제법 개설

(권오승)

제 2 장 목적과 기본개념 등

(황태희)

제3장 시장지배적 지위의 남용금지

(이봉의)

제6장 불공정거래행위의 금지

제 7 장 사업자단체 규제 등

(홍명수)

제 8 장 공정거래위원회의 조직과 사건처리절차

(조성국)

제10장 손해배상과 형사벌

제 1 장

독점규제법 개설

제1절 시장경제와 정부의 역할

우리나라는 시장경제를 경제질서의 기본으로 삼고 있다.[1] 그런데 시장경제는 시장기구(market mechanism)를 중심으로 작동하며, 시장은 상품이나 서비스의 공급자인 기업들과 그 수요자인 소비자들로 구성된다. 상품과 서비스의 공급자와 수요자는 각각 주어진 조건하에서 자기가 추구하는 목표를 가장 효과적으로 달성할 수 있는 방법을 선택하게 되며, 이들의 상호작용을 통하여 상품과 서비스의 가격·품질·수량 등과 같은 시장성과가 결정된다.

한 나라의 국민경제는 수많은 시장들로 구성되어 있는데, 대부분의 시장에서는 수요자는 그 수가 매우 많은 반면에 공급자의 수는 그다지 많지 않다. 따라서 개별적인 수요자는 수없이 많은 사람들 중의 1인에 불과하기 때문에 시장의 성과에 영향을 미칠 가능성이 거의 없지만, 공급자는 완전경쟁 상태에 있지 않는 한 자기의 의사에 따라 시장의 성과에 어느 정도 영향을 미칠 수 있다. 그 결과, 시장의 성과는 수요자보다는 공급자에 의하여 영향을 받을 가능성이 크며, 공급자가 시장에 미치는 영향의 크기는 그가 시장에서 차지하는 지위에 따라 달라진다. 그리고 시장에서 각 기업이 취하는 구체적인 행동은 그가 속해 있는 산업 내지 시장의 구조적 특징, 즉 기업의 수와 규모, 기업간 경쟁의 과정이나 정도 및 상품의 특성, 구매자의 수와 규모 등과 같은 여러 가지 요인에 의한 영향을 받게 된다. 한편, 각 시장의 성과는 그 시장에서 활동하고 있는 개별기업의 다양한 행동을 통하여 실현되며, 나아가 다른 시장들과의 상호연관을 통하여 국민경제 전체의 성과에도 영향을 미친다.

그리고 시장경제에 있어서 정부와 시장의 관계는 정부가 시장기구의 바깥에 존재하면서, 시장의 성과가 국민경제적 또는 사회적인 관점에서 바람직하지 않다고 판단되는 경우에는 이를 시정하거나 교정하기 위하여 시장에 개입하게 된다. 정부가 시장에 개입하는 방법은 각 산업이나 시장의 특성에 따라 다르게 나타난다. 정부가 상품이나 서비스를 직접 공급하는 공급자의 역할을 담당할 수도 있고, 시장

1) 우리나라 헌법 제119조 제1항은 "대한민국의 경제질서는 개인과 기업의 경제상의 자유와 창의를 존중함을 기본으로 한다."고 규정하고 있다.

의 구조나 기업의 행동을 감시하는 감시자의 역할을 담당할 수도 있으며, 시장실패가 발생하는 경우에는 그 성과를 교정하고 보완하는 보완자의 역할을 담당할 수도 있다.

제 2 절 경쟁질서와 진입제한

시장이 정상적인 기능을 수행하기 위해서는 그 시장에 자유롭고 공정한 경쟁이 유지되고 있어야 한다. 그런데 이를 위해서는 다음과 같은 조건들이 갖추어져야 한다. 첫째로 시장은 거기에 참여하려는 의사와 능력을 가진 사업자들이 누구나 참여할 수 있도록 개방되어야 한다(open market). 둘째로 시장에 참여하고 있는 사업자들은 아무런 제한 없이 자유롭게 경쟁할 수 있어야 한다(free competition). 셋째로 사업자들 간의 경쟁은 가격과 품질 및 기능 등을 중심으로, 다시 말하자면 각자의 장점(merits)을 중심으로 공정하게 이루어져야 하고(fair competition), 그들 간의 거래도 공정하게 이루어져야 한다(fair trade). 이상과 같은 세 가지의 조건이 모두 갖추어진 시장을 완전 경쟁시장이라고 한다. 그러나 실제의 시장에는 자유로운 경쟁을 제한하거나 공정한 경쟁이나 공정한 거래를 저해하는 요인들이 많이 있다. 그런데 그러한 요인들은 크게 세 가지로 나누어진다. 하나는 시장의 진입을 제한하는 것이고(market entry barrier), 둘은 자유로운 경쟁을 제한하는 것이며(restraint of competition), 셋은 공정한 경쟁 또는 공정한 거래를 저해하는 것이다(unfair competition or unfair trade).

시장의 진입을 제한하는 요인은 법적, 제도적인 요인과 사실적인 요인으로 나누어진다. 우선, 법적, 제도적인 요인들은 대체로 합리적인 것들이라고 할 수 있지만, 간혹 그렇지 않은 것들도 있다. 그 이유는 대부분의 규제는 그것을 도입할 당시에는 합리적이었다고 하더라도, 시간이 지나면서 경제적, 사회적인 여건이 바뀌고 기술이 발달하는 등 환경이 바뀜에 따라 종래에는 합리적이었던 법과 제도들 중에서 그 합리성을 상실한 경우도 있고, 또 경우에 따라서는 당사자들의 이해관계나 정치적인 압력 등으로 인하여 그러한 규제를 도입할 당시부터 비합리적인 요소를 포함하고 있는 경우도 있기 때문이다. 따라서 각국에서는 시장의 진입을 제한하는 각종 규제를 끊임없이 점검하여 비합리적이거나 과도한 규제라고 판단되는 요소들을 찾아내어 이를 폐지하거나 완화하기 위하여 끊임없이 노력하고 있다. 우리나라에서는 정부가 1980년대부터 이러한 노력을 계속해 오고 있지만, 아직도 각 산업분야에는 비합리적이거나 과도한 진입제한을 비롯한 각종 규제들이 많이 남아 있다. 따라서 공정거래위원회를 비롯한 정부 부처에서는 이를 제거 내지 완화하기 위하여 열심히 노력하고 있다.

그리고 시장의 진입을 제한하는 사실적인 요인들은 매우 다양하지만, 그 중에서 대표적인 것은 독과점적인 시장구조나 독과점 사업자의 배제행위라고 할 수 있다. 어떤 시장이 소수의 사업자에 의하여 독점 또는 과점되고 있는 경우에는 그러한 시장구조 자체가 새로운 사업자의 시장진입을 제한하는 요인으로 작용할 우려가 있다. 뿐만 아니라 독과점 사업자들은 그 지위를 유지 또는 강화하기 위하여 이를 위협할 가능성이 있는 새로운 사업자의 시장진입을 가로막거나 경쟁자의 사업활동을 방해하기도 하고, 거래상대방에게 불공정한 거래를 강요할 우려도 있다. 우리나라 독점규제법은 이를 방지하기 위하여 공정거래위원회로 하여금 독과점적 시장구조를 개선하기 위한 시책을 수립하여 시행하도록 하는 동시에(법 3조), 시장지배적 사업자의 지위남용행위를 금지하고 있다(법 3조의 2).

제 3 절 자유로운 경쟁의 제한과 독점규제법

시장경제가 정상적으로 작동하기 위해서는 사업자들이 시장에서 아무런 제한 없이 자유롭게 경쟁할 수 있는 조건이 갖추어져 있어야 한다. 그런데 사업자들이 치열하게 경쟁을 하게 되면 소비자들의 후생은 증대하지만, 막상 그러한 경쟁을 하고 있는 당사자인 사업자들은 매우 힘들고 피곤할 수밖에 없기 때문에, 사업자들은 이러한 경쟁의 압력을 회피하려는 유혹을 받게 된다. 사업자들이 경쟁을 회피하기 위하여 동원하는 수단과 방법은 매우 다양한데, 그 중에서 가장 손쉽게 동원할 수 있는 것이 부당한 공동행위 즉 카르텔이고, 그 다음이 독점이나 과점 또는 기업결합이다. 따라서 각국에서는 자유로운 경쟁을 유지하기 위하여 이를 제한하는 독과점이나 기업결합, 부당한 공동행위를 금지 또는 제한하는 법률을 제정하여 시행하고 있다. 이러한 목적을 실현하기 위한 법률을 통상 독점금지법(Antitrust Law) 또는 경쟁법(Competition Law)이라고 부르고 있는데, 경제질서의 기본인 시장경제의 기능을 유지하기 위한 법률이라는 의미에서 이를 시장경제의 마그나 카르타(Magna Charta) 또는 경제헌법이라고 부르기도 한다.

우리나라에서는 1980년에 국가가 공정하고 자유로운 경쟁을 촉진하기 위한 목적으로 독점규제 및 공정거래에 관한 법률(이하 "독점규제법"이라 한다)을 제정하여, 그 다음해인 1981년 4월 1일부터 시행하고 있다. 이 법률은 자유로운 경쟁을 유지 또는 촉진하기 위하여 이를 제한하는 독과점과 기업결합 및 부당한 공동행위를 규제하고 있으며, 그 밖에 대규모기업집단(재벌)에 의한 경제력 집중을 억제하기 위한 규제도 하고 있다.

I. 독점이나 과점

독점이나 과점을 규제하는 방법은 나라에 따라 다르다. 미국은 독점화와 독점화 기도를 금지하고 있는 반면에, EU에서는 시장지배적 사업자의 지위남용행위를 금지하고 있다. 우리나라 독점규제법은 EU의 입장을 따르고 있다. 우리나라에서 독점이나 과점을 원인적으로 금지하지 않고, 그 폐해만을 금지하고 있는 주된 이유는 두 가지로 나누어진다. 하나는 모든 나라에 공통된 일반적인 이유이고, 다른 하나는 우리나라 경제에 특수한 이유이다.

일반적인 이유는 독점이나 과점이 국민경제에 미치는 영향이 다양하기 때문이다. 우선, 독점이나 과점은 규모의 경제(economy of scale)를 실현하고 기술혁신을 촉진할 수 있는 장점을 가진다. 규모의 경제의 실현이라 함은 독점이나 과점이 형성되면 생산규모가 확대되어 평균생산비가 떨어지기 때문에 기업의 경쟁력이 제고된다는 것이다. 이러한 이론은 경제개발의 초기단계에서는 어느 정도 정당성을 가졌던 것이 사실이다. 그러나 기업의 규모가 최적단위를 벗어나서 조업도가 낮아지거나 혹은 독점이나 과점기업이 복합기업을 이루고 있거나 다수의 작은 공장을 가지고 있는 경우에는 규모의 경제의 이익이 제대로 실현되지 않는다. 즉, 현재 가동하고 있는 공장의 규모를 확대하는 경우에는 평균생산비를 내리는 효과가 나타나지만, 동종 상품을 생산하는 공장을 다른 장소에 별도로 설립하는 경우에는 생산비의 인하효과를 기대할 수가 없다. 뿐만 아니라 최적규모를 초과하는 규모의 확대는 오히려 평균생산비를 끌어올리는 요인이 되기도 한다.

한편, 독과점기업은 초과이윤을 얻을 수 있기 때문에 이를 연구개발에 투자하게 되면 괄목할 만한 기술혁신을 이룰 수 있는 장점을 가진다. 그러나 독과점가격은 오르기는 쉽지만 한번 오르고 나면 쉽게 내리지 않는 경향이 있으며, 또 독과점기업은 계속적으로 독과점이익을 향유하려는 경향이 있다. 그리고 독과점기업은 경쟁의 압력을 받지 않기 때문에 기술혁신을 하지 않고도 계속적으로 초과이윤을 향유할 수 있는 가능성이 있다. 그러므로 독과점기업은 기술개발을 해야 할 동기가 부족하여 이를 게을리 할 우려가 있다. 또한 소수의 기업에게 경제력이 과도하게 집중되면 기업의 체질이 약화되어 경쟁력이 떨어지고 분배상의 형평을 깨뜨릴 우려가 있다.

이와 같이 독점이나 과점이 국민경제에 미치는 영향은 매우 다양하기 때문에, 이를 규제할 필요가 있는지, 그리고 그것을 규제할 경우에는 무엇을 기준으로 어디까지 규제하는 것이 바람직할 것인지에 대하여 견해가 일치하지 않고 있다. 각국의 경쟁법이 독점이나 과점의 규제에 대하여 서로 다른 태도를 취하고 있는 것은 바로 이러한 이유 때문이다.

그런데 우리나라 경제에 있어서는 독점이나 과점이 다음과 같은 특수성을 가지고 있다. 우선, 우리나라는 국토가 좁기 때문에 국내시장의 규모가 크지 않다. 그리고 정부는 1960년대부터 고도성장정책을 추진해 오는 과정에서 소수의 능력 있는 기업을 집중적으로 지원하는 이른바 불균형 성장정책을 채택해 왔기 때문에, 1980년에 독점규제법을 도입할 당시에는 이미 주요 산업분야에 독과점화가 상당히 진전되어 있었으며, 그 후에도 그러한 시장구조가 개선되지 않고 오히려 고착화 내지 심화되어 가는 경향을 보이고 있다. 이러한 상태에서 국가가 시장경제의 기능을 회복한다는 명목으로 독점이나 과점을 원인적으로 금지하게 될 경우에는 국민경제 전체가 마비될 우려가 있었다. 이에 우리나라 독점규제법은 독점이나 과점을 원인적으로 금지하는 태도를 취하지 않고, 이를 허용하면서 그 폐해만 금지하는 태도를 취할 수밖에 없었던 것으로 보인다.

한편, 우리나라에서는 정부가 오랫동안 대외지향적인 경제성장정책을 추진해 왔으며, 그 과정에서 수출을 진흥하기 위하여 세계시장에 나가서 당당하게 경쟁할 수 있는 기업, 즉 이른바 국가대표선수(national champion)를 육성하기 위하여 노력해 왔다. 그 결과, 삼성전자, LG전자, 현대·기아자동차 또는 포스코 등과 같이 국제경쟁력을 갖춘 대기업들이 다수 나타나게 되었다. 그런데 이러한 대기업들은 대체로 국내시장에서는 독점 또는 과점적 지위를 차지하고 있는데, 많은 국민들은 이러한 대기업의 존재와 성과에 대해서 매우 자랑스럽게 생각하면서도 그들의 성과가 과연 국내 중소기업의 발전이나 소비자의 후생증대에 적절한 기여를 하고 있는지에 대하여는 적지 않은 의문을 품고 있다. 이와 같이 독점이나 과점기업에 대한 국민적인 평가가 서로 다르기 때문에, 공정거래위원회가 독점이나 과점기업의 지위남용을 금지하고자 할 때에는 그 자체에 대한 기업계의 저항도 만만치 않을 뿐만 아니라, 지위남용을 판단하는 기준이나 시정조치의 내용 등에 대한 견해 대립도 자주 나타나고 있다. 그 대표적인 예를 2007년 대법원의 이른바 포스코 판결에서 찾아볼 수 있다.[2)]

Ⅱ. 부당한 공동행위

사업자들이 경쟁을 회피하기 위한 수단으로 이용하는 방법은 매우 다양하지만, 그 중에서 가장 손쉬운 방법이 바로 부당한 공동행위이다. 부당한 공동행위는 통상 카르텔(cartel)이라고 한다. 시장에서 사업자들이 경쟁을 회피하기 위하여 상품이나 서비스의 가격이나 수량, 판매지역 등에 관하여 서로 경쟁을 하지 않기로 합의하게 되면, 그들 간에는 경쟁이 사라지기 때문에 소비자들은 선택가능성을 잃게 된다. 그런데 이러한 공동행위는 대체로 경쟁을 실질적으로 제한하지만, 그렇지 않은 경

2) 대법원 2007. 11. 22. 선고 2002두8626 전원합의체 판결 참조.

우도 있다. 일반적으로 가격이나 수량, 판매지역 등에 관한 합의나 입찰담합과 같은 공동행위는 경쟁을 제한하는 효과가 크기 때문에, 이를 경성카르텔(hardcore cartel)이라고 한다. 그러나 거래조건이나 상품의 종류나 규격, 기술개발 등에 관한 공동행위는 경쟁을 제한하는 효과가 적거나 또는 효율성을 증대하는 효과도 동시에 초래하기 때문에, 이를 연성카르텔(softcore cartel)이라고 한다.

각국의 경쟁법이 부당한 공동행위를 규제하는 방법은 매우 다양하지만, 대체로 경성카르텔은 이를 당연위법으로 보아 엄격히 금지하는 반면에, 연성카르텔은 경쟁제한적인 효과와 효율성 증대효과를 비교형량하여 전자가 후자보다 큰 경우에만 금지하는 태도를 취하고 있다. 우리나라 독점규제법은 법문에서는 경성카르텔과 연성카르텔을 구별하지 않고 있지만, 공정거래위원회의 법집행 실무는 주로 경성카르텔의 규제에 치중하고 있다.

그런데 부당한 공동행위는 통상 사업자들 간에 은밀히 이루어지고 있기 때문에 그 요건을 입증하기가 매우 어렵다. 따라서 각국의 경쟁당국은 이러한 입증곤란을 완화함으로써 카르텔규제의 실효성을 제고하기 위하여 일정한 요건이 갖추어진 경우에는 공동성을 인정하는 추정제도를 도입하기도 하고, 조사기관에게 강제조사권을 부여하는 방법을 채택하기도 하며, 자진신고자에게 책임을 감면해 주는 제도(leniency program)를 도입하여 활용하기도 한다. 우리나라 독점규제법은 추정제도와 아울러 자진신고자 감면제도를 도입하여 적극적으로 활용하고 있다.

Ⅲ. 기업결합

사업자들은 경쟁을 제한하기 위한 수단으로 기업결합이라는 제도를 이용하기도 한다. 그런데 일반적으로 기업결합은 경쟁을 제한하는 경우도 있지만, 그렇지 않은 경우도 있으며, 숫자로 보면 후자가 전자보다 훨씬 더 많을 것이다. 따라서 각국의 경쟁법은 기업결합이 일정한 거래분야에서 경쟁을 실질적으로 제한하는 경우에는 이를 원칙적으로 금지하는 태도를 취하고 있다. 그런데 실제로 어떤 기업결합이 경쟁을 실질적으로 제한하는지의 여부를 판단하기는 매우 어렵다. 이를 위해서는 먼저, 그 기업결합이 영향을 미치는 관련시장을 획정한 뒤에, 당해 시장에서 그 기업결합이 경쟁을 실질적으로 제한하는 효과를 초래하는지 여부를 판단하게 되는데, 여기서는 그 기업결합이 시장의 구조에 미치는 영향과 아울러 시장의 행태나 성과에 미치는 영향도 함께 고려해야 한다. 기업결합이 시장의 구조 변화에 미치는 효과를 측정하는 구체적인 기준으로는 종래 CR3(시장점유율이 가장 큰 세 사업자의 점유율의 합)가 많이 활용되었으나 최근에는 HHI(시장참여자들의 시장점유율의 제곱의 합)가 널리 활용되고 있다.

Ⅳ. 대규모기업집단에 의한 경제력집중

자본주의 사회에서는 경제력이 소수의 개인이나 기업에게 집중되는 현상이 자주 나타나고 있다. 그런데 이러한 경제력집중은 시장경제의 기본원리인 자유경쟁의 부산물이라고 할 수도 있지만, 그것이 심화되면 자유경쟁을 제한하는 요소로 작용하여 시장경제의 기능을 왜곡할 뿐만 아니라 소득분배의 불공정성을 심화시키고 나아가 국민경제의 균형있는 발전을 저해하는 등 여러 가지 부작용을 초래할 우려가 있다. 따라서 각국에서는 시장경제의 기능을 유지, 회복하는 동시에 소득분배의 공정화와 경제민주화를 실현하기 위한 목적으로 경제력 집중을 억제하는 제도를 마련하여 실시하고 있다.

한편, 우리나라에서는 정부가 경제개발의 초기단계에 소수의 능력 있는 기업을 집중적으로 지원하는 이른바 불균형 성장정책을 추진해 왔으며, 그 결과 경제력이 정부의 지원과 특혜를 받은 소수의 기업이나 기업집단에게 집중되는 현상이 나타나게 되었다. 따라서 우리나라에 있어서 경제력집중은 자본주의 발전과정에서 나타나는 자연스러운 현상이라고 하기 보다는 오히려 정부주도형 경제성장정책의 부산물이라고 하는 측면이 더욱 강하다는 특징을 가지고 있다.

우리나라 독점규제법은 1980년에 제정될 당시에는 경제력집중에 대하여 별다른 규제를 하지 않았다. 그런데 동법을 집행해 오는 과정에서 우리나라처럼 대규모기업집단에 의한 경제력 집중이 심화되어 있는 상황에서 독점규제법이 이 문제에 대하여는 아무런 규제를 하지 않고, 개별 시장에 있어서 독과점이나 기업결합 또는 부당한 공동행위 등과 같은 경쟁제한행위만 규제하는 것으로는 자유롭고 공정한 경쟁질서를 유지, 확보하기가 어렵다는 것을 인식하게 되었다. 이에 입법자는 1986년에 동법을 개정하여 과도한 경제력집중을 억제하기 위하여 지주회사의 설립금지, 대규모기업집단에 속하는 계열회사의 상호출자금지와 출자총액제한과 같은 제도를 도입하였고, 1992년에는 계열회사 상호간에 채무보증의 제한과 금융회사 또는 보험회사의 의결권 제한 등과 같은 제도를 도입하였으며, 1996년에는 부당한 지원행위를 금지하는 제도를 도입하였다.

그런데 1997년 말에는 IMF 관리체제 하에서 대규모기업집단의 구조조정을 촉진하기 위하여 출자총액제한제도를 폐지하였고, 계열회사 상호간에는 신규 채무보증은 금지하지만, 기존의 채무보증은 2000년 3월 말까지 해소하도록 하였다. 그리고 1999년에는 기업의 구조조정을 조속한 시일 안에 마무리하기 위하여 지주회사의 설립을 제한적으로 허용하고, 30대 기업집단의 계열회사 간 부당지원행위를 금지하고, 이를 효과적으로 규제하기 위하여 금융거래정보요구권을 한시적으로 도입하는 동시에, 출자총액제한제도를 다시 도입하였다. 그러나 출자총액제한제도는 기업활동의 자유를 억제하는 대표적인 사전규제라는 비판을 받아 2009년에 다시 폐지되었다. 그리고 2013년 8월에는 부당지원행위의 유형을 확대하여 부당한 거래단계의 추가와 특수관계인에 대한 부당한 이익 제공을 금지하고, 2014년 1월에는 신규 순환출자를 금지하는 제도를 도입하고, 2017년 4월에는 특수관계인에게 부당한 이익을 귀속시키는 행위 뿐만 아니라 그 이익을 제공받는 행위도 금지하는 제도를 도입하였다. 따라서 현행 독점규제법상 경제력집중을 억제하기 위한 제도로는 지주회사의 설립 및 행위제한, 대규모기업집단 계열회사의 상호출자 및 채무보증의 금지, 신규 순환출자의 금지, 금융회사 또는 보험회사의 의결권 제한, 부당지원행위 금지 및 특수관계인에 대한 부당한 이익제공금지 등이 있다.

제 4 절 불공정한 경쟁 또는 거래와 독점규제법

사업자들 간의 경쟁은 가격과 품질 및 기능 등과 같은 장점(merits)을 중심으로 공정하게 이루어져야 하며, 그들의 거래도 공정하게 이루어져야 한다. 그런데 실제의 시장에서는 사업자들 간의 경쟁이 공정하지 않은 경우가 많을 뿐만 아니라, 거래의 내용이나 조건이 불공정한 경우도 자주 있다. 따라서 독점규제법은 공정한 경쟁 또는 거래질서를 확립하기 위하여 공정한 거래를 저해할 우려가 있는 행위를 불공정거래행위라고 하여 금지하고 있다. 동법에서 공정한 거래라 함은 공정한 경쟁보다는 넓은 개념이다. 따라서 불공정거래행위는 사업자들 간에 경쟁하는 수단이나 방법이 불공정한 경우뿐만 아니라, 거래의 내용이나 조건이 불공정한 경우 또는 거래를 위한 교섭이나 정보제공에 있어서 상대방의 합리적인 선택을 제한하는 행위까지 포함하는 아주 포괄적인 개념으로 이해된다.

그런데 독점규제법은 불공정거래행위를 규제함에 있어서 어떠한 행위가 불공정거래행위에 해당되는지를 쉽게 판단할 수 있도록 하기 위하여, 불공정거래행위의 유형과 기준을 대통령령으로 정하도록 하고 있다. 이에 따라 동법 시행령 제36조 제1항 [별표 1의2]에서 모든 분야에 공통적으로 적용되는 일반불공정거래행위를 크게 9가지 유형으로 나누어서 28개 행위를 규정하고 있다. 한편 공정거래위원회는 동법 시행령 제36조 제2항에 따라 특정한 분야 또는 행위에 적용하기 위하여 3개 분야에 대하여 세부기준을 정하여 고시하고 있다.

한편, 일반적으로 불공정거래행위를 규제하는 방식에는 두 가지가 있다. 하나는 우리나라나 미국 또는 일본처럼 이를 독점규제법 또는 경쟁법에서 다른 경쟁제한행위들과 함께 규율하는 방식이고, 다른 하나는 EU나 독일, 영국처럼 별도의 법률을 통해서 따로 규율하는 방식이다. 그런데 세계적인 추세는 후자의 방향으로 가고 있는 것으로 보인다. 그리고 불공정거래행위를 금지하는 방식은 우리나라나 일본처럼 경쟁당국에 의한 행정적 규제를 중심으로 하는 경우도 있고, 미국이나 독일 또는 영국처럼 법원에 의한 사법적 구제를 중심으로 하는 경우도 있다. 우리나라에서는 공정거래위원회가 불공정거래행위를 다른 경쟁제한행위와 마찬가지로 주로 행정적으로 규제하고 있으며, 최근에는 그 부담이 더욱 증가하고 있다. 그런데 불공정거래행위 중에는 공정한 거래질서를 침해하는 경우처럼 공익침해적 성격이 강한 것도 있지만, 대체로 사인간의 분쟁의 성격이 강한 것들이 많기 때문에, 앞으로는 공정거래위원회가 보다 더 중요한 경쟁질서의 확립에 집중할 수 있도록 하기 위하여,

불공정거래행위에 대한 행정적 규제는 공익침해적 성격이 강한 경우로 제한하고, 나머지는 법원을 통한 사법적 구제에 맡기는 것이 바람직할 것이며, 사법적 구제를 활성화하기 위하여 징벌적 배상제도나 집단소송 등과 같은 제도의 도입을 서두를 필요가 있을 것이다.

제 5 절 독점규제법의 집행

일반적으로 독점규제법이나 경쟁법을 집행하는 방식은 크게 두 가지로 나누어진다. 하나는 경쟁당국에 의한 공적 집행방식이고, 다른 하나는 법원에 의한 사적 구제방식이다. 미국에서는 법원을 통한 사적 구제가 그 중심이 되고 있지만, EU나 일본 및 우리나라에서는 주로 경쟁당국에 의한 공적 집행에 의존하고 있다.

우리나라에서는 독점규제법의 집행에 관한 사무를 독립적으로 수행하도록 하기 위하여 국무총리 소속하에 '공정거래위원회'라는 독립규제기관을 설치하여 운영하고 있다. 공정거래위원회는 동법의 시행에 관하여 필요한 기준을 정하고, 동법상 금지되는 행위에 대한 예외를 인정하며, 동법 위반행위에 대한 신고를 받고, 필요한 조사를 하여, 동법을 위반한 사업자에 대하여 시정조치를 내리고, 과징금을 부과하고, 검찰에 고발하는 등 입법적, 사법적 및 행정적 권한을 행사하고 있다.

그리고 독점규제법을 위반한 행위로 인하여 피해를 입은 자는 그 위반행위자에 대하여 손해의 배상을 청구할 수 있다. 이 제도는 직접적으로는 피해자를 구제하기 위한 제도이지만, 그러한 소송이 활성화되면 법 위반행위를 억제하는 효과도 나타나게 된다. 미국에서는 독점금지법을 위반한 사건들 중에서 90% 이상이 이러한 사소(私訴)에 의하여 구제되고 있다고 한다. 그러나 우리나라에서는 아직 이러한 사적 구제가 활성화되지 않고 있다. 따라서 앞으로 독점규제법의 실효성을 제고하기 위해서는 공적 집행의 강화는 물론이고 사적 집행을 활성화할 수 있는 방안을 강구할 필요가 있을 것이다. 그 구체적인 방안으로는 금지청구권의 도입과 아울러 삼배배상제도나 디스커버리제도 또는 집단소송제도의 도입 등을 통한 손해배상청구의 활성화를 위하여 노력할 필요가 있을 것이다.

한편, 독점규제법은 동법에 위반한 사업자에 대하여 형벌을 부과하는 등 형사적 제재도 할 수 있다. 그런데 형벌의 부과는 징역이나 벌금 등과 같이 법익을 강제적으로 박탈하는 성격을 가지고 있다는 점에 비추어 볼 때, 독점규제법상 형벌은 자유롭고 공정한 경쟁질서나 거래질서를 보호하기 위하여 마련된 여러 가지 제도들 중에서 최후적 내지 보충적인 수단으로서 의미를 가진다고 할 수 있다. 따라서 형벌의 부과는 공정거래위원회의 처분이나 사법적 구제를 통하여 규제의 목적을 달성할 수 없는 경우에 한하여 보충적으로만 적용하는 것이 바람직할 것이다. 독점규제법 제71조가 공정거래위원회에 전속고발권을 부여하고 있는 것은 이러한 의미에서 이해할 수 있다. 그러나 최근에는 이를 계속 유지할 것인지, 이를 제한한다면 어디까지 할 것인지에 대하여 다투어지고 있다.

제 2 장

목적과 기본개념 등

제1절 헌법적 근거와 목적

Ⅰ. 헌법적 근거

헌법은 "모든 국민의 재산권은 보장된다(제23조 제1항)", "대한민국의 경제질서는 개인과 기업의 경제상의 자유와 창의를 존중함을 기본으로 한다(제119조 제1항)"와 같은 여러 규정을 통하여, 우리나라의 경제질서가 사유재산제도, 사적 자치의 원칙, 과실책임의 원칙을 기초로 하는 자유시장 경제질서를 기본으로 하고 있음을 선언하고 있다.

그러면서도 제119조 제2항에서 "국가는 균형있는 국민경제의 성장 및 안정과 적정한 소득의 분배를 유지하고, 시장의 지배와 경제력의 남용을 방지하며, 경제주체간의 조화를 통한 경제의 민주화를 위하여 경제에 관한 규제와 조정을 할 수 있다."라고 규정하고 있다. 이는 경제영역에 있어서 국가가 여러 정책적 수단을 통하여 달성하여야 할 공공의 이익을 구체화하고, 입법을 통하여 시장지배와 경제력 남용을 규제함과 동시에 시장기구에 참여하고 있는 경제주체의 조화와 열악한 지위에 있는 경제주체들을 보호할 수 있는 헌법적 근거이다.[1)]

Ⅱ. 목　　적

1. 자유롭고 공정한 경쟁의 촉진

경제를 자유방임 상태에 둘 경우 경제적 자유에 내재하는 경제력 집중의 경향으로 말미암아 오히려 시장의 자유가 제한받게 되므로 국가의 법질서에 의한 경쟁의 형성과 확보가 필요하다. 그러한 인식하에 독점규제법 제1조는 국가가 경제정책을 입안하고, 시행함에 있어서 시장지배적 지위의 남용방지, 기업결합의 제한, 부당한 공동행위의 제한, 경제력 집중의 억제 등의 수단을 통하여 시장경제가 제대로 기능을 하기 위한 전제조건으로서의 가격과 경쟁의 기능을 유지 내지 촉진하고, 공정한

1) 헌법재판소 2002. 7. 18. 선고 2001헌마605 전원재판부 결정.

경쟁질서를 유지하는 것이 중요한 과제라고 밝힌 것이다.[2] 즉, 시장에서의 공정하고 자유로운 경쟁의 촉진이 경제정책의 목표의 중심이 되어야 한다는 점에는 의문의 여지가 없다고 할 것이다.

독점규제법 제1조에 명시되어 있는 창의적 기업활동의 조장, 소비자 보호, 경제력 집중의 억제, 국민경제의 균형있는 발전, 중소기업의 보호 등와 같은 가치들이 공정하고 자유로운 경쟁을 통하여 이룰 수 있는 궁극적 목적 내지는 공정하고 자유로운 경쟁의 촉진과 함께 추구되거나 공정하고 자유로운 경쟁의 결과 달성될 수 있는 경제적 가치들이라고 해석할 수 있다.[3]

우선, 공정하고 자유로운 경쟁을 위해서는 무엇이 전제되어야 할 것인가? 경쟁의 전제는 시장의 개방이다. 시장의 개방이란 경쟁에 참여하는 의사와 능력을 갖춘 모든 사업자들이 자신의 의사에 따라 경제활동을 할 수 있도록 하는 것이며, 사업자의 자유로운 시장 참여는 경쟁의 필수적인 요건이라고 할 수 있다. 그리고 시장의 개방을 위해서는 인가 내지 허가와 같은 법적인 제한과 경쟁제한적인 상태에서 오는 진입장벽을 완화 또는 제거시켜주어야 하는 정책이 필요할 것이다.

자유로운 경쟁을 위해서는 시장에서 경쟁을 제한하는 부당한 공동행위, 시장지배력 남용행위 등과 같은 사업자들의 행위가 없어야 하며, 경쟁제한 사항을 내용으로 하는 법령 기타 처분이 없어서 사업자들이 제한없이 경쟁을 할 수 있어야 할 것이다.[4] 사업자들의 경쟁제한 행위는 독점규제법 등의 입법을 통한 규제가 가능하지만, 법령에 근거하거나 행정기관의 행정지도와 같은 처분으로 인한 경쟁제한은 입법의 개선이나 당해 행정기관의 노력에 의하여 해소될 수 있다. 특별히 독점규제법은 제63조에서 관계행정기관의 장은 사업자의 가격·거래조건의 결정, 시장진입 또는 사업활동의 제한, 부당한 공동행위 또는 사업자단체의 금지행위 등 경쟁제한사항을 내용으로 하는 법령을 제정 또는 개정하거나, 사업자 또는 사업자단체에 대하여 경쟁제한사항을 내용으로 하는 승인 기타의 처분을 하고자 하는 때에는 미리 공정거래위원회와 협의하도록 하며, 경쟁제한 사항을 내용으로 하는 예규·고시 등을 제정 또는 개정하고자 하는 때 또는 경쟁제한 사항을 내용으로 하는 승인 기타의

---

2) 헌법재판소 2002. 7. 18. 선고 2001헌마605; 대법원 2007. 11. 22. 선고 2002두8626 전원합의체 판결.
3) 임영철, 공정거래법(제2판), 법문사(2008), 16면.
4) 권오승·서정, 독점규제법(제3판), 법문사(2018), 18면.

처분을 행한 경우에는 당해 승인 기타의 처분의 내용을 공정거래위원회에 통보하도록 규정하고 있다. 그리고 공정거래위원회가 통보를 받은 경우에(통보 없이 이루어진 경우에도 같다) 당해 제정 또는 개정하고자 하는 예규·고시 등에 경쟁제한 사항이 포함되어 있다고 인정되는 경우에는 관계행정기관의 장에게 당해 경쟁제한 사항의 시정에 관한 의견을 제시할 수 있다.

공정한 경쟁을 실현하기 위해서는 사업자들 간의 경쟁이 그들의 가격과 품질을 중심으로 한 장점의 경쟁(competition on the merits)을 통하여 이루어져야 할 것이다. 즉, 사업자들은 양질 염가의 상품이나 서비스를 제공함으로써 더욱 많은 고객을 확보하기 위하여 경쟁하여야 하고, 강제, 위계 등의 불공정한 수단이나 방법으로 경쟁하여서는 안 된다는 것을 의미한다. 미국의 FTC법이 "사업자의 어떠한 행위 또는 관행이 소비자가 합리적으로 스스로 피할 수 없거나 소비자나 경쟁에 미치는 혜택과 비교하여 그 혜택보다 크지 않은 실질적 피해를 소비자에게 미치거나 미칠 우려가 있어야 불공정한 것으로 볼 수 있다."라고 하여 공정한 경쟁을 소비자의 관점에서 정의하고 있는 것[5]은 참고할 만하다.

2. 창의적인 기업활동의 조장

창의적인 기업활동은 사기업의 이윤추구 과정에서 자유롭고 공정한 경쟁이 보장된다면 그러한 경쟁에서 살아남기 위한 사업자들의 필수조건이다. 이는 기업의 기술 연구개발(R&D) 및 혁신과 유사한 의미로 볼 수 있으며, 중소기업 보호, 고용 증대 등의 사회전반적 조화의 측면이 강조되는 국민경제의 균형있는 발전과는 다른 가치이다.

시장에서의 경쟁이 보장되면, 사업자들은 생산효율을 높이기 위하여 기술혁신에 힘쓸 것이다. 그리하여 경제활동의 규모가 확대되고, 고용이 증가하며 비용을 절감할 수 있다. 특히 기술혁신으로 인한 상품의 다양화로 인한 일반 소비자들의 선택권을 높여 경제성과의 이득을 소비자에게 환원하며, 이를 통하여 민주적 경제질서를 형성하는 데 도움을 줄 수 있다. 그러한 관점에서 창의적 기업활동은 독점규제법이 도모하는 중요한 가치로서 인정될 수 있다.[6]

---

5) 15 U.S.C. §45 (n).

3. 소비자 보호

일반적으로 시장에서 자유롭고 공정한 경쟁이 이루어진다면 소비자는 자신이 소유하는 재화의 범위 내에서 자신의 선호에 맞게 양질의 상품 또는 용역을 저렴한 가격에 구입할 수 있고 이를 통하여 소비자 후생의 극대화라는 목표에 도달할 수 있다. 그러나 시장에 독과점기업이 존재하는 등 경쟁적이지 않거나 사업자가 불공정한 거래의 수단 또는 방법을 사용할 때에는 소비자의 경제적 이익뿐만 아니라 선택권의 저해를 받는 등 소비자의 이익이 침해될 우려가 있다. 따라서 독점규제법은 이러한 경쟁제한 내지 불공정한 상태를 적극적으로 시정하여 소비자의 후생증대, 소비자의 선택권의 보장, 손해배상을 통한 피해 구제 등 소비자의 이익을 보호하는 것을 중요한 목적으로 하고 있다.[7] 다만, 잘못된 상품 내지 서비스로 인한 소비자의 피해 구제와 관련된 구체적인 내용 및 절차와 같은 소비자 보호의 문제는 소비자기본법 내지 제조물책임법의 영역으로서 직접적인 독점규제법의 규율범위에서 제외된다.[8]

4. 국민경제의 균형있는 발전

국민경제의 균형있는 발전은 산업간, 지역간, 기업간의 불균형이 발생하지 않는 상태를 말한다. 독점규제법은 원래 경쟁을 촉진시켜 자원배분의 효율성을 달성하고자 하기 때문에 경쟁력이 있는 기업은 더욱 번창하고 그렇지 못한 기업은 도태되어 오히려 산업간 또는 지역간의 불균형을 심화시킬 우려가 있다. 따라서 국민경제의 균형있는 발전을 위해서는 적절한 규제를 통하여 대기업과 중소기업의 불균형을 시정하고 차별적 취급을 금지하거나, 집중되어 있는 경제력을 분산시켜 시장에서의 자유롭고 공정한 경쟁이 일어날 수 있도록 하는 동등한 경쟁의 수준(level playing field)을 만들어야 할 것이다.[9]

---

6) 根岸 哲/丹田正之, 獨占禁止法 概說(제3판), 有斐閣(2008), 31면.

7) L.Sullivan/W.Grimes, The law of antitrust: An integrated Handbook(2. ed.), Thomson(2006), pp. 12－16.

8) 신현윤, 경제법(제6판), 법문사(2014), 134면.

9) R. Epstein, "Monopoly Dominance or Level Playing Field? The New Antitrust Paradox", 72 U. Chi. L. Rev. (2005), pp. 49－72.

중소기업이 처해있는 불리한 경쟁여건을 보완하여 공정하고 자유로운 경쟁을 유지할 수 있는 수준을 유지해 주는 것은 넓은 의미의 경쟁정책의 한 측면을 의미하기 때문에 중소기업의 보호는 직접적 혜택을 부여함으로써 이루는 것이 아니라 원칙적으로 경쟁질서의 범주 내에서 이루어져야 할 것이다.[10] 이와 관련하여 경제력 집중의 방지가 독점규제법 제1조의 자유롭고 공정한 경쟁을 촉진하기 위한 수단 내지 방법의 하나로 규정되고 있는 것에 주목할 필요가 있다. 일반적으로 경제력의 집중이란 자원과 경제적 수단을 소유·지배할 수 있는 힘이 소수의 경제주체에 집중되어 있는 현상으로서 자원배분의 효율성을 저해하며 적정한 소득분배나 사회적 형평을 어렵게 한다. 따라서 독점규제법에 마련되어 있는 경제력 집중 방지에 관한 규정은 국민경제의 균형있는 발전이라는 독점규제법의 목적을 실현하기 위한 조항으로 볼 수 있다.

한편, 국가가 경쟁력이 없는 산업(유치산업, 사양산업)을 적극적으로 보호 내지 육성하는 정책을 시행하는 경우에도 시장에서의 공정하고 자유로운 경쟁에 대한 고려가 필수적이며, 국제적 관점에서 이를 조화롭게 해석할 필요가 있다.[11]

제 2 절 연 혁

우리나라에서는 1963년에 이른바 '삼분폭리(三粉暴利)'사건[12]을 통하여 독과점 폐해에 대한 사회적 비난이 고조되면서 독점규제법의 입법 필요성이 제기된 바 있으나, 정치적 문제로 인하여 입법화되지 못하였다. 이후에도 여러 차례 법안이 발의되었으나 입법이 되지 못하다가, 국가보위입법회의에 의하여 1980년 말 최초로 '독점규제 및 공정거래에 관한 법률[13]'이라는 이름으로 제정되어 1981년 4월 1일부

10) 헌법재판소 1996. 12. 26. 선고 96헌가18 전원재판부 결정.

11) OECD, "Industrial policy, competition policy and national champion", DAF/COMP/GF(2009)1/REV1 (http://www.oecd.org/dataoecd/2/56/42073773.pdf.

12) 국민생활과 밀접한 관련을 맺고 있는 삼분, 즉 밀가루, 설탕, 시멘트 제조기업들이 1963년의 식량파동을 계기로 가격조작과 폭리를 취함으로써 정치쟁점화 되고 전 국민의 분노를 산 사건임. 경향신문 1964. 1. 27일자 보도.

13) 이를 축약하여 '독점규제법' 혹은 '공정거래법'이라 부른다.

터 시행되게 되었다.

당초 제정법은 시장지배적 지위의 남용, 경쟁제한적인 기업결합, 부당한 공동행위와 불공정거래행위를 금지함으로써 자유롭고 공정한 경쟁을 제한하는 행위를 규제하는 것을 주된 목적으로 삼았다. 이후 수 차례의 개정을 통하여 대규모기업집단에 의한 경제력 집중행위를 규제하는 현행 독점규제법의 틀이 마련되었다.

즉, 기업집단에 의한 과도한 경제력 집중을 억제하기 위한 규제를 포함하는 1986년의 개정, 집행기관을 공정거래위원회로 바꾸는 1990년의 개정, 과징금 제도를 대폭 확대 · 강화하는 1994년의 개정, 공동행위의 자진신고자 감면제도를 도입한 1996년 개정, 30대 기업집단의 일괄지정제도를 폐지하고 상호출자제한, 출자총액제한 및 채무보증 제한 대상 기업집단에 관한 규정을 개정한 2002년 개정, 역외적용 제도를 도입한 2004년 개정, 입찰담합을 부당한 공동행위의 유형으로 규정한 2007년 개정, 출자총액제도를 폐지한 2009년 개정, 감사원장 등의 고발요청권 및 특수관계인에 대한 부당이익제공 금지 등을 규정한 2013년 개정, 신규순환출자를 금지한 2014년 개정, 반복된 부당공동행위자에 대한 자진신고 감경제한을 규정한 2016년 개정, 공시대상기업집단과 상호출자제한기업집단을 구분하여 규제할 수 있도록 한 2017년 개정, 피심인의 방어권 보장을 확대한 2020년 개정 등이 주요한 개정 연혁이라고 볼 수 있다.

제 3 절 특 징

Ⅰ. 폐해규제주의

독점이나 과점의 형성을 원칙적으로 광범위하게 금지하는 원인금지주의(주로 미국, 일본 등)에 대하여 우리 독점규제법은 독일 등과 같이 경쟁제한행위로 인하여 일정한 폐해가 초래되는 경우에만 이를 규제하는 폐해규제주의를 채택하고 있다. 그런데 양자의 구분이 언제나 명확한 것은 아니다. 그 이유는 원인금지주의를 택하고 있는 미국도 수직적 거래제한 행위 등 독점력을 남용하는 행위에 대해서 규제하고 있으며, 일본도 불공정거래행위를 규제하고 있기 때문이다. 또한, 우리 독점규제법 또한 폐해규제주의를 택하면서도 기업결합의 규제 등을 통하여 독과점의 형성을 간접적으로 금지하고 있는 것도 마찬가지이다.

Ⅱ. 행정규제주의

우리 독점규제법은 공정거래위원회의 처분에 의한 행정절차가 중심이 되는 규제절차를 갖고 있다. 독점규제법의 엄격하고 공정한 집행을 보장하기 위하여 준입법적, 준사법적 권한이 있는 독립적인 규제기구가 행정적 수단을 통하여 경쟁제한행위에 대한 규제권을 갖도록 하는 것은 미국의 연방거래위원회(FTC), EU의 집행위원회(EU Commission), 독일의 연방카르텔청(Bundeskartellamt), 영국의 경쟁시장청(CMA), 일본의 공정거래위원회(公正取引委員會) 등 여러 입법례에서 찾을 수 있다.

경쟁제한행위, 불공정거래행위 등에 대한 위법성의 판단과 시정조치, 과징금 부과 등의 처분권한은 1차적으로 공정거래위원회에 있다. 그러나 이에 불복하는 사업자는 법원에 소를 제기할 수 있기 때문에 사법절차를 통하여 그러한 처분의 적부를 재심사받을 수 있다.

Ⅲ. 직권주의

공정거래위원회는 독점규제법의 규정에 위반한 사실이 있다고 인정할 때에는 직권으로 조사할 수 있고, 필요하다고 인정할 때에는 당사자, 이해관계인 또는 참고인의 출석 및 의견청취, 감정인 지정 및 감정위촉 등을 할 수 있으며, 소속 공무원으로 하여금 조사권을 행사할 수 있도록 하고 있다. 또한 독점규제법 위반행위에 대해서도 공정거래위원회의 고발이 있어야 공소를 제기할 수 있으므로 공정거래위원회에 의한 직권주의적 요소가 강하다고 할 수 있다.

다만 누구든지 법 위반 사실을 공정거래위원회에 신고하거나(법 49조 2항) 처분 전에 당사자 또는 이해관계인에게 의견진술 기회를 부여하거나(법 52조) 독점규제법 위반행위에 대한 손해배상 청구소송에서 손해액을 인정하는 특칙을 두어 소송을 통한 피해자의 구제를 활성화하거나 한국공정거래조정원을 통한 불공정거래행위에 대한 분쟁조정을 가능하게 한 것은 독점규제법 집행에 있어서 당사자의 역할이 강조된 것으로 볼 수 있으며, 이를 통하여 법 집행의 실효성을 제고하고 피해자 구제의 효율성을 도모하여 직권주의를 보충하고 있다.[14)]

제 4 절 기본개념

Ⅰ. 사업자, 사업자단체

독점규제법은 사업자 또는 사업자 단체의 행위에 적용되는 것이 원칙이다. 자연인이든 법인이든 사업자로서의 특성을 갖추고 있는 자와 그 단체에만 독점규제법이 적용되도록 하는 것은 독점규제법이 사업자를 중심으로 한 경쟁관계 내지 거래관계에서 경쟁과 관련이 있는 행위만을 규제의 대상으로 삼고 있다는 의미이다.

1. 사업자

독점규제법은 사업자를 '제조업, 서비스업 기타 사업을 행하는 자'로 정의하고 있을 뿐(법 2조 1호), 사업의 개념과 범위에 대하여 규정하고 있지 않다.[15)] 일반적으로 사업이라 함은 타인에게 일정한 경제적 이익을 제공하고 그에 상응하는 반대급부를 받는 행위를 계속·반복적으로 하는 것을 말하는데, 독점규제법상 사업의 개념은 경쟁법적 규율이 필요한 개념으로 넓게 이해하여야 할 것이다. 사업을 행한다는 것은 자기의 계산하에 사업을 영위하는 것일 뿐이며 반드시 영리를 목적으로 할 필요는 없으나, 자선 또는 기부행위와 같이 행위의 성질상 반대급부를 받지 않는 행위

---

14) 권오승, 전게서, 88면.

15) 정호열, 경제법(제2판), 박영사(2008), 79면. 1999년 개정 전 법은 제조업·서비스업 등 12개 사업에 대해서만 적용되었고, 농업, 어업, 광업 등 5개 사업에는 적용되지 않다가, 법 개정으로 사업분야를 묻지 않고 모든 사업자에게 적용되게 되었다.

는 포함되지 않는다고 보아야 할 것이다.

그리고 사업을 행하는 자이기만 하면 자연인, 법인, 법인격없는 사단 등 그 법적 형태를 불문하고 사업자가 될 수 있다. 사업자인지의 여부는 경제적 독립성 여부로 판단하여야 하므로, 하나의 사업자로 인정되기 위해서는 수익을 일정한 비율로 분배하는 관계에 있다거나 실질적으로 단일한 지휘 아래 종속적으로 사업 활동을 영위하여야 한다.[16] 따라서 자신의 계산으로 사업을 영위하지 않는 종업원 또는 대리인의 경우에는 사업자성이 부정된다.

원래 우리 법의 사업자의 개념은 사업자를 소비자에 대응하는 개념으로 파악한 독일 및 EU법에서 유래하였기 때문에 소비자와 소비자 단체는 사업자의 범위에서 제외된다. 또한, 노동자와 그들의 단체인 노동조합도 사업자로 인정되지 않는다.

그리고 국가나 지방자치단체는 사업자가 아니므로 이들의 행위는 고권적 활동으로서 원칙적으로 독점규제법의 적용을 받지 않는다. 다만 국가나 지방자치단체가 일정한 경제주체의 하나로서 타인과의 거래행위를 하는 경우에는 그 범위 내에서 독점규제법 상 사업자에 포함될 수 있다. 대법원은 전동차 제작 납품 · 구매계약의 주체로서 서울특별시의 사업자성을 인정하였다.[17] 그리고 지방자치단체가 전액 출자하여 설립한 지방공기업,[18] 시립병원[19] 등과 같은 영조물이 유상의 공공서비스를 제공한다면 독점규제법 상 사업자로 볼 수 있다.

2. 사업자단체

사업자단체는 그 형태 여하를 불문하고 2이상의 사업자가 공동의 이익을 증진할 목적으로 조직한 결합체 또는 그 연합체를 말한다(법 2조 4호). 원래 자신의 계산으로 사업을 영위하지 않는 종업원 또는 대리인의 경우에는 사업자로 볼 수 없지만, 사업자의 이익을 위한 행위를 하는 임원 · 종업원 · 대리인 기타의 자는 사업자단체에 관한 규정의 적용에 있어서만은 이를 사업자로 본다(법 2조 1호 2문).

사업자단체는 복수의 사업자로 구성되어야 한다. 한국양회공업협회,[20] 전국학생

16) 대법원 2005. 12. 9. 선고 2003두6283 판결.
17) 대법원 1990. 11. 23. 선고 90다카3659 판결.
18) 공정거래위원회 2009. 12. 17. 의결 제2009－278호(경기도시공사의 거래상지위남용행위에 대한 건).
19) 공정거래위원회 2002. 1. 17. 의결 제2002－25호(지방공사강남병원의 거래상지위남용행위에 대한 건).
20) 대법원 2008. 2. 29. 선고 2006두10443 판결.

복발전협의회,[21] 대한의사협회 등과 같이 동종의 업종에 종사하는 사업자로 구성된 사업자단체뿐만 아니라 대한상공회의소나 전국경제인연합회 등 다양한 업종의 사업자를 포섭하는 단체도 여기에 포함된다. 서울특별시 의사회[22]처럼 단체 구성원들이 동일한 지리적 권역에 있거나, 전국적으로 존재하는 경우에도 사업자단체로 인정할 수 있으며, 동일 지역 내의 일부 사업자들로 구성된 사업자단체도 있을 수 있다.[23] 그리고 사업자들의 결합체 또는 연합체라면 사단법인의 여부 등 법적 형태는 묻지 않으며, 법정단체인지 순수한 임의단체인지도 사업자단체를 인정하는 데에 있어 상관없다. 서울특별시 자동차부분정비사업조합 도봉구지회[24]와 같이 특정한 사업자단체의 지회나 지부가 독자적인 경제 활동의 주체라면 사업자단체로 인정된다.

사업자단체는 사업자로서의 공동의 이익을 증진하는 것을 목적으로 하여야 한다. 의사·변호사·회계사·건축사·법무사 등의 전문적인 자유업을 영위하는 자의 단체가 사업자단체에 해당하는지 여부가 문제되었으나, 법 제2조 제1호에서 규정하고 있는 서비스업 또는 기타 사업을 행하는 사업자의 단체로서 사업자로서의 공동 이익증진의 목적이 있는 한 사업자단체에 해당한다고 보아야 할 것이다. 여기서 증진되어야 할 이익은 사업자로서의 이익이다. 사업자에 있어서 고유한 사업활동에 관한 이익이 있다면 그 내용의 여하는 묻지 않는다. 즉, 국내외 시장의 조사, 시장 내지 가격 정보의 공유,[25] 행정부나 입법부에 대한 의사표명 등 사업과 관련된 이익으로 넓게 해석될 수 있다. 그리고 이러한 목적이 반드시 사업자단체의 주된 목적일 필요는 없다. 따라서, 결합체의 목적에 사업자로서의 이익증진이 포함되어 있으면 위 요건이 충족되고, 설사 사업자로서의 이익증진 이외의 다른 목적이 병존하고 있다고 하더라도 사업자단체로 해석될 수 있다.[26] 사업자단체의 입법청원 등 정치에 영향력을 행사하기 위한 휴업결정처럼 독점규제법과 관련이 없어 보이는 일련의 행위더라도 사업자단체가 그 목적 달성을 위하여 단체의 의사결정에 의하여 구성사업자의 사업 활동에 대하여 일정한 범위의 제한을 하는 것은 어느 정도 예정

21) 대법원 2006. 11. 24. 선고 2004두10319 판결.
22) 대법원 2009. 6. 23. 선고 2007두18062 판결.
23) 대법원 2005. 9. 9. 선고 2003두11841 판결.
24) 대법원 2010. 10. 28. 선고 2010두14084 판결.
25) 대법원 2009. 5. 28. 선고 2008두549 판결.
26) 한상곤, 사업자단체의 규제, 재판자료 제87집, 452-454면.

되어 있기 때문에 그것이 경쟁제한적이거나 소비자에게 피해를 가져올 경우에는 독점규제법이 적용되어야 할 것이다.[27)]

Ⅱ. 일정한 거래분야(관련시장)

1. 관련시장의 의미

사업자의 어떠한 행위가 경쟁을 제한하는지의 여부를 판단하기 위해서는 그러한 행위가 사업자들과 소비자들 간의 상품 또는 용역의 거래를 통한 경쟁에 영향을 미치는 특정한 범위를 먼저 정하여야 한다. 이 범위를 관련시장(relevant market)이라고 한다. 독점규제법은 관련시장을 '일정한 거래분야'라고 하고 "일정한 거래분야라 함은 거래의 객체별, 단계별 또는 지역별로 경쟁관계가 있거나 경쟁관계가 성립될 수 있는 분야를 말한다(법 2조 8호)"라고 정의하고 있다.

즉, 일정한 거래분야란 특정지역 또는 거래단계에서 거래되는 특정상품의 가격이 상당기간 어느 정도 의미 있는 수준으로 인상될 경우 당해 상품 또는 지역의 대표적 구매자가 이에 대응하여 다른 상품이나 지역으로 구매를 전환할 수 있는 상품의 집합(상품 시장) 또는 지역(지리적 시장)을 말한다. 이러한 의미에서의 관련시장은 일반적으로 재화가 거래되는 시장의 개념보다는 좁은 개념이라고 할 수 있다.[28)]

독점규제법에서 관련시장의 획정 여부에 따라 그 시장의 구조와 그 시장에서의 사업자의 수가 달라지기 때문에, 관련시장의 획정은 경쟁상태를 파악하는 데에 매우 중요한 의미가 있다. 즉, 관련시장이 넓게 획정될 경우 시장에서의 경쟁사업자의 수가 늘어나면서 문제가 된 사업자의 시장점유율은 상대적으로 적게 나타나고, 반대로 관련시장이 좁게 획정될 경우 해당 사업자는 그 시장에서 독과점적 지위를 인정받기 쉬워질 것이다. 공정거래위원회는 각 금지행위 별로 시장지배적 지위남용행위 심사기준,[29)] 기업결합심사기준[30)] 및 과징금부과 세부기준 등에 관한 고시[31)]

---

27) 대법원 2003. 2. 20. 선고 2001두5347 전원합의체 판결.

28) P. Roth QC/V. Rose(ed.), Bellamy & Child European Community law of competition(6. ed.), Oxford(2008), p. 241.

29) 공정거래위원회 고시 제2015-15호.

30) 공정거래위원회 고시 제2019-1호.

31) 공정거래위원회 고시 제2017-21호.

등에서 관련시장의 개념 정의, 판단기준 등을 규정하고 있다.

2. 관련상품시장

관련상품시장(relevant product market)은 거래의 객체별 또는 단계별로 용도와 기능이 유사한 상품으로 묶인 시장이다. 즉, '거래되는 특정한 상품의 가격이 상당한 기간에 걸쳐 어느 정도 의미있는 수준으로 인상 또는 인하될 경우 그 상품의 구매자 또는 판매자의 상당수 내지 대표적 구매자 또는 판매자가 구매를 전환할 수 있는 상품의 집합'[32)]이라는 의미이다.

관련상품시장을 획정하는 방법으로는 'SSNIP(Small but Significant Nontransitory In Price) 방법론'이 일반적으로 사용되지만, 상품의 종류 내지 특성에 따라 여러 가지 경제분석 방법이 이용되기도 한다. 그 밖에도 통계법 제22조 제1항의 규정에 의하여 통계청장이 고시하는 한국표준산업분류를 고려할 수 있으며,[33)] 관련된 상품의 가격, 기능 및 효용의 유사성, 구매자들의 대체가능성에 대한 인식 및 그와 관련한 구매행태는 물론 판매자들의 대체가능성에 대한 인식 및 그와 관련한 경영의사결정 형태, 사회적·경제적으로 인정되는 업종의 동질성 및 유사성, 기술발전의 속도, 그 상품의 생산을 위하여 필요한 다른 상품 및 그 상품을 기초로 생산되는 다른 상품에 관한 시장의 상황, 시간적·경제적·법적 측면에서의 대체의 용이성 등도 고려될 수 있다.[34)] 그리고 상품의 거래가 특정단계에만 관련되는 경우에는 생산, 도매, 소매 단계별로 시장을 획정하여야 한다.

미 연방대법원은 특정한 상품과 대체품이 경쟁관계에 있는가를 판단하기 위하여 합리적 교환가능성 기준과 수요의 교차탄력성 기준을 제시하고 있다.[35)] 합리적 교환가능성은 주로 두 제품이 성질, 용도, 업계나 고객의 통념 등으로부터 판단할 때 상호 대체물로서 기능하는지의 여부에 의하여 판단하며, 수요의 교차탄력성은 두 제품 중 하나의 가격이 상승하면 구매자가 다른 쪽으로 이동하고 반대로 다른 제품의 가격이 인상되면 반대방향으로 구매자가 이동하는 정도를 말하는 것으로서 교차

32) 대법원 2014. 11. 13. 선고 2009두20366 판결.
33) 기업결합심사기준 VI.1.나. 참조.
34) 대법원 2007. 11. 22. 선고 2002두8626 전원합의체 판결.
35) Brown Shoe v. United State, 370 U.S. 294, 325, 82 S.Ct 1502, 8L Ed 510(1962).

탄력성이 높은 경우에 두 제품이 대체성이 있다고 보는 것이다.

대법원은 타이어용 카본블랙과 산업고무용 카본블랙의 경우 제품의 상당 부분이 중복되고 산업고무용 카본블랙의 70% 이상이 타이어용으로도 사용 가능한 점, 두 제품 사이의 가격 차이가 크지 아니한 점, 공급 측면에서도 생산설비 및 제품 공정의 상당 부분을 공유하고 있는 점 등에 비추어 볼 때, 산업고무용 카본블랙의 가격이 상당한 기간 의미 있는 수준으로 인상될 경우에 구매자는 이에 대응하여 타이어용 카본블랙으로 구매를 전환할 수 있고, 반대로 타이어용 카본블랙의 가격이 인상될 경우에도 구매자는 동일하게 산업고무용 카본블랙으로 구매를 전환할 수 있으므로, 비록 타이어용 카본블랙과 산업고무용 카본블랙 사이에 용도, 수요자, 운송 및 포장방법에 다소 차이가 있다고 하더라도, 타이어용 카본블랙과 산업고무용 카본블랙을 함께 하나의 관련시장(고무용 카본블랙 시장)으로 획정하는 것이 타당하다고 판시한 바 있다.[36]

3. 관련지역시장

관련지역시장(relevant geographical market)은 일반적으로 서로 경쟁관계에 있는 사업자들이 위치한 지리적 범위를 말하는 것이다. 구체적으로는 다른 모든 지역에서의 가격은 일정하나 특정 지역에서만 상당기간 어느 정도 의미 있는 가격인상 또는 가격인하가 이루어질 경우, 당해 지역의 대표적 구매자 또는 판매자가 이에 대응하여 구매 또는 판매를 전환하여 거래상대방을 교체할 수 있는 지역 전체를 의미한다.

같은 지역시장에 속하는지의 여부를 판단하기 위해서는 거래에 관련된 상품의 가격과 특성 및 판매자의 생산량, 사업능력, 운송비용, 구매자의 구매지역 전환가능성에 대한 인식 및 그와 관련한 구매자들의 구매지역 전환행태, 판매자의 구매지역 전환가능성에 대한 인식 및 그와 관련한 경영의사 결정행태, 시간적・경제적・법적 측면에서의 구매지역 전환의 용이성 등을 종합적으로 고려하여 판단하여야 하며, 그 외에 기술발전의 속도, 관련 상품의 생산을 위하여 필요한 다른 상품 및 관련 상품을 기초로 생산되는 다른 상품에 관한 시장의 상황, 무역자유화에 따른 수입가

36) 대법원 2009. 9. 10. 선고 2008두9744 판결.

능성 등도 함께 고려하여야 한다.[37)]

지역시장은 당해 상품에 적용되는 경쟁의 조건이 모든 사업자에게 동일하게 적용되도록 획정되어야 한다. 우리나라는 국토가 협소하고 교통수단이 비교적 잘 발달되어 있어서 관련지역시장이 전국시장으로 획정되는 경우가 많으나, 운송비, 법제도, 소비의 특성과 같은 이유 때문에 좁은 지역시장으로 획정되는 경우도 있다. 반대로 관련상품시장의 국내외 사업자 구성, 국외 사업자가 자신의 생산량 중 국내로 공급하거나 국내 사업자가 국외로 공급하는 물량의 비율, 수출입의 용이성·안정성·지속성 여부, 유·무형의 수출입 장벽 등을 감안하여 국외까지 확장하여 시장이 획정되는 경우도 있다.

Ⅲ. 경쟁제한

1. 경쟁의 의미

경쟁은 원래 아담 스미스(Adam Smith)의 '국부론'에서 논의가 비롯된 경제학적 개념이고, 이제껏 수많은 경제학자들은 시장모델을 통해서 경쟁의 개념 정의를 시도하여 왔다. 역사적으로 보면 고전파 경제학자들은 모든 요건이 충족되어 균형을 이루는 상태로부터 시장 참여자들이 가능한 한 자신에게 유리한 계약을 체결하고 그의 라이벌들을 시장에서 축출시키기 위하여 노력하는 과정으로 보아 그러한 압력이 개별 사업자로 하여금 고객의 요구에 부응하도록 시장에서 보이지 않는 손으로 작동하는 완전경쟁(perfect competition)상태로 이해하였다. 그에 따르면 시장경제가 완전하게 제 기능을 다하기 위해서는 시장이 누구든지 자유롭게 참여할 수 있도록 개방되어야 하고, 그 시장에서 활동하는 사업자들이 아무런 제한없이 자유롭게 경쟁하되 그 수단과 방법은 품질과 가격을 중심으로 공정하게 이루어져야 비로소 완전경쟁상태가 될 수 있을 것이다. 그러나 이러한 완전경쟁 상태는 ① 모든 판매자가 완전히 같은 제품을 생산하기 때문에 그 가격이 같다고 가정하면 고객이 어떤 판매자로부터 구입하든지 아무런 차이가 없으며, ② 그 시장에서 각 판매자가 차지하는 비중이 아주 작아서 판매자의 생산증감 또는 퇴출이 다른 판매자의 결정에 아

37) 대법원 2007. 11. 22. 선고 2002두8626 전원합의체 판결.

무런 영향을 미치지 않으며, ③ 모든 자원은 완전히 유동적이고 대체적이며 모든 판매자는 필요한 투자에 동일하게 접근하여야 하고, ④ 그 시장에 참여한 모든 참가자들이 가격, 생산량 등 그 시장에서의 정보를 완전하게 갖고 있다는 가정이 전제되어야 한다.[38] 그런데 이러한 가정은 실제의 시장에서 달성하기 불가능한 것이기 때문에 완전경쟁의 개념은 비현실적인 개념이라는 비판을 받았다.

오히려 시장에서 경쟁의 장점을 제공해 줄 수 있는 유효경쟁(workable competition)의 개념으로 이해하는 것이 현실적이다. 어떠한 상태가 유효한 경쟁상태인지의 여부는 다음과 같은 기준으로 판단할 수 있을 것이다.[39]

① **행태적 기준**: 시장 참여자들이 가격 및 품질에 의한 경쟁을 하는 것이 아니라 담합 내지 경쟁사업자의 배제 등을 통한 경쟁을 하고 있지 않은가의 여부를 기준으로 하는 것이다. 우리 독점규제법은 주로 행태적 기준에 의한 규제로 이루어져 있다. 규제자의 입장에서는 경쟁상태의 왜곡을 가져오는 행위와 활발한 경쟁을 통하여 경쟁자를 배제하려는 정상적 경쟁 행위를 구별하여 행태적 기준에 의한 경쟁상태의 회복 여부를 판단하는 것이 중요할 것이다.

② **성과 내지 결과 기준**: 실제 시장에서 이루어지는 성과를 통하여 경쟁상태를 판단하는 기준이다. 기업들의 이윤이 일상적인 투자보수를 지속적으로 상회하거나, 다수 기업의 규모가 적정한 수준을 넘어서거나, 장기적인 설비투자의 과다 현상이 이루어지고 있거나, 판매비용이 현저하게 과다하거나, 비용절감이 가능한 기술혁신을 사업자들이 반영하지 않는다면 유효한 경쟁상태로 볼 수 없다는 것이다. 이러한 성과 기준은 실무적으로 입증되기가 매우 어렵고, 특히 어느 정도가 과다한지 등의 판단이 모호하기 때문에 다른 기준(시장의 구조 내지 행태)과 병행하여 판단하여야 할 것이다.

③ **구조적 기준**: 시장에서 활동하고 있는 기업의 수와 규모, 다른 기업들이 시장에 진입하기 위한 조건 등을 기준으로 하여 시장의 기업의 수가 많을수록, 기업의 신규진입이 용이할수록 유효경쟁에 가깝다고 할 수 있다. 시장에서의 기업의 수가 의미가 있는 것은 시장이 획정된 후여야 하며, 시장진입의 용이성 판단도 쉽지 않

38) H. Hovenkamp, Federal antitrust policy(3. ed.), West(2005), p. 3.
39) P. Areeda/L. Kaplow/A. Edlin, Antitrust analysis(6. ed), Aspen(2004), pp. 29-32.

으므로 구조적 기준에 의해서만 유효경쟁 여부를 판단하는 것도 한계가 있다.

그렇다면 법적 개념으로서의 경쟁의 독자적 의미는 있는 것인가? 일본은 사적독점금지 및 공정거래확보에 관한 법률 제2조 제4항에서 "경쟁이라 함은 2 이상의 사업자가 그 통상의 사업활동의 범위 내에서 또한 당해 사업활동의 시설 또는 상태에 중요한 변경을 가하지 아니하고 동일 수요자에게 동종 또는 유사한 상품 또는 용역을 공급 내지 동일 공급자로부터 동종 또는 유사한 상품 또는 용역의 공급을 받는 행위를 하거나 또는 할 수 있는 상태를 말한다."라고 경쟁의 의미를 입법적으로 규정하고 있는데, 이 정의만으로 보호법익으로서의 경쟁을 이해하기에는 다소 부족함이 있다. 경쟁의 의미를 굳이 법적으로 정의하지 않더라도 경쟁의 의미는 사회과학적 접근을 통하여 판단할 수 있는 개념으로 볼 수 있다.[40] 그리고 법 개념으로서의 경쟁의 개념을 정의하지 않는다는 것이 경쟁을 보호해야 할 헌법적 의무를 면제시키는 것은 아님은 당연한 것이다.[41]

정리해보면 독점규제법은 특정한 경쟁 개념을 실현하려는 것이 아니라, 시장원리가 작동하지 않는 상황에서 규제를 통하여 부득이 간섭을 하지 않을 수 없는 상황을 찾는 규범이기 때문에, 독점규제법에서 말하는 경쟁은 시장에서의 자유로운 경제활동을 위하여 소극적으로 경쟁을 제한하는 현상을 찾아내어 이를 배제함으로써 경쟁의 발전 잠재력을 유지하는 과정에서 보호되어야 하는 질서원리로 이해하면 족할 것이다.[42]

2. 경쟁제한

경쟁제한은 주로 가격, 공급량, 거래조건, 시장진입 등과 같은 시장요소들과 관련되어 매우 다양한 모습으로 나타난다. 그러므로 경쟁제한의 구체적인 모습을 한정적으로 열거하기는 어려우며, 일정한 기준으로 경쟁제한의 유형을 구분할 수 있을 뿐이다.

우선 경쟁제한의 효과가 미치는 시장의 단계를 기준으로 수평적 경쟁제한, 수직

40) F. Rittner, Wirtschaftsrecht(2. Aufl.), C.F. Mueller(1987), p. 244.

41) 권오승, 전게서, 135면.

42) R.Van den Bergh/P.Camesasca, European competition law and economics: A comperative perspective(2. ed.), Thomson(2006), pp. 54-75.

적 경쟁제한으로 나눌 수 있다. 수평적 경쟁제한은 동일한 시장에서 활동하는 사업자들 간의 경쟁제한을 의미하며, 수직적 경쟁제한은 공급 또는 수요관계에 의하여 서로 연결되어 있는 시장에 관련되는 경쟁제한을 의미한다. 그리고 경쟁제한의 수단을 기준으로 가격에 의한 경쟁제한과 가격 이외의 요소에 의한 경쟁제한으로 나눌 수 있다.

독점규제법은 일정한 거래분야의 경쟁이 감소하여 특정 사업자 또는 사업자단체의 의사에 따라 어느 정도 자유로이 가격·수량·품질 기타 거래조건 등의 결정에 영향을 미치거나 미칠 우려가 있는 상태를 초래하는 행위를 '경쟁을 실질적으로 제한하는 행위'로 정의하고 있다(법 2조 8의 2호).

대법원은 경쟁을 실질적으로 제한하는지의 여부를 판단하기 위해서는 당해 상품의 특성, 소비자의 제품선택 기준, 당해 행위가 시장 및 사업자들의 경쟁에 미치는 영향, 당해 시장에서의 사업자 수 등 여러 사정을 고려하여 일정한 거래분야에서의 경쟁이 감소하여 가격·수량·품질 기타 거래조건 등의 결정에 영향을 미치거나 미칠 우려가 있는지를 종합적으로 살펴 개별적으로 판단하여야 할 것이라고 판시하고 있다.[43]

제 5 절 제재수단

독점규제법의 목적이 자유롭고 공정한 경쟁의 촉진 내지 회복에 있다면 이 목적을 실현하는 수단 또한 자유롭고 공정하여야 한다.[44] 그 의미는 독점규제법의 목적을 실현하는 집행 및 제재수단이 비례원칙이나 적법절차원칙에 벗어나지 않는 적절한 수단이어야 한다는 것이다. 독점규제법은 민사적 손해배상과 형벌에 의한 제재수단을 별도로 두고 있으나, 법 집행의 중심이 되는 제재수단은 공정거래위원회의 행정처분에 의한 시정조치와 과징금이므로 이에 대하여 간략히 설명하기로 한다.

---

43) 대법원 2009. 3. 26. 선고 2008두21058 판결.

44) 헌법재판소 1996. 12. 26. 선고 96헌가18 전원재판부 결정.

1. 시정조치 등

공정거래위원회는 독점규제법에 위반하는 행위가 있을 때에는 당해 사업자에 대하여 시정을 위하여 필요한 조치를 명할 수 있다(법 5, 16, 21, 24, 27, 31, 34조). 이에 따라 공정거래위원회는 시정조치 운영지침[45]을 마련하여 시행하고 있다. 위반행위의 중지명령, 주식처분명령, 계약조항 삭제명령, 시정명령을 받은 사실의 공표명령 등 시정조치의 목적은 현재의 법 위반행위를 중단시키고, 왜곡된 경쟁질서 내지 불공정한 거래의 상태를 바로잡으며, 향후 유사행위의 재발을 방지 · 억지하는 데에 있다.

시정조치는 부과대상자에게 요구되는 시정방식에 따라 주식의 처분, 임원의 사임 합의 파기 등 법 위반 사업자의 적극적인 행위를 요구하는 작위명령과 당해 법 위반 행위의 중지, 향후 위반행위 금지 등 소극적인 부작위를 내용으로 하는 부작위명령, 그리고 법 위반행위로 인한 시정명령을 받은 사실의 공표 내지 통지, 가격 보고, 교육실시 등과 같이 시정조치의 이행을 실효성있게 확보하고 당해 위반행위의 재발을 효과적으로 방지하기 위해 주된 명령에 부가하여 명하는 보조적 명령으로 구분할 수 있다. 공정거래위원회는 위반행위를 효과적으로 시정할 수 있다면 단순히 부작위명령에 국한하지 않고, 위반행위에 비례하여 합리적으로 필요한 범위내에서 작위명령 또는 보조적 명령을 위반행위에 따라 적절하게 선택하여 명할 수 있다. 대법원도 시정명령 제도를 둔 취지에 비추어 시정명령의 내용은 과거의 위반행위에 대한 중지는 물론 가까운 장래에 반복될 우려가 있는 동일한 유형의 행위의 반복금지까지 명할 수 있는 것으로 해석하고 있다.[46]

시정조치는 그 내용에 따라 행태적 시정조치와 구조적 시정조치로 구분할 수도 있다. 행태적 시정조치는 행위의 중지, 위반행위의 반복 금지, 거래 개시 등 법 위반 사업자의 행위를 시정하는데 필요한 내용을 담고 있으며, 구조적 시정조치는 법 위반행위가 일어나게 된 근본적인 구조를 시정하고자, 자산매각, 주식의 전부 또는 일부의 처분, 영업의 전부 또는 일부의 양도 등 자산이나 소유구조를 변경시키는 내용을 포함하고 있다.

45) 공정거래위원회 예규 제133호.

46) 대법원 2003. 2. 20. 선고 2001두5347 전원합의체 판결.

시정조치는 수범자의 행위제한 및 권익침해적 성질을 가진 행정처분이므로 부과를 위해서는 반드시 법령에 근거규정을 두고 있을 것이 요구된다. 그리고 시정명령의 속성상 다소간 포괄성·추상성을 띨 수밖에 없다 하더라도, 금지명령은 법 위반행위가 일어나지 않도록 금지되어야 하는 내용이 무엇인지 알 수 있게 명확하고 구체적이어야 하며, 당해 위반행위의 내용과 정도에 비례하여야 한다.[47)]

공정거래위원회는 법 위반행위가 인정되면 당해 사업자 또는 사업자단체에 대하여 시정방안을 권고할 수도 있다. 만일 10일 이내에 권고를 수락하면 시정조치가 명하여진 것으로 간주한다(법 51조). 또한, 공정거래위원회의 조사나 심의를 받고 있는 사업자 또는 사업자단체가 스스로 원상회복, 소비자피해구제 등 타당한 시정방안을 제안하고, 공정위가 이해관계자 등의 의견수렴을 거쳐 그 타당성을 인정하는 경우 위법 여부를 확정하지 않고 사건을 신속하게 종결하는 동의의결을 할 수도 있다(법 51조의 2).

2. 과징금

독점규제법은 법 위반행위자에 대한 금전적 제재수단으로서 위반행위별로 과징금을 규정하고 있다(법 6조, 17조, 22조, 24조의 2, 28조, 31조의 2, 34조의 2). 과징금은 부당이득 환수와 함께 제재적 성격을 가진 금전적 제재수단으로서, 과징금을 부과하기 위해서는 위반행위의 내용과 정도, 위반행위의 기간과 횟수 그리고 취득한 이익의 규모 등을 고려하여야 한다(법 55조의 3). 그리고 회사인 사업자의 합병이 있는 경우에는 당해회사가 행한 위반행위는 합병후 존속하거나 합병에 의해 설립된 회사가 행한 행위로 보아 과징금을 부과·징수할 수 있다.

과징금은 대통령령이 정하는 매출액의 일정 비율을 상한으로 하고 있다. 대통령령은 위반사업자가 위반기간 동안 일정한 거래분야에서 판매한 관련 상품이나 용역의 매출액 또는 이에 준하는 금액(이를 "관련매출액"이라 한다)이라고 규정하고 있다(영 9조). 다만, 위반행위가 상품이나 용역의 구매와 관련하여 이루어진 경우에는 관련 상품이나 용역의 매입액을 말하고, 입찰담합 및 이와 유사한 행위인 경우에는 계약금액을 말한다. 그리고 영업을 개시하지 아니하거나 영업중단 등으로 인하여 영업

---

47) 대법원 2009. 5. 28. 선고 2008두549 판결.

실적이 없는 경우, 위반기간 또는 관련 상품이나 용역의 범위를 확정할 수 없어 영 제9조 제1항에 따른 금액의 산정이 곤란한 경우, 재해 등으로 인하여 매출액 산정 자료가 소멸 또는 훼손되는 등 객관적인 매출액의 산정이 곤란한 경우는 일정한 액수의 과징금을 부과한다.

한편, 영 제61조 제1항과 관련된 별표 2에서는 과징금 부과 여부의 결정과 금액의 산정기준을 정하고 있다. 그에 따르면 관련매출액을 산정함에 있어서 관련 상품의 범위는 위반행위로 인하여 직접 또는 간접적으로 영향을 받는 상품의 종류와 성질, 거래지역, 거래상대방, 거래단계 등을 고려하여 정하고, 위반기간은 위반행위의 개시일부터 종료일까지의 기간으로 하며, 매출액은 사업자의 회계자료 등을 참고하여 정하는 것을 원칙으로 하되, 각각의 범위는 행위유형별로 개별적·구체적으로 판단하도록 하고 있다. 영 제61조 제3항에 따라 관련매출액 등의 산정과 같이 대통령령에 규정된 사항 이외에 과징금 부과에 관하여 필요한 세부 기준은 공정거래위원회가 정하여 고시하고 있다.[48]

부과되는 과징금 액수는 당해 법 위반행위의 구체적 태양 등에 기하여 판단되는 그 위법성의 정도나 기타 사정으로서 조사에의 협조 여부, 종전의 위반횟수뿐만 아니라, 위반행위로 인한 이득액의 규모와도 상호 균형을 이룰 것이 요구되고, 이러한 균형을 상실할 경우에는 비례의 원칙에 위배되어 재량권의 일탈·남용에 해당할 수 있다.[49] 과징금의 납부기한을 연장할 수 있으며, 분할납부, 연대납부, 징수 및 체납에 대한 처분도 가능하고, 이의신청의 재결 또는 법원의 판결 등의 사유로 공정거래위원회가 과징금을 환급하는 경우에는 일정한 환급가산금도 지급하여야 한다(법 55조의 4 내지 55조의 7).

48) 공정거래위원회 고시 제2017－21호.
49) 대법원 2008. 8. 11. 선고 2007두4919 판결.

제 3 장

시장지배적 지위의 남용금지

제1절 개　설

Ⅰ. 머 리 말

독과점은 시장경제가 발전하는 과정에서 필연적으로 발생하는 현상이다. 독과점이 국민경제에 미치는 효과는 양면적이다. 우선, 독과점은 규모의 경제를 통하여 효율성을 제고하고, 막대한 연구·개발을 통한 혁신을 가능케 하며, 특히 해외시장에 신규진입할 수 있는 자금을 확보할 수 있게 한다. 반면, 독과점이 상품이나 용역의 공급량을 감소시키고 가격을 인상하는 경우에는 소비자후생을 감소시킬 뿐만 아니라, 다른 사업자의 사업활동을 부당하게 방해하거나 신규진입을 곤란하게 하거나 또는 기존의 경쟁사업자를 배제하는 등의 폐해를 가져올 수도 있다.

이와 같이 독과점이 갖는 상반된 두 가지 측면을 감안하여 각국의 독점금지법은 독과점 그 자체나 독과점 추구행위 그 자체를 금지하지는 않으나, 독과점 사업자 내지 시장지배적 사업자가 그 지배력을 이용하여 소비자이익을 저해하거나 경쟁을 제한하는 행위를 사후에 규제하는 이른바 폐해규제주의를 취하고 있다. 우리나라의 경우에도 독점규제법은 시장지배적 사업자의 지위남용을 금지하는 한편, 장기간 독과점구조가 고착된 시장에 대해서는 이른바 시장구조개선시책을 시행하고 있다.

Ⅱ. 시장지배적 사업자의 개념 및 판단기준

1. "시장지배적 사업자"의 개념

시장지배적 사업자란 일정한 거래분야의 공급자나 수요자로서 단독으로 또는 다른 사업자와 함께 상품이나 용역의 가격, 수량, 품질 기타의 거래조건을 결정, 유지 또는 변경할 수 있는 시장지위를 가진 사업자를 말한다(법 2조 7호). 다시 말해서 시장지배적 지위란 경쟁사업자를 의식하지 않고 상당히 독립적으로 행위함으로써 유효경쟁을 저해할 수 있는 지위를 말한다. 여기서 우선 주의할 것은 독과점이라는 개념과 시장지배적 지위라는 개념은 동일한 개념이 아니라는 점이다. 즉, 독점규제법상의 시장지배적 지위는 반드시 미시경제학 내지 산업조직론상의 독과점과 일치하는 개념이 아니며, 독점규제법상 남용규제의 대상으로 삼을 것인지의 여부라는 규범적 차원에서만 정의될 수 있다.

종래 경제학이나 산업조직론에서 사용하는 독점 내지 과점이란 어느 시장에서 사업자가 단 하나이거나 둘 이상의 사업자라도 이들간에 상호의존성이 강하여 경쟁이 제대로 이루어지지 못하고 있는 시장을 말한다. 반면, 독점규제법상 시장지배적 사업자는 남용규제, 즉 남용행위에 대한 시정조치, 과징금이나 손해배상책임, 형사벌 등 일정한 제재를 위한 전제로서 충족되어야 할 요건의 하나이다. 그 결과 시장지배적 사업자는 독점규제법상 하나의 법개념으로서 그 해석이 중요한 의미를 가질 수밖에 없으며, 그 해석에는 남용규제의 목적이 중요하게 고려되지 않으면 안 된다.

어떤 사업자가 시장지배적 지위에 있는지 여부를 알기 위해서는 구체적인 사례마다 관련시장의 획정과 지배적 지위 여부를 판단하여야 한다. 한편, 독점규제법은 남용규제의 수범자에게 예측가능성을 제공하고, 남용규제시 시장지배력의 입증을 용이하게 하기 위하여 법률상 추정조항을 두고 있다(법 4조).

그에 따르면 일정한 거래분야에서 ① 1 사업자의 시장점유율이 100분의 50 이상이거나, ② 3 이하의 사업자의 시장점유율의 합계가 100분의 75 이상인 사업자(다만, 시장점유율이 10% 미만인 사업자는 제외한다)는 시장지배적 사업자로 추정된다(법 4조 각호). 다만 일정한 거래분야에서 연간 매출액 또는 구매액이 40억원 미만인 사업자는 처음부터 추정대상에서 제외한다. 실무상 공정거래위원회는 추정조항으로만 시장지배적 사업자 여부를 단정하지 않으며, 법 제2조 제7호 2문에서 정한 바와 같이 시장점유율, 진입장벽의 존재 및 정도, 경쟁사업자의 상대적 규모 등을 종합적으로 고려하여 판단하고 있다.

》》 판례 대법원 2005. 12. 9. 선고 2003두6283 판결 ("비씨카드" 사건)

▶ 사실관계

국내의 신용카드 3사인 BC카드와 12개 회원은행, 엘지카드와 삼성카드는 1997년 및 1998년의 금리상승과 위험도의 증가 등을 이유로 현금서비스 및 할부수수료율과 연체이자율을 인상하였는데, 2000년도 이후 조달금리, 연체율 및 대손율 등 신용카드사업의 중요한 원가요인이 현저하게 변동하여 수수료율이나 연체이자율을 대폭 인하할 수 있음에도 불구하고 2001. 3.까지 이를 오히려 인상 또는 그대로 유지하거나 소폭 인하하는 데 그쳤으며, 이 사건에서는 이들 신용카드 3사의 행위가 독점규제법상 시장지배적 사업자의 부당한 가격책정에 해당하는지 여부가 다투어졌다.

▶ 판결의 요지

독점규제법은 제3조의2 제1항 제1호에서 시장지배적 사업자는 상품의 가격이나 용역의 대가를 부당하게 결정·유지 또는 변경하는 행위를 하여서는 아니 된다고 규정하고 있으므로, 별도의 독립된 사업자들이 각기 자기의 책임과 계산 하에 독립적으로 사업을 하고 있을 뿐 손익분배 등을 함께 하고 있지 않다면 그 사업자들이 다른 사업자들과 함께 시장지배적 사업자에 해당하는 것은 별론으로 하고, 그 사업자들을 통틀어 시장지배적 지위의 남용을 금지한 같은 법 제3조의2, 제2조 제7호에서 규정하고 있는 하나의 사업자에 해당한다고 볼 수는 없다.

비씨카드와 회원은행들이 각기 별개의 사업자임을 전제로 한 2000년도 신용카드시장에서의 각 카드사업자별 시장점유율은 엘지카드가 19%, 삼성카드가 18.1%, 국민신용카드가 16.7%, 외환신용카드가 5.9% 정도이고, 비씨카드와 12개 회원은행은 최고 7.9%(조흥은행)에서 최저 0.1%(하나은행과 비씨카드) 정도에 불과한 사실, 신용카드시장에서 비씨카드와 12개 회원은행들은 상위 3개사에도 포함되지 아니할 뿐 아니라 그 시장점유율 또한 10% 미만이고, 엘지카드와 삼성카드 및 국민신용카드 등 상위 3개사 또한 시장점유율이 불과 53.8% 정도에 불과하여 법 제4조 제2호에서 정한 시장점유율의 합계 100분의 75에 미달하는 사실, 상위 3개사를 제외한 나머지 사업자들(조흥은행, 우리은행, 외환신용카드 등)의 숫자나 상대적 규모 또한 적지 아니한 사실을 인정할 수 있는바, 이들을 이 사건 카드시장의 이자율과 수수료율 등 거래조건을 결정, 유지 또는 변경할 수 있는 시장지위를 가진 시장지배적 사업자로 볼 수는 없다.

토의 주제

■ 위 판결에서 둘 이상의 회사를 하나의 사업자로 판단하기 위하여 대법원이 제시한 요건은 무엇인지를 살펴보고, 경쟁법적 관점에서 그 타당성 여부를 검토하라.

심화학습

• 아래의 두 논문을 읽고 market power와 독점규제법상 시장지배적 사업자를 비교해보자.

① W.M. Landes and R.A. Posner, Market Power in Antitrust Cases, 94 Harvard L. Rev. 937(1981)

② J. Vickers, Market Power in Competition Cases, 2 European Competition Journal 3 (2006)

2. 공동의 시장지배력

공정거래법 제2조 7호의 정의조항에서 알 수 있는 바와 같이 독점규제법상 시장지배적 사업자에는 '단독으로' 뿐만 아니라 '다른 사업자와 함께' 거래조건 등을 결정할 수 있는 지위를 갖는 자도 포함된다. 즉, 시장지배력은 단독으로 뿐만 아니라 공동으로도 형성될 수 있다(이른바, 공동의 시장지배력; collective dominance). 그런데 독점규제법은 시장지배적 사업자의 개념 및 추정과 관련하여 그 계열회사를 합쳐서 하나의 사업자로 본다고 규정하고 있을 뿐이며(영 4조 3항), 구체적으로 공동의 시장지배력을 인정하기 위한 요건을 제시하지 않고 있다.

대법원도 "비씨카드" 사건에서 공동의 시장지배에 관하여 명확한 태도를 보이지 않고 있는바, 독점규제법상 3이하의 사업자가 75% 이상의 시장점유율로 시장지배적 사업자로 추정되는 경우는 여기서 말하는 공동의 시장지배와 무관한 것이라는 취지로 보인다. 동 판결에 따르면 법 제4조 2호는 일종의 과점추정으로서 다른 사업자와 무관하게 단독의 지배적 지위를 추정하고 있는 것이고, 공정거래위원회 또한 남용규제의 실무상 동 추정조항을 개별적인 시장지배력 추정으로 이해하고 있다.

심화학습

• 아래의 두 논문을 읽고, 독점규제법상 경제적 동일체이론과 공동의 시장지배법리의 수용 가능성 및 실제 수용 여부를 논하라.

① 이봉의, "경제적 동일체이론과 공동의 시장지배에 관한 소고", 경제법판례연구 제5권, 2009, 1면 이하

② 이호영, "경쟁법상 '공동의 시장지배력' 개념에 관한 연구", 한국공정거래조정원 LEG Working Paper, 2009 상반기, 25면 이하

3. 수요측면의 지배력

1980년 독점규제법 제정 이후 공정거래위원회는 대체로 시장지배적 지위의 남용과 관련해서 공급측면에서의 시장지배력만을 문제 삼아왔으며, 수요측면에서의 시장지배력이 남용될 수 있는 위험은 제대로 인식되지 못하였다. 더구나 1999년 2월

개정 이전의 구 독점규제법상 시장지배적 사업자의 지정제도하에서는 수요측면에서의 독과점사업자가 처음부터 시장지배적 사업자에 포함되지 않음으로써 법 제3조의 2에 따른 남용규제를 받지 않았다.[1)]

이러한 규제상의 결함에 착안하여 입법론으로서 수요지배력의 남용과 관련하여 종래의 일률적인 지정 · 고시제도를 폐지하고, 수요지배적 사업자를 아울러 포섭시키는 방안이 이미 오래전부터 제시되었다.[2)] 그리고 마침내 1999년 2월 개정된 독점규제법은 동법 제2조 7호에 일정한 상품이나 용역의 수요자로서 시장지배력을 가진 사업자를 시장지배적 사업자에 포함시킴으로써, 동법 제3조의 2에 따른 남용금지의 적용대상을 확대하기에 이르렀다.

그러나 이러한 법 개정에도 불구하고 수요지배력의 개념에서부터 수요지배력이 경쟁에 미치는 효과 등 여러 가지 문제들이 아직 미해결의 상태로 남아 있다. 즉, 동법은 수요지배력의 남용행위에 대한 폭넓은 이론적, 실증적인 연구를 토대로 하지 않고 있을 뿐만 아니라, 그러한 남용행위를 가능케 하는 수요시장의 구조적 특성을 충분히 고려하지 않고 있다는 점에서 향후 동조의 합리적인 적용을 위한 해석론과 수요시장에 관한 바람직한 경쟁정책을 모색함에 있어서 한계를 노출하고 있다.

특히, 독점규제법 제2조 7호 및 제4조의 문제는 무엇보다도 공급측면에서의 시장지배력 남용에 적용되던 종래의 기준을 그대로 수요측면에 적용하고 있다는 데에 있다.[3)] 그런데 이러한 접근방법이 타당한지의 여부는 공급측면에서의 경쟁원리가 수요측면에서도 동일하게 기능할 것인지, 수요경쟁과 공급경쟁 내지 판매경쟁은 과연 어떤 관계에 있는지, 그리고 거의 전적으로 상품별 시장점유율에 기초하여 판단되는 절대적인 시장지배력이라는 개념이 과연 수요측면에서의 지배력을 포섭하기에 적합한 것인지를 살펴봄으로써 밝혀질 수 있다.

---

1) 구법 제2조 7호는 시장지배적 사업자를 "동종 또는 유사한 상품이나 용역의 공급에 있어서 시장점유율이 다음 각목의 1에 해당하는 경우로서 대통령령이 정하는 요건에 해당하는 사업자"로 정의하고 있었다.

2) 권오승, 「경제법」(1998), 180면.

3) 이봉의, "공정거래법상 수요지배력의 남용", 상사판례연구 제14집, 2013, 161면 이하.

심화학습

• 독점규제법은 일정한 거래분야의 수요자로서 가격이나 거래조건 등을 결정·유지·변경할 수 있는 지위를 가진 사업자를 공급자와 마찬가지로 시장지배적 사업자에 포섭시키고 있다. 이를 흔히 수요지배력(buyer power) 내지 수요측면의 지배력이라고 한다. 수요측면의 지배력을 시장지배적 지위로 파악할 것인지, 아니면 거래상 지위로 파악할 것인지는 다분히 입법정책의 문제일 수 있다. 독점규제법상 수요측면의 지배력을 규제할 수 있는 다른 근거조항을 찾아보고, 법 제3조의 2에서 별도로 수요지배력 남용을 규제할 필요성이 있는지에 관하여 생각해보자.

제 2 절 시장지배적 지위남용

Ⅰ. 시장지배적 지위남용의 의의

독점규제법은 다른 입법례와 마찬가지로 독과점 그 자체를 금지하지 않고, 그로 인한 남용행위만을 금지하고 있다. 이때 남용이란 크게 소비자를 포함한 거래상대방에게 유효경쟁의 상태에서는 상정할 수 없는 불이익을 가하는 '착취행위'(exploitative abuse)와 다른 사업자의 사업활동을 방해하거나 현실적·잠재적 경쟁사업자를 시장에서 봉쇄 또는 배제하는 '방해행위'(exclusionary abuse)로 대별할 수 있다. 일반적으로 방해남용은 시장지배적 사업자의 경쟁자에 대해서 행해지는 반면, 착취남용은 거래상대방에 대해서 행해지는 특성이 있다.

그 중 착취남용은 주로 사업자의 가격결정과 관련되는바, 독점규제법은 시장지배적 사업자의 부당한 가격책정, 부당한 출고량조절을 금지하는 한편(법 3조의 2 1항 1호, 2호), 이와 동일한 맥락에서 자신의 지위를 이용하여 거래상대방을 부당하게 착취하는 행위의 하나로 부당하게 소비자이익을 현저히 저해하는 행위를 금지하고 있다(동항 후단 5호).

다른 한편으로 시장지배적 사업자는 다른 사업자의 사업활동을 방해하거나 새로운 경쟁사업자의 진입을 막거나, 아니면 기존의 경쟁사업자를 시장에서 배제하는 방법으로 자신의 지위를 인위적으로 유지 또는 강화함으로써 경쟁제한의 폐해를 야기할 수도 있는바, 독점규제법은 이를 모두 금지하고 있다(동항 3, 4 및 5호).

Ⅱ. 남용행위의 유형 및 판단기준

1. 부당한 가격의 결정 · 유지 · 변경

시장지배적 사업자는 상품의 가격이나 용역의 대가를 부당하게 결정 · 유지 또는 변경하는 행위를 해서는 안 된다(법 3조의 2 1항 1호). 여기서 어떤 사업자의 가격책정이 법 제3조의 2 제1항 1호의 남용에 해당하는지 여부를 가리기 위해서는 다음과 같은 세 가지 요건의 충족 여부를 살펴보아야 한다.

① 당해 사업자가 관련시장에서 '시장지배적 지위'를 가질 것
② 시장지배적 사업자가 가격을 '결정 · 유지 · 변경'하는 행위를 할 것
③ 동 가격의 결정 · 유지 · 변경행위가 '부당'할 것

이 중에서 ①은 착취남용규제의 수범자이자 행위자의 주관적 요건이고, ②는 부당성 여부의 판단대상이 되는 가격책정의 행위형식을 규정하고 있는 것으로서, 동 호는 가격의 결정 · 유지 · 변경이라는 모든 유형의 가격책정을 포함하고 있어 그 자체로는 아무런 추가적 규범적 판단이 요구되지 않은 이른바 가치중립적 개념에 해당한다. 반면, ③은 시장지배적 사업자의 가격책정행위가 이른바 착취남용에 해당하여 금지되기 위한 것으로서, 구체적 기준에 관한 면밀한 규범적 판단이 요구되는 부분이다.

남용 판단의 핵심인 '부당성'과 관련하여 시행령은 시장지배적 사업자가 정당한 이유 없이 상품의 가격이나 용역의 대가를 수급의 변동이나 공급에 필요한 비용(동종 또는 유사업종의 통상적인 수준의 것에 한한다)의 변동에 비하여 현저하게 상승시키거나 근소하게 하락시키는 경우에 남용이 성립하는 것으로 규정하고 있다(영 5조 1항). 지금까지 공정거래위원회의 실무는 주로 원가 내지 원가상승률을 현저히 상회하여 가격을 인상하는 경우에 한하여 남용을 문제 삼아 왔으며, 이에 관한 대법원의 판결은 아직 없다.[4]

4) 시행령의 문리적 해석에 따른 한계와 이를 극복하기 위한 목적론적 해석의 시도로는 이봉의, "독과점시

그간 공정거래위원회가 부당한 가격결정을 이유로 규제한 사례는 불과 몇 건에 지나지 않는다. 부당한 가격결정을 금지한 최초의 사례로는 해태제과(주) 등 제과업체 3사가 제품의 가격은 그대로 둔 채 제품의 용량을 감소시켜서 가격을 인상한 것과 동일한 결과를 초래한 행위에 대하여 비스켓류 시장에서의 시장지배적 지위를 남용하여 가격을 인상한 행위로 보아 처음으로 규제한 예가 있고,[5] 현대자동차가 기아자동차의 주식 인수로 시장지배력을 강화한 후, 다른 사업자와 경쟁이 되는 승용차 부문의 가격은 인상하지 않고, 경쟁이 되지 않는 트럭과 버스 부문을 중심으로 가격을 인상한 행위에 대하여 경쟁시장이라고 할 수 있는 수출시장에서는 가격 인상이 거의 없거나 하락하였음에도 불구하고 국내시장에서 가격을 과도하게 인상한 점과 경쟁시장이었던 신형모델 출시시점과 독과점으로 전환된 이후 금번 가격인상시점 간에 가격인상폭이 비용변동폭보다 큰 점 등을 고려하여 시장지배력을 남용하여 부당하게 가격을 인상한 행위로 보아 규제한 예[6]가 있다.

비교적 최근의 사례로는 BC카드와 12개 회원은행, 엘지카드, 삼성카드가 IMF 외환위기 이후 조달금리의 상승 및 위험도의 증가 등을 이유로 현금서비스 및 할부수수료율과 연체이자율을 인상한 이후 원가요인의 현저한 변동으로 인하여 이들 수수료율을 대폭 인하할 수 있음에도 불구하고 오히려 이를 인상 또는 그대로 유지하거나 소폭 인하하는 데 그친 행위에 대하여 착취남용을 인정한 예[7]가 있다.

토의 주제

- 외국, 특히 유럽경쟁법의 경우 착취남용을 판단함에 있어서는 흔히 비교시장접근방법이나 원가(내지 이윤율)기준이 채용되고 있다. 독점규제법이 채택하고 있는 기준은 무엇인지, 그 기준이 과연 타당한지 여부를 법령 및 공정거래위원회의 심결을 기초로 탐색해보자.

장과 착취남용의 규제－독점규제법 제3조의 2 제1항 1호를 중심으로", 경쟁법연구 제22권, 2010, 120면 이하.

5) 공정거래위원회 의결 제92－1호, 제92－2호, 제92－3호, 1992. 1. 15.

6) 공정거래위원회 의결 제99－130호, 1999. 9. 3.

7) 공정거래위원회 의결 제2001－40호, 2001. 3. 28. 다만, 동 심결은 대법원에 의해 취소되었는바, 여기서는 가격결정의 부당성 여부를 다루지 않고 BC카드와 12개 회원은행들을 하나의 사업자로 보아 엘지카드 및 삼성카드와 함께 BC카드와 12개 회원은행을 시장지배적 사업자로 판단한 부분을 받아들이지 않았다(대법원 2005. 12. 9. 선고 2003두6283 판결). 동 판결은 가격남용에 관한 최초의 유일한 것이라는 점에 의의가 있으나, 남용판단을 위한 선결문제인 시장지배적 지위 자체를 부인함으로써 가격결정의 부당성에 관하여는 달리 기준을 제시하지 못하였다는 한계가 있다.

2. 부당한 출고량조절

시장지배적 사업자는 상품의 판매 또는 용역의 제공을 부당하게 조절하는 행위(이른바 '출고조절행위')를 해서는 안 된다(법 3조의 2 1항 2호). 여기서 '조절하는 행위'라 함은 당해 품목의 생산 또는 판매를 중단, 감축하거나 출고를 증감시키는 행위를 말한다. 그런데 사업자는 시장의 사정이나 경기의 변동에 따라 상품이나 용역의 생산량 또는 판매량을 조절할 수밖에 없기 때문에, 시장지배적 사업자가 상품이나 용역의 판매 또는 제공을 조절하는 경우에도 당해 상품의 수급상황, 생산능력 또는 원자재 조달사정 등에 비추어 그 조절행위가 통상적인 수준을 벗어나지 않는 경우에는 문제가 되지 않고, 통상적인 수준을 현저하게 벗어나서 가격의 인상이나 하락의 방지에 중대한 영향을 미치거나 수급의 차질을 초래할 우려가 있는 경우에는 부당한 출고조절행위로서 금지될 수 있다.

시행령은 상품의 판매 또는 용역의 제공을 부당하게 조절하는 행위의 유형으로 최근의 추세에 비추어 또는 유통단계에서 공급부족이 있음에도 불구하고 공급량을 현저히 감소시키는 경우로 규정하고 있다(영 5조 2항 각호).

지금까지 공정거래위원회가 부당한 출고량조절을 지위남용으로 보아 금지한 예는 모두 3건이다. 이들 3건은 모두 IMF 외환위기 이후 환율인상과 원자재가격폭등, 일시적인 가수요가 복합적으로 작용하여 출고량조절이 이루어진 것으로서 이들 3건에 대해서 모두 대법원 판결이 내려진 점 또한 공통적이다. 먼저, 조제분유의 출고량감소가 문제되었던 남양유업사건[8]에서 법원은 공정거래위원회가 출고조절의 조사대상을 위 회사의 수도권출고를 담당하는 2개의 창고 중 하나만을 기준으로 삼아 출고량과 재고량을 산정한 것은 오류이고, 출고조절이 이루어진 '상당한 기간'을 확정함에 있어서도 평상시에 비하여 현저한 기간인지 외에 당해 제품의 유통기한, 수요의 변동요인, 공급에 필요한 정상적인 수급상황에 영향을 미치는 제반 요인을 함께 고려하여 출고량조절이 당해 사업자의 시장지배적 지위에 기해서만 설명할 있는지 여부도 아울러 감안하여야 한다는 점을 들어 공정거래위원회의 결정을 취소한 원심판결을 인용하였다.

---

8) 대법원 2001. 12. 24. 선고 99두11141 판결.

그 밖에 대두유의 출고량감소가 문제되었던 이른바 신동방사건[9]과 제일제당사건[10]에서 법원은 각각 상이한 결론을 내렸다. 법원은 일관되게 상품의 판매 등을 조절하는 행위가 부당한지 여부는 당해 상품의 수급 등 유통시장의 상황, 생산능력이나 원자재 조달사정 등 사업자의 경영환경에 비추어 그 조절행위가 통상적인 수준을 벗어나서 가격의 인상이나 하락의 방지에 중대한 영향을 미치거나 수급차질을 초래할 우려가 있는지 여부에 따라 판단하여야 한다고 판시하면서, 신동방사건에서는 출고량의 감소폭이 크고 출고량 감소 이후 영업이익이 급증한 점 등을 고려하여 부당성을 인정한 반면, 제일제당사건에서는 재고량이 1달치에 불과하고 출고량의 감소정도가 미미할 뿐만 아니라 출고량 감소 이후 영업이익도 적자 또는 약간의 흑자에 그쳤다는 점 등을 고려하여 가격인상을 목적으로 출고를 조절하였다고 볼 수 없어 그 부당성을 인정하지 않았다.

››› 판례 대법원 2002. 5. 24. 선고 2000두9991 판결 (출고조절의 부당성 판단(1): "제일제당" 사건)

독점규제법 제3조의2 제1항 제2호는 시장지배적 사업자가 상품의 판매 또는 용역의 제공을 부당하게 조절하는 행위를 금지하고 있는바, 여기서 상품의 판매 등을 조절하는 행위가 부당한지 여부는 당해 상품의 수급 등 유통시장의 상황, 생산능력 · 원자재 조달사정 등 사업자의 경영사정에 비추어 그 조절행위가 통상적인 수준을 현저하게 벗어나서 가격의 인상이나 하락의 방지에 중대한 영향을 미치거나 수급차질을 초래할 우려가 있는지 여부에 따라 판단하여야 한다.

...(중략) 원고가 출고조절기간 동안에 거래업체의 주문량에 따라 주문량 전부를 출고하지 아니하고 출고를 다소 감소시킨 점은 인정되나, (1) 원고가 출고조절기간 동안 감소시킨 생산 · 출고량을 피고가 비교기간으로 설정한 1997. 12. 1.부터 12. 6.까지 사이의 생산 · 출고량과 비교하여 보아도 그 감소 정도가 현저하다고 할 수 없을 뿐만 아니라, 위 비교기간 자체가 이미 외환위기 등으로 인하여 대두유에 대한 수요가 증가하였던 시점의 것이므로 비교기준으로서 타당한 것이라고 단정하기도 어렵고, (2) 또, 출고조절기간 당시 외환위기라는 비상상황을 맞이하여 대두의 수급전망이 불투명하였는데도, 원고의 대두 보유량은 1달 정도의 사용량에 불과하였고, 당시의 가수요에 따라 대두유를 공급하고 나면 재고가 거의 소진될 형편이어서, 그 다음해 1월의 설 명절을 전후한 기간 동안에 엄청난 공급부족 파동에 직면할 우려가 있었다는 사정 등을 감안하면, 원고가 출고량을 다소 조절한 것은 사업자로서 최악의 상황에

9) 대법원 2000. 2. 5. 선고 99두10964 판결.
10) 대법원 2002. 5. 24. 선고 2000두9991 판결.

대비한 합리적인 기업경영행위라 보이는 점, 위와 같은 대두유에 대한 가수요는 물가 불안 심리에 따른 일부 유통업자의 매점매석행위와 소비자의 사재기에 기인한 것인데, 원고가 그와 같은 비정상적인 가수요에 그대로 응하여 생산·출고를 증대시키면 부산물의 처리 및 원가 상승 등으로 인한 손실의 확대가 예상되는바, 이러한 상황에서 원고에게 손실의 확대를 감수하면서까지 생산·출고를 증대할 것을 기대하기는 어려운 점, 1997. 12.에 원고는 대두유 매출과 관련하여 적자를 보았고, 그 다음해 1월에는 소폭의 흑자를 보았으나 이와 같은 흑자는 원고의 출고조절행위에 기인한 것이 아니라, 설 명절 수요증가에 의한 매출액의 증대와 환율 상승에 따른 대두유의 가격인상에 기인한 것이고, 또한 원고가 가격인상 효과를 극대화하거나 가격인상 후의 대량출고를 목적으로 출고를 조절하였다고 볼 수도 없는 점 등에 비추어 보면, 원고가 출고조절기간 동안에 대두유의 출고를 다소 감소시켰다 하여, 그러한 행위가 법 제3조의2 제1항 제2호 소정의 부당한 출고조절행위에 해당한다고는 볼 수 없고, (3) 따라서 원고의 위와 같은 행위가 부당한 출고조절행위에 해당함을 전제로 한 피고의 이 사건 과징금부과처분은 위법하다고 판단하였다.

기록과 관계 법령의 규정 및 위 법리에 비추어 살펴보면, 원심의 위와 같은 사실인정과 판단은 정당한 것으로 수긍되고, 거기에 상고이유의 주장과 같이 채증법칙을 위배하여 사실을 오인하였거나, 부당한 출고조절행위 등에 관한 법리오해 등으로 판결에 영향을 미친 위법이 있다고 할 수 없다. 상고이유의 주장은 모두 받아들일 수 없다.

》》 판례 대법원 2001. 12. 24. 선고 99두11141 판결 (출고조절의 부당성 판단(2): "남양유업" 사건)

원심은 다음과 같은 이유로 피고의 위 의결이 위법하다고 판단하고 있다. 즉, ① 원고 회사는 전국에 9개의 창고가 있고, 그 중 수도권지역 출고를 담당하는 창고로는 수색창고와 기흥창고가 있는데, 원고 회사의 1997년 전체 출고량 중 26.4%가 수색창고에서, 18.8%가 기흥창고에서 각 출고되었고, 위 고시 (2)호에서 직영대리점이나 판매회사의 재고량까지 모두 시장지배적사업자의 재고량으로 보도록 규정하고 있으므로, 원고 회사의 출고량 감소 및 재고량 증가가 최근의 추세에 비추어 현저한지 여부는 원고 회사 창고 전부를 기준으로 하거나 적어도 조제분유 품귀현상이 발생하였다는 수도권지역에 대한 출고를 담당하는 수색창고와 기흥창고 모두를 기준으로 하여 판단하여야 할 것인데, 피고는 수색창고 한 곳만을 기준으로 하여 판단하였으므로 부당하고, ② 조제분유제품은 출고되어 소비자에게 판매되기까지 일정한 재고기간 내지 진열기간이 소요되기 마련이며, 특히 원고 회사의 경우 거래처의 대금결제가 다음 달 말일에 행하여지는 관계로 항상 월말의 출고량이 월초나 월중에 비하여 현저하게 소량이므로, 원고 회사의 출고량 감소 및 재고량 증가, 서울지역 4개 대리점의 '아기사랑' 판매량의 감소가 각 최근의 추세에 비추어 현저한지 여부는 1997년 12월 한달 동안 또는 그 이상의 기간 동안을 기준으로 하여 판단하여야 할 것인데, 피고는 단지 5일 동안에 불과한 짧은 기간으로서 그것도 출고량이 항상 감소하기 마련인 월말에 속하는 기간을 기준으로 하여 판단하였으므로 이 또한 부당하고, ③ 이 사건 기간 동안 수도권 지역에 조제분유 품귀현상이 발생하였음을 인정할 자료가 없고, 오히려 이 사건 기간이 경과한 1998년 1월초 이후에 그러한 품귀현상이 발생한 사실이 인정될 뿐이며, 그 원인도 원고 회사 등 공급업체들의 비정상적인 공급감소에 있다기보다는 가격인상을 앞두고 일부 소비자들이 평상시보다 월등히 많은 양을 사재기한 데에 있는 것으로 추인되므로, 결국 피고의 위 의결은 그 판단이 잘못되었거나 사실의 기초를 결하고 있어 위법하다는 것이다...(중략)

(1) 원심 판시와 같이, 원고 회사의 수도권지역 출고를 담당하는 창고로 수색창고와 기흥창고가 있고, 기흥창고의 출고량이 상당량에 이른다면, 피고로서는 수색창고와 기흥창고의 출고량을 합산하여 위 고시 (1)호 해당 여부를 판단하여야 할 것이며, 한편 위 고시 (2)호는 직영대리점이나 판매회사의 재고량까지도 모두 시장지배적사업자의 재고량으로 보도록 규정하고 있으므로, 고시 (2)호 해당 여부를 판단함에 있어서도 수색창고의 재고량만을 기준으로 하여서는 아니된다 할 것이다.

그런데 앞서 본 피고의 의결이유에 의하면, 피고는 고시 (1)호 해당 여부를 판단함에 있어서는 기흥창고의 출고량을 합산하지 아니하였고, 고시 (2)호 해당 여부를 판단함에 있어서는 기흥창고의 재고량을 합산하지 아니함은 물론 직영대리점이나 판매회사의 재고량도 합산하지 아니하였음이 분명하다. 그렇다면 피고가 원고 회사의 부당한 출고조절 여부를 판단함에 있어서 수색창고 한 곳만을 기준으로 하여 부당하다는 원심의 사실인정 및 판단은 정당하고, 거기에 상고이유 주장과 같은 채증법칙 위배, 법리오해의 위법이 있다고 할 수 없다. 이에 관한 상고이유 주장은 이유 없다.

(2) 또한 고시 (1)호와 (2)호는 '생산량 또는 판매량 감소'와 '재고량 증가'가 각 '최근의 추세에 비추어 현저할 것'을 각 그 요건으로 하고 있는바, '최근의 추세'와 대비할 '상당한 기간'을 획정함에 있어서는, 기본적으로 '생산량 또는 판매량의 감소' 내지 '재고량의 증가'가 평상시에 비하여 현저한 기간을 기준으로 삼아야 할 것이지만, 고시 (1)호와 (2)호에 해당하는 행위가 있으면 공정거래위원회가 따로 그 '부당성'을 입증하지 아니하여도 법 제3조의2 제1항 제2호에서 규정하는 '부당하게 조절하는 행위'로 평가된다는 점에 유념하면(위 고시 규정들은 법 제3조의2 제2항의 위임에 따라, 법 제3조의2 제1항 제2호의 내용을 보충하는 이른바 법률보충적 행정규칙으로서 법규명령으로서의 효력을 가지기 때문이다.), '상당한 기간'은 위 기준만에 의할 것이 아니라, 그 외 당해 제품의 유통기한, 수요의 변동요인, 공급에 필요한 비용의 변동요인 등 정상적인 수급상황에 영향을 미치는 제반 요인을 함께 살펴, 그 기간 동안의 '생산량 또는 판매량의 감소' 내지 '재고량의 증가'가 시장의 수요에 현저하게 역행하는 것으로서 그것이 당해 사업자의 시장지배적 지위에 기해서만 설명이 가능한 것인지 여부도 아울러 감안하여 획정할 것이 요구된다 할 것이다(피고 내부의 심사기준인 공정거래위원회 고시 제2000-6호에도 그 취지의 규정이 있다).

기록에 의하면, 원고 회사의 경우 거래처의 대금결제가 다음달 말일에 행하여지는 관계로 항상 월말의 출고량이 월초나 월중에 비하여 현저하게 소량인 점을 알 수 있으므로, 월말 출고량의 현저한 감소만으로는 그것이 원고 회사의 시장지배적지위에 기한 것이라고 보기는 어렵고, 따라서 이 사건 기간은 원고 회사의 출고량 감소 및 그로 인한 재고량 증가가 최근의 추세에 비추어 현저한지 여부를 알 수 있는 '상당한 기간'이라고 볼 수 없다.

같은 취지의 원심 판단은 정당하고, 거기에 상고이유에서 주장하는 바와 같은 출고조절기간 획정에 관한 법리오해의 위법이 없다. 이에 관한 상고이유 주장도 이유 없다.

(3) 위 고시 (3)호는 판매량의 현저한 감축을 요건으로 하고 있지 아니하므로, 이 사건 기간 동안에 수도권지역에 조제분유 품귀현상이 발생하고 있었다면, 원고 회사의 이 사건 행위사실은 위 고시 (3)호에 해당하는 행위가 될 수 있다.

그러나 원심의 증거취사를 기록에 비추어 살펴보면, 이 사건 기간 동안 수도권지역에 조제분유 품귀현상이 발생하였음을 인정할 자료가 없다고 본 원심의 사실인정은 정당한 것으로 수긍할 수 있으므로, 원고 회사의 이 사건 행위사실이 고시 (3)호에 해당한다고도 할 수 없다. 같은 취지에서 한 원심의 사실인정 및 판단은 정당하고, 거기에 상고이유에서 주장하는 바와 같은 채증법칙 위배 등의 위법이 없다. 이 부분 상고이유 주장 역시 이유 없다.

토의 주제

- 제일제당사건과 신동방사건의 판결문을 읽고, 대법원이 남용 여부에 관하여 각기 상반된 결론을 내리게 된 요소가 무엇일지 따져보라.

3. 다른 사업자의 부당한 사업활동방해

시장지배적 사업자는 다른 사업자의 사업활동을 부당하게 방해하는 행위를 해서는 안 된다(법 3조의 2 1항 3호). 여기서 '다른 사업자'란 당해 시장지배적 사업자와 경쟁관계에 있거나 경쟁관계가 성립할 수 있는 사업자 또는 거래상대방의 지위에 있는 사업자를 말한다. 그리고 '사업활동을 부당하게 방해하는 행위'라 함은 직접 또는 간접으로 다음 각 호의 1에 해당하는 행위를 함으로써 다른 사업자의 사업활동 등을 어렵게 하는 경우를 말한다(영 5조 3항). 그런데 다른 사업자의 사업활동을 어렵게 하는지 여부를 판단함에 있어서는 다른 사업자의 생산, 재무, 판매활동을 종합적으로 고려하여야 하되, 사업활동이 실제로 어려워진 경우는 물론이고 어려워질 우려가 있는 경우를 포함한다.

시장지배적 사업자가 다른 사업자의 사업활동을 방해하는 경우에도 정당한 행위와 부당행위를 구별하기란 매우 어렵다. 시장지배적 사업자의 효율적인 전략도 경쟁사업자에게는 방해효과를 가질 수 있기 때문이다. 이와 관련하여 시장지배적 사업자의 거래거절을 통한 방해남용이 문제되었던 2007년의 "포스코" 판결에서 대법원은 부당성을 판단하는 기준으로서 경쟁제한의 의도 내지 목적과 객관적으로 경쟁제한효과가 발생할 우려라는 두 가지 요건을 제시하였고, 그 후 법원은 일관되게 여타 사업활동방해는 물론이고 경쟁사업자 배제행위에 이르기까지 의도 및 효과기준을 적용하고 있다.

(1) 원재료의 구매 방해

정당한 이유없이 다른 사업자의 생산활동에 필요한 원재료의 구매를 방해하는 행위가 이에 해당한다. 원재료에는 부품과 부재료를 포함하며, '원재료의 구매를 방해'한다는 것은 원재료의 구매를 필요한 양 이상으로 현저히 증가시키거나, 원재료 공급자로 하여금 당해 원재료를 다른 사업자에게 공급하지 못하도록 강제 또는 유인하는 것을 말한다.

(2) 필수적인 인력 채용

정상적인 관행에 비추어 과도한 경제상의 이익을 제공하거나 제공할 것을 약속하면서 다른 사업자의 사업활동에 필수적인 인력을 채용하는 행위가 이에 해당한다. 여기서 '필수적인 인력'이라 함은 당해 업체에 장기간 근속하였거나 많은 비용을 투입하여 특별히 양성한 기술인력(기능공 포함), 또는 당해 업체에서 특별한 대우를 받았거나, 당해 업체의 중요 산업정보를 소지하고 있어 이를 유출할 가능성이 있는 기술인력을 말한다. 다만 기능공의 경우에는 당해 업체에 커다란 타격을 줄 정도로 다수의 기능공이 스카웃되는 경우를 말한다(시장지배적 지위남용행위 심사기준 Ⅳ-3 나).

(3) 필수적인 요소의 사용거절, 중단 및 제한

정당한 이유 없이 다른 사업자의 상품 또는 용역의 생산·공급·판매에 필수적인 요소(이하 '필수요소'라 한다)의 사용 또는 접근을 거절·중단하거나 제한하는 행위가 이에 해당한다. 이것은 2001년 3월 27일 개정된 시행령에 의하여 도입된 것으로, 이른바 필수설비이론(Essential Facilities Doctrine)을 받아들여 입법화한 것이다. 이 이론을 적용하기 위해서는 특정한 사업자가 필수요소를 독점적으로 소유 또는 통제하고 있어야 한다. 여기서 '필수요소'라 함은 네트워크, 기간설비 등과 같은 유·무형의 요소를 포함하는 것으로서, 사용의 불가피성과 신설의 불가능성을 갖춘 요소를 말한다. 사용의 불가피성은 당해 요소를 사용하지 않고서는 상품이나 용역의 생산·공급 또는 판매가 사실상 불가능하여 일정한 거래분야에 참여할 수 없거나, 당해 거래분야에서 피할 수 없는 중대한 경쟁열위상태가 지속될 경우에 인정되며, 신설의 불가능성은 당해 요소를 사용하거나 이에 접근하려는 자가 이를 재생산하거나 다른 요소로 대체하는 것이 사실상·법률상 또는 경제적으로 불가능할 경우에 인정된다.

일반적으로 필수설비란 통신, 가스, 전력, 철도망과 같은 네트워크와 항만, 항공시설, 철도역사, 스포츠 경기장, 라디오나 TV 방송국 등과 같은 기간설비를 의미하는 것으로 이해되고 있다. 거절의 상대방인 '다른 사업자'라 함은 필수요소의 보유자 또는 그 계열회사가 참여하고 있거나 가까운 장래에 참여할 것이 예상되는 거래분야에 참여하고 있는 사업자를 말한다. 즉, 필수요소를 보유한 자 또는 그 계열회사와 현실적 또는 잠재적 경쟁관계에 있는 사업자에 대해서 당해 필수요소의 사용이나 접근 등을 거절하는 경우에 동호에 해당하게 된다.

한편 거절·중단 또는 제한하는 행위라 함은 필수요소에의 접근이 사실상 또는 경제적으로 불가능할 정도의 부당한 가격이나 조건을 제시하거나, 기존의 사용자에 비하여 현저하게 차별적인 가격이나 배타조건, 끼워팔기 등 불공정한 조건을 제시하는 등 실질적으로 거절·중단 또는 제한하는 것과 같은 효과를 발생시키는 행위를 말한다. 여기서 문제가 되는 것은 적정한 대가의 제공이다. 다른 사업자가 보유하고 있는 필수요소를 사용하거나 이에 접근하려는 자는 그 필수요소의 보유자에게 적정한 대가를 제공해야 한다. 적정한 대가를 제공함에도 불구하고 그 사용이나 접근을 거부하는 경우에는 남용행위가 성립될 수 있고, 비록 사용이나 접근을 허용하더라도 과도한 대가를 요구하여 사용이나 접근을 사실상 곤란하게 할 경우에도 남용행위가 되게 되는 것은 마찬가지이다.

정당한 이유가 있는 경우에는 필수요소의 사용이나 접근을 거절하더라도 남용행위가 성립하지 않는다. 여기서 실무상 구체적으로 어떠한 경우에 정당한 이유가 있다고 볼 것인가 하는 점이 매우 중요하게 된다. 심사기준에 따르면, 정당한 이유가 있는지를 판단함에 있어서는 i) 필수요소를 제공하는 사업자의 투자에 대한 정당한 보상이 현저히 저해되는 경우(다만, 경쟁의 확대로 인한 이익의 감소는 정당한 보상의 저해로 보지 않음), ii) 기존 사용자에 대한 제공량을 현저히 감소시키지 않고서는 필수요소의 제공이 불가능한 경우, iii) 필수요소를 제공함으로써 기존에 제공되고 있는 서비스의 질이 현저히 저하될 우려가 있는 경우, iv) 기술표준에의 불합치 등으로 인하여 필수요소를 제공하는 것이 기술적으로 불가능한 경우, v) 서비스를 이용하는 고객의 생명이나 신체의 안전에 위험을 초래할 우려가 있는 경우 등을 고려하게 하고 있다(시장지배적 지위남용행위 심사기준 Ⅳ-3 다).

이처럼 독점규제법상 필수요소의 거래거절이 남용에 해당하기 위한 요건은 통상의 거래거절에 비하여 매우 엄격하게 규정되어 있어 동 규정의 실효성이 의문시되며,[11] 현재까지 공정거래위원회가 동 규정을 적용한 사례도 없다.

심화학습

• 독점규제법에서는 필수설비가 아니라 '필수요소'라고 규정하고 있기 때문에, 아래와 같이 몇 가지 해석상 의문에 답하라.

① 네트워크와 기간설비 이외에 지적재산권도 필수요소에 포함되는가?

② 수직통합된 사업자가 자가용으로만 생산하는 원재료나 부품이 필수요소에 해당될 수 있는가?

③ 필수요소의 접근거절은 남용행위 중에서 거래거절이나 차별적 취급과 어떻게 구별되는가?

(4) 기타 사업활동의 방해

그 밖의 부당한 방법으로 다른 사업자의 사업활동을 어렵게 하는 행위로서 공정거래위원회가 고시하는 행위가 여기에 해당한다. 예컨대, 부당하게 특정한 사업자에 대하여 거래를 거절하거나 거래하는 상품 또는 용역의 수량이나 내용을 현저히 제한하는 행위, 거래상대방에게 정상적인 거래관행에 비추어 타당성이 없는 조건을

11) 이봉의, "공정거래법상 필수설비법리의 현황과 과제 – 심결례 및 판례를 중심으로", 상사판례연구 제19집 제1권, 3면 이하.

제시하거나 가격 또는 거래조건을 부당하게 차별하는 행위, 부당하게 거래상대방에게 불이익이 되는 거래 또는 행위를 강제하는 행위, 거래상대방에게 사업자금을 대여한 후 정당한 이유 없이 대여자금을 일시에 회수하는 행위, 다른 사업자의 계속적인 활동에 필요한 소정의 절차(관계기관 또는 단체의 허가, 추천 등)의 이행을 부당한 방법으로 어렵게 하는 행위, 지식재산권과 관련된 특허침해소송, 특허무효심판 기타 사법적·행정적 절차를 부당하게 이용하여 다른 사업자의 사업활동을 어렵게 하는 행위 등이 여기에 해당된다(시장지배적 지위남용행위 심사기준 Ⅳ-3 라).

시장지배적 사업자가 판매업자나 대리점에 대하여 경쟁사업자와의 거래를 중단하도록 하거나 경쟁사업자의 상품판매를 직접 방해한 행위를 하여 공정거래위원회로부터 시정조치를 받은 예가 있고,[12] 한국전기통신공사가 거래처인 대우통신(주)에 대하여 자신의 경쟁사업자인 데이콤에게 유리한 '082 전화기'의 생산·판매의 중단을 요구한 행위도 이와 유사한 맥락에서 이해할 수 있다.[13] 또한 국내 유일의 열연코일(hot coil) 제조업자인 포스코가 냉연강판 제조업자인 현대하이스코(주)에 대하여 냉연강판의 제조에 필수적인 열연코일의 공급을 정당한 이유없이 거절한 행위가 기타의 부당한 사업활동방해로 금지된 바 있으나, 대법원은 동 거래거절로 인한 거래상대방의 구체적인 불이익 외에 현실적으로 경쟁제한의 결과가 나타났다고 인정할 만한 증거가 없다는 이유로 부당성을 부인하였다.[14]

에스케이텔레콤이 자기의 이동통신서비스를 이용하는 고객 중 MP3폰 소지자들에 대하여 자기가 운영하고 있는 음악사이트인 멜론에서 구매한 음악파일만 재생할 수 있도록 한 DRM을 폐쇄적으로 운영한 행위에 대하여 동사가 MP3폰을 디바이스로 하는 이동통신서비스시장에서 갖는 시장지배적지위를 남용하여 경쟁사업자의 사업활동을 어렵게 할 뿐만 아니라 거래강제를 통하여 소비자의 이익을 현저히 저해한 행위로 시정조치가 내려졌고,[15] 서울고법은 경쟁제한효과를 인정하면서도 DRM의 특성이나 개발경위 등을 고려할 때 경쟁제한의 의도나 목적을 인정할 수 없어

12) 공정거래위원회 1990. 7. 6. 시정권고 제90-14호(대한항공사건); 1993. 7. 22. 의결 제93106호, 9306독343(동양맥주사건); 1995. 4. 1. 의결 제95-42호(코리아제록스사건); 1998. 3. 11. 의결 제98-51호(한국담배인삼공사사건).

13) 공정거래위원회 1997. 1. 30. 의결 제97-6호(한국통신공사사건).

14) 공정거래위원회 2001. 4. 12. 의결 제2001-068호(포스코사건); 서울고법 2002. 8. 27. 선고 2001누5370 판결; 대법원 2007. 11. 22. 선고 2002두8626 전원합의체 판결.

15) 공정거래위원회 2007. 2. 6. 의결 제2007-044호.

부당하지 않다고 판시하였다.[16] 이어서 대법원 또한 원심의 판단이 정당하다고 판시하였다.[17]

티브로드(주) 소속 종합유선방송사업자들이 허가받은 권역 내에서 차지하는 시장지배적 지위를 이용하여 정당한 이유없이 방송채널사용사업자인 우리홈쇼핑의 방송송출을 일정 시간 동안 제한한 행위가 거래거절을 통한 부당한 사업활동방해로 시정조치를 받은 바 있다.[18] 끝으로 공정거래위원회는 현대자동차가 국내 승용차 및 5톤 이하 화물차 판매시장에서의 시장지배적 지위를 이용하여 합리적인 이유 없이 자신의 판매대리점의 판매거점이전에 대한 승인 혹은 영업직원채용 등록을 지연·거부하거나 판매목표를 강제한 행위 등에 대하여 판매대리점의 사업활동을 부당하게 방해하는 남용행위로 보아 시정조치와 과징금을 부과하였으나,[19] 서울고법에 이어 대법원은 문제된 행위 중 판매목표 강제부분에 한하여 직영대리점과의 자유로운 경쟁을 제한할 의도나 목적이 없을 뿐만 아니라 경쟁제한효과가 발생할 우려도 없다는 이유로 일부 취소판결을 내린 바 있다.[20]

끝으로 엔에이치엔(주)이 동영상 콘텐츠 공급업자에 대하여 자신의 검색결과로 보여지는 동영상 플레이어 내 동영상 시청에 방해가 되는 유료광고는 자신과의 협의 없이 게재할 수 없다는 거래조건을 설정한 이른바 광고제한행위가 불이익강제로서 남용에 해당하는지 여부와 관련하여 대법원은 그러한 행위로 인하여 동영상 콘텐츠 공급업체의 광고수익이 줄어들 가능성이 있다는 사정은 이 사건 광고제한행위로 인하여 입게 되는 구체적인 불이익에 불과하여 현실적으로 경쟁제한의 결과가 나타났다고 인정할 만한 사정에 이르지 못하고 경쟁제한의 의도나 목적이 있었던 것으로 보기도 어렵다고 판단하였다. 또한 엔에이치엔과 동영상 콘텐츠 공급업체 사이의 색인 데이터베이스 제공계약과 관련하여 아무런 대가가 수수된 바 없고, 이 사건 광고제한행위에도 불구하고 해당 동영상 콘텐츠 공급업체는 얼마 후 선광고를 게재하였으며 엔에이치엔 역시 2007. 5.부터 동영상 콘텐츠 공급업체의 선광고를 허용한 점, 당시 엔에이치엔이 자체 제공하던 동영상 콘텐츠에도 선광고를 게재하

16) 서울고법 2007. 12. 27. 선고 2007누8623 판결.
17) 대법원 2011. 10. 13. 선고 2008두1832 판결.
18) 공정거래위원회 2007. 3. 19. 의결 제2007-143호; 제2007-145 등 참조.
19) 공정거래위원회 2007. 5. 18. 의결 제2007-281호.
20) 서울고법 2008. 4. 16. 선고 2007누16051 판결; 대법원 2010. 3. 25. 선고 2008두7465 판결.

지 않아 동영상 콘텐츠 공급업체를 특별히 차별한 것도 아니었고 동영상 콘텐츠의 선광고를 무조건 금지한 것이 아니라 사전 협의하도록 약정한 점, 동영상 콘텐츠 공급업체로서도 선광고가 자신에게 불이익하다면 다른 인터넷 포털 사업자를 선택할 수 있고, 이러한 불이익을 감수하더라도 이용자의 편익을 고려한 동영상 콘텐츠를 제공함으로써 이용자 유입을 늘려 광고수익을 증대시키는 방안도 선택가능한 정책으로 보이는 점 등을 종합하여 보면, 엔에이치엔이 시장에서의 독점을 유지·강화할 의도나 목적, 즉 시장에서의 자유로운 경쟁을 제한함으로써 인위적으로 시장질서에 영향을 가하려는 의도나 목적을 갖고, 객관적으로도 그러한 경쟁제한의 효과가 생길 만한 우려가 있는 행위로 평가될 수 있는 불이익 강제행위를 했다고 보기 어렵다는 것이다.[21)]

››› 판례 대법원 2007. 11. 22. 선고 2002두8626 전원합의체 판결 ("포스코" 사건)

▶ 사실관계

원고인 주식회사 포스코는 국내 유일의 일관제철업체이며, 동부제강(주), 연합철강공업(주), 현대하이스코(주) 등이 단압업체로서 냉연강판 제조에 참여하고 있었다. 포스코는 자가소비를 포함하여 2000년 기준으로 국내 열연코일 시장의 79.8%를 점유하고 있었으며, 냉연강판 시장에서는 포스코가 58.4%, 동부제강(주) 13.7%, 현대하이스코(주) 11.1%, 연합철강공업(주) 7.9%의 점유율을 갖고 있었다. 포스코는 냉연강판 시장에서도 점유율 1위의 사업자에 해당하였다. 이러한 상황에서 포스코는 현대하이스코(주)가 1999년 2월 냉연강판공장 완공을 전후하여 시험가동 또는 제품생산을 위해 1997. 8. 6., 1998. 6. 1., 1998. 10. 10., 2000. 12. 22., 2001. 2. 14. 등 수차례에 걸쳐 피심인에게 냉연용 열연코일의 공급을 요청하였음에도 불구하고, 경쟁사업자인 현대하이스코(주)에 대해 이를 전혀 공급하지 않았다.

이 사건에서는 국내 유일의 열연코일 제조업자인 원고(주식회사 포스코)가 냉연강판 제조업자인 현대하이스코(주)에 대하여 열연코일의 공급을 거절한 행위가 사업활동방해로서 시장지배적 지위의 남용행위에 해당하는지가 문제되었다.

▶ 판결의 요지

독점규제법은 그 제3조의2 제1항 제3호에서 시장지배적 사업자의 지위남용행위로서의 거래거절행위를 규제하면서 이와는 별도로, 그 제23조 제1항 제1호에서 개별 사업자가 부당하게 거래를 거절하여 공정한 거래를 저해할 우려가 있는 행위를 한 경우, 그 거래거절을 한 사업자의 시장지배적 지위 유무와 상관없이 이를 불공정거래행위로 보아 규제하고 있는바, 독점

21) 대법원 2014. 11. 13. 선고 2009두20366 판결.

규제법 제3조의2 제1항 제3호의 시장지배적 사업자의 거래거절행위와 독점규제법 제23조 제1항 제1호의 불공정거래행위로서의 거래거절행위는 그 규제목적 및 범위를 달리하고 있으므로 독점규제법 제3조의2 제1항 제3호가 규제하는 시장지배적 사업자의 거래거절행위의 부당성의 의미는 독점규제법 제23조 제1항 제1호의 불공정거래행위로서의 거래거절행위의 부당성과는 별도로 독자적으로 평가·해석하여야 한다.

...(중략) 독점규제법 제3조의2 제1항 제3호의 시장지배적 사업자의 지위남용행위로서의 거래거절의 부당성은 '독과점적 시장에서의 경쟁촉진'이라는 입법목적에 맞추어 해석하여야 할 것이므로, 시장지배적 사업자가 개별 거래의 상대방인 특정 사업자에 대한 부당한 의도나 목적을 가지고 거래거절을 한 모든 경우 또는 그 거래거절로 인하여 특정 사업자가 사업활동에 곤란을 겪게 되었다거나 곤란을 겪게 될 우려가 발생하였다는 것과 같이 특정 사업자가 불이익을 입게 되었다는 사정만으로는 그 부당성을 인정하기에 부족하고, 그 중에서도 특히 시장에서의 독점을 유지·강화할 의도나 목적, 즉 시장에서의 자유로운 경쟁을 제한함으로써 인위적으로 시장질서에 영향을 가하려는 의도나 목적을 갖고, 객관적으로도 그러한 경쟁제한의 효과가 생길 만한 우려가 있는 행위로 평가될 수 있는 행위로서의 성질을 갖는 거래거절행위를 하였을 때에 그 부당성이 인정될 수 있다 할 것이다.

그러므로 시장지배적 사업자의 거래거절행위가 그 지위남용행위에 해당한다고 주장하는 피고로서는 그 거래거절이 상품의 가격상승, 산출량 감소, 혁신 저해, 유력한 경쟁사업자의 수의 감소, 다양성 감소 등과 같은 경쟁제한의 효과가 생길 만한 우려가 있는 행위로서 그에 대한 의도와 목적이 있었다는 점을 입증하여야 할 것이고, 거래거절행위로 인하여 현실적으로 위와 같은 효과가 나타났음이 입증된 경우에는 그 행위 당시에 경쟁제한을 초래할 우려가 있었고 또한 그에 대한 의도나 목적이 있었음을 사실상 추정할 수 있다 할 것이지만, 그렇지 않은 경우에는 거래거절의 경위 및 동기, 거래거절행위의 태양, 관련시장의 특성, 거래거절로 인하여 그 거래상대방이 입은 불이익의 정도, 관련시장에서의 가격 및 산출량의 변화 여부, 혁신 저해 및 다양성 감소 여부 등 여러 사정을 종합적으로 고려하여 거래거절행위가 위에서 본 경쟁제한의 효과가 생길 만한 우려가 있는 행위로서 그에 대한 의도나 목적이 있었는지를 판단하여야 할 것이다. 그리고 이때 경쟁제한의 효과가 문제되는 관련시장은 시장지배적 사업자 또는 경쟁사업자가 속한 시장뿐만 아니라 그 시장의 상품 생산을 위하여 필요한 원재료나 부품 및 반제품 등을 공급하는 시장 또는 그 시장에서 생산된 상품을 공급받아 새로운 상품을 생산하는 시장도 포함될 수 있다고 할 것이다....비록 원고가 열연코일시장에서의 시장지배적 지위를 이용하여 후방시장인 냉연강판시장에서의 신규 경쟁사업자에게 영향을 미칠 수 있는 거래거절행위를 한 것이기는 하나, 이는 원재료 공급업체가 새로이 냉연강판시장에 진입하면서 기존의 냉연강판 제조업체에 대한 원재료의 공급을 중단하여 경쟁사업자의 수를 줄이거나 그의 사업능력을 축소시킴으로써 경쟁을 제한하는 결과를 낳는 경우와는 달리, 원고와 기존 냉연강판 제조업체들에 의하여 형성된 기존의 냉연강판시장의 틀을 유지하겠다는 것이어서 그 거래거절에 의하여 기존 냉연강판시장의 가격이나 공급량 등에 직접적으로 영향을 미치지는 아니하므로, 참가인의 신규 참여에 의하여 냉연강판시장에서 현재보다 소비자에게 유리한 여건이 형성될 수 있음에도 참가인이 원고 외의 다른 공급사업자로부터 열연코일을 구할 수 없어, 거래거절에 의하여 신규 참여가 실질적으로 방해되는 것으로 평가될 수 있는 경우 등에 이르지 않는 한, 그 거래거절 자체만을 가지고 경쟁제한의 우려가 있는 부당한 거래거절이라고 하기에는 부족하다고 보아야 할 것이다.

〉〉〉 판례 대법원 2008. 12. 11. 선고 2007두25183 판결 ("티브로드" 사건)

원심은 그 채택 증거를 종합하여 판시와 같은 사실을 인정한 다음, 피고가 이 사건 관련 상품시장을 프로그램 송출시장으로 획정하고 관련 지역시장을 서울 강서구로 한정한 것은 잘못이라는 원고(원심의 원고인 주식회사 티브로드 지에스디방송은 2007. 10. 31. 원심의 원고인 주식회사 티브로드 강서방송을 흡수 합병함과 동시에 상호를 현재의 상호인 주식회사 티브로드 강서방송으로 변경하였다)의 주장에 대하여, 피고의 이러한 관련시장 획정 및 원고에 대한 시장지배적 사업자의 지위 인정은 일응 적법하다고 하였다.

그러면서도 원심은, 유료 방송시장의 거래구조는 종합유선방송사업자 등과 같은 플랫폼사업자와 TV홈쇼핑사업자 등 사이에 형성되는 프로그램 송출서비스시장 및 플랫폼사업자와 그 플랫폼사업자에 유료 가입하여 프로그램을 시청하는 가입자 사이에 형성되는 프로그램 송출시장으로 구분되는데, 원고와 같은 플랫폼사업자와 주식회사 우리홈쇼핑(이하 '우리홈쇼핑'이라 한다) 등 사이에는 후자인 프로그램 송출시장과는 별개의 시장인 프로그램 송출서비스시장이 형성되고, 이 시장은 관할 지역을 할당받은 전국의 많은 플랫폼사업자들이 TV홈쇼핑사업자 등에게 송출채널을 제공하고 그 수수료를 지급받는 것 등을 주요 거래내용으로 하는 시장으로서 전국적 범위에 이른다고 한 다음, 원고는 프로그램 송출시장에서의 시장지배적 지위를 전이하여 인접시장인 프로그램 송출서비스시장에서의 거래상대방으로서 다른 사업자인 우리홈쇼핑에게 이 사건 채널변경행위를 통하여 시장지배적 사업자의 지위남용행위를 하였다고 판단하였다.

그러나 원심이 스스로 인정한 바와 같이 별개의 시장인 프로그램 송출시장에서의 시장지배적 사업자가 곧바로 프로그램 송출서비스시장에서도 시장지배적 사업자가 되는 것이 아니며, 또한 위 양시장의 거래내용, 특성, 시장지배적 지위남용행위의 규제목적, 내용 및 범위 등을 비롯한 여러 사정을 종합적으로 고려하면, 프로그램 송출시장에서 시장지배적 사업자인 원고의 시장지배력이 프로그램 송출서비스시장으로 전이된다고 볼 만한 근거를 찾아 볼 수도 없다. 따라서 이 사건 채널변경행위가 이루어진 이 사건 관련 시장에서 원고가 시장지배적 사업자의 지위에 있다고 볼 수는 없다 할 것이다.

법 제3조의2 제1항 제3호의 시장지배적 사업자의 지위남용행위로서 불이익 강제행위의 부당성은 '독과점적 시장에서의 경쟁촉진'이라는 입법 목적에 맞추어 해석하여야 할 것이므로, 시장지배적 사업자가 개별 거래의 상대방인 특정 사업자에 대한 부당한 의도나 목적을 가지고 불이익 강제행위를 한 모든 경우 또는 그 불이익 강제행위로 인하여 특정 사업자가 사업활동에 곤란을 겪게 되었다거나 곤란을 겪게 될 우려가 발생하였다는 것과 같이 특정 사업자가 불이익을 입게 되었다는 사정만으로는 그 부당성을 인정하기에 부족하고, 그 중에서도 특히 시장에서의 독점을 유지·강화할 의도나 목적, 즉 시장에서의 자유로운 경쟁을 제한함으로써 인위적으로 시장질서에 영향을 가하려는 의도나 목적을 갖고, 객관적으로도 그러한 경쟁제한의 효과가 생길 만한 우려가 있는 행위로 평가될 수 있는 불이익 강제행위를 하였을 때에 그 부당성이 인정될 수 있다.

그러므로 시장지배적 사업자의 불이익 강제행위가 그 지위남용행위에 해당한다고 주장하는 피고로서는 그 불이익 강제행위가 경쟁제한의 효과가 생길 만한 우려가 있는 행위로서 그에 대한 의도와 목적이 있었다는 점을 입증하여야 할 것이고, 불이익 강제행위로 인하여 현실적으로 위와 같은 효과가 나타났음이 입증된 경우에는 그 행위 당시에 경쟁제한을 초래할 우려가 있었고 또한, 그에 대한 의도나 목적이 있었음을 사실상 추정할 수 있다 할 것이지만, 그렇지 않은 경우에는 불이익 강제행위의 경위 및 동기, 불이익 강제행위의 태양, 관련 시장의 특성, 불이익 강제행위로 인하여 그 거래상대방이 입은 불이익의 정도, 관련 시장에서의 가격 및 산출량의 변화 여부, 혁신 저해 및 다양성 감소 여부 등 여러 사정을 종합적으로 고려하여 불이익 강제행위가 위에서 본 경쟁제한의 효과가 생길 만한 우려가 있는 행위로서 그에 대한 의도나 목적이 있었는지를 판단하여야 할 것이다.

...(중략) 원고가 이 사건 관련 시장에서 시장지배적 사업자의 지위에 있다고 볼 수 없는 이상, 이 사건 채널변경행위가 법 제3조의2 제1항 제3호에 규정된 시장지배적 지위남용행위로서 부당성을 갖는지 여부를 더 나아가 살필 필요는 없으나, 설령 이 사건 관련 시장에서 원고가 시장지배적 사업자의 지위에 있다고 하더라도, 이 사건 채널변경행위가 법 제3조의2 제1항 제3호에 규정된 시장지배적 지위남용행위로서 부당성을 갖는다는 원심의 판단은 다음과 같은 이유로 수긍하기 어렵다.

우선 위 법리에 비추어 보면, 시장지배적 사업자의 불이익 강제행위로 인하여 현실적으로 경쟁제한의 효과가 나타난 경우에는 그에 대한 우려가 있는 행위로서 시장지배적 사업자에게 경쟁제한의 의도나 목적이 있었음을 사실상 추정할 수 있다고 할 것인데, 원심이 들고 있는 사정들은 모두 원고의 이 사건 채널변경행위에 의하여 우리홈쇼핑이 입게 된 구체적인 불이익에 불과한 것들로서 현실적으로 경쟁제한의 결과가 나타났다고 인정할 만한 사정에 이르지 못한다. 또한, 기록에 의하여 알 수 있는 여러 사정을 종합하더라도, 원고가 시장에서의 독점을 유지·강화할 의도나 목적, 즉 시장에서의 자유로운 경쟁을 제한함으로써 인위적으로 시장질서에 영향을 가하려는 의도나 목적을 갖고, 객관적으로도 그러한 경쟁제한의 효과가 생길 만한 우려가 있는 행위로 평가될 수 있는 불이익 강제행위를 했다고 보기도 어렵다.

4. 부당한 신규진입방해

시장지배적 사업자는 새로운 경쟁사업자의 참가를 부당하게 방해하는 행위를 해서는 안 된다(법 3조의 2 1항 4호). 시장지배적 사업자는 그 지위를 계속 유지하기 위하여, 새로운 경쟁사업자가 시장에 진입해 오는 것을 방해하는 경우가 있기 때문에, 독점규제법은 이러한 행위를 금지한다. 여기서 '새로운 경쟁사업자'라 함은 일정한 거래분야에 신규로 진입하려고 하는 사업자 및 신규로 진입하였으나 아직 판매를 개시하고 있지 아니한 사업자를 말한다.

그리고 '참가를 부당하게 방해하는 행위'라 함은 직접적 혹은 간접적으로 다음 각 호의 1에 해당하는 행위를 함으로써 새로운 경쟁사업자의 신규진입을 어렵게 하는 경우를 말한다(영 5조 4항). '신규진입을 어렵게 하는 경우'를 판단함에 있어서는 다른 사업자의 생산·재무·판매활동 등을 종합적으로 고려하되, 신규진입을 어렵게 할 우려가 있는 경우를 포함한다.[22] 공정거래위원회가 신규진입 방해행위를 규제한 사례는 아직 없다.

① 정당한 이유없이 거래하는 유통사업자와 배타적 거래계약을 체결하는 행위

② 정당한 이유없이 기존 사업자의 계속적인 사업활동에 필요한 권리 등을 매입하는 행위

③ 정당한 이유없이 새로운 경쟁사업자의 상품 또는 용역의 생산·공급·판매에 필수적인 요소의 사용 또는 접근을 거절하거나 제한하는 행위

④ ① 내지 ③ 이외의 부당한 방법으로 새로운 경쟁사업자의 신규 진입을 어렵게 하는 행위로서 공정거래위원회가 고시하는 행위

5. 경쟁사업자 배제행위

시장지배적 사업자는 그 지위를 이용하여 당해 시장에서 부당하게 경쟁사업자를 배제하기 위하여 거래하거나, 다른 시장에 진입하여 그 시장의 경쟁질서를 교란시키는 행위를 해서는 안 된다. 여기서 경쟁사업자를 배제하기 위한 부당한 거래는 다음 각호의 1에 해당하는 경우로서(영 5조 5항), 독점규제법은 각각 약탈가격과 배타조건부거래를 규정하고 있다. 지금까지 시장지배적 사업자의 약탈가격이 규제된 사례는 단 두 건이 있으며, 주로 부당한 배타조건부거래가 문제되었다.

① 부당하게 상품 또는 용역을 통상거래가격에 비하여 낮은 대가로 공급하거나 높은 대가로 구입하여 경쟁사업자를 배제시킬 우려가 있는 경우

② 부당하게 거래상대방이 경쟁사업자와 거래하지 아니할 것을 조건으로 그 거래상대방과 거래하는 경우

22) 시장지배적 지위남용행위 심사기준 IV－4.

시장지배적 사업자의 약탈가격이 문제된 사례로는 ㈜케이티와 ㈜엘지유플러스가 무선통신망을 통한 기업메시징 서비스시장의 지배적 사업자로서, 기업메시징 서비스를 생산하기 위해 반드시 이용해야 하는 무선통신망의 이용요금(건당 평균 9.2원, 붙임3 참고)보다도 낮은 가격으로 기업메시징 서비스를 저가에 판매함으로써 무선통신망을 보유하지 못한 중소 경쟁사업자들을 시장에서 배제하는 행위가 남용으로 공정거래위원회의 제재를 받은 바 있다.[23]

배타조건부거래, 즉 경쟁사업자와 거래하지 아니할 조건이란 시장지배적 사업자가 일방적·강제적으로 부과한 경우에 한하지 않고 거래상대방과의 합의에 의하여 설정된 경우도 포함한다. 아울러 그 조건의 이행 자체가 법적으로 강제되는 경우에 한정되지 않고, 그 조건 준수에 사실상의 강제력 내지 구속력이 부여되어 있는 경우를 포함한다.[24]

일찍이 대법원은 "농협" 판결[25]에서 배타조건부거래행위는 거래상대방이 자신의 경쟁사업자와 거래하지 아니할 것을 조건으로 거래하는 것으로서 통상 행위 자체에 경쟁제한의 목적이 포함되어 있다고 볼 수 있는 경우가 많을 것이라고 판시함으로써, 경쟁제한의 의도 내지 목적에 대한 입증을 다소 용이하게 한 바 있다.

또한 대법원은 오픈마켓을 운영하는 회사가 자신이 운영하는 오픈마켓에 입점하여 상품을 판매하는 사업자들 중 다른 회사가 운영하는 쇼핑몰에도 입점해 있던 7개 사업자들에게 자신의 오픈마켓에서 판매가격을 인하하거나 다른 회사의 쇼핑몰에서 판매가격을 인상할 것 등을 요구하고, 다른 회사의 쇼핑몰에 올려놓은 상품을 내리지 않으면 자신의 메인 화면에 노출된 상품을 빼버리겠다고 위협한 행위에 대하여 시장지배적 지위남용행위로서 배타조건부거래에 해당한다는 이유로 공정거래위원회가 시정명령과 과징금 납부를 명령한 사건에서, 당해 시장지배적 사업자의 행위로 인하여 7개 사업자들이 다른 회사와 거래를 중단한 기간은 주로 1, 2개월이고, 짧게는 14일, 길게는 7개월 보름 남짓에 불과한 점, 행위의 상대방들이 전체 판매업체들 중 차지하는 비율이 미미한 점 등에 비추어 보면 당해 시장지배적 사업자의 행위로 인하여 다른 회사가 매출부진을 이기지 못하고 오픈마켓 시장에서 퇴출

---

23) 공정거래위원회 2015. 2. 23. 의결 제2015-049호 및 제2015-050호.
24) 대법원 2019. 1. 31. 선고 2013두14726 판결.
25) 대법원 2009. 7. 9. 선고 2007두22078 판결.

된 것인지, 다른 신규사업자의 시장진입에도 부정적인 영향을 미쳤는지 명백하지 않음에도 불구하고, 위 행위가 '부당하게 거래상대방이 경쟁사업자와 거래하지 아니할 조건으로 그 거래상대방과 거래하는 경우'에 해당한다고 본 원심판결에 법리를 오해한 위법이 있다고 보아 파기환송하였다.[26)]

그 밖에 인텔[27)] 및 퀄컴[28)]이 소급적·누진적 구조를 갖는 이른바 충성리베이트(loyalty rebate)를 시행한 것에 대해서 공정거래위원회는 경쟁사업자와의 거래를 전면적으로 금지하지 않더라도 경쟁사업자로의 구매전환을 어렵게 함으로써 경쟁사업자를 배제할 수 있다고 판단하여 남용을 인정하였다.

토의 주제

- 독점규제법상 시장지배적 사업자의 약탈가격을 규제하는 근거조항으로서 법 제3조의2 제1항 5호 전단을 법 제23조 제1항 2호의 경쟁사업자배제에 해당하는 부당염매와 비교하여, 공통점과 차이점을 살펴보자.

※ 이봉의, 독점규제법상 저가입찰의 부당염매 해당요건, 상사판례연구 제13권, 2003

››› 판례 대법원 2009. 7. 9. 선고 2007두22078 판결 ("농협중앙회" 사건)

배타조건부 거래행위가 구 독점규제법 제3조의2 제1항 제5호 전단의 시장지배적 사업자의 지위남용행위에 해당하려면 그 배타조건부 거래행위가 부당하게 거래상대방이 경쟁사업자와 거래하지 아니할 것을 조건으로 그 거래상대방과 거래하는 행위로 평가될 수 있어야 하는바, 여기서 말하는 '부당성'은 '독과점적 시장에서의 경쟁촉진'이라는 입법 목적에 맞추어 해석하여야 할 것이므로, 시장에서의 독점을 유지·강화할 목적, 즉 시장에서의 자유로운 경쟁을 제한함으로써 인위적으로 시장질서에 영향을 가하려는 목적을 가지고, 객관적으로도 그러한 경쟁제한의 효과가 생길 만한 우려가 있는 행위로 평가될 수 있는 배타조건부 거래행위를 하였을 때에 그 부당성이 인정될 수 있다.

그러므로 시장지배적 지위남용행위로서의 배타조건부 거래의 부당성은 그 거래행위의 목적 및 태양, 시장지배적 사업자의 시장점유율, 경쟁사업자의 시장 진입 내지 확대 기회의 봉쇄 정도 및 비용 증가 여부, 거래의 기간, 관련시장에서의 가격 및 산출량 변화 여부, 유사품 및 인

---

26) 대법원 2011. 6. 10. 선고 2008두16322 판결.

27) 공정거래위원회 2008. 11. 5. 의결 제2008－295호; 서울고법 2013. 6. 19. 선고 2008누35462 판결. 동 판결은 상고제기가 없어 확정되었다.

28) 공정거래위원회 2009. 12. 30. 의결 제2009－281호; 서울고법 2013. 6. 19. 선고 2010누3932 판결; 대법원 2019. 1. 31. 선고 2013두14726 판결.

접시장의 존재 여부, 혁신 저해 및 다양성 감소 여부 등 여러 사정을 종합적으로 고려하여 판단하여야 한다. 다만, 시장지배적 지위남용행위로서의 배타조건부 거래행위는 거래상대방이 경쟁사업자와 거래하지 아니할 것을 조건으로 그 거래상대방과 거래하는 경우이므로, 통상 그러한 행위 자체에 경쟁을 제한하려는 목적이 포함되어 있다고 볼 수 있는 경우가 많을 것이다.

원심이 인정한 사실관계 및 기록에 의하면, 원고는 식량작물용 화학비료 시장에서 정부의 가격 보조를 기반으로 하여 독점적 사업자의 지위를 누려오다가, 2005. 7. 1.부터 정부의 화학비료에 대한 차손 보조가 완전 폐지되어 경쟁사업자에 의한 시장 잠식이 현저히 우려되자, 자신의 시장지배력을 종전과 같이 유지할 목적으로 경쟁사업자를 배제하기 위하여 비료 제조회사들과 사이에 이 사건 구매납품계약을 체결한 것으로 보이는 점, 이러한 원고의 행위는 경쟁사업자인 비료 제조회사의 영업소나 판매대리점 등을 통한 식량작물용 화학비료의 시중 판매를 원천적으로 봉쇄함으로써 식량작물용 화학비료 유통시장에서 이들을 배제하는 결과를 초래할 우려가 있다고 보이는 점, 더욱이 이 사건 구매납품계약이 체결된 2006. 1.부터 2006. 6. 30.까지의 식량작물용 화학비료의 시장점유율을 보면 원고는 여전히 100%에 가까운 시장점유율을 보이고 있는 반면, 원고의 경쟁사업자인 일반 시판상들의 시장점유율은 전년도보다 오히려 악화된 0%를 보이고 있어 현실적으로도 이 사건 구매납품계약에 의한 경쟁제한의 효과가 발생한 것으로 보이는 점 등을 알 수 있는바, 이러한 사정들을 종합하여 보면 식량작물용 화학비료 유통시장에서 이미 독점적인 구매력과 유통망을 확보하고 있는 원고의 위 배타조건부 거래행위는 위 시장에서의 경쟁을 부당하게 제한하였다고 봄이 상당하다.

원심이 같은 취지에서, 원고의 이 사건 배타조건부 거래행위가 식량작물용 화학비료 유통시장에서의 경쟁을 부당하게 제한함으로써 법 제3조의2 제1항 제5호 전단 소정의 시장지배적 지위남용행위에 해당한다고 판단한 것은 정당하다.

6. 소비자이익 저해행위

시장지배적 사업자는 거래조건을 부당하게 결정·변경하는 등의 방법으로 소비자의 이익을 현저히 저해하는 행위를 해서는 안 된다(법 3조의2 1항 5호 전단). 독점규제법이 정하고 있는 다른 남용행위와 달리 소비자이익 저해행위의 세부유형이나 기준에 대해서는 시행령이나 심사기준에 아무런 정함이 없고, 결국 공정거래위원회와 법원의 실무에 맡겨져 있다. 판례는 남용요건으로서 소비자이익 저해행위가 존재하고, 저해되는 이익이 현저하며, 그 행위가 부당하여야 한다는 입장을 취하고 있으며, 이들 세 가지 요건은 모두 공정거래위원회가 입증하여야 한다.

〉〉〉 판례 대법원 2010.5.27. 선고 2009두1983 판결 ("티브로드" 사건)

"소비자의 이익을 현저히 저해할 우려가 있는 행위의 부당성은 시장지배적 사업자의 지위 남용행위의 규제 목적이 단순히 그 행위의 상대방인 개별 소비자의 이익을 직접 보호하고자 하는 데 있는 것이 아니라, 독과점 시장에서 경쟁촉진과 아울러 시장지배적 사업자의 과도한 독점적 이익 실현행위로부터 경쟁시장에서 누릴 수 있는 소비자의 이익을 보호하고자 하는 데 있음을 고려할 때, 시장지배적 사업자의 행위의 의도나 목적이 독점적 이익의 과도한 실현에 있다고 볼 만한 사정이 있는지, 상품의 특성·행위의 성격·행위기간·시장의 구조와 특성 등을 고려하여 그 행위가 이루어진 당해 시장에서 소비자 이익의 저해의 효과가 발생하였거나 발생할 우려가 있는지 등을 구체적으로 살펴 판단하여야 한다. 다만, 시장지배적 사업자의 소비자 이익을 저해할 우려가 있는 행위가 존재하고, 그로 인한 소비자 이익의 저해 정도가 현저하다면, 통상 시장지배적 사업자가 과도한 독점적 이익을 취하고자 하는 행위로서 부당하다고 볼 경우가 많을 것이다."

지금까지의 규제사례를 살펴보면, 먼저 서울특별시 태권도협회가 태권도 체육관 관장들이 부담해야 할 보험료를 승품·단 심사비에 포함하여 응심자들로부터 징수하거나 태권도 체육관 관장들의 경조사시 지급하는 경조사비 등을 승품·단 심사비에 포함하여 응심자들로부터 징수한 행위가 소비자이익 저해행위로 인정되었다.[29] 마이크로소프트 사건에서는 서버 및 PC용 운영체제시장에서 시장지배력을 갖고 있는 MS가 WMP나 메신저를 운영체제와 결합판매함으로써 소비자들로 하여금 운영체제를 구입하기 위해서는 원하지 않는 메신저 등을 구입토록 강제한 행위에 대하여 공정거래위원회가 부당하게 소비자의 이익을 현저히 저해하는 행위를 인정한 바 있다.[30]

그 밖에 씨제이케이블넷 소속 3개 종합유선방송사업자들이 다채널유료방송시장에서 자기의 시장지배적 지위를 부당하게 이용하여 인기채널을 저가 묶음상품에서 제외시킴으로써 고객으로 하여금 고가의 묶음상품에 가입하도록 유도하는 등 거래조건을 자기에게 일방적으로 유리하게 설정하는 방법으로 소비자의 이익을 현저히 침해하는 행위에 대하여 시정조치가 내려진 바 있으나,[31] 대법원은 원심과 마찬가

29) 공정거래위원회 2003. 8. 13. 의결 제2003-099호.

30) 공정거래위원회 2006. 2. 24. 의결 제2006-042호. 그 밖에도 이 사건에서는 결합판매를 통한 다른 사업자의 사업활동방해 및 불공정거래행위의 하나인 끼워팔기가 모두 인정되었다. 한편, MS는 공정거래위원회의 결정에 불복하여 제기한 소를 2007. 10. 10. 취하함으로써 동 심결이 그대로 확정되었다.

31) 공정거래위원회 2007. 8. 20. 의결 제2007-405호; 제2007-406호; 제2007-407호.

지로 소비자이익 저해의 현저성이 없다는 이유로 공정거래위원회의 처분을 취소하였다.[32] 이와 같은 맥락에서 "SK DRM" 판결에서 대법원은 자사의 MP3폰을 사용하는 소비자로 하여금 자신이 운영하는 음악사이트에서 구매한 음악파일만 재생할 수 있도록 하고, 다른 사이트에서 구매한 음악은 자사의 음악사이트에 회원으로 가입한 후 별도의 컨버팅 과정 등을 거치도록 한 행위가 단지 소비자에게 불편할 뿐이지 현저한 침해로 볼 수 없다고 판시하였다.[33]

〉〉〉 판례 서울중앙지법 2009. 6. 11. 선고 2007가합90505 판결 ("MS" 손해배상 판결)

피고들이 PC 운영체제에 메신저를 결합하여 판매함으로써 PC 운영체제에 다양한 응용 프로그램이 포함되기를 원하는 일부 소비자의 수요가 충족되어 소비자의 만족도가 증가하는 측면이 있다는 사실을 부인할 수는 없다.

그러나 앞서 인정한 사실에 의하여 알 수 있는 다음과 같은 사정, 즉 ① PC 운영체제 시장의 90% 이상을 점유하고 있는 피고들이 PC 운영체제 시장에서의 지배력을 이용하여 자신들이 판매하는 PC 운영체제와 별개의 제품인 피고들의 메신저를 결합하여 판매함으로써 결과적으로 피고들의 메신저 구매를 원하지 않는 PC 운영체제 구매자의 메신저에 대한 잠재적 선택권을 침해하였다는 점, ② 피고들의 PC 운영체제에 피고들의 메신저가 이미 포함되어 있다는 사실은 PC 제조업체로 하여금 피고들의 메신저와 별도로 다른 사업자의 메신저를 PC에 탑재할 유인을 상당히 감소시켜 피고들의 PC 운영체제가 탑재된 PC를 구매한 소비자가 다른 사업자의 메신저를 선택할 권리를 상당히 제약한다는 점, ③ 결합판매로 인하여 발생한 경쟁제한 효과는 독점 강화를 낳고 결국 기술 혁신을 감소시켜 궁극적으로 공정한 경쟁과 혁신을 통해 얻을 수 있는 소비자의 이익을 저해한다는 점 등 여러 사정을 종합적으로 고려하면, 결과적으로 이 사건 결합판매행위로 인하여 부당하게 소비자의 이익을 현저히 저해할 우려가 있다고 봄이 상당하다.

〉〉〉 판례 서울고등법원 2008. 8. 20. 선고 2007누23547 판결 ("씨제이 헬로비전" 사건의 원심)

(나) 묶음상품의 채널편성 변경으로 인한 소비자 이익 저해 여부의 판단 기준

1) 시청점유율을 기준으로 소비자이익 저해 여부를 판단할 수 있는지 여부

개별 시청자의 채널 선호도는 그의 연령, 성별, 취미, 성향 등에 따라 다양하므로, 시청점

32) 서울고법 2008. 8. 20. 선고 2007누23547 판결; 대법원 2010. 2. 11. 선고 2008두16407 판결.
33) 대법원 2011. 10. 13. 선고 2008두1832 판결.

유율이 높다고 하더라도 개별 시청자가 해당 채널을 선호한다고 단정할 수 있는 것은 아니지만, 일반적으로 다수의 시청자가 선호하는 채널은 그 시청점유율이 높게 나타나므로, 시청점유율이 일반적인 방송소비자의 채널 선호도를 반영하고 있는 것이라고 할 수 있을 것이다.

그러므로 종합유선방송사업자가 묶음상품의 구성을 변경하여 시청자 선호도가 높은 채널들을 일시에 고급형 상품으로 변경함으로써 그 수익확대를 도모하는 경우, 보급형 상품의 시청자가 고급형 상품으로 전환하기 위하여 시청료를 추가로 지출하게 되는 부담 또는 보급형 상품의 선호 채널들의 시청을 포기하게 되는 불이익이 현저한지 여부를 판단함에 있어서, 일반적인 시청자의 선호도를 반영하는 시청점유율을 기준으로 하는 것이 합리적일 것이다. 따라서 이에 반하는 원고의 주장은 받아들일 수 없다.

2) 전국의 시청점유율을 기준으로 관련지역시장의 소비자 이익 저해 여부를 판단할 수 있는지 여부

갑 제1호증의 1, 2, 3의 각 기재에 의하면, 피고는 원고 산하 3개 종합유선방송사업자들로부터 제출받은 2005년 시청점유율 자료를 토대로 이 사건 처분을 한 사실을 인정할 수 있는바, 각 프로그램의 시청률을 기준으로 광고대행사와의 사이에 광고계약을 체결하여 광고료 수입을 얻게 되는 채널사용사업자는 물론 각 채널사용사업자들에게 수신료를 분배하여야 하는 종합유선방송사업자도 그 방송구역별 시청률을 별도로 조사하지 아니하고 전국의 시청점유율 조사결과를 그대로 사용하는 것으로 보이는 점, 원고 산하 3개 종합유선방송사업자의 방송구역 내의 시청자들의 채널 선호도가 전국의 케이블 TV 유료 가입자들의 채널 선호도와 특별히 다르다고 보여지지는 아니한 점 등 제반 사정에 비추어, 피고가 원고로부터 제출받은 AGB Nielsen의 2005년 전국 시청률 조사결과를 토대로 이 사건 처분을 하였다고 하더라도, 그 기준이 불합리하다고 볼 수는 없다. 따라서 이에 반하는 원고의 주장은 받아들일 수 없다.

3) 지상파 방송 등을 제외한 시청점유율을 기준으로 하는 것이 적절한지 여부

방송법 제78조 제1항은 "종합유선방송사업자는 한국방송공사 및 한국교육방송공사가 행하는 지상파 방송(라디오방송을 제외한다)을 수신하여 그 방송프로그램에 변경을 가하지 아니하고 그대로 동시에 재송신하여야 한다"고 규정하여, 한국방송공사 등의 지상파 방송을 의무적으로 재송신하도록 하고 있고, 실제로 원고는 지상파 방송 난시청 해소 등의 공익적 차원에서 모든 묶음형 상품에 5개 지상파 방송을 편성하고 있다.

그런데 지상파 방송은 공중파를 통하여도 시청할 수 있으므로 가사 종합유선방송사업자의 묶음상품 구성 변경이 있다고 하더라도, 시청자로서는 그 지상파 방송의 시청 자체를 포기하게 되는 불이익을 입게 되지는 아니한 점, TV홈쇼핑 사업자는 종합유선 방송사업자로부터 수신료의 일부를 배분 받는 일반 채널사용사업자(PP)와는 달리 종합유선방송사업자로부터 채널을 빌려 홈쇼핑방송을 송출하고 그 대가로 송출수수료를 지급하는 방식으로 영업을 하고 있으므로, 종합유선방송사업자는 송출수수료 수입 확대를 위하여 모든 묶음채널에 홈쇼핑 채널을 편성하는 것이 당연할 뿐 아니라, 지상파 방송을 제외한 2005년도 5개 홈쇼핑 채널의 시청점유율 합계는 3.9%에 불과한 점, 케이블 TV를 통한 지상파 방송 수신은 모든 묶음채널에 당연히 포함되어 있는 것으로 소비자들에게 인식되어 있고, 지상파 5개 채널의 2005년도 시

청점유율 합계가 59.1%로서(갑 제7호증) 현실적으로 매우 높은 시청점유율을 차지하고 있는데, 이를 포함한 시청점유율 합계를 기준으로 채널편성 변경 전후의 시청점유율 변화를 비교한다면, 그 변화 수치에 희석효과가 나타날 뿐 아니라, 비지상파 채널을 시청하기 위하여 케이블 TV를 이용하고 있는 소비자들의 채널편성 변경으로 인한 불이익을 평가하기 어려운 점 등에 비추어, 피고가 지상파 방송, 홈쇼핑 채널을 제외한 시청점유율을 기준으로 채널편성 변경으로 인한 소비자 이익 저해 여부를 판단한 것은 적절하다고 보여진다. 따라서 이에 반하는 원고의 주장은 받아들일 수 없다.

(다) 이 사건 채널편성 변경이 소비자의 이익을 현저하게 저해할 우려가 있는 행위에 해당하는지 여부

이 사건 채널편성 변경의 결과 급형 상품의 지상파 방송 등을 제외한 2005년 시청점유율 합계가 11.93%~17.05% 감소(중부산방송이 49.30%에서 37.37%로, 경남방송이 63.88%에서 50.9%로 감소, 가야방송이 75.51%에서 58.46%로 감소)한 사실은 앞서 본 바와 같다.

살피건대, 종합유선방송사업자의 묶음채널 편성변경으로 인하여 소비자 이익이 현저하게 저해될 우려가 있는지 여부, 그것이 시장지배적 사업자의 지위를 남용한 부당한 행위인지 여부를 판단함에 있어서는 채널편성 변경 전후의 시청점유율 합계의 변화라는 계량적인 요소를 평가하는 것이 가장 중요하다고 할 것이나, 그 이외에도 종합유선방송사업자의 묶음상품 채널 변경으로 수익 제고의 측면, 종합유선방송사업자가 제공하는 방송을 시청함으로 인하여 얻는 시청자의 효용 및 채널편성 변경으로 인한 효용의 변화, 채널편성 변경 이후의 가입자들의 묶음채널 선택의 변화 등을 종합적으로 고려하여 판단하여야 할 것이다.

그런데 다음과 같은 사정들은 당사자 사이에 다툼이 없거나 앞서 본 증거들에 의하여 인정할 수 있다.

첫째, 종합유선방송사업자의 지상파 재전송으로 난시청 지역이 해소되었고, 소비자의 입장에서는 깨끗한 화질의 지상파 방송 수신을 종합유선방송의 매우 중요한 장점으로 인식하고 있는데, 소비자들은 이 사건 채널편성 변경 이후에도 보급형 상품에서 지상파 방송을 계속 시청할 수 있으며, 지상파 방송, 홈쇼핑 채널을 포함할 경우 이 사건 채널편성 변경으로 인한 시청점유율 감소 수치는 4.90%~6.97%에 불과하다.

둘째, 원고가 이 사건 채널편성 변경을 통하여 고급형 상품으로 이동한 채널이 보급형 상품에 신규 편성된 채널에 비하여 시청점유율이 상대적으로 높고, 시청점유율 순위가 상위에 있는 몇 개의 채널이 고급형 상품으로 이동한 것은 사실이다. 그러나 이 사건 채널편성 변경 이후에도 많은 시청점유율 상위 채널들이 보급형 상품에 그대로 남아 있게 되었으므로{중부산방송의 경우 OCN(6.3%), 채널CGV(4.2%), 경남방송의 경우 MBC드라마넷(6.9%), OCN(6.3%), 채널CGV(4.2%), 가야방송의 경우 투니버스(9.5%), MBC드라마넷(6.9%), SBS드라마(6.7%) 등}, 보급형 상품을 시청하는 소비자들의 효용이 현저하게 저해되었다고 보기는 어렵다.

셋째, 2006. 4.말 기준으로 유료TV 가입비율은 전체 대상가구의 약 80% 수준으로 일반적으로 포화상태에 이른 것으로 평가되고 있으므로, 종합유선방송사업자로서는 보급형 상품에 속하는 채널 중에서 시청점유율이 상대적으로 높은 채널들을 고급형 상품으로 서서히 이동시

키고, 신규 채널사용사업자의 채널을 저가의 보급형 상품으로 진입시키는 등의 방법으로 수익의 확대를 꾀할 수 있다고 보아야 하고, 이로 인하여 신규 채널사용사업자는 보급형 상품으로 진입할 수 있게 되고, 고급형 상품으로 이동하게 된 채널사용사업자로서는 종합유선방송사업자로부터 더 많은 수신료를 배분받게 되어 방송컨텐츠 사업에 투자를 확대할 수 있게 되는 등 채널사용사업자 사이의 경쟁촉진 효과도 기대할 수 있는 장점이 있다. 그에 반하여 이 사건 처분과 같이 시청점유율 상위 채널을 보급형 상품으로 고정하여야 한다면, 종합유선방송사업자로서는 상품구성의 변경을 통한 수익성 제고를 기대하기 어렵게 된다.

네째, 이 사건 채널편성 변경으로 새로이 보급형으로 편성된 채널은 시청자들에게 처음 노출되거나 노출이 덜 된 상태이므로, 종전의 시청점유율 기준으로는 그 점유율이 미미할 수밖에 없으나, 시청자들이 새로 편성된 채널에 점차 익숙해지면서 그 시청점유율이 점차 증가할 수 있다고 보인다. 물론 이 사건과 같이 전국의 시청점유율 조사결과를 그대로 사용하는 경우에는 각 방송구역을 관할하는 종합유선방송사업자의 채널편성 변경으로 시청점유율 변화가 거의 없을 수도 있으나, 실제로 채널편성이 변경된 방송구역내 시청자들의 경우에는 새로이 보급형 상품에 편입된 채널에 점차 익숙하게 되어 그 시청점유율이 상승할 수 있을 것이다.

다섯째, 이 사건 채널편성 변경 직후 보급형 상품 가입자 중 디지털형 상품으로 전환하는 숫자가 다소 늘기는 하였으나, 전체 가입자 수에 비하여 전환 비율 자체가 극히 미미하므로 (중부산방송은 월 평균 743.33명으로 전체 가입자의 약 0.69%, 경남방송은 월 평균 341.67명으로 전체 가입자의 약 0.07%, 가야방송은 월 평균 842명으로 전체 가입자의 약 0.287%), 이 사건 채널편성 변경으로 인하여 보급형 상품 가입자들이 수신료가 비싼 고급형 또는 디지털형 상품으로의 가입 전환을 사실상 강제당하였다고 볼 수 없고, 위와 같이 추가 비용을 지출하면서 고급형 상품으로 전환한 가입자들이 다소 늘어났다는 사정만으로는 이 사건 채널편성 변경이 소비자의 이익을 현저히 저해할 우려가 있는 행위에 해당한다고 보기는 어렵다.

여섯째, 당초 피고가 제정한 종합유선방송 표준약관(갑 제2호증)에 의하면, 종합유선방송사업자는 채널상품이 변경된 후 6개월 이상 경과한 후에만 재차 채널상품을 변경할 수 있도록 되어 있는데, 방송위원회는 2006. 8. 8. 원고 산하 3개 종합유선방송사업자를 비롯한 전국 111개 종합유선방송사업자에 대하여 그 기간을 1년으로 연장하도록 약관변경명령을 하였는바(갑 제6호증의 1 내지 3), 종합유선방송사업자는 채널상품의 구성을 변경하기 위하여는 최소한 6개월 이상(2006. 8.경 이후에는 1년)을 기다려야 하고, 소비자들로서도 그 기간 동안 자신이 선호하는 채널이 다른 묶음상품으로 전환되지 않을 것이라는 기대를 가질 수 있게 된다.

이상과 같은 제반 사정을 종합하여 보면, 보급형 상품의 지상파 방송 등을 제외한 시청점유율 합계를 11.93%~17.05% 감소시킨 이 사건 채널편성 변경이 보급형 상품의 시청자들의 이익을 상당히 저해할 우려가 있다고 할 수는 있을 것이나, 그 정도가 현저하다고까지는 평가할 수 없다고 할 것이다.

대법원 2010. 2. 11. 선고 2008두16407 판결

독점규제 및 공정거래에 관한 법률 제3조의2 제1항 제5호 후단은 '부당하게 소비자의 이익을 현저히 저해할 우려가 있는 행위'를 시장지배적 사업자의 지위남용행위의 한 유형으로 규정하고 있는바, 그 요건으로서는 시장지배적 사업자의 소비자이익을 저해할 우려가 있는 행위의 존재, 소비자이익 저해 정도의 현저성 및 그 행위의 부당성이 증명되어야 하고, 그러한 요건에 대한 증명책임은 시정명령 등 처분의 적법성을 주장하는 공정거래위원회에게 있다.

이때, 소비자의 이익을 '현저히' 저해할 우려가 있는지 여부는 당해 상품이나 용역의 특성, 이익이 저해되는 소비자의 범위, 유사 시장에 있는 다른 사업자의 거래조건, 거래조건 등의 변경을 전후한 시장지배적 사업자의 비용 변동 정도, 당해 상품 또는 용역의 가격 등과 경제적 가치와의 차이 등 여러 사정을 종합적으로 고려하여 구체적·개별적으로 판단하여야 한다.

위 법리 및 기록에 비추어 살펴보면, 원심이 이 사건 채널편성 변경에 의한 거래조건을 유사 시장에서의 다른 사업자의 거래조건과 비교 등을 하지 아니한 채 단순히 그 정도가 현저하지 않다고 판단한 것은 적절하지 아니하나, 이를 인정할 아무런 자료가 없는 이상 이 사건 채널편성 변경행위에 소비자이익 저해행위의 현저성이 인정되지 않는다고 본 원심의 결론은 결과적으로 정당하므로, 원심판결에는 상고이유로 주장하는 바와 같은 판결에 영향을 미친 법리오해 등의 위법이 없다.

토의 주제

- 소비자이익의 현저한 저해라는 남용행위의 판단에 있어서 '소비자이익'에 비경제적 가치도 포함되어야 할 것인가? 위 "씨제이 헬로비전" 판결을 읽고, 소비자이익 저해의 '현저성' 기준을 다른 관점에서 접근할 수 있는지를 토론해보자.

Ⅲ. 제 재

1. 시정조치

공정거래위원회는 법 제3조의 2에 위반하는 시장지배적 지위남용행위가 있을 때에는 당해 시장지배적 사업자에 대하여 가격의 인하, 당해 행위의 중지, 시정명령을 받은 사실의 공표,[34] 기타 시정을 위하여 필요한 조치를 명할 수 있다(법 5조).

한편, 공정거래위원회가 법 위반으로 시정명령을 받은 사실의 공표를 명할 때에는 위반행위의 내용 및 정도, 기간 및 횟수를 참작하여 공표내용과 매체의 종류·수 등 공표방법을 지정하여야 한다(영 8조).[35] 공정거래위원회가 이러한 공표명령을 적

34) 종래의 법위반 사실에 대한 공표명령이 헌법재판소의 위헌결정(헌법재판소 2002. 1. 31. 선고 2001헌바43 결정)으로 효력을 상실함에 따라 2004년 12월의 법개정으로 '시정명령을 받은 사실의 공표명령'으로 변경되었다.

극적으로 활용하고 있는 주된 이유는 공정거래제도를 일반 국민들에게 널리 홍보하는 한편, 법위반행위로 인한 소비자의 추가피해를 방지함과 더불어 당해 사업자에 대한 평판이나 이미지에 부정적 영향을 줌으로써 소비자의 선택에 영향을 미치려는 것으로 보인다.

2. 과징금

시장지배적 사업자가 지위남용행위를 한 때에는, 공정거래위원회가 당해 시장지배적 사업자에 대하여 과징금을 부과할 수 있다. 공정거래위원회는 대통령령이 정하는 매출액(상품 또는 용역의 대가의 합계액을 재무제표 등에서 '영업수익' 등으로 기재하는 사업자의 경우에는 그 영업수익)의 3%를 초과하지 않는 범위 내에서 과징금을 부과할 수 있다(법 6조 본문). 여기서 '대통령령이 정하는 매출액'이라 함은 법위반사업자가 위반기간 동안 일정한 거래분야에서 판매한 관련 상품이나 용역의 매출액 또는 이에 준하는 금액(이하 "관련매출액"이라 한다)을 말한다. 다만, 법위반행위가 상품이나 용역의 구매와 관련하여 이루어진 경우에는 관련 상품이나 용역의 매입액을 말한다(영 9조 1항). 그 밖에 관련매출액의 산정에 관하여 필요한 사항은 공정거래위원회가 정한다(영 9조 3항).

한편, 매출액이 없거나 매출액의 산정이 곤란한 경우로서 대통령령이 정하는 경우, 즉 ① 영업을 개시하지 아니하거나 영업중단 등으로 인하여 영업실적이 없는 경우, ② 위반기간 또는 관련 상품이나 용역의 범위를 확정할 수 없어 위의 방법에 따른 관련매출액의 산정이 곤란한 경우, ③ 재해 등으로 인하여 매출액 산정자료가 소멸 또는 훼손되는 등 객관적인 매출액 산정이 곤란한 경우에는 10억원을 초과하지 않는 범위 내에서 과징금을 부과할 수 있다(법 6조 단서, 영 10조).

3. 형사벌

시장지배적 사업자가 동법 제3조의 2를 위반하여 지위남용행위를 한 경우에는 3년 이하의 징역 또는 2억원 이하의 벌금에 처하며(법 66조 1항 1호), 공정거래위원회의 시정조치 등에 응하지 아니한 경우에는 2년 이하의 징역 또는 1억 5천만원 이하의 벌금

35) 자세한 내용은 공정거래위원회 예규 제33호, 2006. 7. 19.「공정거래위원회로부터 시정명령을 받은 사실의 공표에 관한 운영지침」참조.

에 처한다(법 67조 6호). 남용행위에 대한 형사소추에는 공정거래위원회의 고발이 있어야 한다. 그 이유는 어떤 사업자가 시장지배적 지위를 가지고 있는지, 그리고 그 사업자의 행위가 지위남용에 해당되는지를 판단하기 위해서는 먼저 관련시장을 획정한 뒤에, 시장의 구조와 행태를 분석하는 등 공정거래위원회의 전문적인 판단을 거쳐야 하기 때문이다.

2016년 말 현재 공정거래위원회가 시장지배적 사업자의 지위남용을 이유로 고발을 의결한 예는 불과 6건에 불과하다. 1998년 공정거래위원회가 남양유업 등 3개 시장지배적 사업자의 부당한 출고조절행위에 대하여 법위반의 정도가 객관적으로 명백하고 중대하여 경쟁질서를 현저히 저해하는 것으로 판단하여 시정명령 외에 검찰에 고발한 바 있으나,[36] 종국적으로 형사처벌이 이루어지지는 못하였다.

제 3 절 독과점적 시장구조의 개선

Ⅰ. 시장구조개선시책의 개관

독점규제법이 시행된 지 이미 상당한 기간이 지났음에도 불구하고, 독과점적인 시장구조가 크게 개선되지 못하고 있을 뿐만 아니라 일부 업종의 경우 각종 인·허가 등 제도적인 진입장벽과 전략산업의 육성을 위한 산업정책, 유치산업의 보호를 위한 수입제한 등 정부주도 및 규제중심의 경제운용방식으로 인하여 그러한 독과점 구조가 더욱 고착화·심화되고 있는 것으로 나타나고 있다. 따라서 이러한 시장구조를 개선하기 위하여 1996년 개정된 독점규제법은 공정거래위원회에게 독과점적 시장구조가 장기간 유지되고 있는 상품이나 용역의 공급 또는 수요시장에 대하여 경쟁을 촉진하기 위한 시책을 수립하여 시행할 의무를 부과하고 있다(법 3조 1항).

독점규제법이 공정거래위원회에게 시장구조 개선의무를 부과하고 있는 이유는 공정거래위원회가 독점규제법에 의하여 1981년부터 시장지배적 사업자의 지위남용

36) 공정거래위원회, 1998. 6. 9. 의결 제98－112호(남양유업); 1998. 11. 4. 의결 제98－251호(제일제당), 제98－252호(신동방).

행위를 규제해오고 있음에도 불구하고, 그동안 계속해서 시장지배적 사업자로 지정되고 있는 독과점품목이 무려 20여 개에 달할 정도로 우리나라 산업구조의 독과점화가 장기간 고착화되어 있었으므로, 이를 개선하기 위해서는 보다 적극적인 별도의 조치를 강구할 필요가 있다고 판단되었기 때문이다.

그런데 독과점적 시장구조의 개선시책은 기존의 시장지배적 지위남용행위의 규제와는 다른 몇 가지의 특징을 가지고 있다. 우선, 기존의 독과점규제는 이미 형성된 독과점적 시장구조는 일단 인정하고 그 상황에서 문제되고 있는 시장지배적 사업자의 지위남용행위만을 규제하려는 것인데 반하여, 이 시책은 독과점적 시장구조 그 자체의 개선을 목적으로 하여 특히 문제가 심각한 업종을 사전에 지정하여 원재료 조달단계에서부터 최종소비단계에 이르기까지 모든 단계의 행태를 정밀하게 조사, 분석하여 문제점을 진단하고 이를 개선함으로써 독과점시장의 잠재적 경쟁압력을 경쟁시장의 수준으로 제고시켜서 시장성과가 최대한 발휘되도록 하려는 것이다. 둘째로 기존의 시장지배적 지위남용행위 규제는 주로 신고에 의존하여 법위반행위를 조사하고 적발하여 이를 시정하는 등 개별 사건 위주의 폐해규제방식으로 운영되어 왔는데 반하여, 이 시책은 공정거래위원회가 능동적으로 독과점적 시장구조가 고착화된 업종을 중심으로 심층적인 조사와 분석을 통하여 그 원인을 찾아내어 이를 시정해 나갈 수 있는 방안을 모색하려는 것이다.

그리고 공정거래위원회는 이러한 시책을 추진하기 위하여 필요한 경우에는 관계행정기관의 장에게 경쟁의 도입 기타 시장구조의 개선 등에 관하여 필요한 의견을 제시할 수 있다(법 3조 2항). 한편 공정거래위원회는 이러한 시책을 수립·추진하기 위하여 시장구조를 조사하여 공표하기도 하고(법 3조 3항), 사업자에 대하여 그 조사·공표를 위하여 필요한 자료의 제출을 요청할 수도 있는데(법 3조 4항), 그러한 사무는 직접 하기도 하지만 이를 다른 기관, 예컨대 관계행정기관의 장 또는 정부출연 연구기관의 장에게 위탁할 수도 있다(법 3조 5항, 영 4조의 2).

Ⅱ. 시장구조개선시책의 경과

공정거래위원회는 1996년 말 일정한 기준[37]에 해당하는 품목을 시장구조 '우선 개선대상품목'으로 선정하였고, 1997년에는 자동차, 타이어, 판유리 등 5개 품목, 1998년에는 철강, 맥주 등 6개 품목, 1999년에는 에어컨, 세탁기, 엘리베이터 등 10개 품목에 대해서, 그러한 품목시장에 참여하고 있는 사업자들의 원재료 수급단계에서부터 최종소비단계에 이르기까지 거래단계별로 각종 경쟁제한요소를 심층 분석하였다. 그리고 공정거래위원회는 이 과정에서 밝혀진 경쟁제한행위, 즉 거래단계별로 기존 독과점 사업자가 자기의 우월적 지위를 계속 유지하기 위하여 다른 사업자의 사업활동을 부당하게 방해하거나 신규진입을 저해하는 경우, 독점 제조업자가 국내 유통구조를 독점함으로써 수입물품의 유통을 어렵게 하는 행위, 원재료 독점사업자가 이 품목의 공급조절을 통해서 다음 단계의 제품시장을 독점하는 행위 등에 대하여 시정명령을 내렸다.

그리고 2001년부터는 공정거래위원회가 국민경제적 비중이 크거나 국민생활과 밀접한 분야 중에서 법 위반의 빈도가 높고, 소비자불만이 큰 6개 분야, 즉 건설, 의료·제약, 예식·장례식업, 신문·잡지 및 방송, 정보통신, 사교육 분야를 대상으로 하여 산업별, 시장별 구조, 정부규제 및 거래행태 등에 대한 조사를 실시하고 종합적인 개선방안을 마련하였다.

최근에는 독과점적 시장구조가 고착화된 규제산업 등의 시장구조개선을 위한 전담부서로서 시장구조개선정책관을 신설하여 산업별 시장구조 개선시책을 보다 체계적으로 추진하고 있다. 그에 따라 2009년에는 새로운 사업자의 진입을 제한하는 규제에 대해서 그 타당성과 존치의 필요성을 재검토하여 불필요하게 경쟁을 제한한다고 판단되는 일부 규제, 예컨대 주류납세 병마개사업사를 2개사에서 3개사로 확대하고 대량화물 화주의 지분소유범위를 30%에서 40%로 확대하여 해운산업의 진입규제를 다소 완화하는 등의 성과를 거두었다.

37) 다음 4가지 기준에 중복하여 해당하는 품목을 선정하였다. 즉 ① 산업정책, 수입다변화 등 정부정책에 의해 진입이 규제되고 있는 경우, ② 국내가격이 외국가격보다 높은 것으로 보아 수입품의 경쟁압력이 제대로 작동하지 않는 것으로 판단되는 경우, ③ 최근 2년간 사업자간의 가격인상율이 동일하여 사업자간의 유효경쟁이 존재하는지 의심스러운 경우, ④ 수익률(경상수익률, 영업이익률)이 제조업평균보다 높아 독과점이윤을 시현하고 있다고 추정되는 경우.

제 4 장

기업결합 및 경제력 집중의 규제

제1절 기업결합의 제한

I. 개 관

기업들은 규모의 경제나 범위의 경제를 도모하기 위해서, 혹은 구조조정이나 비용절감 등 매우 다양한 동기에서 다른 기업과의 결합을 시도하곤 한다. 그런데 동기가 어떠하든 기업간의 결합은 당사자의 소유와 지배 구조에 매우 큰 변화를 초래하는 것이면서, 기업 안팎의 이해관계인들에게 커다란 영향을 미칠 수 있다. 이 때문에 기업결합이 유발하는 변화의 결과와 그 역기능에 관심을 두고 이를 규율하기 위하여 여러 법 분야(상법이나, 노동법, 자본시장법, 조세법, 개별규제산업법 등)에서 다양한 제도들을 마련해 두고 있다.

독점규제법도 그런 법률의 하나라 할 수 있다. 독점규제법이 기업결합 현상에 대해 두는 관심이나 수행하는 역할은 다른 규범들과 차이가 있다. 기업결합은 기업의 내부적 성장이 아닌 결합을 통한 인위적 확장을 꾀하는 사업전략이므로 경우에 따라서는 시장을 집중시키거나 봉쇄하는 방식을 통해 경쟁의 환경이나 조건을 제한할 수가 있는데, 독점규제법에서는 기업결합의 이런 속성에 주목하여 그것이 경쟁제한적인 결과를 초래할 우려가 있는지를 심사하여 규제를 할 수 있는 근거를 제시하는 역할을 담당하게 된다. 오늘날 경쟁법을 도입한 거의 모든 나라들에서는 정도의 차이가 있을 뿐 경쟁제한적 기업결합에 관한 규제의 근거를 입법하여 운용하고 있으며, 이 같은 기업결합 규제는 현대 경쟁법에서 카르텔이나 독과점과 함께 핵심적인 규율 사항의 하나로 자리 잡고 있다.

그런데, 기업결합은 영리나 효율성을 추구하거나, 비용과 위험을 회피하기 위한 기업 본연의 동기에서 기인하는 것이 대부분이고 결합이 시장에 미치는 효과도 복합적이므로, 위법성을 판단하기까지의 과정이나 결과에 있어서 다른 행위유형들과는 다소의 차이를 보인다. 이 때문에 카르텔 등의 경우와는 달리 경쟁제한성을 단편적으로 추단하거나 제재 중심의 경직적인 규제방식을 중심으로 하지는 않으며, 경쟁당국이나 법원은 다분히 신중하고도 정교한 심사 과정을 거쳐 최종적인 위법여부를 가늠토록 해 오고 있다.

우리 독점규제법 역시도 기업결합의 복합적인 성격을 감안하면서도, 그 위법성을 정확히 포착해서 시장의 경쟁을 보호하기 위한 규정들을 다양하게 마련해 두고 있다. 그 규제의 내용은 실체, 절차, 그리고 제재의 측면으로 나누어 볼 수 있는데, 실체적 측면에서는 독점규제법 제7조에서 기업결합의 경쟁제한성 판단 및 예외적 허용을 위한 기준을 제시하는 것을 주된 내용으로 하고 있고, 절차적 측면에서는 제12조를 통해 일정한 요건에 해당하는 결합행위에 대해 당사자가 그 사실을 공정거래위원회에 사전 또는 사후에 신고토록 하는 것을 핵심으로 하고 있다. 아울러 제재적 측면에서 법 제7조에 위배되는 기업결합에 대하여 제재공정거래위원회가 제16조 소정의 시정조치와 제17조의 3의 이행강제금을 당사자들에게 부과할 수 있도록 하고 있다.

이하에서는 이들 기업결합 제한을 위한 구체적인 제도를 살펴보되, 그에 앞서 독점규제법에서 말하는 기업결합의 의미가 무엇이며, 이를 왜 규제하는지를 좀 더 상세히 살펴보기로 한다.

Ⅱ. 기업결합의 의미와 제한의 근거

1. 기업결합의 의의

(1) 기업결합의 의미 및 유사개념과의 구분

기업결합은 독점규제법에서 사용하는 법령용어이지만 기업결합이 무엇을 의미하는지에 대한 법에서 정의되어 있지 않다. 다만, 강학상으로는 '개별기업들이 자본적 · 인적 · 조직적 결합(integration)을 통하여 경제적으로 단일한 지배관계를 형성하는 과정 또는 형태' 등으로 기업결합 개념이 설명되어 왔다.[1] 한편, 기업결합은 통상 M&A나 합병 등 여러 용어들로 혼용되기도 하는데, 이런 표현들이 독점규제법의 규율대상인 기업결합의 의미에 정확히 부합되는 것은 아니다. 이를 테면 M&A나 합병은 기업결합의 동의어라기보다는 기업결합을 위해 당사자들이 선택하는 수

1) 권오승, 「경제법」(제12판), 법문사, 2014, 182면; 곽상현 · 이봉의, 「기업결합규제법」, 법문사, 2012. 3면.

단에 가까운 것으로 볼 수 있다.

그렇다면 기업결합을 유사 개념 내지 여타 경쟁제한행위로부터 구별케 하는 기준은 무엇인가? 한마디로 요약하자면 결합으로 인하여 당사자들이 경제적으로 하나가 되는지가 기업결합 성립 여부의 관건이라 할 수 있다. 예를 들어 A 기업이 B 기업의 주식을 사들여서 A기업과 B 기업이 경제적으로 하나가 되고 피취득기업인 B가 경제적 독립성을 상실하게 되면 두 기업이 결합한 것으로 취급된다. 만일 당사자들이 경제적 독립성을 유지한 채 특정 행위만 조율하는 경우는 기업결합으로 인정되지 않으며, 오히려 공동행위 혹은 카르텔에 가깝다고 보게 될 것이다.

기업결합이 성립되었다고 보기 위해 결합 당사자들이 법적으로까지 하나가 되어야만 하는 것은 아니다. 같은 맥락에서 기업결합의 성립에 있어서 피결합기업의 법적 독립성 상실을 요하지도 않으며, 결합당사자들이 법적인 독립성을 유지하는 상태에서도 기업결합은 성립될 수 있다. 실제로 주식취득을 통한 기업결합의 상당수는 결합이 된 후에도 피결합기업이 법적인 독립성을 유지하곤 한다. 단, 기업결합의 유형 가운데 하나인 합병의 경우에는 피취득기업들의 경제적인 독립성뿐만 아니라 법적 독립성까지 상실하는 결과가 발생하는데, 이점에서 합병은 기업결합의 일종이면서 결합의 강도가 가장 강력한 형태라고도 할 수 있겠다.

(2) 기업결합의 유형

기업결합의 유형은 여러 기준에 따라 다양하게 분류될 수 있다. 예를 들어 i) 결합의 수단이 무엇인지를 기준으로 기업결합을 유형화하거나 ii) 결합기업간의 관계 내지 기업결합이 시장에 미치는 영향을 중심으로 분류해 볼 수도 있다. 이 두 분류 방식은 현행 독점규제법의 체계에서 채용되어 있다.

먼저 전자는 법 제7조 제1항 각호에서 열거되어 있는데, 주식취득, 임원겸임, 합병, 영업양수, 새로운 회사설립에의 참여 등 다섯 가지 유형(동항 1호 내지 5호)의 결합수단이 그것이다. 결합당사자들이 이 중 어떤 수단을 선택할 것인지는 시장 환경이나 결합기업의 경영판단에 따라 자율적으로 결정되는 것이 일반적이며, 결합수단 유형 여하에 따라 경쟁제한성의 정도가 곧바로 결정되는 것은 아니다. 다만, 유형별로 기업결합의 신고의무의 발생이나 신고시점에는 다소간의 차이가 발생하며, 사실상 이

점에서 구별의 실익이 있다고 할 수 있다. 이에 대한 자세한 내용은 뒷부분에서 다시 서술한다.

한편 후자의 분류방식은 공정거래위원회가 작성한 「기업결합심사기준」에서 채용하고 있으며, 그 내용은 동일시장 내에서 경쟁관계에 있는 회사 간의 결합을 의미하는 수평형 기업결합(horizontal merger; 이하 '수평결합')과 원재료의 생산에서 상품·용역의 생산 및 판매에 이르는 생산과 유통과정에 있어서 인접하는 단계에 있는 회사간의 결합을 의미하는 수직형 기업결합(vertical merger; 이하 '수직결합'), 그리고 그 밖의 결합을 포괄하는 혼합형 기업결합(conglomerate merger; 이하 '혼합결합')의 세 가지 유형으로 나뉜다.[2] 일부 기업들 간의 결합에서는 이 세 가지의 결합유형이 모두 발생하는 경우도 있다. 외형상 이 분류방식의 착안점은 결합당사자들의 관계라고 볼 수도 있으나, 실질적으로는 각 유형에 따라 시장의 경쟁에 미치는 효과와 그 효과를 초래하는 모습의 차이가 법적으로는 더 큰 의미를 갖는다. 그 때문에 기업결합심사기준에서는 이 두 번째 기준을 기점으로 하여 기업결합의 경쟁제한성을 판단하고 있다. 이에 대해서도 후술한다.

한편, 법률이나 「기업결합심사기준」에서 채용하고 있는 분류방식 이외에 iii) 기업결합에 사용되는 조직형태에 따라 지주회사(holding company), 트러스트(trust), 콘체른(konzern)으로 유형화해 볼 수도 있다.[3] 다만, 이런 분류는 서구 자본주의 형성과정에서 출현했던 역사적 산물들을 토대로 한 것으로서 우리 기업현실에서 발생하는 결합유형들과 정확히 일치되지는 않는 측면이 있다.

2. 기업결합 규제의 근거와 특징

(1) 기업결합 규제의 근거

기업결합은 결합당사자의 의도와는 관계없이 매우 다양한 모습으로 시장에 영향을 미칠 수 있다. 독점규제법이 기업결합을 규제하는 이유는 앞서 설명한 바와 같이 결합의 결과, 결합이 시장의 구조나 사업자의 행태를 통해 경쟁제한성을 가질 우려가 있기 때문이다.

---

2) 혼합결합은 다시 상품확장형 혼합결합과 지역확장형 혼합결합, 그리고 순수한 혼합결합 등으로 세분되기도 한다.

3) 이호영, 「독점규제법」(제4판), 홍문사, 2013, 93면; 정호열, 「경제법」(전정 제5판), 박영사, 2016, 207면.

하지만, 기업결합이 시장과 경쟁에 미치는 효과가 언제나 부정적인 것만은 아니고, 설령 부정적 효과를 낳는 경우에도 그 효과의 모습이나 크기는 결합당사자의 규모나 시장점유율 그리고 결합의 유형에 따라 여러 형태로 나타날 수 있다. 따라서 기업결합을 규제하는 논리적 근거 역시 일률적이거나 단편적으로 설명될 수 없고, 결합의 당사자 및 유형에 따라 규제에 적용되는 기준이 달라지는 특징을 보인다.

다만, 통계나 경험칙 상으로는 당사자의 규모나 시장점유율이 클수록 경쟁제한성도 커지며, 결합의 모습이 수평결합이나 수직결합이 혼합결합에 비해 경쟁제한적인 것으로 판명될 가능성이 높은 것으로 나타나고 있다. 이하에서는 결합의 유형에 따라 규제의 논거가 되는 경쟁제한성이 어떤 모습으로 나타나는지를 중심으로 설명한다.

먼저, 수평결합은 앞서 설명했다시피 동일시장 내 경쟁자끼리의 결합을 의미하기 때문에 필연적으로 시장 내의 사업자 수 감소를 야기하게 되고 시장을 집중시키는 결과로 이어지게 된다. 이에 따라 결합당사자의 시장지배력이 제고됨으로써 가격인상 등 착취적 행위나 경쟁자 배제적 거래관행을 감행할 가능성이 커지는 한편(단독효과), 사업자 수의 감소에 따라 카르텔이 보다 용이한 시장 환경이 조성될 수가 있는데(공조효과), 그 결과 수평결합이 시장을 집중시키는 효과를 초래할 경우 규제의 대상이 될 수 있다.

이에 비하여 수직결합이나 혼합결합과 같은 비수평(non-horizontal) 결합의 경우에는, 결합 이후 시장구조에 즉각적인 변화를 초래하지 않는 대신 거래비용의 감소나 사업활동상의 위험분산과 같은 긍정적 효과를 가져다주기도 한다. 따라서 경쟁을 제한하는 효과를 유발하거나 그 효과가 다른 긍정적 효과보다 큰 경우가 비수평결합에서 일반적인 것이라고 할 수는 없다. 하지만 경우에 따라서는 거래단계를 달리하는 기업들간의 수직결합이 시장을 경쟁자로부터 봉쇄시킴으로써 진입장벽을 구축하는 결과를 낳기도 하고, 혼합결합의 경우에 시장의 잠재적 경쟁을 제한하는 등의 여러 경쟁제한적 효과를 발생시킬 가능성이 생기기도 한다. 이 때문에 독점규제법 및 하위규범에서는 수직결합이나 혼합결합 유형에서 나타날 수 있는 다양한 효과를 포착하고 이를 적절히 규제하기 위한 수단들을 마련해 두고 있는 것이다.

(2) 기업결합 제한제도의 접근방식 및 실무상 특징

기업결합은 독과점(시장지배적 지위남용)규제나 카르텔(부당한 공동행위)규제, 불공정거래행위금지와 더불어 보편적인 경쟁법이 규율대상으로 삼는 핵심적 사항의 하나로 다루어져 왔다. 하지만, 기업결합 규제에는 그 취지 및 방식에 있어서 다른 경쟁제한적 행위유형에 대한 그것들과 구분되는 몇 가지 특징을 보이기도 한다.

먼저 기업결합으로 인한 경쟁제한적 폐해가 구체적으로 나타나기 전에 그 가능성을 근거로 제재수단을 발동한다는 점에서 일종의 사전규제에 가까운 모습을 띠고 있으며, 그런 점에서 독과점 현상에 대한 일종의 원인규제적 성격을 지니는 것으로 볼 수 있다.[4] 기업결합으로 인한 경쟁제한행위(경쟁사업자배제, 가격남용, 끼워팔기 등)가 사후적인 규제의 대상이 되기는 하지만, 사후적으로 경쟁제한행위를 치유하고자 할 경우 독과점화가 이미 고착화된 상태에서는 원상회복이 어렵고 집행비용이 크게 소요되는 등의 문제가 발생할 수 있으므로 기업결합심사를 통해 사전적으로 경쟁제한 우려를 해소하는 것이 더 효과적이다.

이 점에서 결합 후 시장변화에 대한 정확한 예측이 기업결합 심사 및 위법성의 판단에 있어서 대단히 중요한데, 이 때문에 경제학적 분석기법이 어느 분야보다 많이 필요하다. 또한 경제분석의 결과가 위법성판단에 미치는 영향도 매우 크다. 실제로 시장획정이나 경쟁제한성 심사의 구체적 기준들이나 규제근거의 상당 부분은 경제학적 분석기법에서 채용해 온 것들이기도 하다.

한편 기업결합의 추진동기가 다양하고 그것이 시장에 미치는 효과가 복합적인 만큼 법위반 여부에 대한 정확한 판단을 위해서는 단계별로 매우 정교한 분석이 필요하다. 이 때문에 기업결합 규제의 세부적 내용을 법률사항으로 규정하는 것은 한계가 있고 하위규범에서 구체적 기준과 절차를 마련하는 방식을 취하고 있다. 미국의 연방 법무부(Department of Justice; DOJ) 및 연방거래위원회(Federal Trade Commission; FTC)가 제정한 수평결합가이드라인(Horizontal Merger Guideline)을 위시하여 각국의 경쟁당국이 수립한 규제기준에서 이러한 특징이 발견되며, 우리 독점규제법의 경우도 마찬가지의 이유에서 일단 법률이 추상적이고 포괄적으로 규정

---

4) 단, 기업결합 자체는 허용하면서 일정한 작위 내지 부작위 의무를 조건으로 하여 시정조치를 부과하는 경우에는 기업결합규제가 폐해규제적 성격을 띠기도 한다.

들을 사항들을 공정거래위원회가 제정한 「기업결합심사기준」을 통해 구체적 기준으로 제시해 놓고 있다.

기업결합규제에 동원되는 경제적 분석에 국가나 법역에 따른 편차가 크지 않은데다, 최근 들어 국경을 넘는 기업결합이 활발히 이루어지고 있어서 기업결합 규제의 실체 및 절차법적 측면에서 범세계적인 규제기준이나 집행체계의 수렴과 조화 현상이 나타난다는 점도 특징으로 들 수 있다.

또한, 전술한 바와 같이 기업결합은 여러 가지 동기에서 추진되는 만큼 법의 접근방식은 대단히 신중하면서도 정밀한 것이라고 할 수 있다. 실제로 공정거래위원회와 같은 각국의 경쟁당국에 의해 법위반으로 판명되어 제재를 받는 결합행위의 수와 비율은 매우 낮게 나타난다. 이 점에 비추어 보면 결과적으로는 기업결합의 대다수는 허용되며, 극히 예외적인 경우로서 경쟁을 실질적으로 제한하는 일부 기업결합이 규제의 대상이 된다고 해도 지나치지 않다. 실무상으로는 설령 공정거래위원회가 위법으로 판단한 기업결합사안에 대해 당사자들이 법원에 최종적인 판단을 구하는 경우가 많지 않으며, 이 때문에 우리나라에서는 기업결합과 관련된 판례가 아직은 풍부히 축적되어 있지 않다. 경쟁당국이 결합자체를 금지시키는 등의 구조적 조치 대신에 행태적 조치가 부과됨으로써 현실적으로 결합이 성립되는 결과인 경우가 많은데다 설령, 구조적 조치가 발동되더라도 승소의 확률 및 승소확정판결까지 소요되는 기간이 장기간이어서 경영환경의 상당한 변화가 생길 경우 결합의 효과가 퇴색하여 더 이상 다투지 않는 경우가 많기 때문이다.[5)]

3. 기업결합 제한의 체계와 절차

기업결합의 특성과 시장에 미치는 중대한 영향 때문에 독점규제법을 집행하는 공정거래위원회는 여러 단계의 심사와 분석을 거쳐 기업결합이 사회적으로 허용될 수 있는 것인지를 가늠하고 그에 따른 조치를 취하게 된다. 이 과정에 비추어 현행법이 규정하고 있는 기업결합의 내용을 정리해 보면 다음과 같은 몇 가지 단계로 나누어 볼 수 있다.

먼저, 기업결합의 절차적 규제로서, 기업결합의 존재를 확인하기 위한 단계이다

5) 이민호, “2008년 기업결합 관련 판례 검토”, 「경쟁법연구」 제19권, (2009. 5), 400면.

(법 12조 내지 12조의 2). 기업결합의 규제를 위해서는 무엇보다 특정 시장에서 행해지고 있는 기업들간의 행위가 과연 결합행위에 해당하는 것인지를 확인하는 작업이 선행되어야 한다. 이를 위해 독점규제법은 경쟁당국인 공정거래위원회로 하여금 기업결합의 진행여부를 사전에 인지하고 적절한 대응을 하기 위해, 일정한 규모와 요건을 갖춘 행위를 당사자들이 신고토록 하고 있다.

공정거래위원회가 이런 신고를 통해서, 혹은 신고대상이 되지 않더라도 직권에 의해 결합사실이 있음을 인지하게 되면, 결합의 추진행위가 법적용의 대상이 되는 기업결합에 이르렀는지를 확인하는 과정을 거친다. 이를 위해서는 취득기업이 법에서 열거하는 결합수단을 통해 피취득기업을 경제적으로 지배하여 결국 단일체가 되었는지(지배관계의 형성)를 살펴보게 된다.

다음 단계로서, 만일 결합을 추진하는 기업들이 단일한 지배관계를 형성하여 비로소 결합의 단계로 들어선 것으로 판단되면, 공정거래위원회는 그 경제적 단일체가 당해 시장에서 어떠한 지위를 갖게 되고 그 결합이 시장에 어떤 영향을 미치는지를 분석함으로써 기업결합의 허용여부를 가리게 된다. 기업결합의 실체적 규제단계라고 할 수 있다(법 7조). 이 단계는 매우 복잡한 분석의 기법과 과정을 통해 진행되는데, ① 우선 결합하는 기업들이 속해 있는 일정한 거래분야가 어디까지인지를 확인(관련시장의 획정)하는 작업이 행해진다. ② 이를 토대로 공정거래위원회는 결합이 당해 시장의 경쟁을 실질적으로 제한하는지를 결합의 유형[6]에 따라 심사(경쟁제한성 판단)하게 된다. ③ 그 결과, 당해 결합이 경쟁제한성을 내포하고 있지 않다고 판단되면 결합은 곧바로 허용되는 반면, 만일 경쟁제한적이라고 판단될 경우에는 바로 위법으로 결정하지 않고 이 결합을 예외적으로 허용할 만한 다른 정책적 고려요소들이 존재하는지를 한번 더 살펴보게 된다. 이를 위해 공정거래위원회는 결합당사자들로부터 법에서 정한 예외인정 사유의 존재(예외적 인정사유 혹은 정당성 항변) 여부를 고려한다. ④ 만일 당해 결합이 법에서 인정하는 예외적 허용 사유에 해당한다고 인정될 경우에는 심사절차가 종료되고 결합은 허용된다. 하지만, 예외인정사유에 해당되지 않는다고 판단할 때에는 당해 기업결합이 비로소 위법한 것으로 판단을 받게 된다(위법성 판단).

6) 수평형 기업결합, 수직형 기업결합, 혼합형 기업결합으로의 구분 유형을 의미한다.

끝으로, 위법한 기업결합에 대한 제재단계이다(법 16조). 이상의 복잡다기한 심사과정을 거쳐 하나의 기업결합 내지 결합안이 위법한 것으로 규명된 경우에는 공정거래위원회가 결합의 당사자를 상대로 시정조치나 이행강제금을 부과(제재조치의 부과)하는 조치를 취하게 되며, 이로써 결합사건에 대한 행정적인 규제는 종료된다.

이하에서는 위에서 정리한 기업결합 제한제도의 구조를 공정거래위원회에서의 처리 과정에 따라 기업결합 신고제도와 경쟁제한적 기업결합의 금지제도, 그리고 위법한 기업결합의 제재수단으로 나누어 살펴보기로 한다.

토의 주제

① 기업결합이 다른 유형의 경쟁제한행위와 달리 취급되어야 하는 이유와 경쟁당국의 접근방식에 대해 토의해 보시오.

② 기업결합규제에 있어서 공정거래위원회가 운용하고 있는 기업결합심사기준의 기능과 법적 성격에 관하여 토의해 보시오.

심화학습

• 주요국의 기업결합 규제 기준

[관련문헌] 곽상현, "기업결합과 관련시장의 획정", 저스티스 제93호, 한국법학원, (2006. 8.), 36-91면; 황태희, "미국의 개정 수평 기업결합 가이드라인에 관한 법적 검토", 인권과 정의 제417호, (2011. 5); 신영수, "미국 독점금지법상 비수평결합 규제의 동향과 시사점", 미국헌법연구 제25권 제1호, (2014. 4), 65-113면

Ⅲ. 기업결합 신고제도

1. 기업결합 신고제도의 취지와 개요

기업결합은 해당 기업이나 그 기업이 속한 시장의 입장에서 매우 중요한 사안이므로 이를 허용할 것인지 아닌지의 판단은 가급적 신속하고 정확하게 판단되는 것이 바람직하다. 이를 위해서는 공정거래위원회가, 현재 어느 분야에서 어떤 기업들

간에 결합이 추진되고 있는지를 파악하고 있을 필요가 있다. 이 때문에 독점규제법은 기업결합을 추진하는 당사자들로 하여금 사전 또는 사후에 공정거래위원회에 그와 같은 사실을 알리도록 하고 있는데, 이를 '기업결합 신고제도'라 부르고 있다. 요컨대, 기업결합 규제의 효율성을 높이기 위해 마련된 기술적, 보충적 성격의 제도라 할 수 있으며, 경쟁법을 운용하고 있는 대부분의 나라에서 기업결합 규제의 일환으로 도입되어 있기도 하다.

기업결합 신고제도는 뒤에서 서술하는 경쟁제한적 기업결합 규제와는 취지가 다른 제도로서, 국민경제에 영향을 미칠 수 있는 규모의 결합당사자들에게 신고의무가 부과되며, 신고의 시점도 결합의 형태나 당사자의 규모에 따라 유연하게 적용되고 있다. 특히 기업결합의 신고의무 유무와 당해 결합의 위법성 여부는 직접적인 관련이 없다는 점에 유의할 필요가 있다. 즉 신고대상이 되는 기업결합이라고 해서 경쟁제한의 가능성이 높은 것은 아니며, 반대로 신고대상이 아니라고 해서 경쟁제한성 심사대상에서 제외된다는 의미도 아니다. 신고대상이나 신고시점 여하에 관계없이 공정거래위원회가 직권으로 결합안을 심사하여 경쟁제한성을 규명해 내거나 제한 또는 금지시킬 수가 있다.

독점규제법상 현행 신고제도의 주요 내용은 다음과 같이 정리된다. 먼저 전술한 바와 같이, 기업결합의 모든 당사자가 아니라 자산총액이나 매출액 규모가 일정 수준 이상이 되는 결합 당사자에게 신고의무가 부과된다는 점이다. 후술하는 경쟁제한적 기업결합의 규제제도의 경우 원칙적으로 모든 결합주체가 규모에 관계없이 규제대상이 된다는 점에서 신고제도와는 차이가 있다.

신고의 시점과 관련해서는 사후신고를 원칙으로 하며 예외적으로 일정한 경우에는 사전 신고토록 하는 방식을 취하고 있다. 단, 대규모기업집단에 해당하는 기업이 결합을 하는 대부분의 경우에는 사전신고토록 하고 있어서 현실적으로 주요 기업결합에 대해서는 사실상 사전신고를 중심으로 제도가 운영된다고 볼 수 있다.

한편, 현행 규모 기준(매출액 또는 자산총액) 하에서는 성장잠재력이 큰 기업을 거액에 인수하더라도 매출액 규모가 작은 경우에는 기업결합 신고대상에서 제외되는 문제가 있다. 이에 따라 현행 규모 기준 이외에 거래금액(인수가액) 기준을 추가로 도입할 필요가 있다는 논의와 더불어 법률 개정안이 최근 들어 제시되고 있다. 이에 의하면 피취득회사 매출액(또는 자산총액)이 현행 신고기준(300억원)에 미달하더라도 거래금액(인수가액)이 큰 경우에는 신고의무가 부과될 수 있다.

2. 신고의무자

(1) 신고의무의 귀속

전술한 바와 같이 현행법상 기업결합 신고의무는 결합기업의 규모에 따라 부과여부가 달라지는데, 이에 관하여 독점규제법 시행령에서, 취득하는 회사의 자산총액 또는 매출액 규모가 3천억원 이상이면 신고하여야 하는 것으로서 그 일차적인 기준을 제시하고 있다(영 18조). 결합의 유형별로 신고의무를 지는 자를 정리하자면, 주식취득의 경우는 취득회사, 임원겸임의 경우에는 겸임임원의 소속회사, 흡수합병의 경우에는 존속하는 회사, 신설합병의 경우에는 합병당사회사가 공동으로, 영업양수의 경우는 양수회사, 그리고 회사신설의 경우에는 신설에 참여하는 회사로서 자산총액 또는 매출액의 규모가 3천억원 이상이 회사에게 각각 신고의무가 부여된다고 할 수 있다.

단, 임원겸임을 통해 기업결합을 하는 경우에는 자산총액 또는 매출액의 규모가 2조원 이상의 대규모회사들만이 신고의무를 부담하게 되는데, 그 이유는 임원겸임의 경우는 대규모 회사가 아니면 기업결합규제 대상 자체가 되지 않기 때문이다(법 7조 1항 단서).[7]

한편, 신고의무자가 2이상인 경우에는 공동으로 신고하여야 하며(법 12조 10항), 아울러 기업결합신고대상회사의 특수관계인도 신고의무를 지게 된다. 또한 기업결합 신고대상회사 외의 회사로서 상대회사의 규모에 해당하는 회사가 기업결합신고대상회사에 대하여 기업결합을 하는 경우에도 신고할 의무가 있다. 취득회사의 자산총액이나 매출액규모가 3천억원에 못 미치는 경우에도 피취득기업이 3천억원 이상인 경우에는 신고를 해야 한다는 의미이다.

(2) 피결합회사의 규모

한편, 피결합회사의 규모도 결합회사의 신고의무 여부를 가름하는 기준이 된다.

---

7) 따라서 결합기업의 자산규모가 2천억원 이상이 되지만 2조원에는 미치지 못하는 기업이 임원겸임 방식으로 다른 기업과의 결합을 추진하는 때에는 공정거래위원회에 신고할 필요가 없다.

독점규제법 및 동법 시행령상의 기준에 따르면 피결합회사의 자산총액 또는 매출액의 규모가 대통령령이 정하는 300억원 이상인 회사의 경우에만 신고의무가 발생하게 된다(영 18조 2항). 즉, 취득회사의 자산총액이나 매출액이 2천억원 이상이더라도 피취득회사의 그것이 300억원 미만이면 기업결합을 신고하지 않아도 된다는 의미이다. 일정규모 이상인 취득회사에 의한 기업결합이라도 피취득회사(즉, 상대회사)가 소규모인 경우에는 경쟁제한성이 미미할 가능성이 크므로, 신고대상에서도 제외시킨 것으로 공정거래위원회로 하여금 국민경제에 의미가 있는 수준의 기업결합 규제에 집중토록 하려는 취지로 볼 수 있다.

이상을 정리하면, 신고의무는 원칙적으로 취득기업의 자산총액 또는 매출액이 3천억원을 넘는 경우에 발생하지만, 예외적으로 i) 취득기업의 자산총액 또는 매출액이 3천억원을 넘어도 피취득기업의 자산총액이나 매출액이 300억원 미만이면 기업결합신고를 할 필요가 없고, ii) 취득기업의 자산총액 또는 매출액이 3천억원을 넘지 않아도, 피취득기업의 규모가 3천억원이 넘으면 신고해야 하며, iii) 그 외에도 임원겸임의 경우에는 자산의 자산총액 또는 매출액이 2조원이 넘어야 비로소 신고의무가 발생하게 되는 것이다.

(3) 신고의무의 예외

독점규제법은 여러 정책적인 필요에 따라, 일정한 요건에 해당하는 경우 기업결합의 신고의무를 면해주고 있다. 이에 따라 i) 중소기업창업투자회사 또는 중소기업창업투자조합이 창업자 또는 벤처기업의 주식을 100분의 20(상장법인의 경우에는 100분의 15) 이상으로 소유하게 되거나 창업자 또는 벤처기업의 설립에 다른 회사와 공동으로 참여하여 최다출자자가 되는 경우, ii) 「여신전문금융업법」에 따른 신기술사업금융업자 또는 신기술사업투자조합이 「기술보증기금법」상의 신기술사업자의 주식을 100분의 20(상장법인의 경우에는 100분의 15) 이상으로 소유하게 되거나 신기술사업자의 설립에 다른 회사와 공동으로 참여하여 최다출자자가 되는 경우에는 신고의무를 지지 않는다. 또한 iii) 기업결합신고대상회사가 다음 각 목의 어느 하나에 해당하는 회사의 주식을 100분의 20(상장법인의 경우에는 100분의 15) 이상으로 소유하게 되거나, 「자본시장과 금융투자업에 관한 법률」에 따른 투자회사, 「사회기반시설에 대한 민간투자법」에 따라 사회기반시설 민간투자사업시행자로 지정된 회사, 또는 그와 같은 회사에 대한 투자목적으로 설립된 투자회사, 「부동산투자회사법」에 따른 부동산투자회사 중 어느 하나에 해당하는 회사의 설립에 다른 회사와 공동으로 참여하여 최다출자자가 되는 경우에는 신고를 하지 않아도 된다(법 12조 3항).

한편, 전기통신이나 방송 등 정부의 경제규제를 받는 산업분야에서는 합병 등 기업결합이 발생할 경우 주무관청의 승인을 얻도록 되어 있는 경우가 있는데, 이런 경우에는 당해 주무관청에 합병 승인 등을 신청하면서 기업결합 신고서류를 함께 제출함으로써 공정거래위원회에 기업결합 신고를 한 것으로 대체할 수 있다. 이처럼 주무관청에 기업결합 신고서류를 제출한 때에는 그 서류가 주무관청에 접수된 날을 공정거래위원회에 신고가 있은 날로 본다. 아울러 주무관청은 지체 없이 공정거래위원회에 기업결합 신고서류를 송부하여야 한다(법 12조의 2 1항 내지 3항).[8] 이런 경우에는 신고의무가 면제되는 것이 아니라 다른 주무관청에 대한 신고로서 공정거래위원회에의 기업결합 신고를 대체한다는 의미라는 점에서 앞서 본 예외규정과는 차이가 있다.[9]

3. 신고대상 기업결합 유형

기업결합은 주식취득이나 임원겸임 등 여러 수단을 통해 이루어지는데, 앞서 본 요건에 해당하는 회사들의 모든 주식취득 등의 행위를 신고토록 하고 있는 것은 아니다. 주식취득이 발생할 경우 독점규제법이 주목하는 점은 어느 한 기업들이 다른 회사의 주식을 취득하는 행위 자체라기보다는 그 취득행위로 인해 기업이 결합에 이르게 되는지라고 할 수 있다. 따라서 주식을 일정 수준 이상 취득함으로써 상대회사의 지배권을 확보할 수 있는 단계가 되어야 비로소 신고를 받을 필요성이 발생하게 된다.

따라서 독점규제법은 결합의 수단에 따라 기업결합의 신고의무가 발생하는 시점을 달리 규율하고 있다. 즉, i) 주식[10]취득의 경우에는 다른 회사의 발행주식총수

---

8) 반대로 이들 분야에서 기업결합 신고를 하여야 하는 자는 공정거래위원회에 기업결합 신고를 하면서 해당 주무관청에의 승인신청에 관한 서류를 함께 제출할 수 있다. 이 경우, 공정거래위원회도 마찬가지로 법인설립 등의 승인 등에 관한 서류를 지체없이 주무관청에 송부하여야 한다(법 제12조의 2 제4항 내지 제5항).

9) 한편 규제산업의 주무관청들은 관련 법률에 따라 결합의 경쟁제한성을 심사하는 과정에서 공정거래위원회와 경쟁제한성에 관하여 사전에 협의토록 되어 있는 경우가 많은데, 이 과정에서 공정거래위원회가 결합당사자로부터 신고를 받지 않았더라도 사전협의 시에 결합사실을 자연스럽게 인지하게 되므로, 독점규제법에 따른 명시적인 특례를 적용받지 않는 규제산업분야에서도 실무상 공정거래위원회가 결합당사자로부터 별도의 신고를 요구할 실익이 없는 경우에는 신고의무를 면해주기도 한다.

(의결권없는 주식은 제외)의 100분의 20(상장법인의 경우에는 100분의 15) 이상을 소유하게 되는 경우나, ii) 다른 회사의 발행주식을 100분의 20(상장법인의 경우에는 100분의 15) 이상으로 소유한 자가 당해 회사의 주식을 추가로 취득하여 최다출자자가 되는 경우, iii) 임원겸임의 경우(계열회사의 임원을 겸임하는 경우는 제외), iv) 합병이나 영업양수에 해당하는 행위를 하는 경우, v) 새로운 회사설립에 참여하여 그 회사의 최다출자자가 되는 경우에 신고를 하도록 되어 있다(법 12조 1항). 요컨대, 임원겸임의 경우(단, 대규모회사가 아닌 경우는 제외)[11]와 다른 회사와의 합병 또는 영업양수의 경우에는 언제든지 신고해야 하는 반면, 주식취득이나 최다출자자가 되는 경우, 또는 새로운 회사설립에 참여하는 경우에는 소유비율이 일정한 단계에 이를 때에 비로소 신고의 대상이 된다.

4. 신고절차

기업결합의 신고시점은 결합이 완성된 날, 즉 기업결합일로부터 30일 이내에 사후신고하는 것을 원칙으로 한다. 단, 예외적인 경우로서 i) 당사회사 중 1 이상이 대규모회사인 경우와 ii) 대상 기업결합이 주식취득, 최다출자자화, 합병, 영업양수, 회사신설인 경우에는 합병계약을 체결한 날 등 대통령령이 정하는 날부터 30일 이내, 즉 사전에 신고를 하여야 한다.

환언하면, 대규모회사가 주식취득, 최다출자자화, 합병, 영업양수, 회사신설을 하는 경우에는 사전신고하여야 하는 반면에, 대규모회사가 임원겸임하는 경우와 대규모회사가 아닌 회사가 주식취득, 합병, 영업양수, 회사신설 등을 하는 경우에는 사후신고를 하는 것으로 족하다.

임원겸임에 대해서만 사후신고를 원칙으로 한 이유는 다른 결합형태와는 달리 사후에 복귀명령을 내리더라도 결합이전 상태로의 복원이 쉽게 이루어질 수 있기 때문이다. 반면에 합병이나 영업양수, 회사신설의 경우는 일단 행위가 완료되고 나면 결합을 둘러싼 법률관계나 기업의 대내환경 및 시장상황에 상당한 변화가 초래

---

10) 여기서 말하는 주식은 지분을 포함한다. 독점규제법상 주식에 관한 다른 규정에서도 마찬가지이다(법 제2조 1의 2호).

11) 대규모회사 아닌 자의 대규모회사 임원겸임이나, 사외이사가 다른 회사의 사외이사를 겸임하는 경우에는 기업결합 신고를 요하지 아니한다.

될 가능성이 커서, 공정거래위원회가 추후에 원상회복 조치를 취하기가 대단히 어려우므로 미리 신고를 하도록 한 것으로 볼 수 있다. 종전에는 주식취득의 경우도 사후신고를 원칙으로 했으나 주식취득도 원상회복이 쉽지 않다는 점과 다국적 기업에 의한 기업결합 징후를 적기에 포착하기 위해 사전신고로의 전환이 이루어졌다.

한편, 사전신고일은 주식취득이나 새로운 회사설립에의 참여의 경우 주식취득의 계약·합의일 또는 회사설립참여에 관한 주주총회의결일 등으로부터 30일 이내이며, 합병이나 영업양수는 합병일 등이 아니라 합병계약체결일 또는 영업양수계약체결일로부터 30일 이내임에 유의할 필요가 있다. 이들 사전신고규정은 규제완화차원에서 폐지논의가 지속적으로 이루어지고 있다.

기업결합의 신고가 접수되는 경우 공정거래위원회가 필요하다고 인정하는 때에는 그 기간을 단축하거나 그 기간의 만료일 다음 날부터 기산하여 90일의 범위 안에서 그 기간을 연장할 수 있다. 또한 신고기간 이전이라도 기업결합을 하고자 하는 자는 사전, 사후신고를 막론하고 공정거래위원회에 신고하여 당해 행위의 경쟁제한성 여부를 사전에 심사받을 수 있다.

››› 판례 대법원 2009. 9. 10. 선고 2008두9744 판결 ("동양제철화학 대 CCC" 사건)

... 원고 콜럼비안 캐미컬즈 어퀴지션 엘엘씨(Columbian Chemicals Acquisition LLC,)가 이 사건 기업결합을 위하여 주식 100%를 소유한 자회사로 콜럼비안 캐미컬즈 머저 서브(Columbian Chemicals Merger Sub, Inc.)를 설립하였는데, CCMS와 피취득회사인 콜럼비안 캐미컬즈 컴퍼니(Columbian Chemicals Company, 이하 'CCC'라고 한다)의 합병으로 인하여 존속회사인 CCC의 구 주주인 펠프스 다지 코퍼레이션(Phelps Dodge Corporation)이 보유하고 있는 CCC의 기존 주식은 전부 소각되었고, 소멸회사인 CCMS의 주주인 원고 CCAL은 합병 후 CCC가 새로이 발행하는 주식을 전부 취득하게 되었으므로 CCMS와 CCC의 합병은 원고 CCAL이 CCC의 신주를 취득하기 위한 수단에 불과한 점, 이 사건 기업결합의 신고 대상도 CCMS와 CCC의 합병 자체가 아니라 원고 CCAL의 CCC 주식의 취득인 점, 원고 CCAL은 CCC의 기존 주식을 장외에서 취득한 것이 아니라 CCMS와 CCC 사이의 합병과정에서 존속법인인 CCC가 발행한 신주를 소멸법인인 CCMS의 주식을 대신하여 취득한 것인 점 등에 비추어 볼 때, 원고 CCAL의 CCC 주식 취득은 구 독점규제 및 공정거래에 관한 법률 시행령(2007. 11. 2. 대통령령 제20360호로 개정되기 전의 것) 제18조 제8항 제1호 (가)목 소정의 구주의 장외취득에 해당하는 것이 아니라, 같은 호 (나)목 소정의 기타 주식취득에 해당하므로, 원고 CCAL이 2006. 3. 28. 피고에게 한 기업결합 신고는 CCC에 대한 주식취득이 이미 완료되었음을 전제로 한 사후신고에 해

당하고, 따라서 이 사건 처분은 공정거래법 제16조 제1항 후문, 제12조 제7항의 규정에 의한 처분기간의 제한을 받지 아니한다(이하 생략).

토의 주제

- 다른 기업결합 유형과 달리 임원겸임의 경우에는 사후신고를 하도록 한 이유에 대해 토의해 보시오.

심화학습

한국과 미국의 기업결합신고제도 비교분석: 미국 독점금지법(Hart-Scot-Rodino Antitrust Improvement Act)[12)]상 기업결합신고제도의 내용 및 특징 소개를 중심으로

[관련문헌] 서혜숙, 기업결합규제의 절차에 관한 소고, 변호사 제37권, 2007, 212-232면

Ⅳ. 경쟁제한적 기업결합의 금지

››› 판례 대법원 2008. 5. 29. 선고 2006두6659 판결 ("삼익악기 대 영창악기" 사건)

1. 본건의 사실관계 및 쟁점

(1) 관련 회사의 현황

피아노 등 악기류의 제조·판매업 등을 영위하는 주식회사 삼익악기는 자기의 계열사로서 금속제품, 캐스터 등 운반기기의 제조·판매업 등을 영위하고 있는 삼송공업 주식회사와 함께, 2004. 3. 12. 피아노 등 악기류의 제조·판매업 등을 영위하고 있던 영창악기제조 주식회사의 제3자배정 유상증자에 참여하는 방식으로 영창악기의 주식을 각각 26.5%, 22.08% 취득하였다. 이후 삼익악기와 삼송공업은 이러한 기업결합 사실을 2004. 3. 26.에 공정거래위원회에 신고하였다.

이후 삼익악기는 그의 특수관계인들을 영창악기의 대표이사 등 임직원으로 임명 또는 선임하여 경영상으로도 지배한 뒤, 원고 삼익악기 및 그 계열회사인 (주)프랫리드, PT SAMICK 인도네시아가 2004. 4. 30.부터 2004. 6. 19.까지 사이에 영창악기가 소유하고 있던 액숀, 스켈톤 등 핵심부품의 제조에 필요한 일부 기계설비들을 매수하였다. 이에 따라, 영창악기는 피아노 생산에 필요한 일부 부품을 위 세 회사들로부터 매입하여 피아노 완제품을 생산하고 있다.

12) 15 U.S.C. §18a.

(2) 공정거래위원회의 처분과 법원의 판단

이에 대하여 공정거래위원회는 삼익악기 및 그 계열사들의 기업결합행위가 국내 업라이트 피아노, 그랜드 피아노, 디지털 피아노의 각 거래시장에서 경쟁을 실질적으로 제한하는 기업결합으로서 법 제7조 제1항에 위반된다고 보아 2004. 9. 24. 삼익악기 및 삼송공업에 대해 1년 이내에 영창악기 주식 전부를 제3자에게 매각하도록 하는 한편, 3개월 이내에 영창악기로부터 매입한 기계설비를 다시 영창악기에 매도하도록 하는 내용의 시정조치를 명하였다.[13)] 삼익악기 등은 이러한 공정거래위원회의 시정조치에 불복하여 서울고등법원에 소송을 제기하였으나 패소 판결을 받았고, 다시 대법원에 상고하였으나 상고기각되었다.

(3) 본건의 쟁점

이 사건에서는 기업결합 규제의 거의 모든 요건들이 쟁점으로 부각되었는데 이를 테면 (i) 시장 획정 및 경쟁제한성 판단과 관련하여 중고피아노를 어떻게 보아야 할 것인지의 문제와 (ii) 경쟁제한성 판단과 관련하여 일본산 및 중국산 피아노가 향후 기업결합 당사회사의 경쟁제한적 행위를 충분히 억제할 수 있을 것인지의 문제, (iii) 효율성항변과 관련하여 효율성 증대효과 판단의 적절한 기준 및 이 사건 기업결합에서 창출되는 효율성의 정도 및 (iv) 도산기업항변의 성립 여부가 주로 다투어졌다.

2. 대법원의 판결이유

(1) 관련 시장의 획정 등에 대하여

공급측면의 경우 중고 피아노는 신품 피아노와 달리 가격이 상승하더라도 공급량이 크게 증가될 수 없다고 보이는 점, 수요측면의 경우에도 가격과 구매수량에 더 민감한 수요층(중고 피아노)과 제품 이미지, 품질, 사용기간 등에 더 민감한 수요층(신품 피아노)으로 그 대표적 수요층이 구분되어 신품 피아노의 가격이 상승하더라도 신품 피아노를 구입하려는 소비자들이 그 의사결정을 바꿔 중고 피아노로 수요를 전환할 가능성은 크지 않다고 보이는 점, 원고들이 그동안 신품 피아노의 가격결정, 마케팅 등과 같은 영업전략을 수립함에 있어 중고 피아노의 시장규모 등을 고려했다는 자료가 없는 점 등에 비추어 중고 피아노는 신품 피아노와 상품용도, 가격, 판매자와 구매자층, 거래행태, 영업전략 등에서 차이가 있고 상호간 대체가능성을 인정하기 어렵다는 이유로, 피고가 이 사건 기업결합의 관련 시장을 국내의 업라이트 피아노, 그랜드 피아노, 디지털 피아노의 각 신품 피아노 시장으로 획정한 것은 정당하다고 판단하였으며, 아울러 거래의 지리적 범위인 관련 지역시장의 획정 문제와 실질적 경쟁제한성 판단의 한 요소인 해외 경쟁의 도입수준 등의 문제를 별도로 판단하였다.

(2) 실질적 경쟁제한성이 존재하는지 여부와 관련된 상고이유에 대하여

이 사건 기업결합으로 인한 원고 주식회사 삼익악기 및 영창악기제조 주식회사(이하 '영창악기'라 한다)의 시장점유율 합계는 이 사건 관련 시장에서의 실질적 경쟁제한성 추정요건에 해당할 뿐만 아니라, 신규진입의 가능성이 거의 없으며, 해외 경쟁의 도입 가능성이나 인접시

13) 공정거래위원회 2004. 9. 24. 의결 제2004-271호.

장 경쟁압력의 정도 역시 매우 적고, 특히 이 사건 기업결합으로 인하여 국내의 양대 피아노 생산·판매업체는 사실상 독점화되고 직접적인 대체재 관계에 있던 두 제품이 하나의 회사 내에서 생산·판매되므로 소비자의 입장에서는 제품선택의 폭이 줄어들고 생산자의 입장에서는 이를 이용하여 가격인상을 통한 이윤증대의 가능성이 커지게 되므로, 이 사건 기업결합은 관련 시장에서의 경쟁을 실질적으로 제한하는 행위에 해당한다....

(3) 효율성 증대를 위한 기업결합인지 여부에 대하여

당해 기업결합으로 인한 특유의 효율성 증대효과를 판단함에 있어서는 기업의 생산·판매·연구개발 등의 측면 및 국민경제의 균형발전 측면 등을 종합적으로 고려하여 개별적으로 판단하되, 이러한 효율성 증대효과는 가까운 시일 내에 발생할 것이 명백하여야 한다.

원고들 주장의 효율성 증대효과 대부분이 이 사건 기업결합으로 인한 특유의 효율성 증대효과에 해당한다고 보기 어려울 뿐만 아니라, 국내 소비자 후생 등과 관련이 없으므로 효율성 증대효과로 인정하기에 부족하고, 달리 이 사건 기업결합의 효율성 증대효과가 경쟁제한으로 인한 폐해보다 큰 경우로 볼 수 없다....

위 법리와 기록에 비추어 보면, 원심의 이러한 조치는 정당하고, 거기에 상고이유와 같은 효율성 증대를 위한 기업결합에 관한 법리오해, 채증법칙 위배 등의 위법이 없다.

(4) 회생이 불가한 회사와의 기업결합인지 여부에 대하여

원심은 이 사건 기업결합 당시 영창악기의 자금사정이 열악하였다고 보이기는 하나 영창악기가 지급불능 상태에 있었거나 가까운 시일 내에 지급불능 상태에 이르러 회생이 불가한 회사라고 단정하기 어려운 점, 영창악기가 국내외에서 높은 브랜드 인지도를 보유하고 상당한 판매실적을 기록하고 있는 사정 등에 비추어 영창악기가 관련 시장에서 퇴출될 것이라고 보기는 어려워 '생산설비 등이 당해 시장에서 계속 활용되기 어려운 경우'라고 단정하기 어려운 점, 실제로 원고들 이외의 다른 회사들이 영창악기에 대하여 증자참여 내지 인수를 제안했던 사정 등에 비추어 제3자의 인수가능성이 없어 '이 사건 기업결합보다 경쟁제한성이 적은 다른 기업결합이 이루어지기 어려운 경우'이었다고 단정하기 어려운 점 등을 종합하여, 이 사건 기업결합이 회생이 불가한 회사와의 기업결합에 해당한다는 원고들의 이 부분 주장을 배척하였다. 법리와 기록에 비추어 보면, 원심의 이러한 조치는 정당하고, 거기에 상고이유와 같은 회생이 불가한 회사와의 기업결합에 관한 법리오해, 채증법칙 위배 등의 위법이 없다.

(5) 재량권의 일탈·남용에 대하여

관계 법령과 기록에 비추어 보면, 피고는 법에서 규정한 범위 내에서 시정조치를 명하는 이 사건 처분을 하였을 뿐만 아니라, 원고들이 상고이유에서 내세우고 있는 사정을 참작하더라도, 피고가 이 사건 처분을 함에 있어 평등의 원칙, 비례의 원칙에 위배되는 등의 방법으로 재량권을 일탈·남용하였다고 할 수 없다.

1. 기업결합의 성립요건

기업결합 신고제도가 실무상 적지 않은 의미를 갖기는 하지만, 기업결합 제한 제도 전반이나 특히 실체법적인 측면에서 가장 중요한 부분은 역시 경쟁제한적 기업결합에 대한 금지의 근거규정인 법 제7조라고 할 수 있다. 특히 법 제7조 제1항 본문에서 "누구든지 직접 또는 ... 특수한 관계에 있는 자를 통하여 ... 일정한 거래분야에서 경쟁을 실질적으로 제한하는 행위를 하여서는 아니"되도록 한 규정은 기업결합의 주체와 관련시장, 경쟁제한성 판단 등에 관한 기준의 핵심을 보여주는 것으로서 기업결합 성립요건 및 위법성 판단에 관한 해석의 출발점이 된다.

(1) 결합의 주체

기업결합의 성립과 관련하여 일차적으로 살펴 볼 요건은 동법이 결합의 주체 내지 규제의 대상을 누구로 하는가 하는 점이다. 이에 대한 현행법의 태도를 엿볼 수 있는 부분은 법 제7조 제1항 본문의 '누구든지'라는 표현이다. 조문의 표현만을 놓고 보면 규제대상이 되는 기업결합의 주체 및 규모에 관하여 동법은 아무런 제한을 두고 있지 않은 것으로 읽힐 수가 있다.[14] 이에 대해서는, 조문의 외형대로 결합당사자의 성격과 범위에 대한 제한이 없이 모두가 결합주체로서 규제될 수 있다고 보는 시각도 없지 않지만, 일반적으로는 기업결합규제의 목적상 적어도 법 제2조의 사업자 개념을 벗어나지는 않는 것으로 이해되고 있다. 즉 사업자성이 인정되는 한 법인은 물론이고 법인격 없는 사단이나 자연인도 결합의 주체로 인정되며, 외국 소재 기업간의 결합도 국내에서 매출액이 발생하는 경우에는 국내시장에 영향을 미치게 되므로 규제의 대상이 될 수 있다고 본다. 단, 동항의 단서 규정에서는 임원겸임을 통한 기업결합의 경우에 자산총액 또는 매출액의 규모가 2조원 이상인 대규모회사에 해당하지 않는 한, 기업결합 규제의 대상이 되지 않는다고 하고 있는데, 이 점에 관한 한 결합의 주체에 관한 예외가 인정된다고 볼 수 있겠다.

---

14) 종전에는 일정규모 이상의 회사나 그 계열회사로 규제대상이 한정되었으나, 1996년 제5차 개정을 통해 규모에 따른 기업결합 규제대상 제한이 철폐되었다.

(2) 결합방식의 직 · 간접성

현행 독점규제법의 적용대상이 되는 결합은 결합주체가 직접 기업결합을 하는 형태 뿐 아니라 간접적으로 특수관계인을 통하여 결합하는 경우까지를 포함한다. 여기서 특수관계인이 누구인지가 문제되는데, 법 시행령에서는 i) 당해 회사를 사실상 지배하는 자나, ii) 친족, 비영리 법인이나 단체, 계열회사, 사용인 등 동일인 관련자, 또는 iii) 경영을 지배하려는 공동의 목적을 가지고 당해 기업결합에 참여하는 자를 특수관계인으로 보고 있다(영 11조).

〉〉〉 심결례 공정거래위원회 2004기결0697 ("KCC 대 현대엘리베이터간의 경영권 분쟁" 사건)

2004년 KCC 기업집단 및 구 현대기업집단 소속 일부 회사들은 현대엘리베이터 주식을 취득하였는데, 이 중 KCC의 직접지분은 10.6%에 불과하였으나, 이른바 범 현대(한국프랜지공업, 울산화학, 현대백화점, 현대지네트, 현대시멘트, 현대종합금속 등)가의 지분을 합하면 36%가 되었다. 문제는 KCC의 지분만으로는 후술하는 기업결합신고기준 가운데 주식취득의 경우에 대한 기준인 15%에 미치지 못하는 반면, 범 현대가의 지분을 합하면 기업결합이 성립된다고 볼 가능성이 커지게 된다는 점이었는데, 이는 결국 범현대가 소속 회사들이 KCC의 특수관계인에 해당하는지의 문제로 귀결되었다.

이에 대해 공정거래위원회는 당해 회사들이 외국인에 의한 적대적 M&A를 공동으로 방어하고 당해 기업을 지배하기 위해 기업결합에 참여하였다고 판단하여, KCC와 범현대가의 회사들이 위 시행령 제11조 3호에서 정하는 바, 경영을 지배하려는 공동의 목적을 가지고 기업결합에 참여한 특수관계인에 해당한다고 판단하였다.

(3) 결합수단의 유형 분석

법 제7조 제1항은 법의 규제대상이 되는 기업결합을, 동항 각호에서 열거한 다섯 가지 수단을 통해 결합하는 경우로만 한정하고 있다. 따라서 법의 적용대상 행위인지를 판단하기 위한 또 다른 요건으로서 결합이 법에서 열거한 수단을 통해 이루어진 인지가 규명되어야 한다.

가. 주식취득

법 제7조 제1항에서 가장 먼저 열거하고 있는 결합수단은 주식취득이다. 이는 어느 기업이 다른 기업의 주식을 취득 또는 소유하는 것을 의미한다. 주식취득은 기업내부의 엄격한 절차를 거치지 않아도 된다는 점에서 매우 용이한 결합수단이자, 당사자가 일방적으로 혹은 은밀하게 결합을 추진할 수 있다는 점에서 선호도가 높은 유형이라고 할 수 있다. 실제로 기업결합의 수단 가운데 가장 흔한 형태이기도 하다.

단, 독점규제법의 규제대상은 주식회사뿐만 아니라 유한회사, 합작회사 등도 포함되므로 여기서 말하는 주식의 범위에는 지분도 포함된다고 보아야 하며, 동법 역시 이 점을 명확히 규정하고 있다(법 2조 1의 2호). 한편, 여기서 말하는 '주식의 취득 또는 소유'는 취득 또는 소유의 명의와 관계없이 실질적인 소유관계를 기준으로 한다(법 7조의 2).

나. 임원겸임

임원겸임은 대표적인 인적 결합수단으로서, 임원 또는 종업원에 의한 다른 회사의 임원지위의 겸임을 말한다. 이 방식은 큰 비용을 수반하지 않으면서도 해당 기업들을 통일적인 기획 하에 경제적 단일체로 행동하게 하는 장점이 있다. 이 점에서 임원겸임은 기업결합을 위한 효과적 수단이 될 수 있다. 하지만 현실적으로는 주식취득 등 물적 결합수단을 보완하기 위한 도구로서 동원되는 경우가 많다.

임원겸임 역시 겸임행위를 통해 해당 기업들간에 단일한 경제적 지배관계가 형성되었는지가 기업결합 성립의 관건이라고 할 수 있다. 따라서 결합기업의 종업원이 피결합기업의 임원 지위를 겸임하는 경우는 임원겸임에 해당되는 반면, 결합기업의 임원이 피결합기업의 종업원을 겸임하는 경우는 단일한 경제적 지배관계가 형성되기 어려우므로 임원겸임으로 볼 수 없다.

여기서 임원이란, 이사 · 대표이사 · 업무집행을 하는 무한책임사원 · 감사나 이에 준하는 자 또는 지배인 등 본점이나 지점의 영업전반을 총괄적으로 처리할 수 있는 상업사용인을 말한다. 이에 반하여 종업원은 임원 이외의 자로서 계속하여 회사의 업무에 종사하는 자를 의미한다. 아울러 '겸임'에는 파견도 포함된다.

한편, 대규모회사 이외의 회사에 대해서는 어떠한 경우에도 임원겸임이 허용된다는 점은 앞서 설명한 바와 같다(법 7조 1항 단서).

다. 합 병

합병은 둘 이상의 기업이 흡수, 신설합병 등의 방법을 통하여 경제적으로는 물론이고 법적으로까지 단일한 관리체제하에 들어가는 결합행위를 말한다. 법인격이 소멸되는 기업이 해산이나 청산절차를 거치지 않은 채 그 영업이 포괄적으로 상대 기업에게 승계되는 결합방식으로서, 결합의 강도나 완결성 면에서 가장 강력하고도 완벽한 형태라 할 수 있다. 독점규제법상으로는 합병의 유형이 흡수합병(merger)인지 신설합병(consolidation)인지에 따른 차이는 없다.

라. 영업양수

영업양수는 다른 회사의 영업의 전부 또는 주요부분의 양수·임차 또는 경영의 수임이나 다른 회사의 영업용고정자산의 전부 또는 주요부분의 양수하는 것으로서 합병과 유사한 경제적 효과를 발생시키는 사실상의 합병이라 할 수 있다. 단 영업양수만으로는 법적 독립성이 소멸되지 않는다는 점에서는 합병과 구별된다.

한편, 조문의 해석상 영업에는 물적 조직뿐만 아니라 인적 조직까지 포함되지만, 다른 회사의 영업의 일부를 양수·임차하는 경우는 영업양수에 이르지 못하는 것으로 본다.

마. 새로운 회사설립에의 참여

기업들은 새로운 회사설립에의 참여하는 방식을 통해서도 결합할 수 있다. 새로운 회사의 설립은 그 회사가 속한 시장의 사업자 증가를 수반하므로 일단은 경쟁을 촉진하는 효과를 낳는다. 하지만 회사의 설립이 참여기업들간에 단일한 지배관계를 형성하여 그 기업들이 속한 시장의 경쟁을 제한하는 결과가 될 수도 있으므로 법은 이러한 상황을 방지하기 위하여 이를 기업결합의 한 유형으로 포함시키고 있다. 대개는 원재료의 공동구매나 완성품의 공동수송 또는 공동판매를 위한 합작회사(Joint Venture)에 참여하는 방식으로 실현된다.

단, 새로운 회사에 특수관계인 이외의 자는 참여하지 아니하는 경우(예를 들어 계열관계에 있는 회사들끼리 새로운 회사를 만드는 경우)이거나 상법 제530조의 2 제1항의 규정에 의하여 분할에 의한 회사설립에 참여하는 경우로서 가령 한 회사가 몇 개 단위로 나뉘는 과정에서 회사가 신설되는 경우에는 적용대상에서 제외된다.

(4) 지배관계 형성여부의 판단기준

가. 지배관계 형성의 모습과 심사 방법

위에서 설명한 다섯 가지 수단 중 어느 하나를 통해 결합이 시도되었다면, 다음으로 그로 인해 결합 기업들이 단일한 관리체제하에 들어가게 되었는지를 살펴보아야 한다. 만일 결합당사자 간에 지배관계가 형성되지 않았다면 당해 결합행위로 인해 시장이 영향을 받았다고 보기 어렵기 때문이다. 예를 들어, 주식취득 방식의 기업결합의 경우 사업자가 다른 사업자의 주식을 취득하는 모든 행위가 기업결합으로 이어지지는 않으며, 주식취득행위를 통해 단일한 지배관계가 형성되는 단계에 이르러야 비로소 기업결합으로 인정될 수 있다. 그렇다면 주식을 어느 정도 취득해야 단일한 지배관계가 형성된다고 볼 것인지가 문제되는데, 법에서는 이 점에 대하여 상세히 규정하고 있지 않고, 공정거래위원회가 작성한 기업결합심사기준이 대신하여 결합의 유형에 따른 실무상 판단기준을 제시해 놓고 있다.

기업결합심사기준에서 제시한 기준을 중심으로 설명하면, 먼저 가장 강력한 결합형태라 할 수 있는 합병 또는 영업양수의 경우에는 행위의 완성과 동시에 법적으로까지 단일한 지배관계가 형성되므로, 지배관계 성립여부에 대한 별도의 심사가 필요치 않다. 즉 행위 자체가 기업결합이다. 이와는 달리, 주식취득이나 임원겸임, 새로운 회사설립에의 참여에 대하여는 지배관계의 형성여부를 면밀히 따져보아야 하는데, 공정거래위원회는 기업결합심사기준에서 제시한 기준과 요건 충족 여부를 토대로 기업결합의 성립여부를 가늠하고 있다. 단, 새로운 회사설립에의 참여는 현실적으로 주식의 취득을 통해 실현되므로 두 경우에 대한 지배관계 형성여부의 판단기준은 동일하게 수립된다.

나. 주식취득 또는 새로운 회사설립에의 참여의 경우

기업결합심사기준에 따르면 일차적으로 취득회사 등이 피취득회사에 대한 주식소유비율이 50/100 이상이 되는 경우에는 지배관계가 성립된다고 본다. 그러나 실제 주식취득을 통한 결합에서는 피취득회사의 주식을 절반까지 취득하지 않더라도 지배관계가 형성되는 경우가 적지 않으므로, 일차적인 기준만으로는 지배관계 성립여부를 가늠하기에 부족하다. 이 때문에 동 심사기준에서는 취득회사 등의 주식소유비율이 설령 50/100 미만이더라도 i) 주식소유비율이 제1위에 해당하고 주식분산도로 보아 주주권행사에 의한 회사지배가 가능한 경우나, ii) 피취득회사가 그 주요 원자재의 대부분을 취득회사로부터 공급받되, 동 취득회사는 주요 원자재의 생산에 있어 시장지배적 지위에 있는 경우에는 지배관계가 형성되었다고 보도록 하고 있다

(기업결합심사 기준 IV. 1.). 새로운 회사설립에 참여한 기업들 간의 지배관계 형성여부는 주식취득의 경우를 준용한다(기업결합심사 기준 IV. 3.).

››› 판례 서울고법 2004. 10. 27. 선고 2003누2252 판결 ("무학소주 대 대선주조" 사건)

재무상황의 악화로 (주)대선주조의 주식이 2002. 4. 상장 폐지되어 비상장 주식으로 되었으나, 상장폐지 전의 소액주주들 중 상당수가 그대로 주식을 보유하고 있었고, 이 사건 처분 당시 (주)대선주조의 주식이 886명의 주주들에게 분산되어 있는 등 주식 분산도의 측면에서 상장법인과 유사한 형태를 띠고 있었던 점, 이 사건 처분 당시 제 1위 주주인 (주)무학이 41.21%의 주식을 보유하고 있었던 반면, 제2위 주주인 최○○의 특수관계인은 15.08%를 보유하고 있어 그 지분보유비율에 있어 상당한 차이가 있었던 점, 임시주주총회에서 (주)무학 등이 제안한 안건이 부결된 것은 (주)대선주조 측의 일반주주를 상대로 의결권위임 권유 등과 같은 노력의 결과로 볼 수 있고, 주주들의 우호성 여부는 언제든지 변동 가능하다는 점을 감안하면 그러한 노력이 항상 성공할 수 있으리라 단정할 수도 없는 점, (주)무학이 단순히 투자 목적으로 (주)대선주조의 주식을 취득한 것이 아니라, 보조참가인의 경영권을 지배할 목적으로 주식을 취득하였던 것으로 보이고, (주)무학 역시 향후 지배관계가 형성될 수 있음을 스스로 인정하고 있었던 점, 회계장부 등 열람 및 등사권의 인정 여부와 지배관계의 형성 여부와는 직접적인 상관관계가 없는 점 등을 종합하여 고려하면, (주)무학이 이 사건 처분 당시 (주)대선주조의 주식 41.21%를 취득함에 따라 주주권행사에 의하여 (주)대선주조 경영에 영향을 미칠 가능성이 있는 등, 지배권행사가 가능하였다고 볼 수 있다(이하 생략).

다. 임원겸임의 경우

임원겸임 방식의 기업결합에서는 i) 취득회사 등의 임・직원으로서 피취득회사의 임원지위를 겸임하고 있는 자의 수가 피취득회사의 임원총수의 3분의 1 이상인 경우로서 취득회사 등이 피취득회사의 경영전반에 실질적인 영향력을 행사할 수 있는 경우이거나, ii) 겸임자가 피취득회사의 대표이사 등 회사의 경영전반에 실질적인 영향력을 행사할 수 있는 지위를 겸임하는 경우에 지배관계가 형성된 것으로 본다(기업결합심사 기준 IV. 2.).

토의 주제

① 새로운 회사설립이 시장의 사업자수를 증가시킴에도 불구하고 그 회사설립에 참여

한 기업들간의 결합을 규제대상으로 삼는 이유를 설명해 보라.

② 타사와의 결합을 추진하는 기업을 대리하는 변호인이라고 하자. 피취득기업의 주식 보유비율이 34%라고 할 때 지배관계의 형성과 관련하여 어떠한 주장을 개진할 수 있겠는가?

2. 관련시장(일정한 거래분야)의 획정

(1) 관련시장의 획정이 기업결합의 위법성 판단에 미치는 영향

기업결합의 성립했다는 점이 확인되면, 공정거래위원회는 다음 단계로서, 결합하는 기업들의 경쟁관계가 문제될 수 있는 일정한 거래분야 즉, 관련시장(relevant market)의 범위가 획정되어야 한다. 기업결합 심사에 있어서 관련시장의 획정방법에는 시장지배적 사업자의 판단을 위해 채용되는 그것과 유사한 개념과 기법이 적용된다. 앞서 살펴보았듯이, 관련시장이란 거래의 객체별·단계별 또는 지역별로 경쟁관계에 있거나 경쟁관계가 성립될 수 있는 분야로 정의될 수 있는데(법 2조 8호), 여기서 객체별 분야는 상품의 종류에 따라 분류되는 상품시장을, 단계별 분야는 상품의 생산에서 판매까지의 거래과정을 기준으로 한 시장을, 지역별이란 상품이 생산 판매되는 지역을 기준으로 한 시장을 의미하는 것으로 보게 된다.

관련시장의 획정은 일차적으로 당해 기업결합의 유형, 즉 수평결합인지, 수직결합인지 혹은 혼합결합인지를 규명해 준다. 이는 결합당사자들의 관계에 따라 달라지는데, 통상적으로 경쟁자 관계에 있는 기업들간 결합을 수평결합(horizontal merger)으로 보게 되고, 거래단계를 달리하면서 수요와 공급자 관계에 있는 기업들간의 결합은 수직결합(vertical merger)으로 분류되며, 아무런 직접적 관련성을 가지고 있지 않은 기업들간의 결합은 혼합결합(conglomerate merger)으로 보게 된다. 예를 들어, 사이다회사와 주스음료회사의 결합사건에서 관련 상품시장을 음료수시장으로 넓게 획정하면 두 회사의 결합은 경쟁자간의 수평결합으로 규명될 가능성이 커지는 반면, 사이다회사가 속한 시장을 '탄산음료시장'으로, 주스음료회사가 속한 시장을 '과실음료시장'으로 각각 좁게 획정하는 경우에는 두 회사간 결합은 혼합결합으로 판명될 것이다.

한편, 이 같은 시장획정 결과는 당해 결합의 경쟁제한성 판단에도 커다란 영향을 미치게 된다. 특정 기업결합이 수평결합으로 규명된 경우, 관련시장의 범위가 좁을수록 결합기업의 시장지위가 커지게 되므로 기업결합으로 인해 시장이 집중될 가능성 즉 경쟁제한성도 커질 것이다. 반면에 시장이 넓게 획정될수록, 예를 들면 앞의 사이다회사와 주스음료회사 간 결합사건의 관련 상품시장이 음료수시장으로 획정될 경우에 그 음료수의 범위에 생수나 우유 등 여러 상품들이 포함되는 것으로 볼수록, 당해 결합이 시장에 미치는 영향도 상대적으로 작아지므로 경쟁제한성 역시 크지 않은 것으로 평가될 것이기 때문이다.

이처럼 관련시장이라는 사실 확인의 결과가 기업결합의 위법성 판단이라는 규범적 평가에 영향을 미치게 되므로 관련시장의 획정은 당해 결합사건의 위법성을 가늠하는 가장 큰 관건의 하나가 된다고 할 수 있다.

(2) 기업결합 사건에 있어서 관련시장 획정의 기준

관련시장 획정은 시장지배적 지위남용 사건에서의 기준과 유사한 방법으로 이루어진다. 기업결합의 시장획정에 있어서도 보편적으로 인정되는 기준은, 어느 한 제품의 가격이 올랐을 때 소비자나 사업자들이 이에 반응하여 얼마나 민감하게 다른 상품이나 단계 혹은 지역으로 자신의 경제활동을 변경시키는지와 관련이 되어 있다. 예를 들어 소비자들이 한 제품의 가격변화에 따라 다른 상품의 판매량이 반응하는 정도가 민감할수록 당해 제품들이 동일 시장 내에 존재할 가능성이 커진다. 그렇다면 구체적으로 그 관련성은 어떻게 규명되는가? 이 역시 제2장 총설 부분에서 설명한 관련시장의 획정방식에서 소개된 기준들이 적용된다.

가. 관련 상품시장의 획정

관련 상품시장은 일반적으로 서로 경쟁관계에 있는 상품들의 범위를 말하는 것으로서, 구체적으로는 거래되는 상품의 가격이 상당 기간 어느 정도 의미 있는 수준으로 인상될 경우 그 상품의 대표적 구매자가 이에 대응하여 구매를 전환할 수 있는 상품의 집합으로 보게 된다.

기업결합의 경우, 결합 당사자들이 취급하는 상품이 동일한 시장 내에 있는지를 판단하기 위해서는 먼저 해당 상품이 용도 면에서 동일한지 즉, 대체가능한지를 살피게 된다. 일단 용도 면에서 대체가능한 것으로 판명된다면 다음은 해당 상품의 가격대나 소비자층이 유사한지를 따져야 한다. 예컨대 용도가 동일한 고가품과 일반용품의 경우에는 한 상품의 가격이 인상되더라도 다른 상품의 판매량이 오르지 않거나 올라도 인상폭이 미미할 수 있어서 동일 시장에 속한다고 보기 어려운 경우가 많다. 따라서 용도면의 대체가능성만으로는 관련시장의 획정기준으로 부족하며 상품간 수요의 교차탄력성을 추가로 분석하여야 한다. 요컨대, 한 제품의 가격변화에 따라 다른 상품의 판매량이 얼마나 민감하게 반응하는지가 검토되어야 하는데 그 민감도가 클수록 해당 상품들이 동일시장에 속할 가능성은 커진다고 할 수 있다.

한편, 상품간의 교차탄력성은 경우에 따라 공급자측면에서도 분석될 필요가 있다. 설령 수요자들이 용도면에서 동일한 효용을 느끼지 못하는 상품들이더라도 공급자의 입장에서는 상품의 가격 변동에 따라 민감하게 공급개시여부를 결정하거나 기존의 공급량을 변화시킬 수 있는 경우가 존재하는데, 이런 경우에는 양 상품을 동일한 시장으로 획정하는 것이 그 상품의 취급기업간 결합의 시장영향을 정확히 평가하는 데 도움을 줄 수 있다.

이상의 분석방법은 전통적으로 경제학 이론을 통해 추출된 시장 획정방식에 기초한 것으로서, 이런 기법들이 미국의 판례나 기업결합 가이드라인(Merger Guidelines)을 거쳐 수용되고, 각국의 경쟁당국 및 법원의 관련시장 획정 방법으로 접목되면서 현재에는 보편적 시장획정 방식으로 자리를 잡고 있다. 우리 공정거래위원회의 기업결합심사에 있어서도 이 같은 접근방식이 대체로 채용되어 있으며, 법원 역시 동일한 기준을 통해 기업결합의 관련시장이 획정되어야 함을 천명하고 있다.[15] 즉, 대법원에 의하면 상품시장의 범위는 거래에 관련된 상품의 가격, 기능 및 효용의 유사성, 구매자들의 대체가능성에 대한 인식 및 그와 관련한 구매행태는 물론, 판매자들의 대체가능성에 대한 인식 및 그와 관련한 경영의사의 결정행태, 사회적·경제적으로 인정되는 업종의 동질성 및 유사성 등을 종합적으로 고려하여 판단하여야 하며, 그 이외에도 기술발전의 속도, 그 상품의 생산을 위하여 필요한 다른 상품 및 그 상품을 기초로 생산되는 다른 상품에 관한 시장의 상황, 시간적·경제적·법적 측면에서의 대체의 용이성 등도 함께 고려하여야 하는 것으로 보고 있다.[16]

---

15) 대법원 2008. 5. 29. 선고 2006두6659 판결; 대법원 2009. 9. 10. 선고 2008두9744 판결.

다만, 관련 상품시장 획정방식만이 유일하게 채택되는 기준은 아니며, 당해시장 및 소비자들의 구매행태, 결합기업들의 특성 등에 따라 일정한 거래분야를 정확히 획정할 수 있는 기법이라면 경쟁당국은 물론 피심인들에 의해 시장획정 기법으로 주장될 수 있다. 실제로 공정거래위원회는 기업결합 사건마다 다양한 기법들을 적용하여 관련시장획정의 자료로 활용하고 있다.

심화학습

• 서울고등법원은 관련 상품시장의 획정과 관련하여 최근 우리 법원은 미국의 연방대법원에서 채택된 묶음시장 혹은 일괄시장(cluster market) 획정법이라는 새로운 기법을 채용한 바 있다. '묶음시장 획정법'은, 상품의 대체가능성을 기준으로 하여 시장을 획정하는 전통적인 접근방식에서 벗어난 것으로서 소비자의 편의에 따른 거래상의 보완성에 주안점을 두고 있으며 주로 은행업, 의료서비스, 유통업계 등과 관련하여 적용가능성이 검토되고 있다. 이 시장획정방식에 대해 고찰해 보자.

[관련문헌] 신영수, "대체관계에 있지 않은 상품에 대한 시장의 일괄획정", 경쟁법연구(제9권), 한국경쟁법학회, (2003. 4), 109-148면; 곽상현, 기업결합과 관련시장의 획정, 저스티스 통권 제93호, 한국법학원, (2006. 8), 69-74면

나. 관련 지역시장의 획정

관련 지역시장은 시장지배적 지위남용 규제의 경우와 마찬가지로 구체적으로는 다른 모든 지역에서의 가격은 일정하나 특정 지역에서만 상당 기간 어느 정도 의미있는 가격인상 또는 가격인하가 이루어질 경우 당해 지역의 대표적 구매자 또는 판매자가 이에 대응하여 구매 또는 판매를 전환할 수 있는 지역 전체를 의미한다. 지역시장의 획정방식은 상품시장과 대체로 유사하지만, 수요의 대체가능성이나 교차탄력성 외에 제품의 변질가능성, 운송비용, 경제규제 등이 추가적인 요소로 고려된다.

공정거래위원회의 기업결합심사기준에서는 특정지역이 동일한 거래분야에 속하는지 여부는 상품의 특성(상품의 부패성, 변질성, 파손성 등) 및 판매자의 사업 능력

---

16) 기업결합심사기준 역시 상품시장을 가격이 상당기간 어느 정도 의미있는 수준으로 인상될 경우 동 상품의 대표적 구매자가 이에 대응하여 구매를 전환할 수 있는 상품의 집합으로 정의하면서, 특정 상품이 동일한 거래분야에 속하는지 여부는 상품의 기능 및 효용의 유사성, 상품 가격의 유사성, 구매자들의 대체가능성에 대한 인식 및 그와 관련한 구매행태, 판매자들의 대체가능성에 대한 인식 및 그와 관련한 경영의사 결정행태, 한국표준산업분류 등을 감안하여 판단토록 하고 있다(기업결합심사기준 VI).

(생산능력, 판매망의 범위 등), 구매자의 구매지역 전환가능성에 대한 인식 및 그와 관련한 구매자들의 구매지역 전환행태, 판매자의 구매지역 전환가능성에 대한 인식 및 그와 관련한 경영의사결정 행태, 시간적, 경제적, 법제적 측면에서의 구매지역 전환의 용이성 등을 고려하여 판단토록 하고 있으며, 대법원도 이 기준을 수용하고 있다.[17] 우리나라의 경우 국토가 협소하여 이동이 용이하며, 지역간 상품 차별화도 심하지 않아서 실제 사건에서는 지역시장이 전국으로 획정되는 경우가 대부분이다. 다만, 지역시장의 획정방법에서도 당해 산업의 특징 및 경제이론의 발전에 따라 다양하고 새로운 기법들이 채용되기도 하는데, 그 결과, 아래의 판례에서 볼 수 있듯이 지역시장이 좁게 획정되는 경우도 나타나고 있다.

››› 판례 서울고법 2004. 10. 27. 선고 2003누2252 판결 ("무학소주 대 대선주조" 사건)

공정거래법 제7조 제1항은 누구든지 '일정한 거래분야'에서 경쟁을 실질적으로 제한하는 기업결합 행위를 하는 것을 금지하는 것으로 규정하고 있고, 이와 같이 경쟁제한적 기업결합행위를 금지하는 것은 기업결합 당사 회사들이 더 이상 서로 경쟁하지 않게 됨에 따라 결합된 회사가 시장지배력을 획득 또는 강화하여 결합회사가 단독으로 또는 다른 회사와 공조하여 가격인상 등을 통한 초과이윤을 추구하게 되고 그 결과 소비자 피해와 경제적 효율성의 저하가 초래되는 것을 방지함에 있다 할 것이며, 그러한 입법목적을 달성하기 위하여는 기업결합 당사 회사가 결합으로 인하여 관련시장에서 얼마나 경쟁의 정도가 얼마나 줄어들게 되었는가를 심사하여야 하고, 그 경쟁제한성 여부를 심사하기 위하여는 관련 지역시장을 획정하는 것이 선행되어야 할 것이다...(중략)

'SSNIP 방법론'이란 결국 가상의 독점사업자가 '작지만 의미 있고 비일시적인 가격인상'을 행하여 이윤을 늘릴 수 있는 제품 및 지역으로 정의된다 할 것이고, 이를 이 사건 기업결합에 적용하면, 부산 및 경남지역에서 무학/대선이 작지만 의미 있고 비일시적인 가격인상을 시도할 때 어느 정도의 소비자들이 다른 소주 업체의 제품으로 수요를 전환하는지, 그 결과 무학/대선의 이윤이 감소할 정도인지 여부를 분석하여야 할 것이다. 만약 부산 및 경남지역 소비자들이 그러한 가격인상에 대응하여 타지역 소주로의 구매전환이 상당하여 그러한 가격인상이 이윤 감소를 초래한다면 관련 지역시장은 부산 및 경남지역보다 넓은 지역이며, 그 반대의 경우는 가격인상을 통한 독점력행사가 가능한 지역인 부산 및 경남지역으로 획정하여야 할 것이다.

---

17) 대법원 2008. 5. 29. 선고 2006두6659 판결; 대법원 2009. 9. 10. 선고 2008두9744 판결; 대법원 2007. 11. 22. 선고 2002두8626 전원합의체 판결.

››› 판례 서울고등법원 2008. 9. 3. 선고 2006누30036 판결 (“이마트 대 월마트간 기업결합” 사건)

관련 상품시장은 할인점의 특성, 소비자들의 이용현황 및 인식, 법·제도적 측면에서 할인점이 차지하는 위치, 할인점의 분포현황 및 경쟁상황, 이용고객의 분포현황, 관련 사업자의 인식 등을 종합적으로 고려하여, 관련 상품시장을 3,000m^2 이상의 매장면적을 갖추고 식품·의류·생활용품 등 원스톱쇼핑이 가능한 다양한 구색의 일상 소비용품을 통상의 가격보다 저렴하게 판매하는 유통업태인 “대형할인점 시장”으로 획정하고...

관련 지역시장의 경우 잠정적으로 대도시권의 경우에는 월마트코리아의 할인점을 중심으로 반경 5km, 대도시권이 아닌 지역의 경우는 반경 10km의 원에 포함된 모든 할인점을 기준으로 다시 동일한 거리의 원을 중첩시켜 이 중첩원에 포함된 지역으로 획정한 공정거래위원회의 시장획정에 오류가 없다고 보았다.

토의 주제

① 기업결합규제에 있어서 관련시장(일정한 거래분야)의 획정은 기업결합의 경쟁제한성 판단에 어떤 영향을 미치는가?

② 상품시장과 지역시장의 획정방식상의 차이점에 대해 토의해 보라.

심화학습

• 지역시장획정을 위한 구체적 기법

(1) SSNIP(Small but Significant and Non-transitory Increase in Price) Test

미국에서는 클레이튼법(Clayton Antitrust Act) 제7조에 공정거래법 제7조 제1항과 비슷한 내용으로 경쟁제한적 기업결합 행위를 금지하고 있고, 미국 법무부(DOJ)와 연방거래위원회(FTC)가 1992년에 공동으로 채택한 ‘수평적 기업결합 가이드라인(Horizental Merger Guidelines)’ 중 지리적 시장 획정의 일반적 기준으로 ‘경쟁당국은 지리적 시장을 어떤 지역에 있는 관련상품의 현재 또는 장래의 유일한 생산자인 가상의 독점사업자가 그 밖의 지역에서 생산되는 모든 상품의 판매조건이 일정할 때 이익을 누리면서 적어도 작지만 의미 있고 일시적이지 않는 가격인상(SSNIP)’을 할 수 있는 지역으로 획정하는 기법.

(2) 임계매출감소분석(Critical Loss Analysis)

임계매출감소분석은 가상적인 독점사업자가 해당지역에서 ‘작지만 의미 있고 비일시적인 가격인상'을 하였으나, 설문조사 등을 통한 실제 매출감소율이 가격인상에 상응하는 임계매출감소율보다 적을 경우 가격인상을 통하여 이윤증대를 도모하는 등 독점력을 행사할 수 있는 것으로 보아 그 해당지역을 지역시장으로 획정하는 경제분석 방법.

(3) LIFO-LOFI 분석방법(Elzinga-Hogarty Test)

일정 지역 내 소비자의 대부분이 당해 지역 내 공급자에 의해 충족되고, 지역 내 공급자의 공급 대부분이 지역 내에서 소비될 때 당해 지역을 관련 지역시장으로 획정토록 하는 기준.

[관련문헌] 전성훈, "경쟁정책 목적의 시장획정 방법론 및 사례: 2005년 하이트-진로 기업결합을 중심으로", 한국경제연구 제19권, (2007. 12), 75-115면; 권남훈, "경쟁정책 적용을 위한 시장획정 방법론 및 시장집중지표", 산업조직연구, 제14권 제2호, (2006. 6), 66-93면; 곽상현, "기업결합과 관련시장의 획정", 저스티스 제93권, (2006. 8), 36-91면; 이석준 · 이승재, "온라인유통업체 기업결합에 있어서 경쟁법적 이슈 검토 - eBay의 G마켓 주식인수건의 시장획정을 중심으로 -", 경쟁저널, (2009. 7월호), 35면 이하

3. 경쟁제한성의 판단기준과 추정제도

(1) 경쟁의 실질적 제한의 의미

기업결합의 관련시장이 획정되고 나면, 기업결합이 당해 시장의 경쟁을 실질적으로 제한하는지를 판단하게 된다. 이와 같은 경쟁제한성 판단작업은 사실상 기업결합의 위법성 여부를 결정하는 가장 중요한 과정이라 할 수 있다. 이 판단을 위해 법 제7조 제1항 본문에서는 관련시장 즉, 일정한 거래분야에서 경쟁을 실질적으로 제한하는지를 기준으로 제시하고 있다. 여기서 말하는 경쟁의 실질적 제한이라 함은 일정한 거래분야의 경쟁이 감소하여 특정 사업자 또는 사업자단체의 의사에 따라 어느 정도 자유로이 가격 · 수량 · 품질 기타 거래조건 등의 결정에 영향을 미치거나 미칠 우려가 있는 상태를 초래하는 행위를 의미한다(법 2조 8호).

이러한 입법태도는 독점규제법상 경쟁제한 모습이 단순히 경쟁을 감소시키는 경우와 경쟁을 제한하는 경우, 또는 경쟁을 실질적으로 제한하는 경우로 구분된다는 인식에 토대를 둔 것으로서 기업결합의 경우에는 경쟁을 실질적으로 제한하는 단계에 이르러야 비로소 위법성의 요건을 갖추게 된다는 의미이다. 가령, 특정시장 내

에 수평결합이 발생할 경우에는 자연히 관련시장 내 사업자 수의 감소를 수반하게 되므로 경쟁이 양적으로 감소하며, 그에 따라 시장도 완전경쟁의 상태로부터 점점 멀어지는 결과를 낳지만 그렇다고 해서 곧바로 위법한 것으로 되지는 않으며 경쟁이 실질적으로 제한되는 상태, 즉 유효경쟁을 기대하기 어려운 상태가 될 때 비로소 법적인 문제가 제기된다는 의미라 할 수 있다. 이 같은 접근방식은 우리 독점규제법이 보호하고자 하는 시장상황이 완전경쟁(perfect competition)이 아닌 유효경쟁(effective competition)임을 보여준다.

완전경쟁이란 전통적으로 i) 시장에 무수히 많은 수요자와 공급자가 존재하며 그들이 수요량이나 공급량을 증감하여도 시장가격에 영향을 끼칠 수가 없고, ii) 다수의 상인에 의해 공급되는 동종의 상품은 전부가 동질적이어서 수요자는 어느 공급자로부터 상품을 구입해도 동일한 효용을 누리게 되며, iii) 시장 참가자들이 그 시장과 상품에 관하여 완전한 정보를 가지고 있고, iv) 시장에의 진입이나 퇴출, 자원의 이동이 자유로운 상태로 알려져 있다. 경제학자들은 한때 완전경쟁을 이상적이기는 하나 실현가능하지 않은 상태로 인식하기도 하였다. 하지만 현대에 와서는 그것이 실현가능하지 않을 뿐만 아니라 이상적이지도 않을 것으로 생각하기 시작했으며, 그 결과 경쟁의 장점들이 제대로 기대될 수 있는 수준의 상태를 말하는 유효경쟁을 새로운 목표개념으로 설정하게 되었다.[18)]

경쟁개념에 관한 이 같은 인식 변화는 규범의 영역에까지 확산되어서, 오늘날에는 경쟁법의 체계와 정책설계도 유효경쟁에 맞추어지게 되었다. 다만, 유효경쟁 역시도 하나의 추상적인 목표개념으로서 법은 이런 상태를 적극적으로 그려 내려고 하지는 않는 대신에, 유효경쟁 상태를 제한하는 행위나 구조를 배제하는 방어적 기제를 사용하게 되는데 이 같은 접근방식을 기업결합제한 제도에 적용한 것이 곧 "경쟁의 실질적 제한"이라 할 수 있다.

››› 판례 대법원 1995. 5. 12. 선고 94누13794 판결 ("경쟁의 실질적 제한"의 의미)

경쟁을 실질적으로 제한한다는 것은 시장에서의 유효한 경쟁을 기대하기 어려운 상태를 초

18) E. S. Mason에 따르면 유효경쟁의 상태는 ① 시장에 상당수의 수요자와 공급자들이 있고, ② 그들 가운데 어느 누구도 시장을 장악하고 있지 않으며, ③ 수요자나 공급자들 간에 공모관행이 존재하지 않고, ④ 새로운 기업에 의한 시장진입 가능성이 존재하는 것으로 충족된다.

래하는 행위, 즉 일정한 거래분야의 경쟁상태가 감소하여 특정 사업자 또는 사업자단체가 그 의사로 어느 정도 자유로이 가격, 수량, 품질 및 기타조건을 좌우할 수 있는 시장지배력의 형성을 의미하고, 시장에서 실질적으로 시장지배력이 형성되었는지 여부는 해당 업종의 생산구조, 시장구조, 경쟁상태 등을 고려하여 개별적으로 판단해야 한다.

한편, “실질적” 제한이라는 것은 독점규제법이 문제삼는 것이 경쟁의 형식적 제한이 아님을 의미하는 것이기도 하다. 예를 들어, 압도적 1위 기업이 지배하고 있는 시장에서 2위와 3위 기업들이 결합하여 1위를 견제하는 구도가 형성될 경우에는 형식적 측면에서 사업자수가 감소되고 시장이 집중되어 경쟁을 제한하는 것으로 보이지만 실질적 측면에서는 1, 2위간의 경쟁이 촉진되는 친경쟁적 효과를 낳을 수도 있다. 이처럼 경쟁을 실질적으로 제한하는 모습이나 기준은 일의적으로 규정하기 어려우므로, 공정거래위원회에서는 기업결합의 유형에 따라 고유의 기준들을 수립하여 기업결합사건의 경쟁제한성을 분석하여 오고 있다.

(2) 수평결합의 경쟁제한성 판단기준

수평결합은 동일시장 내에서의 경쟁자간 결합이기 때문에 필연적으로 사업자의 수적 감소 및 시장집중상태를 유발한다. 실제로 국내에서 경쟁제한적 기업결합으로 금지되거나 제한을 받은 결합의 유형은 대개가 수평결합이다. 이런 측면에 착안하여 수평형 기업결합이 경쟁을 실질적으로 제한하는지 여부에 대해 공정거래위원회는 기업결합 전후의 시장집중상황, 단독효과, 협조효과, 해외경쟁의 도입수준 및 국제적 경쟁상황, 신규진입의 가능성, 유사품 및 인접시장의 존재여부 등을 종합적으로 고려하여 심사한다.(기업결합심사기준 VI. 1.). 시장점유율이 높을수록, 신규진입의 가능성이 적을수록, 그리고 공동행위 가능성이 높거나 유사품 및 인접시장이 적을수록 수평결합의 시장집중 효과는 크게 나타날 것이다.

(3) 수직결합의 경쟁제한성 판단기준

수직결합은 결합기업이 속한 시장에서 사업자의 수적 변화를 초래하지 않는다. 따라서 시장의 집중이나 사업자간 담합가능성 제고와 같은 효과를 야기할 가능은 크지 않다. 실제 금지된 사례도 많지 않다. 하지만, 거래단계를 달리하는 유관 기업간에 결합이 이루어지기 때문에 결합당사자들이 비용절감이나 효율화를 목적으로 거래를 내부화하려는 유인을 갖게 되어 공개시장을 통한 조달을 꺼리는 경향이 생겨난다. 그 결과 수직결합으로 인하여 타사업자에 대해 시장이 봉쇄되는 효과가 발생하기도 하는데, 이것이 곧 경쟁을 제한하는 효과의 일환으로서 독점규제법의 규율대상이 된다.

문제는 영리를 목적으로 하는 사적 경제주체의 비용절감노력과 시장의 경쟁제한성의 폐해를 어떻게 이익형량할 것인가 하는 점인데, 공정거래위원회는 협조효과 등을 종합적으로 고려하여 수직형 기업결합이 경쟁을 실질적으로 제한하는지 여부를 심사하고 있다.(기업결합심사기준 VI. 2.).

》》 심결례 공정거래위원회 2001. 6. 29. 의결 제2001-090호 ("에스케이 대 대한송유관공사" 사건)

(1) 시장의 집중

이 사건 기업결합은 석유제품을 생산·판매하는 피심인(에스케이)과 석유제품의 유통수단인 송유관에 의한 수송의 독점기업인 송유관공사간의 수직적 기업결합이다...(중략)

(2) 경쟁제한 가능성

(가) 석유제품 생산·판매시장에서 타 정유사와 경쟁하고 있는 피심인이 송유관에 의한 수송시장에서 독점기업인 송유관공사의 경영권을 지배하는 경우 경쟁사에 대한 석유수송신청의 거부, 수송신청물량의 제한, 수송순위의 차등, 수송요율 및 기타 계약조건의 차별 등 경쟁제한적 효과가 발생할 우려가 있다.

(나) 송유관공사는 정유사가 송유 및 출하시 제출하는 각종 자료(품질시험성적서, 출하요청서 및 매출전표, 시료분석)를 통하여 송유관이용자인 정유사의 판매물량, 고객정보 및 품질정보 등 영업정보를 지득할 수 있고, 이들 정보가 피심인에게 누출되는 경우 석유제품시장의 경쟁에 영향을 미칠 수 있다...(중략)

(3) 기타 고려 요인

석유제품 수송수단인 송유관설비는 초기에 막대한 자본이 소요되는 장치산업적 성격을 지니고 있고, 현재 송유관공사의 송유관망은 이용자가 국내 정유사로 한정되어 있으며, 정유공장과 주요 소비지가 연결되어 있는 점 등을 고려할 때, 다른 사업자가 송유관 수송시장에 신규로 진입할 가능성은 적은 것으로 보인다.

(4) 경쟁제한성에 대한 종합적 판단

이 사건 기업결합으로 석유제품 판매시장에서 1위를 점하고 있는 피심인이 송유관시장에서의 독점기업인 송유관공사를 실질적으로 지배하게 됨으로써 송유관시장에서 경쟁사에 대한 석유수송신청의 거부, 수송신청물량의 제한, 수송순위의 차등, 수송요율 및 기타 계약조건 차별, 경쟁사의 영업정보 누출 등이 우려된다는 점에서 이 사건 기업결합은 「송유관에 의한 석유제품의 1차 수송시장과 석유제품 판매시장에서 경쟁을 실질적으로 제한하는 행위」로 판단된다.

(4) 혼합결합의 경쟁제한성 판단기준

혼합결합은 직접적인 경쟁관계나 거래관계에 있지 않은 기업들간에 이루어지는 것이므로 대개의 경우 경쟁제한적 효과를 야기하지 않으며, 경쟁제한성을 입증하는 것 또한 용이치 않다. 그 결과 대부분의 혼합결합은 각국의 경쟁당국으로부터 허용되고 있다. 하지만, 극히 예외적인 경우로서 경쟁을 제한하는 효과를 내포할 수도 있는데, 이 때문에 1960~70년대의 미국이나 1990년대 후반 이후의 유럽연합을 중심으로 혼합형 기업결합의 규제사례들이 도출되고 있다.

이에 따라 공정거래위원회도 혼합결합에 대한 국제적 규제 사례를 통해 경쟁제한성의 판단기준과 방법을 수립하여 오고 있는데, 기업결합심사기준상으로는 잠재적 경쟁 저해효과나 경쟁사업자의 배제효과, 진입장벽의 증대효과를 중심으로 경쟁제한 여부를 판단하고 있다. 또한 기업결합심사기준에는 명시되어 있지 않지만, 유럽연합에서 채용되어 온 포트폴리오 효과 기준을 적용하여 경쟁제한성 및 위법성을 추론해 낸 국내사례들도 최근 들어 나타나고 있다.[19]

››› 심결례 공정거래위원회 전원회의 2006. 1. 24 의결 제2006-009호 ("하이트맥주 대 진로소주" 사건)

(1) 경쟁사업자 배제 가능성

이건 기업결합으로 하이트맥주(주)와 (주)진로의 주류유통망에 대한 영향력이 매우 커질 것으로 예상된다. 특히, 기업결합 당사회사가 주류도매상에 대해 가지고 있는 외상 매출채권, 기업결합 당사회사의 주류도매상에 대한 매출기여 정도 등을 고려할 때, 매출채권의 회수, 주류 공급거절 등은 효과적인 압력수단이 될 것으로 예상된다.

이에 따라, 기업결합 당사회사는 주류도매상과 거래함에 있어 끼워팔기 등을 통해 판매력

19) 공정거래위원회 전원회의 2006. 1. 24. 의결 제2006-009호; 공정거래위원회 전원회의 2008. 3. 13. 의결 제2008-105호.

등 종합적 사업능력이 현저히 증대될 우려가 존재한다.

이러한 끼워팔기 등을 통해 판매력 등 종합적 사업능력이 현저히 증대될 경우 가격과 품질 외의 요인으로 경쟁사업자를 배제할 가능성이 증대된다.

(2) 진입장벽 증대 가능성

주류시장에 성공적으로 진입하기 위해서는 신규진입자가 주류도매상에 대한 상당한 수준의 영향력이 있어야 함을 알 수 있다... ... 따라서, 이건 기업결합이 이루어질 경우 기업결합 당사회사의 주류도매상에 대한 영향력이 더욱 커짐에 따라, 주류시장에 신규로 진입하려고 하는 사업자는 주류도매상을 확보하는 것이 그만큼 어려워지게 된다. 신규진입 사업자는 이건 기업결합이 이루어질 경우 기업결합 당사회사와 경쟁할 수 있을 정도의 규모를 갖추어야 하고, 주류유통망을 확보하는데 더 많은 시간과 비용이 소요되게 되므로 이건 기업결합이 맥주시장에서의 진입장벽을 증대시켜 경쟁을 제한하는 것으로 판단된다.

(3) 잠재적 경쟁 저해 가능성

하이트맥주(주)는 계열회사를 포함하여 자산총액이 2조원을 초과하는 대규모회사이고.., (주)진로의 시장점유율이 50% 이상이며, 과거 소주업체인 보배(현 하이트주조)와 백학주조(현 충북소주)를 인수한 사례가 있고, 이건 기업결합과 같이 (주)진로를 인수하려는 등 소주시장에 진입하려는 시도를 지속적으로 하고 있는 점, (주)진로는 소주가격을 인상할 경우 맥주가격과의 유사성 여부 등 맥주가격을 고려하고 있고 하이트맥주(주)는 맥주시장의 가격선도업체이므로 결국, 하이트맥주(주)는 소주시장의 가격선도업체인 (주)진로가 가격인상 등 시장지배력을 행사하는데 일정한 제약요인으로 작용하고 있다고 인정되는 점 등에 비추어 잠재적 진입자로 판단된다.

(4) 가격인상 가능성

이건 기업결합이 이루어질 경우 상호간에 미치던 가격인상 억지력이 사라지게 되므로 가격인상이 보다 용이해질 것으로 예상되고, 하이트맥주(주)는 (주)진로 인수에 따른 자금 소요로 인해 재무상황이 악화될 것으로 예상되는 바, 투자비용 회수 등을 위해 맥주와 소주의 가격을 인상할 유인이 있다고 판단된다. 또한 기업결합 당사회사는 맥주와 소주의 가격선도업체이므로 맥주와 소주 중 어느 한 주류에서 발생한 가격인상 요인을 다른 주류에 전가하는 등의 방법으로 가격인상을 보다 용이하게 할 수 있을 것으로 예상된다.

심화학습

혼합결합의 경쟁제한성 판단기준으로서 포트폴리오 효과(portfolio effect)의 의미와 내용에 대하여 고찰하고, 하이트/진로 기업결합사건에서 이 기준이 어떻게 적용되었는지를 살펴보라.

[관련문헌] 신영수, "혼합형 기업결합의 포트폴리오 효과에 관한 규제", 법제연구 제26권, (2005. 6), "잠재적 경쟁의 이론과 실제 적용", 경쟁법연구 제10권, (2004. 4); 이호영, "혼합

결합의 경쟁제한성과 포트폴리오(portfolio) 효과"

[관련심결] 하이트맥주㈜의 기업결합제한규정 위반행위에 대한 건(공정거래위원회 의결 제2006-9호, 2006. 1. 24), 법학논총 제23집 제3호(下), 한양대학교 출판부, 245-266면

(5) 기업결합의 경쟁제한성 추정 제도

가. 추정제도의 취지

기업결합의 제한에 있어서 경쟁제한성의 판단이 매우 중요한 작업임에도 불구하고 이를 파악해 내는 일은 쉬운 작업이 아니다. 이를 위해 기업결합심사기준상에 경쟁제한성 심사를 위한 상세한 기준을 제시하고 있기는 하지만, 실제로 어떠한 정도가 되었을 때, "실질적으로 경쟁이 제한되었다고" 볼 것인지는 결합당사자들은 물론이고 공정거래위원회로서도 입증하기 어려운 일이다. 이에 따라 우리 법에서는 기업결합의 경쟁제한성에 대한 경쟁당국의 입증부담을 완화하고 기업결합 규제의 실효성을 높이기 위하여 추정제도를 마련해 두고 있다(법 7조 4항). 현행법에서 규정하고 있는 기업결합의 경쟁제한성 추정제도는 크게 수평결합에 대한 추정(1호)과 비수평결합에 대한 추정(2호)의 두 가지로서 기준을 토대로 수립되어 있다.

나. 수평결합의 경쟁제한성 추정(시장점유율 요건)

수평결합의 경쟁제한성은 당사자들의 시장점유율[20]의 합계가 i) 시장점유율에 합계가 시장지배적 사업자의 추정요건에 해당하고, ii) 시장점유율의 합계가 당해 거래분야에서 제1위가 되며, iii) 시장점유율의 합계와 시장점유율이 제2위인 회사의 시장점유율과의 차이가 그 시장점유율의 합계의 100분의 25 이상일 경우 당해 결합의 경쟁제한성이 추정된다. 위의 세 요건은 모두 누적요건이므로 세 요건이 모두 충족되어야 추정이 가능해 진다

한편 시장점유율의 합계가 시장 내에서 1위이어야 한다는 의미는 결합된 이후에 시장점유율 1위 기업이 되어야 한다는 의미이며, 시장점유율 제2위인 회사의 시장점유율과의 차이가 그 시장점유율의 합계의 100분의 25 이상이어야 한다는 것은 1~2위의 시장점유율 차이가 1위 시장점유율의 25% 이상이어야 한다는 의미로서 1~2위 기업간의 점유율차이가 25%이상이어야 한다는 의미가 아님에 유의하여야 한다.[21]

---

20) 계열회사의 시장점유율을 합산한 점유율을 말한다.

한편 현행 기업결합심사기준에서는 이에 더해 미국의 HHI 기준[22]과 유사한 형태로서 이를 통해 결합기업의 시장점유율이 일정한 기준에 해당하는 기업결합에 대해 일종의 안전지대(safe harbor)를 설정하고 있다. 이에 따르면 i) HHI(허핀달-허쉬만 지수)[23]가 1,200에 미달하는 경우이거나, ii) HHI가 1,200 이상이고 2,500 미만이면서 HHI 증가분이 250 미만인 경우, 혹은 iii) HHI가 2,500 이상이고 HHI 증가분이 150 미만인 경우를 간이심사대상 기업결합으로서 일응 경쟁제한성이 없는 것으로 추정된다(기업결합심사기준 VI.1.(1)).

다. 비수평결합의 경쟁제한성 추정(대규모회사 요건)

독점규제법은 대규모회사(자산이나 매출액 규모가 2조 이상)가 직접 또는 특수관계인을 통하여 행한 기업결합이 중소기업기본법에 의한 중소기업의 시장점유율이 3분의 2이상인 거래분야에서의 기업결합이고, 당해 기업결합으로 100분의 5이상의 시장점유율을 가지게 될 경우에도 경쟁제한성을 추정하고 있다. 이 추정제도는 주로 수직결합사건, 혼합결합사건의 경쟁제한성을 판단하기 위한 기준으로서 중소기업의 보호라는 비경쟁정책적 목적도 이에 내포되어 있다고 할 수 있다.

한편 기업결합심사기준에서는 수직결합 또는 혼합결합으로서 당사회사가 관여하고 있는 일정한 거래분야에서 HHI가 2,500 미만이고 당사회사의 시장점유율이 25/100 미만인 경우나, 일정한 거래분야에서 당사회사가 각각 4위 이하 사업자인 경우에도 간이심사대상 기업결합으로서 일응 경쟁제한성이 없는 것으로 추정하고 있다(기업결합심사기준 VI.1.(2)).

라. 추정의 대상

한편 제4항에 열거된 기준은 추정요건으로서 절대적 기준이 아니므로 추정요건

---

21) 예를 들면, 결합 당사회사들의 시장점유율 합계 40%인 경우 2위의 점유율이 15%(=40%-25%) 미만이어야 한다는 의미가 아니라, 양자의 점유율 차이가 25%가 되는 정도 즉 2위 회사의 시장점유율이 30% 이하면 족하다는 의미라 할 수 있다.

22) 미국은 1968년 가이드라인에서 CR4를 사용하다가 1982년부터 기업결합가이드라인에서 현재의 HHI 기준을 사용하고 있다. 이에 따르면 HHI가 1,800 이상이면 고도로 집중화된 시장에 해당한다고 전제한 후, 이 시장에서 결합 후 HHI 인상폭 50-100이면 경쟁제한의 우려가 있는 것으로 보고, 100이상이면 시장지배력을 창출, 강화 또는 용이하게 하는 것으로 추정하되, 진입용이성 등의 반증으로 그 추정을 복멸할 수 있을 뿐이다. 반면에 HHI가 1,000-1,800 사이면 다소 집중화된 시장으로서 결합으로 인한 HHI 증가분이 100이상인 경우에는 경쟁제한적 우려가 있는 것으로 보게 된다. 한편 HHI가 1,000 미만인 시장은 비집중적인 상태로서 결합으로 인한 HHI 증가치를 분석할 필요가 없다.

23) 일정한 거래분야에서 각 경쟁사업자의 시장점유율의 제곱의 합을 말한다.

에 해당되지 않더라도 경쟁제한적인 것으로 판명될 수 있다. 또한 일단 경쟁제한적인 것으로 추정되더라도 결합기업측에서 반증을 반박할 수 있음은 물론이다. 다만, 여기서 결합기업이 반증을 들어 주장하게 되는 것은 경쟁제한성 부분으로 국한된다. 예를 들어, 시장점유율이 일정기준 이상이 되지만 경쟁을 제한하지 않는다는 주장을 제기할 수 있는 반면, 경쟁제한성은 인정되지만 다른 경제적 기대효과를 이유로 결합을 승인해달라는 주장은 이 단계에서는 받아들여지지 않는다. 일단 경쟁제한적인 것은 인정하되 경쟁제한성 이외에 다른 공공적인 이익이 존재하므로 기업결합을 허용해 달라는 주장은 다음에서 보는 경쟁제한적 기업결합의 예외적 허용단계(법 7조 2항)에서 제기할 수 있는 사항이다.

토의 주제

① 기업결합의 경쟁제한성 추정제도가 가지는 장점과 한계를 법리와 기능 측면에 대하여 설명해 보라.

② 현행 독점규제법상 비수평결합에 대한 추정기준이 중소기업보호적 성격을 가지고 있는 점을 비판적 시각에서 평가해보고, 이 기준이 시장에 이미 진입해 있는 대기업을 보호하는 결과로 이어질 가능성에 대해 생각해 보라.

심화학습

• 금융기관의 합병심사 및 방송통신사업자의 기업결합 심사기준과의 비교 – 금융산업구조개선에 관한 법률 및 전기통신사업법 상 기업결합심사 기준의 특징 및 공정거래위원회의 기업결합심사와의 관계를 중심으로–

[관련문헌] 이호영, "기간통신사업자에 대한 기업결합규제 관할권: 경쟁당국과 산업별 규제기관의 관계를 중심으로", 경쟁법연구 제18권, (2008. 11), 3-36면; 신영수, "기간통신사업자에 대한 현행 합병규제의 문제점과 해석론", 기업법연구 제18권 2호, (2004. 12), 175-198면; 「은행합병의 규제법리」, 2005. 11, 한국학술정보; 곽상현 · 이봉의, 「기업결합규제법」, 2012, 법문사

• 정거래위원회의 기업결합심사기준상의 HHI기준과 주요국(미국, 일본, 유럽연합 등)의 기업결합가이드라인상에 나타난 HHI 기준을 비교해 보라.

4. 경쟁제한적 기업결합의 예외적 허용

(1) 경쟁제한적 기업결합의 예외적 허용 필요성

기업결합심사결과 실질적 경쟁제한성이 인정되는 기업결합이라도 그 폐해보다 기업결합으로 인한 효율성이 훨씬 큰 경우 등까지 금지하는 것은 제도의 취지에 반하므로, 독점규제법은 설령 경쟁제한적 기업결합이라도 일정한 경우 예외적으로 허용될 가능성을 열어두고 있다. 다만, 예외 인정의 사유는 법률에서 엄격히 제한하고 있다. 현행법에서 인정되는 예외인정 사유 내지 당사자의 항변사유는 효율성 항변과 회생불가기업(도산기업)항변의 두 가지 항변을 인정하고 있다.[24)]

(2) 효율성 항변(efficiency defense)의 요건

기업결합으로 인한 효율성 증대효과라 함은 생산·판매·연구개발 등에서의 효율성 증대효과 또는 국민경제 전체에서의 효율성 증대효과를 말하는데,[25)] 무엇을 기준으로 효율성을 판단할 것인가에 관하여 ① 생산자 후생과 소비자 후생의 합으로 보아 총 사회후생의 증가분을 모두 효율성으로 보아야 한다는 견해,[26)] ② 소비자 후생만을 기준으로 하는 견해,[27)] ③ 생산자 후생과 소비자후생에 가중치를 두고 가중평균을 하여 효율성을 산정하는 견해 등의 대립이 있다.

이러한 효율성 증대효과의 발생여부는 다음 사항을 고려하여 판단한다. 즉 생산·판매·연구개발 등에서의 효율성 증대효과는, ① 규모의 경제·생산설비의 통합·생산공정의 합리화 등을 통해 생산비용을 절감할 수 있는지 여부, ② 판매조직을 통합하거나 공동활용하여 판매비용을 낮추거나 판매 또는 수출을 확대할 수 있는지 여부, ③ 시장정보의 공동활용을 통해 판매 또는 수출을 확대할 수 있는지 여부, ④ 운송·보관시설을 공동사용함으로써 물류비용을 절감할 수 있는지 여부, ⑤

24) 종전에는 산업합리화와 국제경쟁력강화를 예외인정사유로 규정하고 있었으나 1999년 독점규제법 개정시에 현행 기준으로 대체되었다.

25) 이 이론에 대하여 초기 미국판례는 부정적이었으나{U.S. v. Philadelphia Nat. Bank, 374 U.S. 321. 83 S.Ct. 1715(1963)}, 근래 들어 규모의 경제나 연구개발의 촉진 등 경쟁촉진적 효과가 큰 경우에 허용하는 것이 일반적이다. 1992년 미국 법무부 가이드라인에도 이러한 입장을 취하고 있다.

26) 이 견해에 의하면 효율성 증대효과가 모두 생산자에게 귀속하고, 소비자에게는 오히려 감소하는 경우에도 효율성이 증대되었다고 인정하여야 하는 문제가 발생한다.

27) 미국과 EU가 취하는 입장으로서 이러한 견해에 의하면 이 항변으로 인정되는 경우가 거의 없게 된다는 비판이 있다.

기술의 상호보완 또는 기술인력·조직·자금의 공동활용 또는 효율적 이용 등에 의하여 생산기술 및 연구능력을 향상시키는지 여부, ⑥ 기타 비용을 현저히 절감할 수 있는지 여부 등을 고려하여 판단하고, 다음 국민경제전체에서의 효율성 증대효과는, ① 고용의 증대에 현저히 기여하는지 여부, ② 지방경제의 발전에 현저히 기여하는지 여부, ③ 전후방연관산업의 발전에 현저히 기여하는지 여부, ④ 에너지의 안정적 공급 등 국민경제생활의 안정에 현저히 기여하는지 여부, ⑤ 환경오염의 개선에 현저히 기여하는지 여부 등을 고려하여 판단한다.

한편 기업결합의 효율성 증대효과로 인정받기 위해서는 다음 요건을 모두 충족하여야 한다. ① 효율성 증대효과는 당해 기업결합외의 방법으로는 달성하기 어려운 것이어야 하고,[28] ② 효율성 증대효과는 가까운 시일 내에 발생할 것이 명백하여야 하며, 단순한 예상 또는 희망사항이 아니라 그 발생이 거의 확실한 정도임이 입증될 수 있는 것이어야 하고, ③ 효율성 증대효과는 당해 결합이 없었더라도 달성할 수 있었을 효율성 증대부분을 포함하지 아니하며, 기업결합의 예외를 인정하기 위해서는 위에서 규정하는 효율성 증대효과가 기업결합에 따른 경쟁제한의 폐해보다 커야 한다.

(3) 회생불가기업 항변(failing firm defense 혹은 도산기업항변)

결합기업이 회생불가한 회사를 상대로 기업결합을 추진하는 경우에 일정한 요건을 충족하면 경쟁제한성이 인정되더라도 허용될 여지가 있다. 제7조 제2항 2호에서 규정하고 있는 이와 같은 예외인정사유는 경쟁제한적인 기업결합이라고 하더라도 기업결합이 당해 기업의 도산에 따른 시장퇴출을 막기 위한 유일한 대안이라면 일정한 요건 하에 예외를 인정하자는 데 그 취지가 있다.[29] 여기서 회생이 불가한 회사란 회사의 재무구조가 극히 악화되어 지급불능의 상태에 처해 있거나 가까운 시일 내에 지급불능의 상태에 이를 것으로 예상되는 회사를 말한다. 결합당사자가 이 예외사유에 해당한다는 점을 주장하기 위해서는 당해 결합이 i) 상당기간 대차대조

---

28) 이에 대한 판단은 다음의 기준에 의한다. i) 설비확장, 자체기술개발 등 기업결합이 아닌 다른 방법으로는 효율성 증대를 실현시키기 어려울 것, ii) 생산량의 감소, 서비스질의 저하 등 경쟁제한적인 방법을 통한 비용절감이 아닐 것.

29) 미국에서는 부실회사를 그 사회에서 완전히 사라지게 하는 것보다는 기업결합을 통해서라도 조속시키는 것이 사회에 보다 유익하다는 입장이다.

표상의 자본총계가 납입자본금 보다 작은 상태에 있는 회생불가능한 회사를 상대로 한 것이고, ii) 만일 기업결합을 하지 아니하는 경우 회사의 생산설비 등이 시장에서 계속 활용되기 어려우며, iii) 당해 기업결합보다 경쟁제한성이 적은 다른 기업결합이 이루어지기 어려운 경우에 해당함을 입증하여야 한다.[30)]

한편 회생이 불가능한 회사인지는, ① 상당기간 대차대조표상의 자본총액이 납입자본금보다 작은 상태에 있는 회사인지 여부, ② 상당기간 영업이익보다 지급이자가 많은 경우로서 그 기간중 경상손익이 적자를 기록하고 있는 회사인지 여부, ③ 채무자 회생 및 파산에 관한 법률 제34조 및 제35조의 규정에 따른 회생절차개시의 신청 또는 동법 제294조 내지 제298조의 규정에 따른 파산신청이 있은 회사인지 여부, ④ 당해회사에 대하여 채권을 가진 금융기관이 부실채권을 정리하기 위하여 당해회사와 경영의 위임계약을 체결하여 관리하는 회사인지 여부 등을 고려하여 판단한다.

〉〉〉 심결례 공정거래위원회 전원회의 1999. 4. 7. 의결 제99-43호 ("현대 대 기아자동차" 사건)

(1) 부실기업 여부 판단

기아는 지급불능상태에 처하여 1997.7.15부터 2개월간 금융기관간 부도유예협약의 적용을 받다가 1997.10.24. 채권단에 의해 법정관리신청이 이루어졌으며 1998.6.30.기준으로 기아를 실사한 결과 대차대조표상의 자본총계가 △51,652억원에 이르며 1994년부터 1997년까지의 경상적자 누계는 45,947억원에 달하여 부실기업에 해당된다고 볼 수 있다. 기아는 115,965억원의 정리채권 가운데 71,464억원을 면제받고 25,200억원에 대해서는 출자전환을 받으며 나머지 19,301억원을 3년거치 7년간 균등분할상환하는 것을 내용으로 하는 정리계획에 대한 인가를 1998.12.28일 서울지방법원으로부터 받은 바 있다.

이 사건 기업결합이 없을 경우 기아의 생산시설은 관련시장에서 퇴출될 것으로 판단되며, 기아는 법정관리상태에서 자생적으로 회생하기 곤란하다고 판단되어 제3자의 신주인수방식으로 국제경쟁입찰에 부쳐졌음을 고려할 때 당해 기업결합 이외에는 기아의 회생을 위한 다른 방법이 있다고 보기 어렵다.

(2) 효율성 증대효과 발생여부 판단

자동차산업의 경쟁이 치열해지고 경제의 세계화가 진전됨에 따라 자동차회사의 적정규모는 점점 커지고 있는 바, 이 사건 기업결합으로 당사회사는 총 260만대의 생산능력을 갖추게 되

30) 독점규제법 시행령 제12조의 4.

어 규모의 경제를 실현할 수 있을 것으로 보인다. 세계적으로도 효율성 증대를 위해 자동차회사간의 인수·합병이 활발하게 이루어지고 있는 실정이며, 이러한 세계적인 추세를 감안할 때 수출비중이 높은 우리나라 자동차산업의 효율성을 제고하고 경쟁력을 강화하기 위해서는 적정경영규모의 확보가 필요한 측면이 인정된다.

이 사건 기업결합으로 플랫폼(Platform) 통합, 부품공용화, 부품공급업체의 대형화 등이 이루어질 경우 생산비용의 절감효과가 인정된다. 최근 각국의 자동차업체들이 생산비용의 절감을 위해 플랫폼의 통합을 추진하고 있는 바, 이 사건 기업결합의 경우에도 현대와 기아가 상호중복되는 차급의 플랫폼을 통합함으로써 개발비 등 생산비용을 절감할 수 있을 것으로 인정된다. 그리고, 현대와 기아가 부품을 공용화하고, 또 이를 통해 부품공급업체를 대형화함으로써 부품조달비용 등 생산비용의 절감을 도모할 수 있을 것으로 인정된다.

이 사건 기업결합을 통한 기술의 상호보완 및 공동활용에 의한 생산성증대효과가 인정되며, 물류비용 및 간접비용의 절감 등의 효과도 있을 것으로 인정된다.

토의 주제

① 기업결합의 예외적 인정 사유로서 고려되는 효율성의 의미에 대해 토의해 보시오. (예를 들어, 생산자 후생과 소비자 후생의 합으로 보아 총 사회후생의 증가분을 모두 효율성으로 보아야 한다는 견해, 소비자 후생만을 기준으로 하는 견해, 생산자 후생과 소비자후생에 가중치를 두고 가중평균을 하여 효율성을 산정하는 견해 등이 있는데, 이들 각각의 입장에서 비교해 볼 수 있음)

② 기업결합심사의 항변 단계에서 고려되는 효율성의 귀속주체는 개별기업과 해당 산업분야, 국민경제 중 어느 것으로 한정하는 것이 바람직한지에 대해 생각해 보고, 우리 대법원의 입장(대법원 2008. 5. 29. 선고 2006두6659 판결)에 대해 토의해 보시오.

Ⅴ. 위법한 기업결합에 대한 제재수단

1. 현행 제재수단의 특징

공정거래위원회에 의한 심사과정을 거쳐 최종적으로 위법한 것으로 결정된 기업결합에 대해서는, 다른 경쟁제한행위에 대한 경우와 마찬가지로, 법위반 상태를 시정하고 경쟁상황을 복원하기 위한 여러 제재조치들이 강구된다. 앞서 살펴 본 바와 같이 시장획정에서 항변에 이르기까지 기업결합에 대해 특히나 복잡하고도 면밀한 심사를 거친 이유가 결국은 기업결합의 시장에 대한 악영향을 정확히 감지해서 적절히 대처하기 위한 것인 만큼, 제재수단의 운용이야말로 기업결합 규제를 완결하고 실효성을 확보하기 위한 수단으로서 매우 중요한 의미를 갖는다.

그런데 현행 독점규제법은 기업결합의 제재수단에 대해서는 다른 행위유형과는 다소 구별되는 수단을 채택하고 있다. 법률에 시정조치의 구체적 유형을 열거하고 있을 뿐만 아니라(16조 1항 각호), 그 유형들의 성격이 상당히 다르다는 점, 금전적 제재수단으로서 과징금 대신 이행강제금을 부과토록 하고 있다는 점(17조의3), 위법한 기업결합에 대해 공정거래위원회가 합병 또는 설립무효의 소를 제기할 수 있도록 한 점(16조 2항)에서 그렇다.

이런 특징들은 기업결합의 실체적 규제와 마찬가지로 기업결합만의 특수성을 감안한 것으로 볼 수 있으면서도, 운용여하에 따라서는 기업결합 규제의 실효성에도 많은 영향을 줄 수 있는 것이기도 해서 공정거래위원회의 운영방식에 대한 보다 엄격하고 면밀한 검토와 분석이 요구되고 있기도 하다.

이하에서는 현행법상 시정조치와 이행강제금, 합병무효의 소 등에 대해 소개하되, 법리적으로나 실무적 측면에서 가장 중요한 의미를 갖는 시정조치에 대해 중점적으로 살펴보기로 한다.

2. 위법한 기업결합에 대한 시정조치

독점규제법은 공정거래위원회로 하여금, 기업결합이 일정한 거래분야에서 경쟁을 실질적으로 제한하거나 제한할 우려가 있는 행위가 있는 때에는 기업결합 당사회사에 대하여 당해 행위의 중지, 주식의 전부 또는 일부의 처분, 임원의 사임, 영업의 양도, 시정명령을 받은 사실의 공표, 기업결합에 따른 경쟁제한의 폐해를 방지할 수 있는 영업방식 또는 영업범위의 제한, 기타 법위반상태를 시정하기 위하여 필요한 조치를 명할 수 있도록 하고 있다. 시정조치부과의 대상에는 취득회사 뿐만 아니라 피취득회사도 포함될 수 있다.[31]

---

31) (주)씨제이오쇼핑의 기업결합 제한규정 위반행위에 대한 건(공정거래위원회 2010. 8. 31. 의결 제2010-10호). 오웬스코닝의 기업결합 제한규정 위반행위에 대한 건(공정거래위원회 2007. 12. 5. 의결 제2007-548호).

시정조치를 규정한 법 제16조 제1항은 기업결합행위뿐만 아니라 법 제8조 내지 제11조의 4에서 규정한 대규모기업집단의 경제력집중에 대한 시정조치로서도 함께 규율되어 있는 것이긴 하지만, 앞서 열거한 유형들은 기업결합사건에 주로 적용이 되어 왔다.

일반적으로 독점규제법은 경쟁제한행위에 대해 취할 수 있는 시정조치들로서 '당해행위의 중지'나, '기타 시정을 위해 필요한 조치'를 중심으로 규정하고 있는 것에 비한다면, 기업결합의 시정조치 유형은 매우 구체적이고 다양한 것이라고 할 수 있다. 기업결합이 당해 기업에 주는 근본적 변화와 시장에 미치는 복합적인 영향을 감안하여 공정거래위원회가 시정조치를 좀 더 폭넓게 운용할 수 있도록 하기 위한 것으로 이해할 수 있다.

다만, 공정거래위원회가 재량권을 무한정 부여할 경우에는 자칫 비례의 원칙에 반하여 과도한 조치가 취해지거나, 반대로 기업결합 규제 자체의 실효성을 약화시키는 조치들이 부과될 가능성이 없지 않다. 이 때문에 공정거래위원회는 시정조치 일반에 관해 적용되는 기준들을 지침으로 마련하여 기업결합에 대한 시정조치에도 이 기준들을 적용하고 있으나, 다른 행위유형에서는 찾아보기 어려운 독특한 조건들을 시정조치의 형태로 부과하는 등 기업결합만의 특색들이 나타나기도 한다. 특히 이른바 '행태적 시정조치'를 많이 사용하여 왔다는 점이 특징으로 많이 거론되며, 이 조치의 효용과 문제점에 대한 논쟁도 그에 따라 빈번히 제기되고 있다.

공정거래위원회가 부과하는 시정조치는 그 성격에 따라 강학상 구조적 시정조치(structural remedies)와 행태적 시정조치(behavioral remedies)로 분류되어 왔다.[32] 행태적 조치(behavioral remedies)는 위반사업자에게 특정방식으로 행위를 하거나 특정한 경쟁제한적 행위를 하지 말도록 의무지우는 조치이다. 주로 가격상승폭이나 시장점유율을 제한하는 등 사업자에게 일정한 작위 내지 부작위를 명하는 방식으로 부과된다. 반면에, 구조적 시정조치(structural remedies)는 사업자들의 영업이나 자산, 사업단위에 대한 조정명령을 통해 시장의 구조적 경쟁기반을 조성하기 위한 일련의 조치라 할 수 있다. 자산매각(divestiture)이나 해산(dissolution)이나, 분할

---

32) Antitrust Laws and Trade Regulation (2nd ed.), Ch.32.02, Remedies in Merger Case, Matthew Bender & Company, (2002) 참조.

(divorcement) 등의 조치와 함께 구조적 조치의 대표적인 유형에 속한다.

법 제16조에서 열거한 시정조치 유형 가운데, 주식의 전부 또는 일부의 처분, 임원의 사임, 영업의 양도는 구조적 시정조치(structural remedies)에 해당하며, 행태적 조치는 '기업결합에 따른 경쟁제한의 폐해를 방지할 수 있는 영업방식 또는 영업범위의 제한'을 통하여 주로 부과되고 있다.

구조적 시정조치는 위반행위의 원인이 사업자의 구조자체에서 비롯된 것이면서 동일행위가 반복, 지속적으로 발생할 상당한 개연성이 있는 경우에 효과적인 수단이 될 수 있다. 하지만 구조적 시정조치로 인해 기대되는 소비자후생보다도 자칫 사회적 비용이 더 커질 우려가 있어서 사업자들은 물론 경쟁당국의 입장에서도 이를 선택하는 데 적지 않은 부담을 느끼는 경향이 있다. 결합당사자에 대해서는 물론이고 시장에 대한 파급효과가 크기 때문에 조치의 발동에 신중을 기할 것이 요구된다.

반면에 행태적 조치는 문제된 행위를 직접 표적으로 하는 것이므로 조치의 효과가 비교적 단기적이고 명확하며 행위와 조치 간의 관련성에 대한 논란도 적기 때문에 시정조치 부과당국에 의해 선호되는 방식이다. 하지만 시장경쟁의 틀을 유지시키는 심판자로서의 국가의 역할을 지나치게 간섭적인 것으로 변질시킬 수 있다는 우려가 제기된다. 경쟁구조의 결과로서 결정되어야 할 가격이나 시장점유율을 직접적이고 인위적인 방식으로 조정한다는 것은 일면 경쟁법의 기본 이념에 부합되지 않는 측면이 있다는 것이다.

공정거래위원회의 기업결합 규제사례를 보면 구조적 시정조치의 경우 초기의 일부사례에서 주로 발견되고, 근래 들어서도 주목할 만한 사례에서 활용된 적이 있었으며, 주로 주식의 처분이나, 영업용 자산의 양도, 임원선임의 제한을 명하는 방식으로 이루어졌다. 하지만 전체적으로는 행태적 시정조치에 비해 활용빈도가 현저히 적은 것으로 나타나며 특히 최근의 사례에서는 공정거래위원회가 가격이나 수수료의 인상제한, 주파수 공동사용 요청에 대한 거절 금지, 시장점유율 제한, 독점규제법 위반 방지를 위한 방안 수립, 중소기업보호 대책 등의 조치를 부과하는 사례가 많이 나타나고 있다.

>>> 심결례 공정거래위원회 전원회의 2009. 6. 25. 의결 제2009-146호 ("eBay 대 G마켓" 사건)

1. 피심인들은 이 시정조치를 받은 날부터 3년간 다음과 같은 사항을 준수하여야 한다.

가. 자신이나 자신의 계열사가 운영하는 인터넷 오픈마켓에 입점한 판매자에 대하여 이 사건 임의적 사전심사 신청일인 2008년 5월24일 현재 적용하고 있는 거래수수료율을 인상하여서는 아니 된다.

나. 자신이나 자신의 계열사가 운영하는 인터넷 오픈마켓에 입점한 판매자들에 대하여 위 신청일 현재 운영되고 있는 모든 고정가 방식(경매방식은 제외)의 등록수수료와 서비스 수수료 및 그와 동일 또는 유사한 내용의 서비스에 대한 수수료 단가를 위 신청일을 기준으로 소비자 물가상승률을 초과하여 인상하여서는 아니 된다. 이때, 소비자 물가상승률은 2008년 5월의 소비자물가지수와 단가인상일 현재 가장 최근에 발표된 월간 소비자물가지수를 비교한 인상률을 기준으로 산정한다(소비자물가지수는 통계청 발표, 총지수, 전도시 기준).

다. 자신이나 자신의 계열사가 운영하는 인터넷 오픈마켓에 중소형판매사업자만의 리스팅을 위한 게이트웨이 확보 등 중소형판매사업자 보호대책을 수립하여 시행하여야 한다.

라. 자신이나 자신의 계열사가 운영하는 인터넷 오픈마켓에 입점한 판매자들에 대해 독점규제 및 공정거래에 관한 법률을 위반하는 행위를 하지 않도록 하는 구체적인 방안을 수립하여 시행하여야 하며 수립된 방안은 판매자들에게 공지되어야 한다.

>>> 심결례 공정거래위원회 전원회의 2008. 3. 13. 의결 제2008-105호 ("SKT 대 하나로텔레콤" 사건)

1. 피심인들은 이 건 주식취득에 대한 정보통신부의 인가 결정일로부터 5년간 다음과 같은 사항을 준수하여야 한다.

가. 피심인 에식회사의 계열회사가 재판매하는 이동전화서비스를 포함한다, 이하 같다)와 피심인 하나로텔레콤 주식회사의 유선통신서비스가 포함된 결합상품(피심인 에스케이텔레콤 주식회사의 계열회사의 통신서비스가 추가된 결합상품을 포함한다. 이하 주문에서 '당해 결합상품'이라 한다)을 판매하면서 다음과 같은 행위를 하여서는 아니 된다.

(1) 소비자가 개별적으로 가입하거나 이용할 수 있는 기존 유선·이동전화서비스(이하 주문에서 '기존 서비스'라 한다) 제공의 폐지 또는 제한하는 방법으로 당해 결합상품만을 이용하도록 강제하는 행위

(2) 피심인 에스케이텔레콤 주식회사 및 하나로텔레콤 주식회사의 대리점 등 유통업체들에게 기존 서비스에 대한 거래조건을 당해 결합상품에 대한 거래조건보다 불리하게 설정 또는

변경하여 당해 결합상품 판매를 강제하는 행위

(3) 다른 전기통신사업자가 당해 결합상품과 동종 또는 유사한 형태의 결합상품을 구성 또는 판매하고자 피심인 에스케이텔레콤 주식회사의 이동전화서비스 제공을 요청하는 경우 피심인 하나로텔레콤 주식회사에 비해 거래조건을 불리하게 하거나 적정한 대가를 제시함에도 이를 거절하는 행위

나. 피심인 에스케이텔레콤 주식회사는 자신의 이동전화서비스를 다른 전기통신사업자를 통해 재판매하는 경우 피심인 하나로텔레콤 주식회사에 비해 재판매와 관련된 조건, 절차 및 방법, 대가 등 거래조건을 불리하게 하거나 적정한 대가를 제시함에도 이를 거절하여서는 아니된다.

2. 피심인 에스케이텔레콤 주식회사는 다른 전기통신사업자가 800MHz 주파수에 대한 공동사용(소위 鞱萱老)을 요청하는 경우 정당한 이유 없이 이를 거절하여서는 아니 된다.

3. 이행강제금 제도 및 합병 또는 설립무효의 소

기업결합에서는 통상적인 금전적 제재수단이랄 수 있는 과징금을 대신하여 1999년 2월 제7차 법개정을 통해 이행강제금 제도가 도입·운용되고 있다. 즉, 위법한 기업결합을 하여 시정조치를 받은 사업자가 공정거래위원회가 정한 기간 내에 시정조치를 이행하지 않는 경우에는 공정거래위원회가 이행강제금을 부과할 수 있도록 하고 있다. 기업결합에 대한 금전적 제재수단으로 과징금 대신 이행강제금을 채택한 이유는 과징금 제도에 내포된 부당이득의 환수 기능을 기업결합에 적용하기 어려운 법리적 측면과, 기업결합의 경우 과징금 부과와 같은 1회성의 제재만으로는 한계가 있어서 시정조치이행의 실효성을 높이기 위한 집행적 측면을 고려했기 때문이다.

현행법상 이행강제금의 부과기준은 시정조치를 받은 후 그 정한 기간 내에 이행을 하지 아니하는 자에 대하여 i) 주식취득이나 새로운 회사설립에의 참여의 경우에 취득 또는 소유한 주식의 장부가격과 인수하는 채무의 합계액, ii) 합병에 의한 기업결합의 경우에는 합병의 대가로 교부하는 주식의 장부가격과 인수하는 채무의 합계액, iii) 영업양수에 의한 기업결합의 경우에는 영업양수금액에 1만분의 3을 곱한 금액을 초과하지 아니하는 범위 안에서 매 1일당 이행강제금을 부과할 수 있다. 단, iv) 임원겸임 방식으로 기업결합을 한 자에 대하여는 매 1일당 200만원의 범위 안에서 이행강제금을 부과할 수 있다.

한편, 공정거래위원회는 기업결합이 법에 위반한 경우 당해 회사의 합병 또는 설립무효의 소를 제기할 수 있다. 다만 공정거래위원회가 소를 제기한 사례는 존재하지 않는다.

토의 주제

① 기업결합에 대한 시정조치로서 행태적 조치와 구조적 조치의 장단점을 법리적 측면과 정책적 측면에서 비교해 보라.

② 공정거래위원회 전원회의, 2008. 3. 13. 의결 제2008-105호의 심결문을 읽고, 경쟁당국(공정거래위원회)이 유·무선 통신사업자간의 경쟁제한적 기업결합에 대한 시정조치로서, 결합기업으로 하여금 경쟁사업자에게 주파수 로밍을 허용해 주도록 명한 조치의 타당성 여부에 관해 토의해 보라.

심화학습

• 경쟁제한적 기업결합에 대한 시정조치로서 자산매각(divestiture) 조치와 수탁관리인(trustee) 제도

[관련문헌] 이봉의, "독점규제법상 기업결합 시정조치의 재검토", 경쟁법연구 제20권, 2009. 11, 299-329면; 이호영, "독점규제법상 기업결합에 대한 시정조치의 개선", 「저스티스」 제90호, 2006. 4, 194-217면

제 2 절 경제력집중의 규제

Ⅰ. 경제력집중 규제의 의의

1. 경제력집중의 의의

(1) 경제력집중의 개념

경제력집중은 경제적 자원이 소수의 경제주체에게 집중되는 것을 의미한다. 자

본주의 경제가 발전하는 과정에서 대부분의 국가에 공통적으로 나타나고 있는 현상으로 이해되지만, 경제사회적 조건이나 발전 과정의 특성에 따라서 집중의 정도는 나라마다 차이가 있다.

(2) 경제력집중의 유형

경제적 자원이 집중되는 양상에 따라서 경제력집중은 다음 세 가지 유형으로 이해할 수 있다. 우선 시장집중이란 개별 상품시장에서 기업들이 지배력을 행사할 수 있는 지위를 차지하고 있는 것을 말한다. 시장집중도가 커질수록 당해 시장에서 경쟁의 정도는 약화될 가능성이 있으므로, 독점규제법상 경쟁제한성 판단에서 시장집중에 대한 고려는 필수적인 것이다. 독점규제법 제2조 제7호 제2문은 개별 사업자의 시장지배력의 판단기준을 제시하고 있으며, 이 외에도 시장 구조적 관점에서 시장집중도를 파악하기 위하여 관련시장의 획정을 전제로 시장점유율에 기초한 상위기업의 누적수치나 허핀달-허쉬만 지수(Herfindahl-Hirschman Index) 등이 사용되고 있다.

일반집중은 산업이나 제조업 일반 또는 국민경제와 같은 광범위한 경제영역에서 특정한 기업 또는 기업집단이 차지하는 비중을 의미한다. 이를 판단하는 지표로서, 貯量(stock)의 관점에서 자본총액, 총자산액, 고용 등이 그리고 流量(flow)의 관점에서 매출액, 순이익, 생산량, 부가가치 등이 활용된다. 다음의 표는 2009년 이후 10대 대규모기업집단의 자산총액 변화와 동일 기간 동안 우리나라 GDP(명목)의 변화에 관한 것으로서, 해당 기간 동안 일반집중의 관점에서 대규모기업집단에 의한 집중도의 증가를 시사하고 있다.

표 1 10대 대규모기업집단 자산총액과 GDP(명목) 변화[33] (단위: 조원)

	2010	2011	2012	2013	2014	2015	2016	2017	2018	2019
자산총액	703	816	940	1,018	1,074	1,122	1,166	1,213	1,298	1,352
국내총생산(GDP)	1,323	1,389	1,440	1,501	1,563	1,658	1,741	1,836	1,898	1,919

33) 대규모기업집단의 자산총액은 공정거래해위원회가 대규모기업집단을 지정·고시하는 매년 4월 1일 기준(2017년 이후 5월 1일)이며, 10대 대규모기업집단은 동일인이 자연인인 민간 기업집단의 순위로 정하였다. 해당 기간 동안 10대 대규모기업집단의 자산총액 증가율은 GDP 증가율을 상회한다. 2019년 기준 10대 대규모기업집단의 자산총액은 GDP의 70.5%에 이른다.

소유집중은 기업 또는 기업집단의 발행주식 또는 잔여재산분배청구권이 소수의 자연인이나 가족에게 집중되는 현상을 말한다. 소유집중의 관점에서는 기업을 통한 경제적 자원의 배치와 사용의 권한이 특정한 개인에게 집중되는 것이 문제의 핵심이다. 일차적으로 기업의 소유가 개인 및 가족에 집중되는 것을 대상으로 하지만, 소유집중에 관한 논의는 기업의 운영에 있어서 의사결정 메커니즘과 관련되는 지배구조에 관한 것으로 확대되고 있는데, 특히 적은 지분으로 의사 결정을 독점하는 현상에 분석의 초점이 모아지고 있다.[34]

(3) 우리나라에서 경제력집중 현상과 규제 필요성

가. 재벌에 의한 경제력집중

공정거래위원회는 대규모기업집단을 총수가 있는 기업집단과 그렇지 않은 기업집단으로 구분하고 있는데, 전자는 흔히 재벌로 일컬어진다. 재벌은 총수 및 그 가족에 의하여 소유 내지 지배되고 전체가 통일적으로 운영되고 있는 일정 규모 이상의 기업집단을 의미하며, 전술한 시장집중, 일반집중, 소유집중의 측면에서 우리나라 경제력집중 현상을 주도하고 있다. 즉 재벌에 속한 계열사들은 다수의 시장에서 지배적 지위를 차지하고, 전체적으로 국민경제에서 상당한 비중을 차지하고 있으며, 또한 계열사들로 구성된 기업집단의 운영 과정에서 총수 또는 그 가족이 절대적인 영향력을 행사하고 있다.[35]

나. 경제력집중 규제의 필요성

경제력집중은 경제 발전과정에서 불가피한 현상이며, Schumpeter적 사고에 기초하여 경제력집중이 경제 발전에 긍정적으로 작용할 수 있다는 시각도 존재한다. 그러나 소수의 주체에게 경제력이 집중되는 것은 시장경제의 운영에 부정적인 영향을 미칠 수 있다.

경제력집중의 폐해와 관련하여, 일반집중의 측면에서 갖게 되는 우려는 크게 두 가지로 집약할 수 있다. 즉 소수의 경제주체에 대한 국민경제의 의존이 커짐으로써 경제적 민주주의의 근간을 침해할 수 있다는 것 그리고 일반집중이 심화된 국민경제의 전체적 구조가 개별 시장에서의 경쟁에 부정적인 영향을 미칠 수 있다는 것이

34) 황인학, 경제력집중－한국적 인식의 문제점, 한국경제연구원, 1997, 26－27면.
35) 홍명수, 재벌의 경제력집중 규제, 경인문화사, 2006, 59－61면.

다. 또한 소유집중의 측면에서는 대규모 기업집단의 운영 과정에서 개인에게 의사결정이 집중됨으로 인한 기업운영의 경직성이나 자원배분의 비효율을 낳을 가능성 등이 거론되고 있다.[36)]

개별 시장을 대상으로 한 독점규제법상의 규제는 이와 같은 경제력집중의 폐해를 시정하는 데 있어서 유력한 수단이 될 수 있다. 실제 일본의 독점금지법(私的獨占の禁止及び公正取引の確保に關する法律)을 제외하면, 일반집중 등에 대한 규제를 경쟁법에 수용하고 있는 경우는 비교법적으로 그 예를 거의 찾을 수 없다.[37)] 그러나 일반집중 또는 소유집중 측면의 경제력집중이 상당한 정도에 이르고 있고, 또한 그 추세가 줄어들고 있지 않은 우리나라의 상황에서[38)] 개별시장 중심의 규제만으로 이러한 문제의 해결을 기대하기 어렵다고 볼 수 있다. 따라서 독점규제법은 일반집중 또는 소유집중에 대한 직접적 규제를 내용으로 하는 경제력집중에 대한 규제를 도입하고 있다.

2. 경제력집중 규제의 연혁과 규제체계

(1) 규제의 연혁

경제력집중 규제는 1986년 독점규제법 제1차 개정 시에 도입되었다. 1980년 독점규제법이 제정된 이후 우리나라의 산업과 시장이 보다 경쟁적인 구조로 변화할 것이라는 기대가 있었지만, 법 제정 이후 이러한 기대에 미치지 못하는 성과를 내고 있다는 분석이 제도 도입의 유력한 동인이 되었다. 즉 재벌에 의한 경제력집중이 심화되고 있는 상황에서 개별 시장에 대한 규제는 한계가 있고, 일반집중 등을 직접적으로 다루는 규제체계의 도입이 필요하다는 인식이 독점규제법상 경제력집중 규제의 도입에 영향을 미친 것으로 볼 수 있다.[39)]

법 개정 과정에서 일본 독점금지법은 중요한 입법 모델이 되었다. 당시 일본 독

---

36) 위의 책, 13－18면.

37) 현행 일본 독점금지법 제9조는 일반집중의 규제로서 사업지배력이 과도하게 집중된 회사에 대하여 규제하고 있다. 根岸 哲/舟田正之, 獨占禁止法概說, 有斐閣, 2006, 127면.

38) 경제력집중의 심화의 예로서 부가가치의 집중을 살펴보면, 30대 재벌이 차지하는 비중은 1987년 16.3%에서 2002년 21.5%로 상승하였으며, 1997년의 IMF 경제위기시를 제외하면 전반적으로 꾸준한 상승세를 보여주고 있다. 송원근 · 이상호, 재벌의 사업구조와 경제력 집중, 나남출판, 2005, 101－102면.

39) 공정거래위원회, 공정거래위원회 30년사, 2011, 160－161면.

점금지법은 지주회사의 금지와 주식보유의 총액제한을 주요 내용으로 하는 경제력 집중에 관한 규정을 두고 있었다. 지주회사 금지제도는 1947년 독점금지법 제정 시부터 존재하였는데, 2차 세계대전 이전 일본 경제에서 지주회사 체제는 재벌의 기본 구조로 기능하였다. 종전 이후 경제민주화의 일환으로서 재벌은 해체되었으며, 아울러 새로운 재벌의 형성을 방지하고자 하는 취지에서 지주회사 설립금지 규정을 독점금지법에 두게 되었다.[40] 한편 재벌해체 후 기존 재벌에 속했던 회사들은 상호 계열회사로서 일정한 관계를 유지하고 있었는데, 이러한 계열관계가 시장의 경직성을 초래할 수 있다는 우려에 따라서 1977년 독점금지법 개정에 의하여 대규모회사의 주식보유 총액제한 제도가 도입되었다.[41]

비교법적으로 일본을 제외한 다른 나라의 경쟁법에서 일반집중 등을 규제하는 예를 찾기 어렵고, 또한 일본은 우리나라의 재벌과 유사한 경제적 실체가 경제 운영의 핵심적 역할을 수행한 역사적 경험을 갖고 있었다는 점에서, 1980년대 일본 독점금지법에 존재하였던 경제력집중 관련 규정들은[42] 독점규제법에 경제력집중 규제에 관한 제도를 도입하는 과정에서 중요한 영향을 미쳤다. 1986년 개정 시에 도입된 경제력집중 억제를 위한 규제는 지주회사 설립금지, 상호출자 금지, 출자총액 제한, 금융·보험회사 의결권 제한 등을 주요 내용으로 하였다. 이후 1992년 개정에 의하여 채무보증 제한 규정이 도입되었고, 1996년 개정에서 경제력집중 억제의 입법취지가 반영된 불공정거래행위로서 부당지원행위에 대한 규제가 시작되었다. 한편 1999년 2월 개정에 의하여 지주회사 설립금지로부터 설립을 허용하는 대신에 일정한 제한을 가하는 방식으로의 중요한 변화가 있었고, 동년 12월 개정에서는 대규모 내부거래에 대한 이사회 의결 및 공시제도가 새롭게 도입되었다.

경제력집중 규제 제도의 변천 과정에서 지속적으로 제도의 타당성에 대한 의문이 제기되고 제도가 실효적으로 기능할 수 있는 범위에 관한 논의가 이루어졌던 것은 출자총액제한제도이며, 결국 2009년 개정에 의하여 출자총액제한제도는 폐지되

40) 來生新, "日本の競争政策の歴史的概觀(1): 戰前から1977年改正まで", 後藤晃 / 領村興太郎 編, 日本の競爭政策, 東京大學出版會, 1999, 20－23면.

41) 後藤晃, "一般集中關聯およびその制定・制定後の經緯", 後藤晃 / 鈴村興太郎 編, 日本の競爭政策, 東京大學出版會, 1999, 235면.

42) 2002년 독점금지법 개정에 의하여 지주회사에 대한 규제와 주식보유 총액제한의 규제는 과도한 사업지배력 집중을 규제하는 일반집중 규제로 통합되었다. 舟橋和幸, "獨占禁止法の一部を改正する法律の概要", NBL No. 740, 2002, 49－50면 참조.

었다. 동 제도는 상호출자 제도가 실질적으로 직접적 출자관계만을 규율할 수밖에 없는 한계를 보완하기 위하여 입안된 제도로서 대규모 기업집단에 속한 계열회사의 출자총액을 순자산 대비 일정한 비율로 제한하는 것을 내용으로 하였다. 그러나 출자의 목적이나 내용을 구분하지 않고 형식적 기준에 따라서 무조건적으로 총액을 제한하는 방식에 대하여 비판도 제기되었다. 또한 이러한 제한이 제도의 실효성 측면에서 순환출자를 억제하는데 실질적으로 기능할 수 있는지에 대한 의문이 유력하였으며,[43] 결과적으로 제도의 폐지에 이르렀다. 그러나 동 제도의 폐지 이후 대규모기업집단에서 다시 순환출자가 지나치게 확대되고 있다는 우려 하에 2014년 신규 순환출자를 금지하는 제도가 도입되었다. 아래의 표는 순환출자 규제에 관한 제도의 변화 과정을 보여준다.

표 2 출자총액제한도의 변화

개정일	주요내용
1986. 12. 31.	출자총액제한제도 도입. 제한기준 순자산의 40%
1994. 12. 22.	제한기준 순자산의 25%로 변경
1998. 2. 24.	출자총액제한제도 폐지
1999. 12. 28.	출자총액제한제도 재도입. 제한기준 순자산의 25%
2005. 1. 27.	출자총액제한제도 대상 기업집단 규모기준 6조로 상향
2007. 4. 13.	대상 기업집단 규모기준 10조로 상향. 제한기준 순자산의 40%
2009. 3. 25.	출자총액제한제도 폐지
2014. 1. 14.	신규 순환출자 금지 제도 도입

(2) 경제력집중 규제체계

가. 규제의 기본구조

독점규제법상 경제력집중 억제를 위한 규제는 지주회사에 대한 규제와 대규모기업집단에 대한 규제의 이원적 구조로 되어 있다. 연혁적으로 지주회사에 대한 규제는 지주회사의 설립을 금지하는 방식으로 시작되었으며, 대규모기업집단의 형성을 사전에 통제하는 의미가 있었다.[44] 반면에 상호출자금지나 채무보증 제한 등과 같

43) 홍명수, 경제법론 I, 경인문화사, 2008, 177-178면.

은 규제는 이미 존재하는 대규모기업집단을 대상으로 하며, 기존 기업집단의 확대를 억제하거나 내부적 지배구조의 개선을 목적으로 하였다. 따라서 대규모기업집단 형성의 사전적 통제와 기존 대규모기업집단의 규제로 대별할 수 있었다.

그러나 지주회사 금지제도가 지주회사의 존재가 허용되는 방향으로 개정된 이후, 대규모기업집단 형성을 통제하는 의미로 지주회사 규제의 의의를 이해하는 것이 여전히 유효한지는 의문이다. 현행 독점규제법상 지주회사에 대한 규제는 지주회사의 설립을 제한하는 것이 아니라 지주회사의 운영 과정에서 일정한 행위제한을 가하는 것에 중점을 두고 있다. 이러한 점에서 기업집단 형성에 대한 통제와 운영 과정에 대한 규제보다는, 지주회사를 중심으로 이루어진 기업집단에 대한 규제와 지주회사 이외의 집단구성 방식을 대표하는 순환형 출자구조에 기초한 기업집단, 즉 지주회사형 기업집단과 순환형 기업집단의 규제로 구분하여 이해하는 것이 보다 적절할 수 있다.

나. 대규모기업집단의 의의

지주회사 규제를 제외한 상호출자 금지나 채무보증 제한 등과 같은 규제는 대규모기업집단을 대상으로 한다. 경제력집중 억제를 위한 규제의 도입은 우리 경제에서 커다란 영향력을 행사하고 있는 주체로서 재벌을 염두에 둔 것이라 할 수 있지만, 독점규제법은 재벌이라는 용어를 대신하여 대규모기업집단이라는 개념을 사용하여 규제 대상을 정하고 있다. 대규모기업집단은 복수 기업들의 집단일 것과 이들 기업들의 자산총액이 일정 규모 이상일 것의 두 가지 요건에 의한다.

우선 기업집단에 관하여 독점규제법은 '사실상의 지배'를 기준으로 제시하고 있는데, 동법 제2조 제2호는 기업집단을 동일인이 사실상 그 사업내용을 지배하는 회사의 집단으로 정의하고 있으며, 동조 제3호에 의하여 동일한 기업집단에 속한 회사는 상호 간에 계열회사가 된다. 이때 동일인은 기업집단의 범위를 획정함에 있어서 임의로 정하는 기준이며, '사실상 사업내용의 지배'는 기업집단의 범위를 정함에 있어서 핵심적 표지로서 기능한다. 독점규제법 시행령은 이에 관한 구체적인 판단기준을 제시하고 있는데, 시행령 제3조 제1호는 지분율에 따른 형식적 기준 그리고 제2호는 지배관계가 인정될 수 있는 실질적 기준에 관하여 규정하고 있다. 구체적

44) 공정거래위원회, 공정거래위원회 30년사, 2011, 260면 참조.

으로 제1호에 따르면, 동일인이 단독으로 또는 동일인관련자와[45] 합하여 의결권 없는 주식을 제외한 발행주식 총수의 100분의 30 이상을 소유하고 최다출자자인 경우에 사실상 사업내용을 지배하는 회사가 된다. 또한 제2호는 동일인이 다른 주요 주주와의 계약 또는 합의에 의하여 대표이사를 임면하거나 임원의 100분의 50 이상을 선임하거나 선임할 수 있는 회사(가목), 동일인이 직접 또는 동일인관련자를 통하여 당해 회사의 조직변경 또는 신규사업에의 투자 등 주요 의사결정이나 업무 집행에 지배적인 영향력을 행사하고 있는 회사(나목), 동일인이 지배하는 회사와 당해 회사 사이에 임원 겸임 등의 인사교류가 있는 회사(다목), 통상적인 범위를 초과하여 동일인 또는 동일인관련자와 자금·자산·상품·용역 등의 거래를 하고 있거나 채무보증을 하거나 채무보증을 받고 있는 회사, 기타 당해 회사가 동일인의 기업집단의 계열회사로 인정될 수 있는 영업상의 표시행위를 하는 등 사회통념상 경제적 동일체로 인정되는 회사(라목)로서 동일인이 경영에 대하여 상당한 영향력을 행사하고 있다고 인정되는 경우에 동일인이 사업내용을 지배하는 회사로 인정하고 있다. 특히 제2호 라목의 '사회통념상 경제적 통일체'는 실질적으로 사업내용을 지배하는 회사의 일반적 기준으로서의 의미를 갖는다.

이상의 기준에 해당하여도 일정한 요건을 충족하는 경우에 기업집단에서 제외될 수 있다. 동법 시행령 제3조의 2 제1항은 출자자간에 제3자 회사 경영에 관한 합의가 있는 회사(1호), 친족측 계열회사로서 독립경영이 인정되는 회사(2호),[46] 임원독립경영기준을 모두 갖춘 회사로서 임원이 해당 회사를 독립적으로 경영하고 있다고 인정되는 회사(2의2호), 파산절차가 진행 중인 회사(3호), 기업구조조정 중인 회사(4호), 회생절차가 진행 중인 회사(5호)에 대하여 이해관계자의 요청이 있는 경우에 공정위는 기업집단으로부터 제외할 수 있다. 또한 동조 제2항에 의하여 「사회기반시설에

45) 동일인관련자는 동법 시행령 제3조 제1호 가목 내지 마목에서 규정하고 있다. 배우자, 6촌 이내의 혈족, 4촌이내의 인척(가목), 동일인이 단독으로 또는 동일인관련자와 합하여 총출연금액의 100분의 30이상을 출연한 경우로서 최다출연자가 되거나 동일인 및 동일인관련자 중 1인이 설립자인 비영리법인 또는 단체(나목), 동일인이 직접 또는 동일인관련자를 통하여 임원의 구성이나 사업운용 등에 대하여 지배적인 영향력을 행사하고 있는 비영리법인 또는 단체(다목), 동일인이 이 호 또는 제2호의 규정에 의하여 사실상 사업내용을 지배하는 회사(라목), 동일인 및 동일인과 나목 내지 라목의 관계에 해당하는 자의 사용인(마목) 등이 이에 해당한다.

46) 동호 마목에 의하여 동일인의 친족이 경영하는 회사가 동일인과의 거래 등에서 기업집단 제외일 기준 직전 및 직후 3년간 부당한 이익제공 등으로 공정거래위원회로부터 시정조치(시정권고 및 경고 포함)를 받거나 과징금을 부과받은 사실이 없을 것이 기업집단 범위의 제외 요건이 되고 있다는 것에 주의를 요한다.

대한 민간투자법」에 의한 민간투자사업법인에 국가, 지자체, 공기업 등이 발행주식의 100분의 20 이상을 출자하고 있는 경우에 당해 법인(1호), 동일한 업종을 영위하는 2이상의 회사가 사업구조조정을 위하여 자산을 현물출자하거나 합병 등의 방법으로 설립한 회사 또는 민간투자사업법인 중 일정한 방식으로 민간투자사업을 추진하는 회사(2호), 제2호의 민간투자사업을 추진하는 회사로서 준공확인을 받기 전까지의 기간 동안, 해당 회사의 최다출자자가 임원의 구성이나 사업운용 등에 대하여 지배적인 영향력을 행사하지 아니한다고 인정될 것, 해당 회사가 동일인이 지배하는 회사에 출자하고 있지 아니할 것, 해당 회사와 동일인이 지배하는 회사 간에 채무보증 관계가 없을 것, 동일인 또는 동일인관련자가 해당 회사의 주식을 취득 또는 소유하여 제3조의 요건에 해당하게 된 날 이후 해당 회사와 동일인 간에 또는 해당 회사와 동일인이 지배하는 회사 간에 법 제23조 제1항 제7호, 같은 조 제2항 또는 제23조의 2를 위반하여 해당 회사, 동일인 또는 동일인이 지배하는 회사가 공정거래위원회로부터 시정조치(시정권고 또는 경고 포함)를 받거나 과징금을 부과받은 사실이 없을 것 등의 요건을 모두 충족하는 회사(2호의2), 「산업교육진흥 및 산학연협력촉진에 관한 법률」 제2조 제8호의 산학연협력기술지주회사 및 같은 조 제9호의 자회사 또는 「벤처기업 육성에 관한 특별조치법」 제2조 제8항의 신기술창업전문회사 및 같은 법 제11조의2 제4항 제2호의 자회사로서 회사설립등기일부터 10년 이내이고 동일인이 지배하는 회사와 출자 또는 채무보증 관계가 없는 회사에 대하여 최다출자자 중의 하나인 당해 출자자가 사업운용 등에 지배적인 영향력을 행사하는 것으로 인정되지 않는 회사(3호), 중소벤처기업으로서 동일인 또는 동일인관련자가 중소벤처기업의 사업내용을 지배하는 자와 합의하여 그 중소벤처기업의 주식을 취득 또는 소유하여 제3조의 요건에 해당하게 된 경우로서 그 요건해당일부터 7년 이내일 것, 중소벤처기업이 동일인이 지배하는 회사에 출자하고 있지 아니할 것, 중소벤처기업과 동일인이 지배하는 회사 간에 채무보증 관계가 없을 것, 다목에 따른 요건해당일 이후 중소벤처기업과 동일인 간에 또는 중소벤처기업과 동일인이 지배하는 회사 간에 법 제23조 제1항 제7호, 같은 조 제2항 또는 제23조의2 위반으로 중소벤처기업, 동일인 또는 동일인이 지배하는 회사가 공정거래위원회로부터 시정조치를 받거나 과징금을 부과받은 사실이 없을 것 등의 요건을 모두 충족하는 회사(4호)도 기업집단에서 제외될 수 있다. 한편 제1항 제2호에 따라 동일인이 지배하는 기업집단으로부터 제외된 각 회사는 비친족측계열회사와의 자금, 유가증권, 자산, 상품 및 용역에 관한 세부 거래내역을 동일인이 지배하는 기업집단으로부터 제외된 날부터 3년간 매년 제출하여야 하며(3조 6항), 공정거래위원회는 제1항 제2호에 따라 동일인이 지배하는 기업집단으로부터 제외된 회사가 제6항에 따른 자료를 제출하지 아니하거나 거짓의 자료를 제출하는 경우에는 그 제외결정을 취소할 수 있다(3조 7항).

이상의 기업집단이 대규모기업집단에 해당하기 위해서는 기업집단에 속한 회사들의 자산총액이 일정 규모 이상이어야 하며, 구체적인 기준은 이중으로 제시되고 있다. 우선 동법 시행령 제21조 제2항에 의하여 자산총액이 10조원 이상인 기업집단은 '상호출자제한기업집단'에 해당한다.[47] 또한 공시대상기업집단의 자산총액 기준은 5조원 이상으로 보다 넓은 범위에서 기업집단의 범위를 정하고 있다(법 14조 1항 및 영 21조 1항).

공정거래위원회는 이상의 요건에 해당하는 대규모기업집단을 지정하고,[48] 이를 당해 기업집단에 속한 회사에 대하여 통지하여야 한다(법 14조 1항). 기업집단 관계는 사업내용의 지배에 대한 실질적 판단에 의할 수도 있으므로, 그 판단에 어려움이 따를 수 있으며, 경제력집중 규제를 피하기 위하여 회사가 계열관계를 은폐하려는 시도를 할 가능성도 있다. 동법 제14조 제4항은 회사 또는 당해 회사의 특수관계인에 대한 일정한 자료의[49] 요청을 할 수 있도록 하는 규정을 두고 있다.[50] 대규모기업

47) 자산 규모의 요건을 충족하는 경우에도 동법 시행령 제21조 제1항 단서에 의하여 대규모기업집단에서 제외되는 경우가 있다. 구체적으로 금융업 또는 보험업만을 영위하는 기업집단(1호), 금융업 또는 보험업을 영위하는 회사가 동일인인 경우의 기업집단(2호), 당해 기업집단에 속하는 회사 중 「채무자 회생 및 파산에 관한 법률」에 따른 회생절차의 개시가 결정되어 그 절차가 진행 중인 회사 또는 「기업구조조정 촉진법」에 따른 관리절차의 개시가 결정되어 그 절차가 진행 중인 회사의 자산총액의 합계액이 기업집단 전체 자산총액의 100분의 50 이상인 기업집단(다만 이들 회사를 제외한 다른 회사의 자산총액의 합계액이 5조원 이상인 기업집단은 제외)(3호), 「공공기관의 운영에 관한 법률」 제4조에 따른 공공기관, 「지방공기업법」 제2조 제1항에 따른 지방직영기업, 지방공사 또는 지방공단이 동일인인 기업집단(4호) 등이 이에 해당한다.

48) 공정거래위원회는 매년 5월 1일 대규모기업집단을 지정한다(영 21조 4항). 2017년 지정 현황을 보면, 총 31개 기업집단이 상호출자제한기업집단으로 지정되었으며, 이 중에 총수 있는 민간 기업집단은 24개 기업집단이었다.

49) 동법 시행령 제21조 제7항에서 해당 자료는 1. 회사의 일반 현황, 2. 회사의 주주 및 임원 구성, 3. 특수관계인 현황, 4. 주식소유 현황, 5. 「채무자 회생 및 파산에 관한 법률」에 따른 회생절차의 개시가 결정되어 그 절차가 진행 중인 소속회사와 「기업구조조정 촉진법」에 따른 관리절차의 개시가 결정되어 그 절차가 진행 중인 소속회사 현황, 6. 감사보고서(다만, 「주식회사의 외부감사에 관한 법률」에 따른 외부감사를 받지 아니하는 회사의 경우에는 세무조정계산서를 말하며, 세무조정계산서도 없는 경우에는 결산서를 말한다), 7. 제1호부터 제6호까지의 자료를 확인하기 위하여 공정거래위원회가 제출을 요청하는 자료를 말한다.

집단의 지정은 매년 일괄적으로 이루어지지만, 기업집단에 속한 회사들의 계열관계는 수시로 변할 수 있고, 또한 계열관계가 지정된 이후에 드러날 수도 있다. 이러한 점을 고려하여 동법 제14조의 2는 공정거래위원회가 일정한 심사를 거친 후에 계열회사로 편입하거나 제외할 수 있는 근거를 마련하고 있다. 이때 계열회사의 편입 및 제외는 당해 회사의 요청뿐만 아니라 직권에 의할 수도 있다.

전술한 것처럼 대규모기업집단은 기업집단 구조의 특성에 따라서 지주회사형과 순환출자형으로 구분할 수 있으며, 또한 동일인의 성격에 의한 구분도 가능하다. 동법 제2조 제2호는 기업집단의 동일인이 회사인 경우(가목)와 회사가 아닌 경우(나목)를 각각 규정하고 있는데, 후자는 일반적으로 자연인으로서 총수가 있는 기업집단을 의미한다. 총수를 중심으로 한 기업집단과 동일인으로서 회사를 중심으로 한 기업집단은, 특히 소유집중의 관점에서 큰 차이가 있으며, 따라서 양자의 규제를 동일하게 하는 것에 관하여 논의의 여지가 있다.[51)]

토의 주제

- 동일인이 자연인인 기업집단과 법인인 기업집단에 대하여 동일한 규제를 적용하는 것이 타당한지에 대하여 논의하시오.

Ⅱ. 지주회사 규제

1. 지주회사의 의의

(1) 지주회사의 정의 및 유형

회사에 의한 주식 취득이 법제도적으로 허용됨으로써 지주회사의 설립이 가능하게 되었다. 널리 받아들여지고 있는 Bonbright & Means의 정의에 따르면, 지주회사는 주식회사 여부를 불문하고 다른 회사의 주식을 적어도 일부분 소유하여 그 회사의 경영을 지배하거나 실질적으로 영향을 미칠 수 있는 지위를 갖고 있는 회사를

50) 법 제67조 제7호에 의하여 "제14조 제4항에 따른 자료요청에 대하여 정당한 이유 없이 자료 제출을 거부하거나 거짓의 자료를 제출한 자"에 대해서는 2년 이하의 징역 또는 1억 5천만원 이하의 벌금이 부과된다.

51) 홍명수, 재벌의 경제력집중 규제, 187－189면 참조.

의미한다.[52] 이와 같이 주식 소유와 사업내용의 지배에 기초하는 지주회사에 대한 이해는 독점규제법에도 반영되고 있으며, 동법 제2조 제1호의 2는 "지주회사라 함은 주식(지분을 포함)의 소유를 통하여 국내회사의 사업내용을 지배하는 것을 주된 사업으로 하는 회사로서 자산총액이 대통령령이 정하는 금액이상인 회사"를 말하는 것으로 규정하고 있다.

지주회사가 자회사 지배 이외에 고유한 사업을 수행하고 있는지 여부에 따라서, 지주회사는 순수지주회사와 사업지주회사로 구분할 수 있다. 이러한 구분은 특히 지주회사 자체를 금지하는 제도하에서 의미 있는 구분이었는데, 독자적인 사업을 영위하지 않는 순수지주회사는 경제력집중을 확대하는 데 유력한 수단이 될 수 있다는 판단에 기초하여, 정책적으로 순수지주회사에 대한 규제가 중요성을 갖고 있었다.[53] 기업집단 전체에서 차지하고 있는 지주회사의 위치에 따른 구분도 가능하다. 즉 지주회사가 기업집단의 최상위에 위치하여 각각의 사업을 영위하는 자회사를 총괄하는 구조를 취할 수도 있으며, 특정한 사업부분에 한정하여 자신의 지배를 받는 자회사를 두는 구조, 즉 중간지주회사 형태도 상정할 수 있다. 또한 지주회사가 성립되는 방식에 따라서, 기존회사에서 지주회사로 전환하는 경우와 지주회사를 신설하는 경우로 구분할 수도 있다.

(2) 지주회사의 기능

기능적인 측면에서 볼 때, 지주회사는 소유와 경영, 또는 finance와 business의 회사간 분리로서 특징지을 수 있다. 즉 지주회사 체제에서 지주회사와 자회사가 수행하는 역할은 기능적으로 분리되는데, 지주회사가 자본 조달을 통하여 지배관계를 구축하는 것을 주된 업무로 하는 반면, 자회사는 구체적인 사업활동 수행에 주력하게 된다.

이와 같은 지주회사의 기능상 특성은 지주회사 체제의 긍정적인 측면으로 고려될 수 있는 것이다. 이 외에도 일반적으로 지주회사의 긍정적 효과로서 거론되는 것은, 통일된 지배구조를 구축하게 됨으로써 지배구조의 투명성을 제고할 수 있다

52) James C. Bonbright & Gardiner C. Means, The Holding Company: Its Public Significance and Its Regulation, McGraw-Hill Book Company, 1932, p. 10.

53) 일본 독점금지법상 1997년 개정 전 지주회사의 원칙적 금지의 의의에 관하여, 厚谷襄兒 等 編, 條解獨占禁止法, 弘文堂, 1996, 324면 이하(向田直範 집필부분).

는 점, 자회사는 사업 경영에 전념하게 됨으로써 경영 효율성을 높일 수 있다는 점, 자회사의 계열편입이나 분리가 용이해짐으로써 기업구조조정의 편의가 있다는 점, 리스크가 큰 신규산업에 진출하는 것이 용이할 수 있다는 점 등이다.[54)]

그러나 이상의 긍정적 효과에 대비되는 부정적 측면에 대한 논의도 있다. 우선 경영효율성 측면에서 지주회사의 체제가 언제나 긍정적인 것으로 평가할 수 있는지에 대한 의문이 있으며, 지주회사에 대한 지배권이 확실하게 구축되어 있지 않은 경우에 지배구조의 안정성에 문제가 발생할 수 있으며 나아가 우량 자회사를 포함한 지주회사 체제 전체의 불안정성이 나타날 수도 있다는 점, 지주회사가 성립되기 위해서는 자회사 주식을 취득하여야 하기 때문에 지주회사의 설립・전환 시에 지주회사의 재정적 부담이 크다는 점 그리고 일본의 역사적 경험에서 알 수 있듯이 지주회사가 경제력집중의 유력한 수단으로 기능할 수도 있다는 점 등이 지주회사의 부정적 효과로서 언급되고 있다.[55)]

2. 지주회사 규제의 의의

(1) 지주회사 규제의 필요성과 정책의 기본방향

지주회사 제도는 기능상의 장점을 갖고 있으며, 특히 급변하는 경제 환경에서 기업 구조가 탄력적으로 신속하게 대응할 필요성이 강조되면서 지주회사 자체를 금지하는 것은 타당성을 잃게 되었다. 그러나 전술한 것처럼 지주회사가 부정적인 효과를 낳을 가능성도 있으며, 이를 억제하기 위한 규제의 필요성은 여전히 존재한다. 독점규제법은 지주회사의 재무 건전성을 확보하거나 경제력집중의 수단으로 활용될 가능성 등을 제한할 목적으로 규제를 도입함으로써 이러한 필요에 대응하고 있다.

한편 공정거래위원회는 지속적으로 대규모기업집단의 구조가 순환형에서 지주회사형으로 전환하는 것을 구조개선의 관점에서 긍정적인 것으로 보고 있으며, 정책적으로 이를 강조하고 있는 상황이다. 지주회사형 기업집단의 경우 지배구조의 투명성을 기할 수 있으며, 또한 계열사 간 내부거래의 유인이 감소하고 터널링 효과(tunneling effect)[56)]가 제한됨으로써 총수의 사익추구행위가 억제될 수 있다는 점 등

54) 홍명수, 재벌의 경제력집중 규제, 167－168면.
55) 위의 책, 168－170면.
56) 터널링 효과는 지배주주 등이 자신의 사적이익 편취를 위해 기업의 자산과 수익을 자신이 절대적인 지

이 지적되고 있다.[57] 물론 이러한 관점에서 정책적 타당성을 인정할 수 있지만, 지주회사의 부정적 측면에 대한 규제가 불가피한 점을 부인할 수 없으므로, 정책적으로 이를 조화할 필요성이 있다.

(2) 지주회사 규제의 기본 구조

독점규제법 1차 개정시에 도입된 지주회사의 규제는 지주회사의 설립을 금지하는 것을 내용으로 하였으나, 1999년 2월 개정에 의하여 지주회사의 설립을 원칙적으로 허용하면서, 지주회사의 행위를 규제하는 방식으로 전환되었다.

지주회사 등에 대한 행위 규제는 앞에서 살펴본 지주회사의 부정적 기능을 억제하는 것을 내용으로 하며, 지배구조의 투명성과 안정성을 유지하고 또한 지주회사 체제가 수평적·수직적으로 확대됨으로써 경제력집중을 낳을 수 있다는 우려를 반영하고 있다.

토의 주제

- 지주회사로의 전환을 적극적으로 권장하는 정책과 지주회사에 대한 규제의 필요성이 계속되어야 한다는 입장을 조화할 수 있는 방안에 관하여 토의하시오.

3. 지주회사 설립 규제

(1) 신고주의

독점규제법 제8조는 지주회사를 설립하거나 전환한 자는 동법 시행령이 정하는 바에 의하여 공정거래위원회에 신고하여야 하는 것으로 규정함으로써, 지주회사의 설립·전환과 관련하여 신고주의를 채택하고 있다.

(2) 독점규제법상 지주회사 요건

독점규제법이 규정하는 지주회사는 일정한 요건을 충족하여야 하므로, 이러한 요건은 지주회사 설립의 실질적인 제한으로 작용할 수 있다. 동법 제2조 제1호의2

분을 보유하고 있는 회사와의 거래 등에 의하여 외부로 이전시키는 것을 의미한다.

57) 공정거래위원회, 대규모기업집단정책, 2009, 21면. 한편 2013년 9월 기준으로 공정거래위원회에 신고된 지주회사는 127개 회사로서(일반지주회사 114개, 금융지주회사 13개), 2005년 8월 25개 회사에서(일반지주회사 22개, 금융지주회사 3개) 큰 폭으로 증가하였다.

에 의하면 지주회사는 국내회사의 사업내용의 지배를 주된 사업으로 하며, 또한 일정한 규모 이상일 것이 요구된다. 규모와 관련하여 동법 시행령 제2조 제1항에 의하여 지주회사의 자산총액이 5천억원 이상이어야 한다. 지주회사 규제는 경제력집중의 억제를 위한 것이므로, 경제력집중의 관점에서 의미 있는 수준의 규모를 갖고 있는 지주회사를 규제 대상으로 할 필요가 있을 것이다.

사업내용의 지배는 다양한 형태로 가능한 것이지만, 독점규제법은 일정한 지분율에 기초하여 파악하고 있다. 이는 지주회사의 자회사 정의에서 알 수 있는데, 동법 시행령 제2조 제3항은 지주회사의 자회사로 인정되기 위하여 자회사가 지주회사의 계열회사이고(1호), 또한 지주회사가 소유하는 주식이 사실상 회사를 지배하는 자 또는 동일인관련자 중 최다출자자가 소유하는 주식과 같거나 많아야 한다(2호). 이러한 요건이 충족되어야만 자회사는 지주회사에 의하여 사업내용을 지배받는 회사가 되는 것이므로, 동 규정은 사업내용 지배의 내용을 정하는 의미가 있다.

주된 사업에 관하여 동법 시행령 제2조 제2항은 기준을 제시하고 있는데, 이에 의하면 지주회사가 소유하고 있는 자회사의 주식가액의 합계액이 당해회사 자산총액의 100분의 50 이상이어야 한다. 이와 같이 '주된 사업'은 형식적인 기준에 따르고 있는데, 동 규정에 기초하여 순수지주회사만이 독점규제법상의 지주회사로 인정되고 사업지주회사는 여기에 해당하지 않는 것으로 이해하는 견해가 있다.[58] 그러나 동 규정은 형식적인 기준에 따라서 타회사 지배의 비중이 자산총액의 100분의 50 이상일 것을 요구하고 있을 뿐이며, 고유한 사업활동의 유무는 요건으로 고려하고 있지 않기 때문에 이를 순수지주회사와 동일하게 이해하는 것이 타당한지는 의문이다.

(3) 상호출자제한기업집단에 대한 특칙

독점규제법 제8조의 3에 의하여, 채무보증제한기업집단에 속하는 회사를 지배하는 동일인 또는 당해 동일인의 특수관계인이 지주회사를 설립 또는 전환하려고 하는 경우에는 다음의 채무보증을 해소하여야 한다. 이때 해소 대상이 되는 채무보증

58) 이동원, 지주회사, 세창출판사, 2001, 11면.

은, 구체적으로 지주회사와 자회사 간, 지주회사와 다른 국내계열회사 간, 자회사 상호간, 자회사와 다른 국내계열회사 간의 채무보증을 말한다.

동 규정의 취지는 지주회사 체제 안에 있는 기업 간의 채무보증을 해소함으로써, 재무건전성을 확보하고 지주회사 체제의 안정성을 기하려는 것으로 이해할 수 있으며, 지주회사 설립에 관한 특별한 제한에 해당한다.

4. 지주회사 등의 행위 제한

(1) 지주회사의 행위 제한

동법 제8조의 2 제2항은 지주회사에 대하여 일정한 제한을 부과하고 있다. 규제대상이 되는 행위는, 자본총액의 2배를 초과하는 부채액을 보유하는 행위(1호),[59] 자회사의 주식을 그 자회사 발행주식총수의 100분의 40 미만으로 소유하는 행위(2호),[60] 계열회사가 아닌 국내회사의 주식을 당해 회사 발행주식총수의 100분의 5를 초과하여 소유하는 행위 또는 자회사 외의 국내계열회사의 주식을 소유하는 행위(3호),[61] 금융지주회사가 금융업 또는 보험업을 영위하는 회사 외의 국내회사의 주식

59) 지주회사 설립 또는 전환 시 동 기준을 초과하는 부채액에 대해서는 2년간 동 규정의 적용이 유예된다.

60) 자회사가 상장법인, 국외상장법인, 공동출자법인, 벤처지주회사의 자회사인 경우 주식보유기준은 100분의20이다. 한편 ① 지주회사로 전환하거나 설립될 당시에 자회사의 주식을 자회사주식보유기준 미만으로 소유하고 있는 경우로서 지주회사로 전환하거나 설립된 날부터 2년 이내인 경우, ② 상장법인 또는 국외상장법인이거나 공동출자법인이었던 자회사가 그에 해당하지 아니하게 되어 자회사주식보유기준에 미달하게 된 경우로서 그 해당하지 아니하게 된 날부터 1년 이내인 경우, ③ 벤처지주회사이었던 회사가 그에 해당하지 아니하게 되어 자회사주식보유기준에 미달하게 된 경우로서 그 해당하지 아니하게 된 날부터 1년 이내인 경우, ④ 자회사가 주식을 모집하거나 매출하면서 「자본시장과 금융투자업에 관한 법률」 제165조의 7의 규정에 따라 우리사주조합에 우선 배정하거나 당해 자회사가 「상법」 제513조 또는 제516조의 2의 규정에 따라 발행한 전환사채 또는 신주인수권부사채의 전환이 청구되거나 신주인수권이 행사되어 자회사주식보유기준에 미달하게 된 경우로서 그 미달하게 된 날부터 1년 이내인 경우, ⑤ 자회사가 아닌 회사가 자회사에 해당하게 되고 자회사주식보유기준에는 미달하는 경우로서 당해 회사가 자회사에 해당하게 된 날부터 1년 이내인 경우, ⑥ 자회사를 자회사에 해당하지 아니하게 하는 과정에서 자회사주식보유기준에 미달하게 된 경우로서 그 미달하게 된 날부터 1년 이내인 경우, ⑦ 자회사가 다른 회사와 합병하여 자회사주식보유기준에 미달하게 된 경우로서 그 미달하게 된 날부터 1년 이내인 경우는 동 규정의 적용이 제외된다.

61) 발행주식총수의 100분의 5를 초과하여 소유하는 경우에 사회기반시설에 대한 민간투자법」 제4조 제1호부터 제4호까지의 규정에 정한 방식으로 민간투자사업을 영위하는 회사 또는 소유하고 있는 계열회사가 아닌 국내회사의 주식가액의 합계액이 자회사의 주식가액의 합계액의 100분의 15 미만인 지주회사에 대하여는 적용하지 아니한다. 또한 ① 지주회사로 전환하거나 설립될 당시에 이 호 본문에서 규정하고 있는 행위에 해당하고 있는 경우로서 지주회사로 전환하거나 설립된 날부터 2년 이내인 경우, ② 계열회사가 아닌 회사를 자회사에 해당하게 하는 과정에서 이 호 본문에서 규정하고 있는 행위에 해당하게 된 날부터 1년 이내인 경우, ③ 주식을 소유하고 있지 아니한 국내계열회사를 자회사에 해당하게 하는 과정에서 그 국내계열회사 주식을 소유하게 된 날부터 1년 이내인 경우, ④ 자회사를 자회사에 해당하지 아니하게 하는 과정에서 당해 자회사가 자회사에 해당하지 아니하게 된 날부터 1년 이내인 경우 등의 사유로 주식을 소유하고 있는 계열회사

을 소유하는 행위(4호),[62] 일반지주회사가 금융업 또는 보험업을 영위하는 국내회사의 주식을 소유하는 행위(5호) 등이다.[63]

이상의 지주회사 행위 제한에 관한 규정은 지주회사의 긍정적 측면을 강화하고, 부정적 측면을 줄이려는 입법자의 의도가 반영된 것이다. 구체적으로 제1호의 부채비율 제한은 지주회사의 재무건전성을 확보하고 무리한 계열 확장을 억제하기 위한 것, 제2호의 자회사주식보유비율 제한은 적은 자본으로 다수의 기업을 지배하는 것을 방지함으로써 경제력집중의 확대를 억제하기 위한 것, 제3호의 자회사 외의 회사의 주식보유 제한은 지주회사 규제의 우회적 탈법수단을 막고 또한 지배구조의 투명성을 확보하기 위한 것, 제4호 및 제5호는 산업자본이 금융자본을 지배하는 경우 또는 그 반대의 경우를 제한함으로써 금융이 기업집단의 사금고화 되는 현상을 방지하고 금융산업의 효율적 운영을 제고하려는 것 등으로 입법취지를 이해할 수 있다.

그러나 1999년 동법 개정에 의하여 지주회사가 허용되고 행위 제한에 관한 규정이 처음 도입되었을 때와 비교하여 규제 내용은 상당히 완화되었다. 예를 들어 2007년 4월 법개정으로 부채비율 기준은 자본총액 기준에서 자본총액 2배로 변경되었고, 자회사주식보유비율도 100분의 50에서 100분의 40(상장회사의 경우 100분의 30에서 100분의 20)으로 기준이 바뀌었다. 이와 같은 기준 완화는 지주회사로의 전환을 촉진하려는 정책적 목적에 따른 것이라 할 수 있지만, 규제의 입법취지를 고려할 때 제도의 실효성이 줄어든 측면도 있다.

한편 제4호 및 제5호의 내용은 독점규제법상 금융과 산업의 분리 원칙이 유지되고 있음을 보여주는 것이지만, 금산분리 원칙에 변화가 있을 경우 동 규정의 내용도 변경될 가능성이 있다.[64]

(2) 자회사, 손자회사, 증손회사의 행위 제한

독점규제법은 자회사 및 그 이하에 속한 손자회사와 증손회사에 대해서도 일정

가 아닌 국내회사나 국내계열회사의 경우에는 동 규정이 적용되지 않는다.

62) 지주회사 설립 또는 전환 시 2년간 동 규정의 적용이 유예된다.

63) 지주회사 설립 또는 전환 시 2년간 동 규정의 적용이 유예된다.

64) 금산분리 원칙의 찬반 논의에 관하여, 권영준 · 이혜란 · 하능식, 산업자본과 금융자본 관계의 국제비교, 한국학술정보, 2007, 19면 이하 참조.

한 제한을 부과하고 있다. 이러한 제한은 지주회사에 대한 규제를 회피하려는 시도를 방지하는 의미도 있지만, 근본적으로 지주회사 체제가 수직적으로 무한히 확대되는 것을 억제하려는 입법취지가 반영된 것이라 할 수 있다. 현행 독점규제법은 일반지주회사의 경우 증손회사를 제도적으로 허용함으로써, 지주회사를 정점으로 3단계의 수직적 확대를 인정하고 있다.[65)]

동법 제8조의 2 제3항은 일반지주회사의 자회사에 대하여 일정한 행위 제한을 부과하고 있다. 구체적으로 손자회사의 주식을 그 손자회사 발행주식총수의 100분의 40 미만으로 소유하는 행위(1호),[66)] 손자회사가 아닌 국내계열회사의 주식을 소유하는 행위(2호),[67)] 금융업이나 보험업을 영위하는 회사를 손자회사로 지배하는 행위(3호)[68)] 등이 이에 해당한다. 한편 2007년 8월 법개정에 의하여 손자회사의 주식을 소유하는 조건으로 요구되었던 사업관련성은 폐지되었는데, 이는 지주회사 체제의 수직적 제한을 완화하는 의미가 있다. 한편 제2호의 규정은 2004년 개정 이전에 다

---

65) 독점규제법상 자회사 등에 대한 규제는 일반지주회사를 대상으로 하며, 금융지주회사의 자회사 등에 대한 규제는 「금융지주회사법」에 의한다. 금융지주회사법도 증손회사까지 제도적으로 허용하고 있다. 금융지주회사법 제19조 제2항 및 제3항 참조. 다만 동법 제19조의 2에 의하여 외국 증손회사의 경우 예외적인 주식보유를 폭넓게 허용하면서 수직적 범위는 일반지주회사보다 확대되고 있다.

66) 손자회사가 상장법인, 국외상장법인, 공동출자법인인 경우에는 100분의 20을 기준으로 한다. 한편 ① 자회사가 될 당시에 손자회사의 주식을 손자회사주식보유기준 미만으로 소유하고 있는 경우로서 자회사에 해당하게 된 날부터 2년 이내인 경우, ② 상장법인 또는 국외상장법인이거나 공동출자법인이었던 손자회사가 그에 해당하지 아니하게 되어 손자회사주식보유기준에 미달하게 된 경우로서 그 해당하지 아니하게 된 날부터 1년 이내인 경우, ③ 손자회사가 주식을 모집 또는 매출하면서 「자본시장과 금융투자업에 관한 법률」 제165조의 7의 규정에 따라 우리사주조합에 우선 배정하거나 당해 손자회사가 「상법」 제513조 또는 제516조의 2의 규정에 따라 발행한 전환사채 또는 신주인수권부사채의 전환이 청구되거나 신주인수권이 행사되어 손자회사주식보유기준에 미달하게 된 경우로서 그 미달하게 된 날부터 1년 이내인 경우, ④ 손자회사가 아닌 회사가 손자회사에 해당하게 되고 손자회사주식보유기준에는 미달하는 경우로서 당해 회사가 손자회사에 해당하게 된 날부터 1년 이내인 경우, ⑤ 손자회사를 손자회사에 해당하지 아니하게 하는 과정에서 손자회사주식보유기준에 미달하게 된 경우로서 그 미달하게 된 날부터 1년 이내인 경우, ⑥ 손자회사가 다른 회사와 합병하여 손자회사주식보유기준에 미달하게 된 경우로서 그 미달하게 된 날부터 1년 이내인 경우에는 동 규정의 적용이 제외된다.

67) ① 자회사가 될 당시에 주식을 소유하고 있는 국내계열회사의 경우로서 자회사에 해당하게 된 날부터 2년 이내인 경우, ② 계열회사가 아닌 회사를 손자회사에 해당하게 하는 과정에서 당해 회사가 계열회사에 해당하게 된 날부터 1년 이내인 경우, ③ 주식을 소유하고 있지 아니한 국내계열회사를 손자회사에 해당하게 하는 과정에서 당해 계열회사의 주식을 소유하게 된 날부터 1년 이내인 경우, ④ 손자회사를 손자회사에 해당하지 아니하게 하는 과정에서 당해 손자회사가 손자회사에 해당하지 아니하게 된 날부터 1년 이내인 경우, ⑤ 손자회사가 다른 자회사와 합병하여 그 다른 자회사의 주식을 소유하게 된 경우로서 주식을 소유한 날부터 1년 이내인 경우, ⑥ 자기주식을 보유하고 있는 자회사가 회사분할로 인하여 다른 국내계열회사의 주식을 소유하게 된 경우로서 주식을 소유한 날부터 1년 이내인 경우에는 동 규정의 적용이 제외된다.

68) 동 호의 단서 규정에 따라서, 일반지주회사의 자회사가 될 당시에 금융업이나 보험업을 영위하는 회사를 손자회사로 지배하고 있는 경우에는 자회사에 해당하게 된 날부터 2년간 그 손자회사를 지배할 수 있다.

른 국내회사의 주식을 지배목적으로 소유하는 행위를 금지하는 형태로 되어 있었다(구법 8조의 2 2항). 동 규정의 적용과 관련하여 대법원은 동 규정의 취지가 "자회사를 통하여 계열기업을 확장하는 것을 억제하기 위한 것"에 있다고 보고, 다른 국내회사에 지주회사는 해당하지 않는 것으로 해석하였다.[69] 동 규정의 개정에 의하여 손자회사가 일반적으로 허용되고 손자회사가 아닌 국내계열회사 주식 소유가 금지되는 것으로 내용의 변화가 있었지만, 수직적 확대를 억제하려는 입법취지는 유지되는 것으로 볼 수 있기 때문에, 현행법 하에서도 수직적 확대의 우려가 없는 지주회사는 자회사의 국내계열회사에 포함되지 않는 것으로 해석할 수 있다.

동법 제8조의 2 제4항은 일반지주회사의 손자회사가 국내계열회사의 주식을 취득하는 것을 금지하고 있다. 다만 손자회사가 될 당시에 주식을 소유하고 있는 국내계열회사의 경우로서 손자회사에 해당하게 된 날부터 2년 이내인 경우(1호), 주식을 소유하고 있는 계열회사가 아닌 국내회사가 계열회사에 해당하게 된 경우로서 당해 회사가 계열회사에 해당하게 된 날부터 1년 이내인 경우(2호), 자기주식을 소유하고 있는 손자회사가 회사분할로 인하여 다른 국내계열회사의 주식을 소유하게 된 경우로서 주식을 소유한 날부터 1년 이내인 경우(3호), 손자회사가 국내계열회사(금융업 또는 보험업을 영위하는 회사를 제외) 발행주식총수를 소유하고 있는 경우(4호)에는 예외가 인정된다. 특히 제4호는 손자회사가 국내계열회사의 지분 전체를 소유하는 경우 상시적으로 적용을 제외함으로써 증손회사의 존재를 제도적으로 가능하게 하는데, 100% 출자의 경우 수직적 확대에 따른 경제력집중의 우려가 크지 않다는 고려에 따른 것으로 볼 수 있다. 그러나 이와 관련하여 「외국인투자촉진법」에 의한 중요한 예외가 있다는 점에 유의하여야 한다. 동법 제30조 제6항은 동법 제18조 제1항 제2호의 기준에 따른 외국인투자에 해당할 것(1호), 일반지주회사의 손자회사가 그 공동출자법인 발행주식 총수의 100분의50 이상을 소유할 것(2호), 외국인이 그 공동출자법인 발행주식 총수의 100분의30 이상을 소유할 것(3호), 일반지주회사의 손자회사가 그 공동출자법인의 발행주식 중 외국인이 소유한 주식 외의 모든 주식을 소유할 것(4호)의 요건을 충족하는 경우에 독점규제법 제8조의 2 제4항의 적용을 받지 않는다고 규정하고 있다. 이는 손자회사의 증손회사 주식보유 비율을 100%로 제한

69) 대법원 2006. 11. 23. 선고 2004두8583 판결.

하는 것에 대한 중요한 예외에 해당하며, 이러한 점을 고려하여 「외국인투자촉진법」 제30조 제7항은 이와 같은 손자회사의 주식 소유에 대하여 외국인투자위원회의 승인과 공정거래위원회의 사전 심의를 요구하고 있다.

동법 제8조의 2 제5항에 의하여 증손회사의 국내계열회사 주식 소유는 금지되며, 증손회사가 될 당시에 주식을 소유하고 있는 국내계열회사인 경우로서 증손회사에 해당하게 된 날부터 2년 이내인 경우(1호), 주식을 소유하고 있는 계열회사가 아닌 국내회사가 계열회사에 해당하게 된 경우로서 그 회사가 계열회사에 해당하게 된 날부터 1년 이내인 경우(2호)에 적용이 제외된다.

한편 지주회사 내지 증손회사 규제의 적용제외와 관련하여 지주회사의 설립·전환시 또는 자회사 등이 된 때로부터 2년간의 유예기간이 주어지고 있는데, 동법 제8조의 2 제6항은 주식가격의 급격한 변동 등 경제여건의 변화, 주식처분금지계약, 사업의 현저한 손실 그 밖의 사유로 인하여 부채액을 감소시키거나 주식의 취득·처분 등이 곤란한 경우에는 공정거래위원회의 승인을 얻어 2년을 연장할 수 있도록 하는 규정을 두고 있다. 동 규정 역시 지주회사의 설립·전환을 용이하게 하려는 입법목적에 의한 것이다.

Ⅲ. 대규모기업집단 규제

1. 상호출자 금지

(1) 상호출자의 의의

가. 상호출자의 개념

상호출자는 주식의 상호소유 관계에 이르게 되는 주식 취득이나 관계 그 자체를 의미한다. 협의로 2개 회사 상호간에 출자하는 직접적 상호출자를 의미하지만, 광의로 3개 이상의 회사 간의 순환적으로 이루어지는 출자(간접적 상호출자)도 포함된다.

나. 상호출자의 기능

상호출자는 회사지배의 안정화를 이룰 수 있고, 생산재나 유통망의 안정적 확보

내지 시장의 확대에 기여할 수 있다. 또한 기업 간 정보의 교환 및 기술제휴를 가능하게 한다는 점도 긍정적인 기능으로 언급되고 있다.[70]

그러나 상호출자의 부정적인 측면도 있는데, 회사법적 관점에서 상호출자 관계에 있는 회사 상호간에 기업지배를 왜곡할 수 있고, 상호출자는 출자환급적인 성격이 있기 때문에 자본충실을 저해할 수 있으며, 가공자본을 양산할 수 있다. 또한 경제력집중의 관점에서 볼 때 가공자본으로 계열관계의 확대를 이룰 수 있으므로 기업집단의 유지와 형성의 유력한 수단이 될 수 있다.

다. 상호출자 규제의 필요성

상호출자의 부정적 기능을 억제하기 위한 규제의 필요성이 있으며, 특히 상법은 회사법적 관점에서 야기되는 상호출자 문제를 해결하기 위하여 상호출자에 대한 규제 근거를 마련하고 있다. 즉 상법 제342조의 2 제1항은 자회사의 모회사 주식의 취득을 원칙적으로 금지하며, 이때 모자회사 관계는 자회사 주식의 100분의 50을 초과하는 주식을 소유하는 경우에 보유회사와 피보유회사 사이에 발생한다.

그러나 이상의 상법상 상호출자 규제는 모자회사 관계를 전제로 한 규제로서 적어도 경제력집중의 관점에서 야기되는 부정적 효과를 시정하기에 충분한 것으로 보기 어려우며, 이러한 점에서 독점규제법상 별도의 규제 필요성을 인정할 수 있다.

(2) 독점규제법상 상호출자 규제

가. 규제의 내용

동법 제9조 제1항에 의하여 상호출자제한기업집단에 속하는 회사가 자기의 주식을 취득 또는 소유하고 있는 계열회사의 주식을 취득 또는 소유하는 것은 금지된다. 이에 대해서 동항 단서는 불가피하게 발생할 수 있는 일정한 경우에 대하여 예외를 인정하고 있는데, 회사의 합병 또는 영업전부의 양수(1호) 그리고 담보권의 실행 또는 대물변제의 수령(2호)에 의한 상호출자가 이에 해당한다. 이러한 경우에 상

70) Gilson & Roe는 일본의 게이레츠(系列)를 대상으로 상호출자의 긍정적 기능에 대한 분석을 하고 있다. Ronald J. Gilson & Mark J. Roe, "Understanding the Japanese Keiretsu: Overlaps Between Corporate Governance and Industrial Organization", The Yale Law Journal vol. 102 no. 4, 1993, p. 897 이하.

호출자 관계에 있는 회사 중 일방은 6월 이내에 취득 또는 소유하고 있는 주식을 처분하여야 한다(법 9조 2항).

나. 중소기업창업투자회사에 대한 특칙

동법 제9조 제3항에 의하여 상호출자제한기업집단에 속하는 회사로서 「중소기업창업 지원법」에 의한 중소기업창업투자회사가 국내 계열회사주식을 취득 또는 소유하는 행위는 금지된다. 이때 계열회사주식의 취득·소유의 금지는 상호출자관계를 전제로 한 것이 아니며, 중소기업창업을 위하여 운용될 자금이 다른 목적으로 전용되는 것을 방지하고자 하는 입법목적에 따른 것이다. 그러나 상호출자 규제와 직접적인 관련성이 있는 것은 아니므로, 동 규정의 입법적 타당성에 의문이 있다.

다. 규제의 의의

독점규제법상 상호출자는 상법상 상호출자가 독점규제법상 경제력집중을 억제하는 관점에서 충분하지 않다는 판단에 기초하여 입법된 것이다. 독점규제법상 상호출자 규제는 상법과 달리 모자회사 관계를 전제하지 않고 출자의 비율과 무관하게 규제하는 것이므로, 그 한도에서 상법상 규제보다 강화된 측면이 있다. 그러나 독점규제법상 상호출자 규제 역시 직접적 상호출자만을 대상으로 하므로, 넓은 의미의 상호출자에 해당하는 간접적 상호출자로서 순환적 출자관계의 규제는 가능하지 않다.[71]

(3) 독점규제법상 순환출자 규제

가. 규제의 내용

2014년 독점규제법 개정에 의하여 대규모기업집단에 속한 계열회사 간 신규 순환출자를[72] 금지하는 규제가 도입되었다. 개정법 제9조의 2 제2항에 따라서 대규모

71) 2004년 이후 지난 10년간 총수 있는 상위 10대 대규모기업집단에서 총수와 계열회사의 지분율 및 내부지분율의 변화는 다음과 같다.

(매년 지정일 기준: 단위 %)

	2004	2006	2008	2010	2012	2014	2016	2018	2019
총수 (총수일가)	1.3 (3.1)	1.4 (3.7)	1.1 (3.2)	1.0 (3.1)	0.9 (2.7)	0.9 (2.8)	0.9 (2.6)	0.8 (2.5)	0.9 (2.4)
계열회사	43.3	46.0	45.6	44.0	52.8	49.5	54.9	55.2	54.3
내부지분율	47.1	49.8	49.3	47.4	55.7	52.5	57.6	58.0	56.9

공정거래위원회, 2019년 공시대상 기업집단 주식소유현황, 2019, 4면 참조.

기업집단에 속한 회사가 새로운 순환출자를 형성하거나 추가적으로 계열출자를 하는 행위는 금지된다. 특히 후자는 기존의 순환출자를 강화할 수 있다는 관점에서 규제 대상이 되었다. 한편 구조조정 등 기업의 정상적인 활동에 해당하는 경우에 폭 넓은 적용제외가 인정되고 있는데, 동항 단서는 회사의 합병 · 분할, 주식의 포괄적 교환 · 이전 또는 영업전부의 양수(1호), 담보권의 실행 또는 대물변제의 수령(2호), 계열출자회사가 신주배정 등에 의하여 취득 또는 소유한 주식 중에서 다른 주주의 실권 등에 의하여 신주배정 등이 있기 전 자신의 지분율 범위를 초과하여 취득 또는 소유한 계열출자대상회사의 주식이 있는 경우(3호), 「기업구조조정 촉진법」 제4조 제4항에 따라 부실징후기업의 관리절차를 개시한 회사에 대하여 같은 법 제18조 제1항 본문에 따라 채권금융기관협의회가 의결하여 동일인(친족 포함)의 재산출연 또는 부실징후기업의 주주인 계열출자회사의 유상증자 참여(채권의 출자전환 포함)를 결정한 경우(4호), 「기업구조조정 촉진법」 제2조 제1호의 채권금융기관이 같은 법 제2조 제5호에 따른 부실징후기업과 경영정상화를 위한 협약을 체결하여 공동관리절차를 개시하고 동 협약에 따라 구성된 채권금융기관협의회의 의결로 동일인의 재산출연 또는 부실징후기업의 주주인 계열출자회사의 유상증자 참여를 결정한 경우(5호)에는 규제 대상이 되지 않는다. 동조 제3항에 따라서 이상의 예외적 적용제외에 해당하는 회사는, 제2항 제1호 또는 제2호에 따라 계열출자를 한 회사는 해당 주식을 취득 또는 소유한 날부터 6개월(1호), 제2항 제3호에 따라 계열출자를 한 회사는 해당 주식을 취득 또는 소유한 날부터 1년(2호), 제2항 제4호 또는 제5호에 따라 계열출자를 한 회사는 해당 주식을 취득 또는 소유한 날부터 3년(3호)의 기간 안에 해당 주식을 처분하여야 한다.

나. 규제의 의의

동 규제는 기존의 직접적 상호출자 규제를 넘어서 순환출자 일반에 대한 규제틀을 구축하였다는 점에서 의의를 찾을 수 있다. 2009년 출자총액제한제도가 폐지된 이후 대규모기업집단에서 순환출자가 많이 발생하고 복잡한 지배구조가 지속되고 있는 상황은[73] 이러한 규제 필요성을 뒷받침하는 근거가 될 것이다. 또한 동 규

72) 법 제2조 제3호의5에서 "순환출자란 3개 이상의 계열출자로 연결된 계열회사 모두가 계열출자회사 및 계열출자대상회사가 되는 계열출자 관계를 말한다."

제는 신규출자 금지가 기업의 건전한 사업활동을 제한하지 않도록 하기 위하여 많은 예외적 사유를 규정하고 있는 점도 특징적이다. 제일모직과 삼성물산의 합병 사건은[74] 예외 사유의 운용을 포함하여 동 제도의 구체적인 기능을 보여주는 예가 될 것이다. 두 회사는 삼성 기업집단에 속한 회사로서 계열관계에 있으며, 삼성 기업집단를 구성하는 순환출자 고리의 핵심적 위치에 있었다. 당해 합병에 대하여 공정거래위원회는 순환출자 고리별로 순환출자 강화 여부를 판단하였고, 이 중 강화로 판단되는 순환출자 고리를 대상으로 해당하는 지분의 처분을 명하였다. 동 사건은 신규 순환출자 금지의 실질적 기준이 기존 순환출자를 강화하는지 여부에 있음을 보여주고 있다.

한편 동 규제는 신규출자를 금지하는 대신에 기존의 순환출자는 허용하는 태도를 취하고 있는데, 공정거래위원회가 기대하는 대로[75] 신규 순환출자를 금지하는 제도적 환경이 대규모기업집단에서 순환출자의 자발적 해소로 이어질지는 지켜보아야 할 것이다.

토의 주제

- 신규출자 금지 제도의 도입이 대규모기업집단의 구조에 어떠한 영향을 미칠 지를 논의하여 보시오.

2. 채무보증 금지

(1) 채무보증의 의의

가. 채무보증의 의의

독점규제법상 채무보증은 기업이 자금을 조달하는 과정에서 발생하는 반환채무를 다른 기업이 보증하는 행태를 의미한다. 일반적으로 채무보증은 계열관계에 있는 회사 간에 발생할 가능성이 크며, 특히 경제발전과정에서 타인자본에 의한 차입경영이 일반적으로 나타났던 우리 경제에서, 채무보증은 자금조달의 유력한 수단으로 기능하였다.

73) 위의 자료, 4－5면.
74) 공정거래위원회, 2015. 12. 24. 보도자료 참조.
75) 공정거래위원회, 2013년 대기업집단 주식소유현황 및 소유지분도 분석결과, 2013, 25면.

나. 채무보증의 부정적 효과와 규제 필요성

계열회사간 채무보증과 관련하여, 외부자본의 공급에 제약이 있는 경우에 내부자본시장을 조성하여 자본제약을 완화하고 우량한 투자기회를 적극적으로 활용할 수 있게 하며, 보증관계를 통하여 정보의 비대칭을 완화시킴으로써 내부자본시장의 효율성을 제고하는 등의 긍정적인 측면이 있다.[76]

그러나 계열회사를 통하여 수월하게 채무보증을 할 수 있는 소수의 대규모기업집단에 속하는 회사에 자금이 편중됨으로써 여신시장의 경직화와 자원배분의 비효율성을 초래할 수 있고, 자금의 편중에 따라서 경제력집중이 확대될 수 있으며, 채무보증으로 인한 한계기업의 퇴출 저지가 기업집단 전체의 연쇄도산으로 이어지는 등의 기업집단의 구조적 취약성을 낳을 수 있다는 점 등이 계열회사 간 채무보증의 문제점으로 지적되고 있다.[77]

금융기관의 성격상 자금의 안정적 회수를 선호할 수밖에 없으며, 따라서 자율적인 노력으로 채무보증의 관행이 줄어들기를 기대하기는 어렵다. 특히 오랜 차입경영의 관행에서 알 수 있듯이, 채무보증은 기업집단의 유지 및 확장의 수단으로 활용되어 경제력집중을 야기할 수 있다는 점에서 독점규제법상 규제 필요성이 긍정된다.[78]

(2) 독점규제법상 채무보증 규제

가. 규제의 연혁

대규모기업집단의 계열회사 간 채무보증에 대한 규제는 경제력집중 억제를 위한 규제의 하나로서 1992년 독점규제법의 개정 시에 도입되었으며, 도입 당시 채무보증의 한도는 자기자본의 200%이었다. 동 기준은 1996년 법개정에 의하여 100%로 인하되었다. 1997년 외환위기 이후 IMF의 구조조정에 대한 요구와 채무보증이 재벌구조 및 국민경제 전체에 부정적인 영향을 미쳤다는 우리 스스로의 판단에 기초하여 채무보증 규제가 강화되었다. 1998년 법개정에서 신규채무보증은 원칙적으로

76) 최도성, "대규모 기업집단의 지배구조", 권오승 편, 자유경쟁과 공정거래, 법문사, 2002, 335면 참조.

77) 기업에 대한 금융기관의 감시 및 견제 기능이 부족하였다는 분석에 관하여, 조성욱, "경제위기 이후 재벌정책에 대한 평가", 21세기 한국기업의 경쟁력, 서울대학교 기업경쟁력연구센터 심포지움, 2002, 13면 참조. 또한 재벌의 채무보증 관행을 실증적으로 분석한 것으로서, 진태홍, "재벌의 지배구조와 상호지급보증", 재산관리연구 제17권 제1호, 2000, 11면 참조.

78) 대법원은 계열사간 채무보증 금지의 입법취지를 과도한 경제력집중을 방지하기 위한 것으로 이해하고 있다. 대법원 2006. 10. 27. 선고 2004두3274 판결.

전면 금지되고, 기존의 채무보증은 2001년 3월까지 단계적으로 해소하여야 하는 것으로 개정되었다.

동 시한의 만료 시에 93.3%의 높은 채무보증 해소율을 보였으며, 이러한 상황이 반영되어 2001년 법개정에서 현행법과 같이 채무보증을 전면적으로 금지하는 것으로 변경되었다.

나. 규제의 내용

동법 제10조의 2에 의하여 상호출자제한기업집단에 속하는 회사의 국내계열회사에 대한 채무보증은 금지된다. 한편 대법원은 문언해석에 비추어 동 규정에 위반한 채무보증은 사법상 유효한 것으로 판단하였다.[79)]

동 규정에서 금지되는 채무보증은 「은행법」에 따른 은행, 「한국산업은행법」에 따른 한국산업은행, 「한국수출입은행법」에 따른 한국수출입은행, 「중소기업은행법」에 따른 중소기업은행, 「보험업법」에 따른 보험회사, 「자본시장과 금융투자업에 관한 법률」에 따른 투자매매업자·투자중개업자 및 종합금융회사 그리고 「여신전문금융업법」에 따른 여신전문금융회사와 「상호저축은행법」에 따른 상호저축은행의 여신과 관련한 채무보증을 말한다(법 3조의 7호 및 시행령 3조의 4). 이때 여신의 의의는 동법 제2조 제9호에 의하여 국내금융기관이 행하는 대출 및 회사채무의 보증 또는 인수를 말한다.

한편 동법 제10조의 2 단서에 의하여 동 규정의 적용제외가 인정되는데, 「조세특례제한법」에 의한 합리화기준에 따라 인수되는 회사의 채무와 관련하여 행하는 보증과 기업의 국제경쟁력강화를 위하여 필요한 경우의 채무에 대한 보증이 이에 해당하며, 적용제외의 구체적 대상은 동법 시행령 제17조의 5에서 규정하고 있다.

다. 규제의 평가

독점규제법에 의한 채무보증의 규제는 대규모기업집단의 계열사간 채무보증의 관행을 청산하는 효과를 낳은 것으로 평가되고 있다. 동 규정이 처음 시행된 2001년 채무보증의 해소 내용을 살펴보면, 여신상환 34.8%, 피보증사 청산 23.7%, 합병 23.3% 등 피보증사의 재무능력 개선에 의한 비율이 높으며, 이는 채무보증제도가 기업재무구조의 개선과 구조조정에도 긍정적으로 기여하였음을 의미한다.[80)]

79) 대법원 2019. 1. 17. 선고 2015다227000 판결.

80) 공정거래위원회, 공정거래백서, 2002, 233, 235면. 공정거래위원회의 분석에 따르면 1998년부터 2008

그러나 채무보증 금지제도가 대규모기업집단 계열사에 편중된 여신을 개선하거나 궁극적인 목적으로 경제력집중 완화에 기여한 것으로 단정하기는 어렵다. 한편 채무보증 금지의 적용제외와 관련하여 국제경쟁력 강화 등의 사유로 인한 적용제외도 인정되고 있으며, 동법 시행령 제17조의 5 제2항에 의하면 해외 건설 및 산업설비공사의 수행 등에 관한 보증, 신기술개발 등을 위한 자금지원 관련 보증 등 총 8개 사항의 적용제외를 인정하고 있고, 그 중에는 제2항 제5호 다목에 의하여 공정거래위원회가 인정하는 외국에서의 사업에 관한 국내 금융기관의 해외지점이 행하는 여신에 대한 보증처럼, 규제기관의 재량의 여지가 큰 경우도 있다. 계열사간 채무보증을 금지하는 입법취지에 비추어 이렇게 광범위한 적용제외의 가능성을 부여하는 것이 타당한지에 대하여 추가적인 논의가 필요하다.

3. 금융 · 보험회사의 의결권 제한

(1) 규제의 의의

금융·보험회사의 의결권 제한의 입법취지는 금융이나 보험사업을 통해서 축적된 자금을 계열회사에 출자함으로써 경제력집중을 확대할 가능성을 차단하는 것에 있다. 금융회사나 보험회사는 대량의 자금을 용이하게 모을 수 있는 위치에 있으며, 이러한 자금을 적절하게 운영하는 것도 금융 및 보험회사의 중요한 사업내용이라 할 수 있다. 그러나 동 자금이 계열회사에 대한 지배권을 확보하는 데 사용될 가능성이 있으며, 이를 방지하기 위하여 기업지배의 근거가 되는 의결권을 제한하는 방식으로 규제가 이루어지고 있다.

한편 금융 및 보험회사의 계열회사에 대한 출자가 지배권을 갖는 수준에 이르지 않는 경우에도 자금의 편중된 운영에 의하여 금융시장의 비효율적 운영과 자금 수요자인 사업자들 간에 경쟁을 왜곡할 우려도 있다.[81] 즉 금융·보험회사가 대규모

년까지 대규모기업집단에서 이루어지는 채무보증액은 지속적으로 감소하여 왔는데, 제한대상인 채무보증은 268,935억원에서 8,712억원으로 줄었을 뿐만 아니라, 제한에서 제외되는 채무보증액도 365,659억원에서 8,118억원으로 감소하였다. 이는 동 제도의 실효성이 지속적으로 발휘되고 있음을 보여주는 것이다. 공정거래위원회, 공정거래백서, 2013, 290면 참조.

81) 은행 또는 보험회사의 의결권 보유를 각각 100분의 5와 100분의 10으로 제한하고 있는 일본 독점금지법 제11조의 해석과 관련하여 유사한 논의를 전개하고 있는 實方謙二, 獨占禁止法, 有斐閣, 1998, 108－109면 참조.

기업집단에 내부화되는 사금고화 현상이 발생함으로써 한계기업인 계열회사를 지원하는 등의 비효율적인 방식으로 금융시장이 운영될 가능성이 있으며, 이러한 우려를 방지하는 것도 동 규제의 의의라 할 수 있다.

(2) 규제 내용

가. 의결권 행사의 금지

독점규제법 제11조 본문에 의하여 상호출자제한기업집단에 속하는 회사로서 금융업 또는 보험업을 영위하는 회사는 취득 또는 소유하고 있는 국내계열회사주식에 대하여 의결권을 행사할 수 없다. 금융 또는 보험회사의 계열회사 주식 취득 또는 소유 자체가 금지되는 것은 아니며, 보유하고 있는 주식의 의결권 행사만 제한되는데, 이러한 규제방식이 경제력집중의 억제를 위한 규제로서 충분하다고 본 입법자의 판단에 따른 것이라 할 수 있다.

나. 예외 인정

동법 제11조 단서는 금융·보험회사의 의결권 제한의 예외를 규정하고 있다. 동 단서를 보충하는 각 호는 금융업 또는 보험업을 영위하기 위하여 주식을 취득 또는 소유하는 경우(1호), 보험자산의 효율적인 운용·관리를 위하여 「보험업법」 등에 의한 승인 등을 얻어 주식을 취득 또는 소유하는 경우(2호), 상장법인인 당해 국내 계열회사의 주주총회에서 임원의 선임 또는 해임, 정관 변경, 그 계열회사의 다른 회사로의 합병, 영업의 전부 또는 주요부분의 다른 회사로의 양도의 어느 하나에 해당하는 사항을 결의하는 경우(3호)[82]를 예외 사유로서 규정하고 있다.

1호 및 2호의 예외 사유는 자산의 적정한 운용을 위하여 보유하고 있는 주식의 의결권 행사가 필요할 수 있다는 점에서 예외의 불가피성을 인정할 수 있다. 그러나 3호는 계열회사에 대한 지배권을 강화·유지하기 위한 것과 관련되며,[83] 따라서 금융회사 또는 보험회사의 자산이 지배권을 확대하는 수단으로 활용하는 것을 방지하고자 하는 제도의 입법취지에 비추어 예외 인정의 범위에 의문이 있다.

---

82) 3호의 경우에 그 계열회사의 주식 중 의결권을 행사할 수 있는 주식의 수는 그 계열회사에 대하여 특수관계인 중 대통령령이 정하는 자를 제외한 자가 행사할 수 있는 주식수를 합하여 그 계열회사 발행주식총수(「상법」 제344조의 3 제1항 및 제369조 제2항·제3항의 의결권 없는 주식의 수는 제외)의 100분의 15를 초과할 수 없다(법 11조 3호 단서).

83) 이호영, 독점규제법, 삼영사, 2005, 134－135면.

한편 동 규정은 2002년 1월 개정 이전에 단서의 형태로 "금융업 또는 보험업을 영위하는 회사가 금융업 또는 보험업을 영위하기 위하여서나 보험자산의 효율적인 운용·관리를 위하여 관계법령에 의한 승인 등을 얻어 주식을 취득 또는 소유하고 있는 경우에는 그러하지 아니하다"는 내용으로 되어 있었다. 동 규정의 해석에 관한 대법원 판결이 나왔으며,[84] 개정 이전의 예외 인정 사유가 대체적으로 유지되고 있는 현행 규정 하에서도 동 판결에서 다루어졌던 쟁점은 주목할 만한 것이다. 동 판결에서 삼성그룹에 속한 삼성생명(주)이 호텔신라(주) 등 4 계열회사의 소유주식에 대한 의결권을 행사한 것이 문제가 되었다. 이들 주식 중 일부분은 관계법령에 의하여 승인을 받은 것이었지만, 공정거래위원회는 해당 부분에 대해서도 예외를 인정하지 않고 의결권 행사 전체에 대하여 시정명령을 내렸다.[85] 그 논거로서 공정거래위원회는 관계법령에 의한 승인이 있다 하더라도, '보험자산의 효율적 운용·관리'에 대하여 판단하여야 하며, 그 의미는 사업내용 면에서 보험사업과 밀접하게 관련된 사업을 영위하는 경우'로 제한하여 해석하여야 한다고 보았다. 이에 대하여 고등법원은 '보험자산의 효율적인 운용·관리'의 의미는 보험자산의 운용으로 인한 이득은 증대시키고, 손실이나 위험의 발생은 감소시키는 것을 의미한다고 할 것이고, 사업내용 면에서 보험사업과 밀접하게 관련된 사업을 영위하는 경우로 제한하여 해석하여야 할 근거는 없는 것으로 보았으며,[86] 이러한 판단은 대법원에서도 유지됨으로써 해당 소유주식에 대한 예외가 인정되었다. 동 판결의 쟁점이 되었던 '보험자산의 효율적 운용·관리'의 해석과 관련하여, 공정거래위원회는 이를 보험사업과의 밀접한 관련성의 관점에서 제한적으로 이해한 반면, 대법원은 이러한 제한을 두지 않고 단지 보험자산의 효율적 운용의 측면에서 파악하고 있다. 공정거래위원회의 이해가 법문의 문리적 해석의 범위에서 벗어나는 점은 있지만, 예외 인정의 요건으로서 관계법령의 승인 이외에 자산의 효율적 운용·관리를 추가적으로 요구하고 있는 것은, 독점규제법 고유의 관점에서 이를 판단할 필요가 있다는 취지로 이해할 수 있기 때문에, 동 판결처럼 단지 자산의 효율성 관점에서 이해하는 것에도 의문은 있다.

---

84) 대법원 2005. 12. 9. 선고 2003두10015 판결.
85) 공정거래위원회 2000. 8. 5. 의결 제2000－122호.
86) 서울고법 2003. 7. 10. 선고 2001누2159 판결.

4. 이사회 의결 및 공시제도

(1) 규제의 의의

독점규제법은 대규모기업집단 운영의 경직성을 완화하고 기업집단 구조의 투명성을 강화할 목적으로 일정한 사항에 관하여 이사회 의결 및 공시를 의무화 하는 규정을 두고 있다. 이사회 의결을 의무적으로 거치게 하는 것은 기업집단 운영에 있어서 총수나 그 가족에 집중되어 있는 의사 결정 구조를 견제하는 의미가 있으며, 대외적 공시제도는 기업집단의 투명성을 강화시킴으로써 기업집단 운영의 효율성을 제고하는 데 기여할 것이다.

기업 내부의 견제 시스템을 구축하고 기업집단 구조의 투명성을 강화하는 것은 자본시장이나 상품시장의 감시 기능을 유도하여 기업집단 스스로 효율적인 경제조직으로 발전할 수 있는 환경을 조성하는 의미가 있다. 즉 이사회 의결 및 공시제도는 경제력집중 문제의 자율적 해결의 방향을 시사하며, 이러한 점에서 동 규제의 의의를 찾을 수도 있다.[87)]

(2) 규제의 내용

독점규제법 제11조의 2 제1항은 공시대상기업집단에 속하는 회사가 특수관계인을 상대방으로 하거나 특수관계인을 위하여 대규모내부거래를 하는 경우 사전에 이사회 의결을 거치고 거래의 주요 내용을 공시할 것을 규정하고 있다. 이때 규제 대상이 되는 거래는 가지급금 또는 대여금 등의 자금을 제공 또는 거래하는 행위(1호), 주식 또는 회사채 등의 유가증권을 제공 또는 거래하는 행위(2호), 부동산 또는 무체재산권 등의 자산을 제공 또는 거래하는 행위(3호), 주주의 구성 등을 고려하여 대통령령으로 정하는 계열회사[88)]를 상대방으로 하거나 동 계열회사를 위하여 상품 또는

87) 시장 메커니즘의 내부화를 통한 대규모기업집단의 자율적 분산을 논의하고 있는 것으로서, 홍명수, 재벌의 경제력집중 규제, 260-264면 참조.

88) 이때의 계열회사는 동법 시행령 제17조의 8 제3항에 의하여 동일인이 단독으로 또는 동일인의 친족과 합하여 발행주식 총수의 100분의 30 이상을 소유하고 있는 계열회사 또는 그 계열회사의 「상법」 제342조의 2에 따른 자회사인 계열회사를 말한다. 다만 ① 동일인이 자연인이 아닌 기업집단에 소속된 회사, ② 지주회사의 자회사, 손자회사와 증손회사, ③ 동일인이 단독으로 또는 동일인의 친족과 합하여 발행주식 총수의 100분의 50 미만을 소유하고 있는 주권상장법인, ④ 제3호에 따른 주권상장법인의 「상법」 제342조의 2에 따른 자회사인 계열회사(동일인이 단독으로 또는 동일인의 친족과 합하여 발행주식 총수의 100분의 30 미만을 소

용역을 제공 또는 거래하는 행위(4호)이며,[89] 또한 당해 거래의 규모가 회사의 자본총계 또는 자본금중 큰 금액의 100분의 5 또는 50억원 이상이어야 한다(영 17조의 8 2항). 이상의 규정은 주요 내용의 변경의 경우에도 동일하게 적용되며(법 11조의 2 1항 단서), 주요 내용에 관해서는 동법 시행령 제17조의 8 제4항에서 규정하고 있다. 또한 동조 제4항은 금융업 또는 보험업을 영위하는 회사에 대한 예외를 규정하고 있고, 제5항은 상장법인의 경우 이사회 내 위원회 의결을 이사회 의결에 갈음할 수 있는 제도를 마련하고 있다. 한편 내부거래는 동법 제23조 제1항 제7호에 의하여 부당한 지원행위로서 사후적으로 규제될 수 있는데, 이사회 의결 및 공시를 요하는 동 규제는 대규모 거래에 한하여 사전적 규제로서의 의미를 갖는다.

동법 제11조의 3 제1항은 공시대상기업집단에 속하는 비상장회사의 중요사항에 관한 공시를 규정하고 있다. 상장회사의 경우 주식시장을 통하여 회사의 기본 정보가 공개될 수 있는 제도적 보장이 이루어지고 있지만, 비상장회사의 경우는 그렇지 않으며, 특히 주요 대규모기업집단에서 비상장회사는 출자 구조의 핵심적 역할을 하고 있다는 점이 비상장회사의 공시를 의무화한 근거가 된다. 구체적으로 대규모기업집단에 속하며 금융업 또는 보험업을 영위하지 않는 회사는, 최대주주와 주요주주의 주식보유현황 및 그 변동사항, 임원의 변동 등 회사의 소유지배구조와 관련된 중요사항으로서 대통령령이 정하는 사항(1호), 자산 · 주식의 취득, 증여, 담보제공, 채무인수 · 면제 등 회사의 재무구조에 중요한 변동을 초래하는 사항으로서 대통령령이 정하는 사항(2호), 영업양도 · 양수, 합병 · 분할, 주식의 교환 · 이전 등 회사의 경영활동과 관련된 중요한 사항으로서 대통령령이 정하는 사항(3호)을 공시하여야 한다.

동법 제11조의 4 제1항은 기업집단 현황 등에 관한 공시를 규정하고 있다. 대규모기업집단은 기업집단 전체의 종합적인 관점에서 운영되는 것이 일반적이며, 이러

유하고 있는 회사에 한한다) 중 어느 하나에 해당하는 회사는 제외한다.

89) 대법원은 "위 규정이 공시의 요건으로 특수관계인을 상대방으로 하거나 특수관계인을 위한 일정한 규모 이상의 자금 등 거래행위일 것을 정하고 있을 뿐 거래행위의 구체적 목적이나 태양을 정하고 있지 아니한 점, 특수관계인 상호 간의 부당내부거래를 사전에 억제하고 대규모내부거래에 관한 정보를 시장에 제공한다는 위 규정의 입법 취지, 위 규정 본문이 '특수관계인을 위하여' 하는 거래행위를 공시대상으로 명시하고 있는 취지와 그 규정 내용 및 거래 현실 등에 비추어 보면, '특수관계인을 위하여' 하는 거래에는 자본시장과 금융투자업에 관한 법률에 따라 집합투자업자인 특수관계인이 운용하는 투자신탁재산을 보관·관리하는 신탁업자를 차주로 하여 그 투자신탁재산에 대한 대출계약을 체결하는 것도 포함된다고 봄이 타당하다"고 판시하였다. 대법원 2020. 4. 9. 선고 2019마6806 결정.

한 실제에 부합하는 방식으로 현황에 대한 정보가 공개될 필요가 있다. 따라서 동항은 공시대상기업집단에 속하며 자산총액이 100억원 미만이면서 청산 중이거나 1년 이상 휴업상태에 있는 회사를 제외한(영 17조의 11 1항 단서) 계열회사에 대하여 일정한 사항에 대한 정보를 공시할 의무를 부과하고 있다. 이때 공시 대상이 되는 사항은, 공시대상기업집단에 속하는 회사의 명칭, 사업내용, 재무현황, 계열회사의 변동 내역, 그 밖에 공정거래위원회가 정하여 고시하는 일반현황(영 17조의 11 2항 1호), 임원현황(2호), 소유지분현황(3호), 공시대상기업집단에 속하는 회사 간 출자현황(4호), 공시대상기업집단에 속하는 지주회사 등이 아닌 계열회사 현황(4호의 2), 공시대상기업집단에 속하는 회사 간의 상호출자 현황(4호의 3), 공시대상기업집단에 속하는 회사 간의 순환출자 현황(4호의 4), 공시대상기업집단에 속하는 회사 간의 채무보증 현황(4호의 5), 공시대상기업집단에 속하는 금융업 또는 보험업을 영위하는 회사의 법 제11조에 따른 의결권 행사 여부(4호의 6), 공시대상기업집단에 속하는 회사와 그 특수관계인 간 자금·자산 및 상품·용역을 제공하거나 거래한 현황(5호), 사업기간(상장회사는 사업분기, 비상장회사는 사업연도) 동안 계열회사와 이루어진 상품 또는 용역의 거래금액이 그 사업기간 매출액의 100분의 5 이상이거나 50억원 이상인 경우 그 계열회사와의 상품 또는 용역의 거래내역 등이다.

현황 등에 관한 정보공개도 기업집단의 투명성을 제고하는 수단으로서 의미가 있다. 이와 관련하여 공정거래위원회는 대규모기업집단의 정보를 제공하는 인터넷 사이트인 오프니(http://groupopni.ftc.go.kr/)를 개설하여 일반 공중의 자유로운 정보접근을 가능하게 하는 정보시스템을 구축하였고, 2008년부터 이를 실용화하였다.

토의 주제

- 기업집단의 투명성을 강화하는 방안인 현행 공시제도 등에 대하여 보완할 부분이 있는지, 어떠한 내용의 보완이 필요한지에 대하여 토의하시오.

Ⅳ. 위반행위에 대한 제재

1. 시정조치

(1) 시정조치의 내용

동법 제16조 제1항에 의하여, 이상의 경제력집중 억제를 위한 규제에 위반한 사업자 또는 위반행위자에 대해서 공정거래위원회는 시정조치를 부과할 수 있다. 동 규정은 기업결합 금지 규정에 위반한 경우까지 포괄하며, 이를 제외한 경제력집중 억제를 위한 규제 위반행위에 대한 시정조치로서, 당해 행위의 중지(1호), 주식의 전부 또는 일부의 처분(2호), 채무보증의 취소(5호), 시정명령을 받은 사실의 공표(6호), 공시의무의 이행 또는 공시내용의 정정(7호의2) 등이 가능하다. 한편 동항은 일반조항적인 성격이 있는 제8호를 두어 '기타 법위반상태를 시정하기 위하여 필요한 조치'를 취할 수 있도록 함으로써, 법위반의 구체적인 행위나 내용에 보다 실효성 있게 대응할 수 있는 근거를 두고 있는데, 이 역시 비례의 원칙의 한계 내에서 적용되어야 할 것이다.

법위반상태의 해소와 관련하여 동양종합금융주식회사(이하 동양종금) 사건이 참고할 만하다. 동양그룹에 속한 동양종금은 같은 계열회사인 동양생명(주)과 상호출자 관계에 있게 되었는데, 이를 해소하는 방안으로 자신이 보유한 동양생명(주)의 주식을 국민은행(주)에 신탁하였다. 이에 대하여 대법원은 상호출자 상태의 완전한 해소는 임의적 회복이 불가능하도록 상호출자된 주식에 대하여 완전하게 소유권이 이전된 상태를 의미하는 것이고, 신탁계약을 체결하는 것만으로는 부족한 것으로 판단하였다.[90]

(2) 시정조치의 실효성 확보

동법 제18조는 시정조치의 실효성을 확보하기 위한 수단을 마련하고 있다. 즉 시정조치로서 주식처분명령을 받은 자는 그 명령을 받은 날부터 당해 주식에 대하여는 그 의결권을 행사할 수 없으며(1항), 상호출자 또는 순환출자를 한 주식에 대하

90) 대법원 2006. 5. 12. 선고 2004두312 판결.

여는 그 시정조치의 명령을 받은 날부터 법위반상태가 해소될 때까지 당해 주식 전부에 대하여 의결권을 행사할 수 없다(2항).

한편 채무보증제한기업집단의 지주회사 설립제한의 규정에 위반한 경우에 공정거래위원회는 위반한 당해 회사의 합병 또는 설립무효의 소를 제기할 수 있다(법 16조 2항). 이때의 소는 형성의 소로서 소제기권자가 법정되어야 하는데, 공정거래위원회에 이러한 권한을 부여한 것은 시정조치의 실효성을 강화하는 의미가 있다.

2. 과징금

동법 제17조는 상호출자 금지, 순환출자 금지, 계열회사에 대한 채무보증 금지, 지주회사의 행위제한 규정에 위반한 자에 대하여 과징금을 부과할 수 있는 규정을 두고 있다. 과징금은 부당이득 환수로서의 성격과 행정제재벌적 성격을 아울러 갖고 있는 것으로 이해된다. 경제력집중 억제를 위한 규제는 일반집중 내지 소유집중의 문제를 해결하기 위한 것인데, 이러한 규제 위반으로 적어도 단기적으로 부당이득의 실현이 구체화되기 어려운 측면이 있으며, 따라서 제재 수단으로서 과징금 부과가 타당한 것인지에 논의의 여지가 있다.[91)]

과징금 부과 한도를 보면, 상호출자 금지 또는 순환출자 금지를 위반한 경우 취득 또는 소유한 주식의 취득가액에 100분의 10을 곱한 금액을 초과하지 못한다(법 17조 1항). 1996년 12월 동법 개정 이전에는 장부가액을 기준으로 하였는데, 가공자본의 관점에서 취득가액이 보다 실제를 반영하는 측면이 있다는 점에서 현행 규정과 같은 내용으로 변경되었다. 계열회사에 대한 채무보증 금지 규정에 위반한 경우 법위반의 채무보증액의 100분의 10을 곱한 금액을 초과하지 않는 범위에서 과징금을 부과할 수 있다(법 17조 2항).

동법 제17조 제4항은 지주회사 등의 행위제한 규정에 위반한 경우 세분화된 기준을 정하고 여기에 100분의 10을 곱한 금액을 초과하지 않는 범위에서 과징금을 부과할 수 있음을 규정하고 있다.

91) 1998년 2월 독점규제법 개정에 의하여 기업결합 금지 규정 위반에 대한 과징금 부과 제도가 폐지된 것을 참고할 수 있다.

제5장

부당한 공동행위의 제한

제1절 개 설

부당한 공동행위는 둘 이상의 사업자가 공동으로 상품 또는 용역의 가격이나 거래조건, 거래량, 거래상대방 또는 거래지역 등을 제한하는 행위를 말하며, 통상 '카르텔'(cartel) 또는 '담합'이라고 한다. 부당한 공동행위는 참여 사업자들 사이의 경쟁을 직접적으로 제한함으로써 경쟁에 미치는 부정적 효과가 직접적이고 명백하므로, 우리나라 독점규제법을 비롯한 각국의 경쟁법은 이를 시장지배적 지위남용(독점)행위와 경쟁제한적 기업결합과 함께 자유로운 경쟁을 제한하는 대표적인 행위로 보아 엄격히 규제하고 있다.

독점규제법 제19조 제1항은 사업자가 '다른 사업자와 공동으로' 부당하게 경쟁을 제한하는 행위를 할 것을 합의하거나 다른 사업자로 하여금 이를 행하도록 하는 행위를 금지하고, 그 행위의 유형으로서 (1) 가격협정, (2) 거래조건협정, (3) 공급제한협정, (4) 시장분할협정, (5) 설비제한협정, (6) 종류 · 규격제한협정, (7) 영업의 공동수행 · 관리협정, (8) 입찰담합, (9) 기타 경쟁제한적 사업활동방해 · 제한협정 등 9가지를 열거하고 있다. 그러나 경쟁을 제한하는 공동행위라 할지라도, 그것이 때로는 경제정책 또는 산업정책적 고려에 따라 허용되어야 할 경우가 있으므로, 법 제19조 제2항은 공동행위가 산업합리화, 연구 · 기술개발, 불황의 극복, 산업구조의 조정, 거래조건의 합리화 및 중소기업의 경쟁력향상을 위한 경우로서, 법 시행령이 규정하고 있는 일정한 요건에 해당하고 공정거래위원회의 인가를 받은 때에는 예외적으로 허용하고 있다.

한편, 부당한 공동행위에 대한 규제가 점차 강화되면서 사업자 간에 부당한 공동행위가 더욱 은밀하게 이루어지는 경향이 있기 때문에, 부당한 공동행위의 성립에 있어서 가장 중요한 요건인 합의의 존재를 입증하기가 매우 어렵다. 이는 우리나라뿐만 아니라 부당한 공동행위를 규제하고 있는 세계 각국의 경쟁당국이 공통적으로 직면하고 있는 어려움이라고 할 수 있다. 이러한 어려움을 극복하는 방식은 각국의 입법정책 및 법집행의 태도에 따라 상이하게 나타나고 있다. 미국, EU, 독일 등 선진국의 경쟁당국은 강력한 강제조사권한을 가지고 경쟁을 제한하는 합의를 입증하고 있으며 법원도 직접증거가 아닌 정황증거를 근거로 합의의 존재를 비교적 쉽게 인정하고 있다.

우리나라 독점규제법도 경쟁을 제한하는 합의에 대한 입증부담을 경감하기 위해 법 제19조 제5항에서 일정한 요건이 충족되면 합의에 대한 직접적 증거가 없더라도 합의를 추정할 수 있는 조항을 두고 있다. 뿐만 아니라 부당한 공동행위에 참여한 사업자의 자발적인 신고 또는 조사협조를 유도하기 위해서 1996년의 법 개정을 통하여 공동행위 자진신고자 등에 대한 감면제도를 도입하여 시행되고 있으며(법 22조의 2),[1] 2005년에 개정된 법 시행령은 공정거래위원회가 조사를 시작하기 전에 최초로 신고한 자로서 일정한 요건에 해당하는 경우에는 과징금과 시정조치를 모두 반드시 면제하도록 하는 등(법 시행령 35조 1항) 공정거래위원회의 재량의 여지를 대폭 축소하여 이 제도의 활성화를 위해 노력한 바 있다. 그 결과, 이 제도는 장기간 지속된 카르텔과 국제카르텔 등 많은 분야에서 주요한 부당한 공동행위를 적발하는 데에 많은 기여를 한 것으로 평가된다.

토의 주제

① 사업자들이 카르텔이나 담합을 행하는 동기가 경쟁을 제한하는 것 이외에 어떤 것들이 있을 수 있는지 생각해 보고, 경쟁법적 관점에서 그들에 대하여 정당성을 인정할 수 있는지 생각해 보시오.

② 각국의 경쟁법이 둘 이상의 사업자들이 공동으로 행하는 경쟁제한행위만을 금지하고, 시장지배력이나 독점력을 가지지 않은 사업자가 단독으로 행하는 행위는 원칙적으로 금지하지 않는 이유를 설명해 보시오.

---

1) 이는 소위 'leniency policy'로서 우리나라뿐만 아니라 미국 및 EU를 포함한 다수 국가의 경쟁당국이 특히 경성 카르텔에 대한 법집행에서 적극적으로 활용하고 있다.

제 2 절 부당한 공동행위의 성립요건

독점규제법상 부당한 공동행위가 성립하기 위해서는 우선, 2 이상의 사업자 간에 법 제19조 제1항 각 호에 열거된 유형들 중 하나에 해당하는 행위를 할 것을 합의하거나(합의의 존재) 다른 사업자에게 이를 행하도록 해야 하고, 둘째, 그 합의가 부당하게 경쟁을 제한해야 한다(부당한 경쟁제한성). 독점규제법은 종래 부당한 공동행위의 성립요건으로 '경쟁을 실질적으로 제한하는 행위'(실행행위)를 요구하였으나, 1992년의 법 개정을 통하여 경쟁을 제한하는 '합의'만 있으면 (실행행위가 없더라도) 공동행위가 성립하는 것으로 하였다. 따라서 현행법에서는 둘 이상의 사업자 간에 경쟁제한적인 합의가 있으면, 비록 그것이 아직 실행되지 않았다고 하더라도 부당한 공동행위가 성립하게 된다.

Ⅰ. 합의의 존재

1. 합의의 개념

부당한 공동행위의 성립요건인 합의는 둘 이상의 사업자 간에 경쟁을 제한하는 행위를 하기로 하는 '의사의 합치'를 말한다. 여기서 의사의 합치란 넓은 의미의 합의를 말하는 것으로서 반드시 청약과 승낙으로 이루어지는 법률적으로 유효한 계약일 필요는 없고, 당사자들 사이에 일정한 내용에 대하여 의사가 일치되었다는 상호 인식이나 이해 또는 암묵적 요해, 즉 묵시적 합의까지 포함하는 넓은 개념이다.[2] 그러한 의미에서 법 제19조 제1항도 합의의 방법과 관련하여 '계약 · 협정 · 결의 외에 기타 어떠한 방법'으로도 부당한 공동행위의 요건인 합의가 성립될 수 있다고 규정하고 있다.

법원도 일관되게 합의의 의미를 폭넓게 해석하고 있다. 예컨대 서울고등법원은 (주)유영상사 등의 입찰담합 사건에서 "부당한 공동행위에 있어서의 합의는 사업자

2) 권오승, 경제법(2008), 251면; 양명조, 경제법강의[제5판], 신조사, 2007, 155면 참고.

간의 의사의 연락을 의미하는 것으로서 명시적인 합의뿐만 아니라 묵시적인 합의 내지는 암묵의 요해에 그치는 경우도 포함된다고 할 것인데, … 원고 등은 이 사건 입찰과 관련하여 입찰지역별로 미리 수주예정업체를 정하여 놓고, 다른 입찰참가업체는 설계가격보다 높은 금액으로 투찰하여 탈락하기로 묵시적으로 합의하거나, 암묵적으로 양해하였다고 보아야 할 것이므로 합의가 없었음을 전제로 하는 원고들의 주장은 이유 없다."고 판시하였다.[3)]

이처럼 종래 학설과 판례는 독점규제법상 부당한 공동행위의 성립요건인 합의의 개념을 넓은 의미로 이해하고 있지만 그 한계가 어디까지인지는 분명하지 않다. 이는 흔히 명시적 합의는 존재하지 않지만 묵시적 합의가 존재하는지 여부가 다투어지는 경우에 쟁점으로 부각되고 있는데, 근래 대법원은 묵시적 합의의 존재 여부가 문제된 일련의 사건에서 일관되게 다음과 같은 법리를 제시하고 있다. 즉, 대법원은 13개 음원유통사업자들의 부당한 공동행위 사건에서 법 제19조 제1항이 금지하는 부당한 공동행위에서 합의는 둘 이상의 사업자 간 의사의 연락을 본질로 하므로 명시적 합의뿐 아니라 묵시적 의사의 일치까지도 포함되나, 법 제19조 제1항 각 호에 해당하는 행위의 외형상 일치가 있다고 하더라도 그러한 사정만으로 당연히 합의의 존재를 인정할 수는 없고 사업자 간 '의사연락의 상호성'을 인정할 수 있을 만한 사정이 증명되어야 하며, 그에 대한 증명책임은 그러한 합의를 이유로 시정조치 등을 명하는 공정거래위원회에 있다고 판시한 이래,[4)] 다수의 공동행위 사건에서 동일한 내용을 그대로 판시하고 있다.[5)] 즉, 대법원의 판례이론에 따르면 묵시적 합의의 존재를 인정하기 위해서는 사업자들이 동일한 수준으로 가격을 인상하는 것과 같은 소위 '외형상 일치'만으로는 부족하고 사업자들 간 '의사연락의 상호성'이 인정

---

3) 서울고법 2001. 12. 11 선고 2000누16830 판결. 동일한 내용의 설시로서 서울고법 2008. 5. 1. 선고 2007누22858 판결 등 참고.

4) 대법원 2013. 11. 28. 선고 2012두17421 판결; 대법원 2013. 11. 14. 선고 2012두20212 판결; 대법원 2013. 11. 14. 선고 2012두18844 판결 등.

5) 대법원 2014. 6. 26. 선고 2012두23075 판결; 대법원 2014. 6. 26. 선고 2012두5015 판결(이상 7개 LPG 사업자들의 부당한 공동행위 사건); 대법원 2014. 7. 24. 선고 2013두16395 판결; 대법원 2014. 7. 24. 선고 2013두16401 판결; 대법원 2014. 7. 24. 선고 2013두16951 판결; 대법원 2014. 7. 24. 선고 2013두16944 판결; 대법원 2014. 7. 24. 선고 2014두3655 판결; 대법원 2014. 7. 24. 선고 2014두3853 판결(이상 16개 생명보험회사들의 부당한 공동행위 사건); 대법원 2015. 1. 29. 선고 2012두21840 판결; 대법원 2015. 1. 29. 선고 2013두18759 판결; 대법원 2015. 1. 29. 선고 2013두18759 판결(이상 5개 석유제품사업자들의 부당한 공동행위 사건, 소위 '원적사담합사건') 등 참고.

되어야 하는데, 이를 인정할 만한 증거를 확보하여 제시해야 할 책임은 합의의 존재를 주장하는 공정거래위원회에 있다고 할 것이다.

한편, 독점규제법은 2004년의 법 개정을 통하여 직접 경쟁을 제한하는 행위를 할 것을 합의하는 경우뿐만 아니라 다른 사업자로 하여금 이를 행하도록 하는 것도 금지하고 있는데, 이 경우에도 역시 그 대상이 되는 사업자들 사이에 합의가 존재하고 그 합의의 경쟁제한성이 인정되어야 할 것이다. 이와 관련하여 (주)모토로라코리아 등의 입찰담합 사건에서는 동 회사가 자신의 국내 총판 3사에 대하여 주파수공용통신장치의 거래처를 미리 지정해주고 실제 입찰에 필요한 가격정보를 지정된 총판에게만 제공하고 다른 총판에게는 들러리로 입찰할 수 있도록 관련 서류를 제공한 행위가 위 조항의 '다른 사업자로 하여금 부당한 공동행위를 행하도록 하는 행위'에 해당되는지 여부가 문제되었다. 그런데 이 사건에 관한 행정소송 상고심에서 대법원은 위 조항의 입법취지 및 개정경위, 관련 법률조항의 체계, 동 조항이 시정명령과 과징금 납부명령 등 침익적 행정행위의 근거가 되므로 가능한 한 이를 엄격하게 해석할 필요가 있다는 점 등을 근거로 이는 다른 사업자로 하여금 부당한 공동행위를 하도록 교사하는 행위 또는 이에 준하는 행위를 의미하고, 다른 사업자의 부당한 공동행위를 단순히 방조하는 행위는 여기에 포함되지 않는다고 판시하였다.[6)]

2. 합의의 유형

법 제19조 제1항 각 호는 부당한 공동행위에 해당하는 합의의 유형으로서 9가지를 열거하고 있다. 이들은 각국의 독점금지법 집행과정에서 문제가 되었던 경쟁제한적인 합의의 전형적 유형들이라고 할 수 있다. 예컨대, 제1호의 가격협정은 미국 판례법상 'price fixing'에 해당하는 것이고, 제3호의 공급제한협정은 'output restriction'에 해당하는 것이며, 제4호의 시장분할협정은 'market division'과 유사한 것 등이라고 할 수 있다.

그리고 우리나라 대법원 판례가 인정하고 있는 부당한 공동행위의 유형별 사례

---

6) 대법원 2009. 5. 14. 선고 2009두1556 판결. 물론 실제 입찰담합을 행한 국내 총판 3사는 별도로 부당한 공동행위로 의율되었다(서울고법 2009. 9. 10. 선고 2008누15277 판결 참고).

들을 살펴보면 다음과 같다. 먼저 제1호의 가격협정으로 인정된 사례로서 공동으로 제품의 판매가격을 책정하거나 서비스 이용요금, 이자율, 수수료, 관람료 등을 인상하거나 또는 자신들이 지불해야 할 수수료 등을 일률적으로 인하한 행위 이외에도 가격마진을 합의한 행위, 구매가격이나 수수료의 가이드라인 또는 수수료 산출의 기초가 되는 요율을 합의한 행위, 관공서에 대한 신고요금을 합의한 행위, 운송비를 동일하게 책정하기로 합의한 행위, 제품대금의 결제조건을 합의한 행위, 건설공사나 관수물품의 입찰에 있어서 입찰가격이나 유찰여부 또는 낙찰예정자 등을 합의한 행위 등을 들 수 있다. 참고로 입찰담합은 종래 주로 제1호의 가격협정으로 규율되었으며, 간혹 제3호의 공급제한협정 또는 제4호의 시장분할협정으로 규율된 사례도 있었다. 그러나 2007년의 법 개정으로 입찰담합이 별도의 유형(8호)으로 규정된 이래 독립적인 공동행위의 유형으로 규율되고 있다. 부당한 공동행위로 인정된 가격협정은 대부분 공동으로 가격을 인상하거나 종전의 가격수준을 유지한 행위이지만 할부금리를 공동으로 인하한 행위를 가격협정으로 인정한 사례도 있다.[7]

제2호의 거래조건협정으로 인정된 사례로는 손해보험회사들이 종전에 무료로 제공하던 서비스를 폐지하고 유료화 하기로 합의한 행위,[8] 또는 세제제조사들이 판촉물이나 샘플의 제공을 금지한 행위 등이 있고,[9] 제3호의 공급제한협정으로 인정된 사례는 각 참여자들의 생산수량을 합의한 행위[10] 이외에도 구매비율을 합의한 행위,[11] 입찰수량을 합의한 행위,[12] 사업자 간 시장점유율을 합의한 행위,[13] 수급조절을 위해 일정 수량의 비축을 합의하는 행위[14] 등이 있다. 제4호의 시장분할협정으로 인정된 사례로는 각 참가 사업자들의 영업지역을 분할하여 자신의 분담지역에서만 영업활동을 수행하기로 합의한 행위,[15] 상대방의 거래처를 침범하지 않기로 합의한 행위,[16] 공동으로 판매회사를 설립하여 독점판매대행 계약을 체결한 행위[17]

---

7) (주)삼성캐피탈 등의 부당한 공동행위 사건(대법원 2004. 10. 18. 선고 2002두7456 판결).

8) 손해보험협회 및 10개 손해보험회사들의 부당한 공동행위 사건(대법원 2006. 11. 23. 선고 2004두8323 판결).

9) 세제제조업체들의 부당한 공동행위 사건(대법원 2009. 6. 25. 선고 16339 판결 등).

10) (주)두원냉기의 부당한 공동행위 사건(대법원 2003. 1. 10. 선고 2001두10387 판결).

11) 고철수요업체 등의 부당한 공동행위 사건(대법원 2002. 7. 12. 선고 2000두10311 판결).

12) PC제조업체들의 부당한 공동행위 사건(서울고법 1996. 2. 13. 선고 94구36751 판결).

13) 석도강판업체들의 부당한 공동행위 사건(대법원 2001. 5. 8. 선고 2000두6503 판결 등).

14) 닭고기 도계육 사업자들의 부당한 공동행위 사건(서울고법 2008. 7. 24. 선고 2006누26563 판결).

15) (주)아이엠씨의 부당한 공동행위 사건(서울고법 2008. 10. 8. 선고 2008누8514 판결).

등이 있고, 입찰과정에서 낙찰예정자를 합의한 행위를 가격협정이 아닌 제4호의 거래상대방의 제한으로 인정한 사례도 있다.[18] 그 밖에도 신인 선수에 대한 각 프로야구구단의 지명권을 인정하는 드래프트제도를 규정하고 있는 한국야구위원회규약을 시장분할협정으로서 무효로 판단한 민사소송 판결도 있다.[19] 또한 학습교재의 규격, 체계 등을 공동으로 결정한 행위와 건설회사들이 건축공사입찰에 참가하면서 설계상 특정한 공법 및 설비를 제외 또는 포함하기로 합의한 행위를 제6호의 상품의 종류・규격제한협정으로 인정한 사례가 있고,[20] 입찰과정에서 저가낙찰자에 대하여 공급을 중단하기로 합의한 행위,[21] 경쟁사업자들이 공동구매 입찰에 참가하지 못하도록 하고 대리점들에 대하여 고객에게 사은품・판촉물을 제공하는 것을 금지하고 대리점의 백화점 입점 여부 및 수수료율을 공동으로 결정하도록 한 행위,[22] 자신들의 사업영역과 경쟁관계에 있는 사업에 진출하고자 시도하는 사업자에 대해 공동으로 공급량을 제한한 행위[23] 등을 제9호의 사업활동방해・제한협정으로 인정한 사례가 있다.

한편, 2007년의 법 개정으로 제8호의 입찰담합이 독립된 공동행위의 유형으로 규정되었는데, 이는 종래 공정거래위원회의 법집행 실무상 대표적인 경성 공동행위인 입찰담합을 그 본질이 같음에도 불구하고 구체적인 행위 양태에 따라 제1호의 가격협정, 제3호의 공급제한협정, 제4호의 시장분할협정 또는 제9호의 사업활동방해・제한협정 등으로 규율함으로써 초래되는 법적용상 혼란을 방지하기 위한 것이다. 특히, 우리나라에서는 공공기관이 발주하는 공사나 물자조달과 관련하여 이루어지는 입찰담합이 심각한 것으로 알려져 있기 때문에, 2007년의 법 개정으로 공공부문의 입찰과 관련된 공동행위를 실효성 있게 방지할 수 있는 장치도 함께 마련하

---

16) 닭고기 도계육 사업자들의 부당한 공동행위 사건(서울고법 2008. 7. 24. 선고 2006누26563 판결).
17) (주)에스엠엔터테인먼트 등의 부당한 공동행위 사건(서울고법 2003. 6. 9. 선고 2002누13903 판결).
18) 전기공사업체들의 부당한 공동행위 사건(서울고법 2001. 12. 11. 선고 2000누16830 판결).
19) 서울지법 남부지원 1995. 12. 28. 자 95카합4466 결정(야구선수 임선동 관련 지명권 효력정지).
20) (주)동아출판사 등의 부당한 공동행위 사건(서울고법 1992. 4. 22. 선고 1991구3248 판결), (주)대우건설의 부당한 공동행위 사건(서울고법 2005. 9. 28. 선고 2004누22093 판결) 등.
21) (주)두원냉기의 부당한 공동행위 사건(대법원 2003. 1. 10. 선고 2001두10387 판결).
22) 교복제조회사들의 부당한 공동행위 사건(대법원 2006. 11. 9. 선고 2004두14564 판결 등).
23) 시멘트제조업체들의 레미콘사업자에 대한 공동행위 사건(대법원 2008. 1. 31. 선고 2006두10764 판결 등). 또한 종전의 법 해석상 제9호의 '사업활동방해・제한협정'에 당해 합의에 참여한 사업자에 대한 방해나 제한이 포함되는지 여부에 대하여 논란이 제기됨에 따라 2007년 법 개정을 통하여 명시적으로 '그 행위를 한 사업자'를 포함하는 것으로 규정하였다.

였다. 즉, 공정거래위원회는 국가·지방자치단체 또는 정부투자기관이 발주하는 입찰과 관련된 부당한 공동행위를 적발하거나 방지하기 위하여 이들 공공기관의 장에게 입찰관련 자료의 제출 및 기타의 협조를 요청할 수 있고(법 19조의2 1항), 일정한 범위의 공공기관의 장은 입찰공고를 하거나 낙찰자가 결정된 때에는 입찰 관련 정보를 공정거래위원회에 제출하도록 하고 있다(동조 2항).

3. 모자회사 또는 계열회사 간 합의

부당한 공동행위의 성립요건인 합의와 관련하여, 모회사와 자회사 또는 동일한 기업집단에 속하는 계열회사들이 법 제19조 제1항 각 호의 하나에 해당하는 경쟁을 제한하는 행위를 하기로 합의한 경우에 이를 부당한 공동행위로 규율할 수 있는가 하는 문제가 제기될 수 있다. 만약 이들 사이에 이해관계가 완전히 일치하여(complete unity of interest) 경제적 독립성을 인정할 수 없다면 논리적으로 이들 사이의 합의는 둘 이상의 사업자들 사이에 이루어진 합의라고 볼 수 없으므로 공동행위로 볼 수 없을 것이다.

이에 대하여 공정거래위원회가 제정한 '공동행위심사기준'(공정거래위원회 예규 제165호, 2012. 8. 21. 개정)은 다수의 사업자들을 실질적·경제적 관점에서 사실상 하나의 사업자로 볼 수 있는 경우에는 그들 간에 이루어진 경쟁제한적 합의(입찰담합 제외)는 부당한 공동행위에 해당되지 않고, 다만 그 합의에 다른 사업자가 참여한 경우에는 그러하지 아니하다고 규정하고 있다(심사기준 II. 1. 나. (1)). 또한 '사실상 하나의 사업자'로 판단하는 기준으로서, (1) 사업자가 다른 사업자의 주식을 모두 소유한 경우(동일인 또는 동일인 관련자가 소유한 주식 포함)에는 당해 사업자들 모두를 하나의 사업자로 보고, (2) 사업자가 다른 사업자의 주식을 모두 소유하지 아니한 경우라도 주식소유 비율, 당해 사업자의 인식, 임원겸임 여부, 회계의 통합 여부, 일상적 지시 여부, 판매조건 등에 대한 독자적 결정 가능성, 당해 사안의 성격 등 제반 사정을 고려할 때, 사업자가 다른 사업자를 실질적으로 지배함으로써 이들이 상호 독립적으로 운영된다고 볼 수 없는 경우에는 사실상 하나의 사업자로 본다. 다만 관련시장 현황, 경쟁사업자의 인식, 당해 사업자의 활동 등을 고려할 때 경쟁관계에 있다고 인정되는 경우에는 그러하지 아니하다고 규정하고 있다(심사기준 II. 1. 나. (2)).

실제로 (주)모토로라코리아 등의 입찰담합 사건에서 직접 입찰담합을 행한 국내 총판 3사 중 하나가 제기한 행정소송에서 이들 사업자들은 모토로라 제품의 판매에 관하여 경쟁관계 자체가 성립할 수 없는 '경제적 동일체'이므로 이들 사이의 합의는 부당한 공동행위에 해당하지 않는다는 주장이 있었다. 그러나 서울고법은 이들은 모토로라코리아와는 완전히 별개의 법인격을 가진 별개의 거래주체이고, 이들이 공급하는 제품의 부품 중 모토로라의 제품이 차지하는 비중이 50%에 미치지 못하는 등 독자적으로 영업활동을 수행하고 있으며, 기존 대법원의 입장 역시 모회사가 주식의 100%를 소유하고 있는 자회사라고 하더라도 법률적으로는 별개의 독립된 거래주체로 보는 점 등을 근거로 위 주장을 배척하였다.[24)]

4. 진의 아닌 의사표시

부당한 공동행위의 성립요건인 '합의의 존재'와 관련하여 참여자 중 일부가 '진의 아닌 의사표시'[25)]로서 합의에 가담한 경우에 이들 사업자에 대하여도 부당한 공동행위의 책임을 물을 수 있는가 하는 문제가 제기된다. 부당한 공동행위는 합의에 참여한 자들 사이에서만 성립하고 이에 가담하지 않은 자에 대하여는 성립할 수 없는 것은 당연하다. 그러나 예컨대, 부당한 공동행위를 도모하는 모임에 참여한 사업자들 중 일부가 여러 가지 이유로 내심의 의사와 달리 외견상 경쟁제한적 행위에 합의한 것처럼 보이는 행위를 한 경우에 그 사업자에 대하여도 부당한 공동행위의 책임을 물을 수 있는지 여부가 다투어지고 있다.

실제로 벤토나이트매트 구매 입찰담합 사건에서 참여 사업자들 중 하나인 세트코코리아(유)가 자신은 문제가 된 모임이 업계 간담회인 줄 알고 참석하였으나 담합논의가 행해지는 것을 안 후 담합의 증거를 수집하여 신고하기 위해 모임에 참석한 것일 뿐이라고 주장하였다. 그러나 공정거래위원회는 "세트코코리아(유)가 이 사건 모임에 최초로 참석하기 전에 이미 모임의 목적이 담합 협의를 위한 것임을 사

---

24) 서울고법 2009. 9. 10. 선고 2008누15277 판결. 이 사건 상고심에서 대법원은 심리불속행 사유에 해당한다는 이유로 상고를 기각하였다(대법원 2009. 12. 24. 선고 2009두18059 판결).

25) '진의(眞意) 아닌 의사표시'란 표의자가 자기가 하는 표시행위의 객관적인 의미가 자신의 내심의 진의와는 다르다는 것을 알면서 한 의사표시이다. 민법상으로 이는 원칙적으로 유효이며, 다만 그 사실을 상대방이 알거나 알 수 있었을 때에 한하여 무효이고, 이 경우에도 선의의 제3자에게는 대항하지 못한다(민법 제107조).

전에 인지하고 있었던 점, 세트코코리아(유)가 모임에 참석하여 담합에 찬성하는 취지의 발언을 한 점, 세트코코리아(유)가 이 사건 담합에 관한 증거를 수집한 후에도 상당기간을 신고하지 않고 있었던 점, 세트코코리아(유)가 다른 피심인들이 합의한 대로 낙찰이 되도록 자신은 입찰에 참가하지 않음으로써 합의가 실행되도록 협조하였던 점, 이 사건 모임에서 피심인들 간에 분배금에 관한 논의가 있었으나 세트코코리아(유)는 이를 거절하는 의사표시를 하지 않은 점, 다른 4개 피심인들이 세트코코리아(유)가 담합에 참여하는 것으로 인지하고 있었던 점 등을 종합적으로 고려할 때, 세트코코리아(유)도 이 사건 부당한 공동행위에 가담하였던 것으로 판단된다." 고 의결하였다.[26)]

법원도 진의 아닌 의사표시에 의한 합의도 부당한 공동행위에 해당한다고 판시한 사례가 있다. 예컨대, 정부종합청사 신축공사 입찰담합 사건에서 (주)국제종합토건은 조달청이 발주한 정부종합청사신관 신축공사 입찰에 참여하면서 미리 특정한 건설회사가 낙찰받을 수 있도록 그 회사의 응찰가격보다 높은 금액으로 응찰하기로 합의하였으나 이를 어기고 자신이 최저가로 응찰하여 낙찰을 받았다. 그런데 관련 행정소송의 상고심에서 대법원은 "독점규제법 제19조 제1항의 부당한 공동행위는 사업자가 다른 사업자와 공동으로 일정한 거래분야에서 경쟁을 실질적으로 제한하는 같은 항 각 호의 1에 해당하는 행위를 할 것을 합의함으로써 성립하는 것이므로, 합의에 따른 행위를 현실적으로 하였을 것을 요하는 것이 아니고, 또 어느 한 쪽의 사업자가 당초부터 합의에 따를 의사도 없이 진의 아닌 의사표시에 의하여 합의한 경우라고 하더라도 다른 쪽 사업자는 당해 사업자가 합의에 따를 것으로 신뢰하고 당해 사업자는 다른 사업자가 합의를 위와 같이 신뢰하고 행동할 것이라는 점을 이용함으로써 경쟁을 제한하는 행위가 되는 것은 마찬가지이므로 부당한 공동행위의 성립에 방해가 되지 않는다."고 판시하였다.[27)]

---

26) 공정거래위원회 2002. 1. 17. 의결 제2002-039호, 그러나 공정거래위원회는 위 사업자가 부당한 공동행위에 가담한 점이 인정되지만, 공정거래위원회가 이 사건 부당한 공동행위에 대한 정보를 입수하지 못한 상태에서 신고인으로서 이를 입증하는 데 필요한 증거를 최초로 제공하였고, 조사가 완료될 때까지 협조하였다는 점 등을 고려하여 법 제22조의 2 및 법 시행령 제35조 제1항의 규정에 따라 시정조치를 면제하였다.

27) 대법원 1999. 2. 23. 선고 98두15849 판결. 동일한 취지의 최근 판결로서 서울고법 2006. 9. 14. 선고 2005누25587 판결 참고.

토의 주제

① 예컨대, (주)삼성캐피탈 등의 부당한 공동행위 사건처럼 사업자들이 공동으로 가격을 인하한 행위는 직접적으로 거래상대방에게 유리함에도 불구하고 이를 부당한 공동행위로 인정한 이유를 설명해 보시오.

※ 서울고법 2002. 6. 27. 선고 2001누2579 판결 및 대법원 2004. 10. 18. 선고 2002두7456 판결 참고.

② (주)모토로라코리아 등의 입찰담합 사건에서 서울고법은 원고들 사이의 합의가 부당한 공동행위에 해당된다고 판시하면서 그 근거 중 하나로서 법 제23조 제1항 제7호의 부당한 지원행위 사건에서 대법원이 모회사가 주식의 100%를 소유하고 있는 자회사라고 하더라도 법률적으로는 별개의 독립된 거래주체로 보았다는 점(대법원 2004. 11. 12. 선고 2001두2034 판결 등 참고)을 제시하고 있는데, 그와 같은 논거가 부당한 공동행위 사건에서도 동일하게 적용될 수 있는지 생각해 보시오.

심화학습

• 종래 공정거래위원회는 미국이나 EU의 경우와는 달리 일본의 예에 따라서, 법 제19조의 부당한 공동행위 규정을 소위 '수평적 합의'(horizontal agreements)에 대해서만 적용하고 소위 '수직적 합의'(vertical agreements)에 대해서는 적용하지 않고 있는데, 그와 같은 법집행 관행의 법적 근거를 찾아보고 그 타당성에 대해 생각해 보시오.

[관련문헌] 이호영, 공정거래법상 수직적 공동행위의 규제에 관한 연구, 경영법률 제21집 4호, 2011, 563-593면.

Ⅱ. 합의의 추정

1. 입법취지 및 법적 성격

독점규제법은 부당한 공동행위의 성립 요건인 합의의 입증곤란을 입법적으로 완화하기 위하여 일정한 요건이 충족되는 경우에 합의의 존재를 추정하는 추정제도를 두고 있다. 부당한 공동행위는 '사업자 사이의 합의'라는 요소를 핵심적 요건으로 하고 있는데, 이러한 합의는 명시적으로 이루어지는 경우도 있지만 대체로 은밀하게 이루어지고 그 증거를 남기지 않는 것이 보통이다. 특히 최근 공동행위에 대한 규제가 강화됨에 따라 공동행위는 더욱 지능화되고 은밀하게 이루어지고 있어 합의의 존재를 충분한 증거를 가지고 직접 입증하는 것은 실제로 매우 어렵다. 이에 따라 법 제19조 제5항은 "2 이상의 사업자가 제1항 각 호의 어느 하나에 해당하는 행위를 하는 경우로서 해당 거래분야 또는 상품·용역의 특성, 해당 행위의 경제적 이유 및 파급효과, 사업자 간 접촉의 횟수·양태 등 제반사정에 비추어 그 행위를 그 사업자들이 공동으로 한 것으로 볼 수 있는 상당한 개연성이 있는 때에는 그 사업자들 사이에 공동으로 제1항 각 호의 어느 하나에 해당하는 행위를 할 것을 합의한 것으로 추정한다."고 규정하여 그 입증의 부담을 완화하고 있다.

이 추정제도는 1986년 제1차 법 개정으로 공동행위에 대한 등록제를 폐지하고 공동행위를 원칙적으로 금지하면서 도입되었는데, 당초에는 그 요건이 매우 거칠게 규정되어 있었으나 2007년의 법 개정을 통하여 현행과 같이 개정되었다. 즉, 2007년의 법 개정 이전에는 "2 이상의 사업자가 일정한 거래분야에서 경쟁을 실질적으로 제한하는 제1항 각 호의 1에 해당하는 행위를 하고 있는 경우 동 사업자 간에 그러한 행위를 할 것을 약정한 명시적인 합의가 없는 경우에도 부당한 공동행위를 하고 있는 것으로 추정한다."고 규정함으로써, 외형상 부당한 공동행위에 해당하는 행위가 존재하고 당해 행위의 경쟁제한성이 인정되면 아무런 정황증거나 제반사정을 고려할 필요 없이 합의가 존재하는 것으로 추정하도록 규정하고 있었다.

이와 같이 거친 합의추정 규정을 두고 있는 입법례는 찾아볼 수 없었다. 이는 한편으로는 은밀하게 이루어지는 공동행위를 강력하게 규제하겠다는 입법자의 단호한 의지가 표현된 것이라고 평가할 수도 있지만, 다른 한편으로는 법해석상 많은 논란을 야기하게 되었고 부당한 공동행위라는 위법행위의 핵심적 요건사실에 대한 입증책임을 규제기관이 아니라 수범자인 사업자에게 부과함으로써 가혹한 결과를 초래할 수 있을 뿐만 아니라 과잉규제금지의 원칙에 반할 우려가 있다는 비판도 받았다.

이러한 문제의식에서 출발하여 구법 제19조 제5항의 해석에 관하여 다양한 학설 및 판례이론이 제시되었으나 오랫동안 명쾌한 해결을 보지 못하고 있다가, 2007년의 법 개정을 통하여 단순히 외형상 부당한 공동행위에 해당하는 행위의 존재뿐만 아니라 공동성을 보여 주는 다양한 정황증거와 제반 사정까지 고려하여 상당한 개연성이 있는 경우에 비로소 합의의 존재를 추정하는 방향으로 개정하였다.

법 제19조 제5항의 합의 추정 제도의 입법취지가 경쟁당국이 법집행상 합의의 존재를 입증하는 데에 따르는 부담을 경감하기 위한 것이다. 그리고 동 조항이 규정하고 있는 합의 추정의 성격은 법률상 추정이다. 그런데 현행법 제19조 5항의 추정요건은 정황사실에 의거한 사실상 추정과 크게 다르지 않다.[28] 즉, 동 조항은 '2 이상의 사업자가 제1항 각 호의 어느 하나에 해당하는 행위를 한 사실' 및 '해당 거래분야 또는 상품 · 용역의 특성, 해당 행위의 경제적 이유 및 파급효과, 사업자 간 접촉의 횟수 · 양태 등 제반사정'으로부터 '합의의 존재'라는 사실을 추정하고 있다.

2. 합의 추정의 요건

법 제19조 제5항은 추정의 요건에 관하여, (1) 2 이상의 사업자가 제1항 각 호의 어느 하나에 해당하는 행위를 하고, (2) 해당 거래분야 또는 상품 · 용역의 특성, 해당 행위의 경제적 이유 및 파급효과, 사업자 간 접촉의 횟수 · 양태 등 제반 사정에 비추어 그 행위를 그 사업자들이 공동으로 한 것으로 볼 수 있는 상당한 개연성이 있을 것 등을 규정하고 있다. 아래에서 순서대로 살펴보기로 한다.

(1) 행위의 외형상 일치

먼저 합의의 존재를 추정하기 위해서는 2 이상의 사업자가 법 제19조 제1항 각 호의 하나에 해당하는 행위를 하여야 한다. 그런데 실제로 행해지는 공동행위의 모습을 살펴보면, 참여사업자별로 구체적인 실행의 시기나 내용을 다소 달리 하는 경우가 많은데, 과연 실행행위가 어느 정도 다른 경우까지 합의의 추정을 인정하기 위한 첫째 요건인 '외형상 일치'가 존재하는 것으로 볼 것인가 하는 문제가 제기된다. 예컨대, 사업자들이 가격인상에 합의하여 이를 실행하는 경우를 상정할 때, 경쟁당국이 쉽게 적발하지 못하도록 그들이 의도하는 경쟁제한적인 목적을 달성하는 데 지장이 없는 범위 내에서 그 실행의 시기나 내용을 달리하는 경우에, 만약 가격

28) 다만 법 제19조 제1항이 적용된 경우에는 사실상 추정에 그치는 대신에 형사처벌이 가능하지만, 동조 제5항이 적용될 경우에는 법률상 추정이 되어 사업자에게 그 추정을 번복하기 위한 입증책임이 전환되는 효과가 발생하는 대신에 형사처벌을 할 수 없게 되는 정도의 실무상 차이가 있을 뿐이다.

인상의 시기나 정도가 완전히 동일한 경우에 한하여 이를 인정한다면 합의의 추정 조항은 사실상 그 실효성을 상실하게 될 것이다.

이는 결국 위 조항의 입법취지에 비추어 각 사안에 따라 구체적·개별적으로 판단할 수밖에 없다는 의미인데, 동 조항이 은밀히 행해지는 공동행위의 특성을 감안하여 법집행기관의 처분요건을 완화함으로써 부당한 공동행위의 규제의 실효성을 제고하기 위하여 제정된 것이라는 점과 통상적인 공동행위가 실행되는 외관을 고려할 때, 부당한 공동행위의 성립을 인정할 수 있는 객관적 요소를 갖춘 것으로 평가할 수 있는지 여부를 기준으로 판단해야 할 것이다. 즉, 현존하는 외관으로부터 공동행위의 존재를 논리적으로 추론해낼 수 있는가 또는 합리적으로 판단할 때 외부적으로 나타난 객관적 요소가 공동행위의 결과라고 일견 인정될 수 있는가를 기준으로 판단하는 것이 타당할 것이다. 예컨대, 복수의 사업자가 유사한 시점에, 유사한 정도로 가격인상을 단행한 경우에 합의의 추정을 위한 외형상 일치는 참여사업자들의 실행의 시기가 같은 계기에 의해 이루어진 것으로 평가될 수 있을 정도로 유사성이 있는지, 사실상 부당한 공동행위의 목적을 달성할 수 있다고 평가할 수 있을 정도로 유사한 수준의 가격인상이 있었는지, 당해 시장의 특성상 합의가 없더라도 흔히 발생할 수 있는 정도의 유사한 시장행동인지 등을 종합적으로 고려하여 판단해야 할 것이다. 종래 법원도 역시 합의의 추정 요건인 외형상 일치를 대체로 폭넓게 인정하고 있다.

(2) 정황증거 및 제반사정

법 제19조 제5항은 합의를 추정하기 위한 두 번째 요건으로서 "해당 거래분야 또는 상품·용역의 특성, 해당 행위의 경제적 이유 및 파급효과, 사업자 간 접촉의 횟수·양태 등 제반 사정에 비추어 그 행위를 사업자들이 공동으로 한 것으로 볼 수 있는 상당한 개연성"이 있을 것을 요구하고 있다. 이는 반드시 동 규정을 적용하는 경우뿐만 아니라 법 제19조 제1항을 적용하면서 합의의 존재를 경험칙에 따라 사실상 추정하는 경우에도 동일하게 문제가 될 수 있는 것인데, 구체적으로 어떠한 정황증거 또는 사정이 존재할 경우에 합의에 의한 행위로 볼 수 있는 상당한 개연성이 있다고 인정할 수 있을 것인지는 결국 구체적 사안에 따라 경험칙과 합리적인 추론에 입각하여 개별적으로 판단할 수밖에 없을 것이다.

먼저, 해당 거래분야의 경우 시장의 집중도가 높을수록, 진입장벽이 높을수록, 수직통합의 정도가 높을수록, 그리고 상품·용역의 특성의 경우 그것이 동질적일수록 담합이 용이하게 된다. 그리고 해당 행위가 사업자들이 모두 같은 방향으로 합의했을 때에만 사업자들의 이익에 부합되고, 단독으로 행동했을 때에는 사업자의 이익에 반한다는 사실은 합의를 추단케 하는 중요한 추가적 사정이 된다. 예컨대 원가상승 요인도 없고 공급과잉 또는 수요감소가 있음에도 불구하고 가격을 동일하게 인상하는 경우, 재고가 누적되어 있음에도 불구하고 가격이 동시에 인상된 경우가 여기에 해당된다. 반면 각각의 사업자가 해당 행위를 하게 된 독자적인 이유가 있을 때나 합의에 참여할 동기가 없을 때에는 합의의 존재를 추정하기 어렵다.[29)]

한편, 사업자간 접촉의 횟수가 빈번하고 그 양태가 가격결정 등의 업무에 영향을 미칠 수 있는 임직원간에 이루어졌다면 합의로 추정될 가능성이 커진다. 예컨대, 6개 LPG 사업자들의 부당한 공동행위 사건[30)]에서 공정거래위원회는 (1) 수입 2개사들이 매월 말경 전화, 모임 등을 통하여 LPG 기준가격과 판매가격에 대한 정보를 교환한 뒤 서로 동일 또는 유사한 수준으로 판매가격을 결정한 행위, (2) 수입 2개사가 매월 말경 정유사에게 '충전소에 판매할 때 적용하는 가격－국내 수송비 상당의 금액'으로 판매가격을 결정하여 통보하면 정유사들이 수입사의 충전소에 대한 판매가격과 동일 또는 유사한 수준으로 자신의 판매가격을 결정하는 행위 양자에 대하여 합의의 존재를 인정하였다. 그리고 이 사건에 관한 행정소송에서 대법원은 과점시장에서 시장점유율이 높은 업체가 독자적인 판단에 따라 가격을 먼저 결정한 뒤, 경쟁사업자들이 그 가격을 추종하고 있고, 그와 같은 가격결정 관행이 상당한 기간 누적되어 사업자들이 이러한 사정을 모두 인식하고 있는 경우에, 가격결정과 관련된 의사연락이 증명되거나 추가적인 여러 사정에 비추어 그 의사연락을 추인할 수 있다면 부당하게 경쟁을 제한하는 행위에 대한 합의의 존재를 인정할 수 있다고 전제하고, 사업자가 경쟁자들에 대하여 자신의 판매가격을 개별적으로 사전 통지하는 것은 사업자가 일방적으로 가격을 결정한 후 구체적인 판매과정을 통하여 이를

29) 권오승·서정, 독점규제법 이론과 실무 제2판, 법문사, 2017, 305－306면 참조.
30) 공정거래위원회 의결 제 2010－45호, 2010. 4. 23.

공표하였는데 다른 사업자들이 스스로의 판단으로 그 가격을 모방한 것과는 다르고, 5~6년의 장기간 동안 다수의 사업자들의 판매가격이 거의 일치한다는 것은 매우 이례적이며, 수입사가 매월 충전소 판매가격을 통보하고 있는 상황에서 여러 차례의 모임을 통하여 각 사업자들이 LPG 시장안정화, 경쟁 자제 및 고가 유지 등을 논의하였다면 그 판매가격을 직접 논의하지 않았더라도 가격담합의 효과를 충분히 거둘 수 있었다고 할 것이므로, 수입 2개사가 먼저 충전소 판매가격을 결정하면, 정유사들은 이와 같거나 거의 비슷한 수준으로 충전소 판매가격을 정하기로 하는 취지의 묵시적 합의가 있었다고 판단할 수 있다고 판시하였다.[31)]

그러나 사업자들이 접촉을 하지 않았거나 의사소통이나 미팅에 대해 타당한 사업적 이유들을 제시하였다면, 사업자간 접촉이 있었다는 사실만으로는 합의를 추정하기가 어려울 것이다. 예컨대 현대오일뱅크 사건의 판결에서 대법원은 "LPG 수입사들이 원고에게 거래기간 동안 판매가격을 통보하였으나 그것이 원고와의 합의에 의하여 이루어진 것이라고 볼 만한 자료는 없고, 수입사 중 SK가스가 자신의 충전소 판매가격을 통보하면서 그 수신자란에 원고도 표시한 것은 SK가스의 일방적 행위이므로, 이러한 사정을 들어 원고와 다른 LPG 사업자 사이에 가격결정에 관하여 상호 의사연락이 있었다고 볼 수는 없다"고 하였고, "원고의 임원 또는 팀장급 직원이 LPG 수입사 및 정유사들의 모임에 참석한 것은 피고가 주장하는 이 사건 합의기간 중 2회에 불과하므로, 그 모임에 참석한 것이 이 사건 합의와 관련이 있다고 단정하기는 어렵다"고 판시하였다.[32)]

3. 정보교환

이상과 같은 정황증거와 관련하여 근래에 특히 중요한 의미를 가지는 것은 사업자간의 정보교환이다. 정보교환은 경쟁법적 측면에서 긍정적 요소와 아울러 부정적 요소를 가지고 있다. 시장에 수요와 공급에 관한 상황을 정확히 반영하는 정보가 공급되면, 시장참여자들이 이를 효율적으로 활용할 수 있기 때문에, 그것은 공급자나 소비자 모두에게 유익할 수 있다. 그러나 정보교환은 사업자들 간에 가격 결정

31) 대법원 2014. 6. 26. 선고 2012두23075 판결; 대법원 2014. 6. 26. 선고 2012두4104 판결; 대법원 2014. 6. 26. 선고2012두5015 판결.

32) 대법원 2014. 5. 29. 선고 2011두23085 판결.

등과 같은 의사결정에 관한 불확실성을 제거하여 담합을 용이하게 하거나 촉진할 수도 있다.

그런데 정보교환은 법 제19조 제1항 제1호 내지 제9호의 행위 유형에는 포함되어 있지 않기 때문에, 현행법의 해석상 정보교환 행위 그 자체를 부당한 공동행위로 규율하는 것은 곤란하고, 정보교환을 합의 추정의 정황증거가 되는 것은 가능하다. 대법원은 정보교환의 증거로서의 의미에 관하여 다음과 같은 세 가지 사항을 제시하고 있다. ① "경쟁 사업자들이 가격 등 주요 경쟁요소에 관한 정보를 교환한 경우에, 그 정보교환은 가격 결정 등의 의사결정에 관한 불확실성을 제거하여 담합을 용이하게 하거나 촉진할 수 있는 수단이 될 수 있으므로, 사업자 사이의 의사연결의 상호성을 인정할 수 있는 유력한 자료"가 될 수 있다. ② 그러나 "정보교환 사실만으로 부당하게 경쟁을 제한하는 행위에 대한 합의가 있다고 단정할 수는 없다." ③ "관련시장의 구조와 특성, 교환된 정보의 성질·내용, 정보교환의 주체 및 시기와 방법, 정보교환의 목적과 의도, 정보교환 후의 가격·산출량 등의 외형상 일치 여부 내지 차이의 정도 및 그에 관한 의사결정 과정·내용, 그밖에 정보교환이 시장에 미치는 영향 등의 모든 사정을 종합적으로 고려하여 위 합의가 있는지를 판단하여야 한다".[33)]

구체적으로 관련시장의 구조와 특성과 관련하여 다른 시장에 비하여 과점화 내지 집중화되어 있는 시장이나 제품의 규격이나 품질 등에 있어서 동질성이 큰 시장 등에서 경쟁사업자간에 정보교환이 이루어져서 해당시장을 더욱 투명하게 만드는 경우에는 합의가 인정될 가능성이 커진다. 그리고 교환된 정보의 성질·내용과 관련하여 교환되는 정보가 수요 또는 산출량과 같은 통계적인 정보가 아니라 일반적으로 기업의 비밀에 속하고 경쟁의 핵심적인 요소라고 할 수 있는 가격인상 계획이나 인상내역 등과 같은 민감한 정보인 경우이거나 정보의 대상이 되는 각 제품의 품목, 가격 인상률(폭) 등이 보다 구체적이고 세부화되어 있으며 과거의 것보다는 신속한 시장정보인 경우에는 합의가 인정될 가능성이 커진다. 한편, 정보교환의 주체와 관련하여 정보가 소비자를 배제하고 일부 경쟁사업자들 사이에 은밀하게 폐쇄적으로 교환되고 영업활동에 종사하는 지점의 직원들 사이에 이루어지는 것이 아니

---

33) 대법원 2014. 2. 27. 선고 2011두16040 판결; 대법원 2014. 7. 24. 선고 2013두16951 판결 참조.

라 본사의 가격결정 업무에 영향을 미칠 수 있는 임직원들 간에 이루어지는 경우에는 합의가 인정될 가능성이 커진다. 정보교환의 시기와 방법과 관련하여 다른 경쟁사업자들이 가격인상을 확정하기 전 단계이거나 시장에 정보가 공개되어 알려지기 전이고, 정보교환이 규칙적이고 빈번하며 지속적으로 이루어지는 경우에는 합의가 인정될 가능성이 커진다.[34)]

4. 추정의 복멸

법 제19조 제5항에 따라 합의의 존재가 추정된 경우에는, 사업자가 그 행위가 합의에 의한 것이 아님을 입증함으로써 추정을 복멸할 수 있다. 그리고 법 제19조 제1항이 적용되는 사안에서 정황사실에 근거하여 합의가 사실상 추정되는 경우에도 사업자는 그러한 추정을 번복할 수 있다. 전자는 법률상 추정이기 때문에, 이 경우에는 일단 요건사실이 추정되면 상대방이 그 사실의 부존재를 법관에게 확신을 줄 정도로 입증해야 하므로 입증책임의 전환을 초래하게 된다. 그러나 후자는 사실상 추정이기 때문에, 이 경우에는 요건사실이 사실상 추정되더라도 상대방은 법관이 추정되는 사실이 존재한다는 확신을 갖는 것을 방해하거나 동요시키는 반증만 제시해도 그 추정을 번복시킬 수 있다.

판례상 합의 추정을 복멸할 수 있는 사유로 인정된 것은 행정지도에 따른 경우와 담합과 양립하기 어려운 행동이 존재하는 경우이다. 구법 제19조 제5항이 적용되는 사안의 경우에는 의식적 병행행위라는 점도 추정의 복멸사유로 인정되었으나, 현행법에서는 의사연락의 상호성이 인정되지 않는 의식적 병행행위만으로는 합의 그 자체가 추정되지 않으므로, 이를 더 이상 추정의 복멸사유로 언급하는 것은 타당하지 않다.[35)]

우선, 금융사업자나 통신사업자 또는 주류제조업자 등이 금융감독기관이나 통신규제기관 또는 국세청과 같은 감독 또는 규제기관의 '행정지도'에 따른 결과, 사업자들의 행동이 외형상 일치된 경우에 행정지도를 이유로 합의 추정을 복멸한 경우가 있다. 그 이유는 이러한 경우에는 사업자들 간에 가격인상과 같은 행위의 외형

34) 권오승·서정, 앞의 책, 308면 참조.
35) 위의 책, 309면 참조.

상 일치가 발생한 원인이 사업자들 간의 합의가 아니라 정부부처의 행정지도에 기인한 것이라고 볼 수 있기 때문이다.

구법 제19조 제5항이 적용되던 시절에도 법원은 행정지도를 이유로 합의의 추정을 복멸한 경우가 간혹 있었다.[36] 예컨대, 대법원은 맥주회사들의 부당한 공동행위 사건에서 맥주회사가 맥주가격을 인상하는 경우에 재정경제원이나 국세청과 사전협의를 하거나 사전승인을 받아야 한다는 법령상 명문의 규정은 없더라도, 당시 재정경제원과 국세청은 각 행정지도를 함으로써 사실상 맥주가격의 인상에 관여하여 왔다. 재정경제원과 국세청은 문제의 가격인상과 관련하여 3개 맥주회사들의 가격인상 요구에 훨씬 못 미치는 인상률을 허용함으로써, 이들 3개 맥주회사들은 허용된 인상률 전부를 가격인상에 반영할 수밖에 없게 되어 사실상 3개 회사의 인상률이 유사해질 수밖에 없었으며, 그 인상시기도 국세청의 행정지도에 따라 결정되었다는 등의 이유로 공동행위의 추정이 복멸된다고 판시하였다.[37]

그리고 손해보험회사들의 부당한 공동행위 사건에서 동 회사들이 보험료 인상률을 동일하게 유지하거나 변경한 행위에 대하여 대법원은 보험사업자의 보험료산출방법 변경에 대한 인가권은 금융감독원이 아닌 금융감독위원회가 가지고 있지만, 그 신고과정에서 금융감독원이 보험료의 산정, 인상률 및 적용시기 등에 관하여 폭넓은 행정지도를 행하였고, 위 사업자들 사이에 동 행정지도와 별도의 합의가 존재하였거나 행정지도를 기화로 별도의 합의가 이루어지지 않았다면 공동행위의 추정이 복멸된다고 판시하였다.[38]

한편, 법 제19조 제5항의 추정조항을 적용하는 대신 법 제19조 제1항을 직접 적용하는 경우에도 행정지도 등의 이유로 합의의 추정이 번복될 수 있는가 하는 문제가 제기되는데, 대법원 판례는 이를 인정하고 있다. 예컨대 9개 사업자들이 지속적으로 가격정보를 교환하고 협의하여 1위 사업자를 선두로 순차적으로 소주가격을 유사한 수준으로 인상한 것이 문제된 소주 담합사건에서, 대법원은 마치 가격인상에 관한 합의가 있었던 것처럼 보이는 외형이 존재하지만, 각 지역별로 진로와 해

---

36) 대법원 2005. 1. 28. 선고 2002두12052 판결; 대법원 2003. 2. 28. 선고 2001두946, 1239 판결 및 대법원 2003. 3. 14. 선고 2001두939 판결 등 참고.

37) 대법원 2003. 2. 28. 선고 2001두946 1239 판결 및 대법원 2003. 3. 14. 선고 2001두939 판결.

38) 대법원 2005. 1. 28. 선고 2002두12052 판결.

당 지역업체가 시장을 과점하는 시장구조에서 국세청이 진로를 통하여 전체 소주업체의 출고가격을 실질적으로 통제·관리하고 있는 소주시장의 특성에 따라 나머지 소주업체들이 국세청의 방침과 시장상황에 대처한 것에 불과하므로 합의의 존재를 인정하기 어렵다고 판시하였다.[39] 그리고 개인생명보험 담합사건에서는 행정지도가 추정의 복멸사유로 고려되었다.[40]

또한 전술한 LPG 담합사건 중에서 현대오일뱅크사건에 관한 판결에서, 대법원은 사업자들 간 행위의 외형상 일치가 존재한다고 하더라도, 어느 사업자가 합의에 가담하였다고 볼 만한 사정은 제한적인 반면, 그 사업자가 시장 여건에 따라 자신의 이익을 극대화하기 위하여 독자적으로 행동하였거나 또는 경쟁사업자들과 담합을 한 것과는 일반적으로 양립하기 어려운 행동을 하였다고 볼 만한 사정이 상당한 기간 동안 지속되는 등 경쟁사업자들과 의사연락이 있었다고 보기 어려운 경우에는 그 사업자가 그 합의에 가담하였다고 인정할 수 없다고 판시하였다.[41] 이 판결은 직접 합의 추정의 복멸을 인정한 판결은 아니지만, 사업자가 담합과 양립하기 어려운 행동을 하였다는 사실을 통하여 합의 추정을 복멸할 수 있음을 보여준 판결이라고 할 수 있다.[42]

토의 주제

① 법 제19조 제5항에 따라 합의의 존재를 추정하기 위하여 검토하여야 할 다양한 정황증거 또는 제반사정과 그것들을 평가하는 방법에 대하여 설명해 보시오.

② 합의의 추정 조항이 적용되어 합의가 존재하는 것으로 추정되는 행위가 행정지도에 의한 것이라는 이유로 합의의 추정이 복멸되기 위해서 그 행정지도가 반드시 법적 근거가 있는 정당한 것이어야 하는지에 대하여 생각해 보시오. 또한 이를 행정지도에 의한 행위가 법 제58조의 '법령에 따른 정당한 행위'로서 독점규제법의 적용이 배제되기 위한 요건과 비교해 보시오.

---

39) 대법원 2014. 2. 13. 선고 2011두16049 판결.
40) 대법원 2014. 7. 24. 선고 2013두16951 판결.
41) 대법원 2014. 5. 29. 선고 2011두23085 판결.
42) 권오승·서정, 앞의 책, 308면 참조.

심화학습

• 미국을 비롯한 각국의 경쟁당국은 경쟁법의 집행상 소위 '의식적 병행행위'를 위법한 공동행위로 간주하지 않는다. 예컨대, 미국의 경우에 판례의 태도는 다소간 변천이 있었으나 일반적으로 의식적 병행행위 자체는 독점금지법 위반이 아니고 추가적으로 합의의 존재를 추단할 수 있는 정황증거, 즉 '추가적 요소'(plus factor)가 있는 경우에 한하여 독점금지법 위반으로 판단하고 있다. 그 근거를 생각해 보고 우리나라 독점규제법상 합의의 추정 조항이 적용되는 경우에도 동일하게 해석해야 하는가에 대해서 생각해 보시오.

[관련문헌] 이호영, 독점규제법상 과점기업의 묵시적 사업조정의 규제, 인권과 정의 통권348호, 2005년 8월호, 대한변호사협회, 42-67면

Ⅲ. 부당한 경쟁제한성

부당한 공동행위가 성립되기 위해서는 합의가 존재할 뿐만 아니라 그 합의가 '부당하게 경쟁을 제한'하여야 한다(법 19조 1항 본문). 이 규정은 종래 "일정한 거래분야에서 경쟁을 실질적으로 제한하는" 합의를 금지하는 것으로 되어 있었으나, 1999년의 법 개정을 통하여 "부당하게 경쟁을 제한하는" 합의를 금지하는 것으로 바뀌었다.[43] 그 이유는 다음과 같다. 일반적으로 공동행위는 기업결합과는 달리, 그것이 경쟁에 미치는 영향이 대체로 직접적이고 명백하다. 특히 가격협정(price fixing), 입찰담합(bid-rigging) 및 시장분할협정(market division) 등과 같은 소위 '경성 공동행위'(hardcore cartel)는 경쟁제한적 효과가 뚜렷하고 직접적이며 이를 상쇄할 만한 경쟁촉진적 효과를 기대하기 어렵기 때문에, 미국이나 EU 등 각국의 판례나 실무는 문제가 된 행위가 경쟁에 미치는 효과에 대한 구체적 분석을 거치지 않고 부당한 공동행위로 인정하고 있다. 그러나 그동안 우리나라 공정거래위원회와 법원의 실무에서는 이러한 공동행위의 성격이 충분히 반영되지 않는 측면이 있었기 때문에, 이를 시정하여 경성 공동행위에 대한 규제의 실효성을 제고하기 위하여 법 규정을 이

43) 그 취지는 일반적으로 가격담합, 입찰담합 등 경성 공동행위의 경우에 경쟁에 미치는 해악이 크고 명백하므로 이를 미국이나 EU 등 국제적 기준에 부합하게 당연위법으로 간주하여 강력하게 규제하기 위한 것이라고 설명된다(공정거래위원회, 공정거래위원회 20년사-시장경제 창달의 발자취, 2001, 174면 참고).

상과 같이 개정한 것이다.

실제로 1999년의 법 개정 이전의 규정이 적용된 사건에서 공동행위의 경쟁제한성은 특히 구법 제19조 제5항의 합의 추정 조항이 적용되기 위한 요건으로 간주되던 '실질적 경쟁제한성'과 관련하여 논의된 바 있었다. 이들 사건에서 법원은 법 제2조 제8호의 2가 규정하고 있는 '실질적 경쟁제한성'의 정의에 따라 당해 공동행위가 관련시장에서 가격 등의 거래조건의 결정에 영향을 미치거나 미칠 우려가 있는 상태를 초래하는지 여부에 초점을 맞추었다. 예컨대, 위에서 살펴본 커피제조사들의 부당한 공동행위 사건에서 대법원은 어떤 행위가 경쟁제한성을 가지는지 여부는 "당해 상품의 특성, 소비자의 제품선택 기준, 당해 행위가 시장 및 사업자들의 경쟁에 미치는 영향 등 여러 사정을 고려하여 당해 행위로 인하여 일정한 거래분야에서의 경쟁이 감소하여 특정 사업자 또는 사업자단체의 의사에 따라 어느 정도 자유로이 가격·수량·품질 기타 거래조건 등의 결정에 영향을 미치거나 미칠 우려가 있는지를 개별적으로 판단하여야 한다."고 판시하였다.[44)]

한편, 화장지제조회사들의 부당한 공동행위 사건에서 대법원은 "사업자들이 공동으로 공장도가격을 동일하게 유지하는 행위가 전체 시장의 가격결정에 영향을 미치거나 미칠 우려가 있는 상태를 초래하는 이상 '경쟁을 실질적으로 제한하는 행위'에 해당한다."고 하면서도, (주)모나리자와 (주)대한펄프가 행한 1차 가격인하와 1차 가격인상은 비록 동일한 가격을 유지하는 행위이지만 이들의 작은 시장점유율을 고려할 때[45)] 경쟁을 실질적으로 제한하는 행위에 이른다고 볼 수 없다고 판시함으로써[46)] 특히 참여자들의 시장점유율을 기준으로 평가한 시장지배력의 형성 여부를 기준으로 경쟁제한성을 판단하기도 하였다.

다만, 입찰담합의 경우에는 관련시장의 획정이나 시장점유율을 따지지 않고 당해 행위의 성격상 경쟁제한성이 인정된다고 한 판결도 있다. 예컨대, 서해안고속도로 건설공사 입찰담합 사건에서 서울고법은 별도의 시장분석을 행하지 않고 입찰참가 업체들이 특정 회사가 낙찰될 수 있도록 모두 높은 가격으로 응찰하였다면 "이러한 행위로 인하여 입찰에서의 경쟁이 실질적으로 제한되었음은 행위의 성격상 명

44) 대법원 2002. 3. 15. 선고 99두6514 판결.
45) 당시 이들의 시장점유율은 각각 12%, 11%에 불과하였다.
46) 대법원 2002. 5. 28. 선고 2000두1386 판결.

백하다"고 판시하였다.[47)]

그런데 문제는 1999년에 법 제19조 제1항 본문이 "부당하게 경쟁을 제한하는"으로 개정된 이후에도 법원은 많은 사건에서 사실상 동법 개정 이전과 동일한 기준을 적용하고 있다는 점이다. 예컨대, (주)비씨카드 및 회원은행들의 가맹점수수료 공동행위 사건에서는 위 회사들이 가맹점수수료율을 공동으로 인상하기로 한 행위가 문제가 되었는데, 법원은 당해 행위의 경쟁제한성과 관련하여 이 사건 합의가 가격담합 행위에 해당한다는 점과 아울러 신용카드업 분야 국내 결제서비스 시장에서의 원고들의 시장점유율, 당해 관련시장의 특성, 당해 행위가 관련시장 및 사업자들의 경쟁에 미치는 영향 등에 비추어 이 사건 합의로 인하여 관련시장에서 경쟁이 감소하여 가맹점수수료의 결정에 영향을 미치거나 미칠 우려가 있는 상태를 초래하였으며, 나아가 원고들 사이의 업무제휴 및 가맹점의 공동 관리와 같은 비씨카드의 구조적 특성과 이 사건 합의가 원고들 사이의 제휴업무 수행에 필요한 경제적 효율성이나 통일성을 달성하는 데 유용한 점이 있다는 등의 사정을 감안한다 하더라도 이 사건 합의의 경쟁제한성이 부정될 수는 없다고 판시하였다.[48)]

한편, 경쟁제한성을 부정한 판결로는 산림조합들의 임도구조개량사업 입찰담합 사건 판결을 들 수 있다. 이 사건에서 산림조합들이 입찰에 참여하면서 낙찰확률을 높이기 위해 서로 합의한 입찰금액으로 입찰에 참여한 것이 문제가 되었는데, 서울고법은 입찰담합의 존재가 인정되지 않는다고 하면서 방론으로 설령 담합사실이 인정된다고 할지라도 원고들이 예정가격을 알 수 없어서 원고가 낙찰받을 것을 의도하거나 예상할 수는 없고 원고가 낙찰자가 된 것도 우연일 뿐이므로 이 사건 담합의 경쟁제한성을 인정할 수 없다고 판시하였다.[49)]

이상의 판결들에 비춰 볼 때 공동행위의 부당한 경쟁제한성 판단에 관한 종래

---

47) 서울고법 2000. 11. 9. 선고 99누9287 판결. 이 사건 상고심에서 대법원도 참여사업자들의 시장점유율 등을 분석하지 않은 채 당해 행위의 경쟁제한성에 대한 원심의 판단을 수용하였다(대법원 2002. 8. 27. 선고 2000두9779 판결).

48) 서울고법 2007. 1. 25. 선고 2005누21233 판결 및 대법원 2008. 8. 21. 선고 2007두4919 판결. 동일한 판시내용으로서 대법원 2009. 3. 26. 선고 2008두21058 판결; 대법원 2009. 7. 9. 선고 2007두26117 판결 등 참고. 이 사건을 미국이나 EU 경쟁법상 인정되는 소위 '부수적 거래제한의 법리'(ancillary restraints doctrine)의 관점에 분석한 문헌으로서 주진열, 가격담합과 조인트벤처의 부수적 제한 법리: 대법원 2008. 8. 21. 선고 2007두4919 판결을 중심으로, 경제법판례연구 제6권, 2010, 102－123면 참고.

49) 서울고법 2008. 10. 23. 선고 2008누3465 판결. 이 사건의 상고심에서 대법원은 심리불속행 사유에 해당한다는 이유로 상고를 기각하였다.

법원의 입장을 다음과 같이 요약할 수 있다. 우선, 법원은 법 제19조 제1항의 '부당한 경쟁제한성'을 1999년 법 개정 이전의 '실질적 경쟁제한성'의 경우와 사실상 동일한 판단기준으로 해석하고 있다고 할 수 있다. 즉, 위 사건들에서 문제가 된 행위들은 대체로 경쟁제한적 효과가 명백한 경성 공동행위라고 할 수 있는데, 법원은 원칙적으로 경성 공동행위 여부를 가리지 않고 특히 참여자들의 시장점유율을 중요한 요소로 검토하고 실제로 관련시장에서의 경쟁에 영향을 미쳤거나 미칠 우려가 있는 상태를 초래하였는지 여부를 판단하였다. 둘째, 법원은 부당한 경쟁제한성 여부를 판단함에 있어서 당해 행위가 가지는 경쟁촉진적 효과까지 고려하여 이를 경쟁제한적 효과와 비교형량하고 후자가 전자보다 큰 경우에 경쟁제한성을 인정하고 있음을 알 수 있다. 이는 반드시 법 제19조 제2항이 규정하고 있는 인가사유에 해당하여 공정거래위원회로부터 인가를 받지 않은 경우에도 당해 행위가 초래하는 경쟁제한성보다 경쟁촉진적 효과가 큰 경우에는 부당한 경쟁제한성이 부정된다는 것을 의미한다.

또한 공동행위의 부당한 경쟁제한성 판단에 관하여 특히 주목할 만한 판례이론으로서 최근 대법원이 일부 가격협정 사건 판결에서 사용한 독특한 법리를 들 수 있다. 먼저, 시외전화사업자들의 부당한 공동행위 사건에서 대법원은 법 제19조 제1항이 부당하게 경쟁을 제한하는 가격협정을 부당한 공동행위로서 금지하고, 제2항은 제1항의 부당한 공동행위에 해당하더라도 일정한 목적을 위한 경우로서 공정거래위원회의 인가를 받은 경우에는 제1항의 적용을 배제하고 있는 점, 법 제19조 제1항에서 부당한 공동행위를 금지하는 입법취지가 직접적으로는 공정하고 자유로운 경쟁을 촉진하고, 궁극적으로는 소비자를 보호함과 아울러 국민경제의 균형 있는 발전을 도모하고자 함에 있는 점 등에 비추어 보면, 사업자들의 공동 가격결정 행위로 인하여 일정한 거래분야의 경쟁이 감소하여 사업자들의 의사에 따라 어느 정도 자유로이 가격결정에 영향을 미치거나 미칠 우려가 있는 상태가 초래된 이상, 이로 인하여 경쟁이 제한되는 정도에 비하여 공정거래법 제19조 제2항 각 호에 정해진 목적 등에 이바지하는 효과가 상당히 커서 소비자를 보호함과 아울러 국민경제의 균형 있는 발전을 도모한다는 법의 궁극적인 목적에 실질적으로 반하지 않는다고 인정되는 예외적인 경우에 해당하지 않는 한, 위와 같은 가격결정 행위는 부

당하다고 볼 수밖에 없다고 판시하면서 경쟁제한성을 인정하였다.[50)]

이와 관련하여 대법원은 화물운송료사건에서 문제가 된 가격협정이 경쟁제한적 효과를 초래하지만 '특별한 사정'이 존재한다는 이유로 부당성이 인정되지 않을 수 있다고 판시하였다.[51)] 대법원은 이 사건 운송관리비 징수에 관한 행위는 부당한 공동행위에 해당한다고 하였으나 컨테이너 운임적용률의 인상에 관한 행위는 정부의 행정지도에 의한 것으로 볼 여지가 있고 하불료를 인상해 주기 위해서는 운송료의 인상 등이 필요하며 우리나라 육상화물 운송시장의 특성상 컨테이너 운임의 덤핑을 방지할 경우 출혈가격경쟁이 발생하여 전국적인 산업분규, 물류의 차질 및 교통안전의 위해 등의 문제가 발생할 수 있고, 이를 해결하기 위한 추가적 사회적 비용이 육상화물운송시장에서의 가격경쟁으로 인한 소비자 후생증대효과에 비교하여 적지 않다는 점 등을 근거로 친경쟁적 효과가 매우 커서 공동행위의 부당성이 인정되지 않을 여지가 있다고 판시하였다.[52)]

마지막으로 최근 대법원은 전형적인 경성 공동행위가 문제된 사건에서 미국 및 EU 등 국제적으로 통용되는 경쟁법 이론이나 주요 국가의 법집행례 및 판례와는 동떨어진 법리를 제시하여 논란이 제기되었다. 즉, 수입차 딜러들의 부당한 공동행위 사건에서 대법원은 법상 부당한 공동행위에 해당하는지 여부를 판단함에 있어서는 먼저 그 전제가 되는 관련시장을 획정하여야 하고 관련시장을 획정함에 있어서는 거래대상인 상품의 기능 및 효용의 유사성, 구매자들의 대체가능성에 대한 인식 및 그와 관련한 경영의사 결정형태 등을 종합적으로 고려하여야 한다고 전제하고, 공동행위의 대상 및 사업자의 의도와 목적, 공동행위로 이미 경쟁제한 효과가 발생한 영역 또는 분야, 공동행위의 영향 내지 파급효과 등 원심이 관련시장을 획정함에 있어서 고려한 요소들은 주로 관련시장 획정 그 자체를 위한 고려요소라기보다 관련시장 획정을 전제로 한 부당한 공동행위의 경쟁제한성을 평가하는 요소들에 해당하므로, 만약 그와 같은 방식으로 관련시장을 획정하게 되면 관련시장을 획정한

50) 대법원 2008. 12. 24. 선고 2007두19584 판결. 동 판결에서 동일한 취지의 선판결례로 제시하고 있는 대법원 2005. 8. 19. 선고 2003두9251 판결은 부산시 치과의사회의 사업자단체금지행위 사건에서 내려진 판결로서 법의 궁극목적에 근거한 예외를 인정할 수 있다고 설시하였지만 당해 사건에서는 그러한 예외에 해당되지 않으므로 부당한 경쟁제한성이 인정된다고 판시하였다.

51) 대법원 2009. 7. 9. 선고 2007두26117 판결.

52) 같은 판결.

다음 경쟁제한성을 평가하는 것이 아니라 거꾸로 경쟁제한 효과가 미치는 범위를 관련시장으로 보게 되는 결과가 되어 부당하다는 이유로 원심 판결을 파기하였다.[53)]

위 대법원 판결의 내용을 문언 그대로 해석한다면, 실제로 가격인상의 효과를 초래한 가격고정 협정과 같은 '경성 공동행위'의 경우에도 그 경쟁제한성 여부를 판단하기 위해서는 마치 기업결합을 심사하는 경우와 마찬가지로 우선, 관련시장을 엄밀하게 획정하고 나서, 당해 시장에서의 경쟁제한성을 평가하여야 한다는 취지라고 이해할 수 있다. 그러나 이러한 판시는 경쟁법에서 관련시장의 획정이 가지는 의미와 한계를 충분히 이해하지 못한데 기인한 것으로서 미국 및 EU 등 주요 선진국의 경쟁법 집행 및 판례의 태도와 어긋나는 것이다. 뿐만 아니라 관련시장의 획정은 경쟁제한성을 판단하기 위한 전제로서 요구되는 것인데, 경쟁제한성이 명백한 경성 공동행위에 대해서까지 많은 시간과 비용이 소요되는 엄밀한 관련시장의 획정을 요구하는 것은 타당하지 않은 것은 물론이고, '과소집행의 오류'(false negative)를 초래할 우려도 있다.[54)]

그러나 그 이후에는 각급 법원이 이러한 비판을 받아들여서 경성카르텔이 문제된 사건들에서 경쟁제한성을 판단하기 위한 전제로서 관련시장의 획정을 요구하기는 하면서도 반드시 엄격한 관련시장의 획정을 요구하지 않는 경향을 보이고 있다. 예컨대, 12개 벽지제조사들의 부당한 공동행위 사건에서 서울고법은 관련시장과 관련하여 별다른 엄밀한 분석 없이, 문제된 시판용 일반실크벽지와 장폭합지벽지는 동일한 기능과 용도를 갖고 가격 중 일부가 중첩되기도 할 뿐만 아니라 비용 차이 역시 크지 않고 소비자들이 개별적 사정에 따라 양자 중 선택할 수 있으며, 이 사건 공동행위의 가담사업자들 역시 양자를 동일한 시장으로 인식하고 있었다는 점 등을 근거로 단일한 관련시장에 속한다고 보았는데,[55)] 상고심에서 대법원 역시 간략하게 관련시장의 획정에 관한 원심의 판단이 정당하다고 판시하였다.[56)]

---

53) 대법원 2012. 4. 26. 선고 2010두18703 판결.

54) 위 대법원 판시에 대한 비판적 분석으로서 이호영, "공정거래법상 경성카르텔의 경쟁제한성 판단방법 - 서울고법 2010. 5. 19. 선고 2009누1930 판결 및 서울고법 2010. 7. 22. 선고 2009누9873 판결", 「법조」, 통권 657호, 2011. 6., pp. 283-321 및 이호영, "독점규제법상 '관련시장' 획정의 의미와 입법적 개선", 「법조」, 통권 692호, 2014. 5., pp. 64-98 참고.

55) 서울고법 2012. 8. 16. 선고 2011누45650 판결.

56) 대법원 2014. 6. 26. 선고 2012두19687 판결.

또한 13개 비료제조사들의 입찰담합 사건에서 동 사업자들이 농협중앙회가 발주하는 총 8종의 비료군 입찰에 참여하면서 각 비종에 따른 입찰 참가자 및 수량과 가격을 합의한 것이 문제가 되었는데, 관련 행정소송에서 각 비종은 서로 대체가능성이 없어서 비종별로 별도의 관련시장을 획정하여야 하므로 별개의 공동행위로서 분석해야 한다는 주장에 대하여, 서울고법은 화학비료 입찰시장은 구매자, 거래대상 및 거래조건 등이 처음부터 특정되어 거래구조가 제한되고 일반적인 거래시장과 구별되는 특징이 있고 관련시장의 획정은 경쟁제한성 판단을 위한 전제로서 필요한 것인데, 이 사업자들의 시장점유율 합계는 100%이므로 비종별로 관련시장을 획정하더라도 경쟁제한성 판단에 영향을 미치지 아니하므로 비종별로 별도로 관련시장을 획정하지 아니하였다고 하더라도 공정거래위원회의 처분이 위법하다고 볼 수 없다고 판시하였다.[57] 나아가 위 법원은 부당한 공동행위 사건에 있어서 관련시장의 획정 필요성에 관하여 매우 주목할 만한 사항을 설시하였는데, 부당한 공동행위에서 관련시장이 다투어지는 경우에도 경쟁분석을 통한 정밀한 시장획정이 반드시 필요한 것이 아니라, 경쟁제한성 판단에 어려움이 있을 뿐만 아니라 공정거래위원회가 실시한 관련시장 획정의 수준 및 방법이 적정하지 않다고 볼 합리적인 의심이 상당한 정도로 제기된 경우에 한하여 제한적으로 필요하다고 판시하였다.[58]

》》 판례 대법원 2009. 7. 9. 선고 2007두26117 판결 ("화물운송료" 사건)

▶ 사실관계

2003년 경 화물차주들의 조직인 전국운송하역노동조합 화물운송특수고용직연대(이하 '화물연대')가 주도하여 운송사업자가 차주들에게 지급하는 하불료의 인상 등을 요구하면서 파업을 하자 하불료의 인상을 위해서는 운송료의 인상이 불가피하므로 화물연대와 화주들 사이에 협상이 필요하게 되었으나 다수의 화주들이 직접 협상에 참여할 수 없어서 정부가 운송사업자들로 하여금 화물연대의 상대방으로서 협상에 임하도록 행정지도를 하였다. 그런데 운송사업자들은 이를 기화로 화물차주에게 지불할 하불료가 아니라 화주들로부터 받을 운송료율(컨테이너

57) 서울고법 2013. 10. 18. 선고 2012누15632 판결.

58) 같은 판결. 상고심에서 대법원 역시 원심과 유사한 근거로 이 사건 관련시장을 화학비료 전체로 획정한 것은 정당하다고 판시하였는데, 그 근거 중 하나로서 사업자들이 자신이 취급하는 비종 전부를 대상으로 합의를 하면서 다만 그 합의의 내용에 따라 각자 다른 비종의 입찰에 참가한 것일 뿐이고, 따라서 경쟁제한의 효과는 비종별 시장에 국한되는 것이 아니라 화학비료 시장 전체에 미칠 수밖에 없고 사업자들이 이를 의도한 것임을 제시하였다(대법원 2014. 11. 27. 선고 2014두24471 판결).

운임적용률)을 인상하고, 자가운송업자들로부터 일정한 운송관리비를 징수할 것을 합의하였다.

어떠한 공동행위가 공정거래법 제19조 제1항이 정하고 있는 경쟁제한성을 가지는지 여부는 당해 상품의 특성, 소비자의 제품선택 기준, 당해 행위가 시장 및 사업자들의 경쟁에 미치는 영향 등 여러 사정을 고려하여, 당해 공동행위로 인하여 가격·수량·품질 기타 거래조건 등의 결정에 영향을 미치거나 미칠 우려가 있는지를 살펴, 개별적으로 판단하여야 한다. 한편, 사업자들이 공동으로 가격을 결정하거나 변경하는 행위는 그 범위 내에서 가격경쟁을 감소시킴으로써 그들의 의사에 따라 어느 정도 자유로이 가격 결정에 영향을 미치거나 미칠 우려가 있는 상태를 초래하게 되므로 원칙적으로 부당하고(대법원 2009. 3. 26. 선고 2008두21058 판결 참조), 다만 그 공동행위가 법령에 근거한 정부기관의 행정지도에 따라 적합하게 이루어진 경우라든지 또는 경제전반의 효율성 증대로 인하여 친경쟁적 효과가 매우 큰 경우와 같이 특별한 사정이 있는 경우에는 부당하다고 할 수 없다. (중략)

그러나 이 사건 합의 중 컨테이너 운임적용률에 관한 부분은 이 사건 기록에 의하여 알 수 있는 다음과 같은 사정들, 즉 2003. 5.경 화물연대가 전면 파업에 돌입하자 정부가 이를 수습할 목적으로 2003. 5. 15. 화물연대의 주요 요구안을 수용하여 '화물운송노동자 단체와 운수업 사업자단체간에 중앙교섭이 원만히 이루어질 수 있도록 적극 지원하고, 화주업체의 협조가 필요한 부분이 있는 경우에는 적극 참여하도록 지원한다'는 내용의 '노·정합의문'을 발표한데 이어, 2003. 8. 22.에는 원고들 및 소외 회사 임원들로 하여금 '화물연대 관련 컨테이너운송업자 임원 대책회의'를 개최하게 하였고, 2003. 8. 25.에는 '하불료 13% 인상' 등의 후속조치를 취하도록 촉구하는 등 강력한 행정지도를 펼친 사실이 인정되는바, 그 과정에서 원고들 및 소외 회사들이 화주로부터 지급받는 컨테이너 운임의 적용률을 인상하는 내용의 이 사건 합의에 대하여도 위와 같은 정부의 행정지도가 있었다고 볼 여지가 있는 점, 화물연대의 요구사항 중의 하나인 하불료를 인상해 주기 위하여는 원고들이 화주들로부터 받는 운송료가 인상되어야 하는 등 어느 정도의 수익 증가가 원고들에게 필요하다고 보이는 점, 피고는 원고들이 화주들로부터 지급받는 운임적용률을 공동으로 결정한 행위만을 문제삼고 있고, 화물차주들에게 지급할 하불료를 공동으로 결정한 행위에 대하여는 아무런 문제를 제기하고 있지 아니한 점, 원고들 및 소외 회사들이 이 사건 합의를 하게 된 경위는 위와 같이 하불료를 인상하는 데 필요한 재원 마련에 있었는데, 우리나라 육상화물 운송시장의 특성상 하불료는 지입차주들의 소득과 직결되어 있어 정부가 컨테이너 운임의 덤핑을 방치할 경우 출혈가격경쟁이 발생하여 이로 인한 전국적인 산업 분규, 물류의 차질 및 교통안전 위해 등의 문제가 발생할 수 있고, 이를 해결하기 위하여 추가되는 사회적 비용은 육상화물 운송시장에서의 가격경쟁으로 인한 소비자 후생 증대효과에 비교하여 적다고 볼 수 없는 점 등에 비추어 볼 때, 친경쟁적 효과가 매우 커 공동행위의 부당성이 인정되지 않을 여지가 있다.

그렇다면 원심으로서는 정부기관의 위와 같은 행정지도가 이 사건 합의 중 컨테이너 운임적용률을 인상한 부분에 대하여도 있었는지 여부, 원고들이 화물연대에게 하불료를 인상해 주기 위하여는 화주들로부터 받는 운송료가 얼마만큼 인상되었어야 하는지, 원고들이 이 사건 합의로 인상한 운송료에 비하여 화물차주들에게는 실제로 얼마만큼 하불료를 인상해 주었는지 등을 심리하여 본 다음 공동행위의 부당성 부분을 판단하였어야 할 것임에도 이에 이르지 아니한 채 그 판시와 같은 사유만으로 이 사건 합의 중 컨테이너 운임적용률에 관한 부분이 부당하게 경쟁을 제한하였다고 판단하였으니, 이러한 원심판결에는 공동행위의 부당성에 관한 법리를 오해하여 심리를 충분히 하지 아니한 위법이 있고, 이러한 위법은 판결에 영향을 미쳤음이 분명하다.

토의 주제

① 공동행위심사기준상 공동행위의 경쟁제한성을 판단하는 방법과 종래 대다수 법원들이 사용한 방법을 비교하여 그 차이를 설명해 보시오. 또한 경성 공동행위를 포함한 모든 유형의 공동행위에 대하여 관련시장의 획정 등 엄밀한 시장분석을 통해 경쟁제한성을 판단해야 하는지에 대해서 생각해 보시오.

② 대법원이 공동행위의 부당한 경쟁제한성 판단기준에 관하여 시외전화사업자들의 부당한 공동행위 사건에서 판시한 내용과 화물운송료사건에서 판시한 내용을 비교해 보고, 특히 법 제1조가 법의 궁극적 목적으로 규정하고 있는 소비자보호 또는 국민경제의 균형발전을 근거로 경쟁제한적 공동행위의 위법성을 부정하는 해석론의 장단점을 평가해 보시오.

심화학습

① 정당한 사업활동을 수행하기 위한 합작사업(Joint Ventures)의 내용에 경쟁을 제한하는 내용의 합의가 부수하는 경우를 종종 볼 수 있다. 이러한 경우에 문제가 된 경쟁제한적 합의의 위법성을 판단하는 기준에 관하여 종래 경쟁법 이론상 논의가 전개되었고 미국 및 EU 등에서는 소위 '부수적 거래제한의 법리'(ancillary restraints doctrine)가 정립되었다. 이 법리의 내용을 살펴보고 우리나라의 경우에도 동일하게 원용될 수 있는지에 대해서 생각해 보시오.

[관련문헌] 오승한, 독점규제법상 공동행위에 대한 위법성 판단 방법의 문제, 경쟁법연구 제20권, 2009, 185-234면

② 수요자가 단 하나의 사업자뿐인 수요독점시장(monopsony)에서 공급자들이 가격 등의 거래조건을 공동으로 책정하는 등의 공동행위가 이루어진 경우에, 이러한 공동행위는 독점적 수요자의 독점력 행사에 대항하기 위한 것으로서 오히려 경제적 효율성을 증진시킨다는 이유로 위법성을 부정할 수 있는지에 대해서 생각해 보시오.

※ 서울고법 2007. 11. 8. 선고 2005누19759 판결

Ⅳ. 행정지도와 적용제외

행정지도와 관련하여 제기되는 또 다른 쟁점은 문제가 된 행위가 행정지도에 따른 행위라는 이유로 독점규제법의 적용제외를 인정할 수 있는가 하는 문제이다. 종래 통신 및 방송산업, 금융산업, 에너지산업, 운송산업, 의료 및 제약산업 등 소위 '규제산업'(regulated industries)에서는 당해 산업부문을 전문적으로 규제하는 '산업별 규제기관'(sector-specific regulator)이 당해 산업부문에 고유한 정책목표를 수행하기 위하여 경쟁정책과 충돌될 여지가 많은 광범위한 규제를 해 왔는데, 이러한 '산업별 규제'(sector-specific regulation)와 독점규제법에 의한 일반 경쟁법적 규제가 상호 저촉될 수 있다. 이러한 산업별 규제에 따른 행위는 법 제58조의 '법령에 따른 정당한 행위'에 해당할 경우에는 독점규제법의 적용이 배제될 것이고, 향후 이론의 발전을 통하여 미국의 묵시적 적용제외의 법리나 주행위의 법리와 유사한 법리로 해결을 도모할 수도 있을 것이다.

이와 관련하여 특히 우리나라에서 제기되는 어려운 문제는 인·허가권한을 포함하여 당해 산업부문에 대하여 광범위한 규제권한을 행사하는 산업별 규제기관이 구체적인 법적 근거 없이 관계 법령상 일반적인 감독권한에 근거하여 경쟁을 제한하는 행위를 유발하는 행정지도를 행하고, 현실적으로 이에 불응하기 어려운 사업자가 당해 행정지도에 따라 독점규제법에 위반되는 행위를 실행하는 경우이다. 이는 특히, 종래 각 행정기관이 법적 근거가 모호한 행정지도를 중요한 규제수단으로 사용하는 관행이 형성되어 있는 우리나라와 일본에서 많이 제기되는 문제로서, 주로 경쟁사업자간의 공동행위 또는 사업자단체를 통한 경쟁제한행위가 발생한 경우에 당해 사업자들은 흔히 문제가 된 행위가 산업별 규제기관의 행정지도에 따른 것임을 내세워 위법성이 조각되었다거나 법령에 따른 정당한 행위라고 항변하기도 한다.[59)]

이에 대하여 종래 공정거래위원회는 특히 부당한 공동행위와 관련하여 행정지도가 그 원인이 되었더라도 그 행위는 원칙적으로 위법하고, 다만 법령상 구체적인

---

59) 이 문제는 위에서 설명한 법 제19조 제5항의 합의의 추정 조항이 적용된 경우에 사업자들이 공동행위의 외관이 발생한 이유는 자신들 사이에 '합의'가 존재하였기 때문이 아니라 행정지도에 순응하였기 때문이라는 이유를 들어서 추정을 복멸시키려 하는 경우와는 구별되는 문제이다.

근거를 가지는 정당한 행정지도에 따른 행위, 즉 다른 법령에서 행정기관이 사업자로 하여금 부당한 공동행위에 해당하는 행위를 하는 것을 행정지도할 수 있도록 규정하고 있는 경우로서 그 목적, 수단, 내용 및 방법 등이 근거법령에 부합하고, 사업자들이 그 범위 내에서 행위를 한 경우에는 이를 법 제58조의 '법령에 따른 정당한 행위'로 보아 적용제외를 인정하고, 기타의 경우에는 사실상 구속력이 있는 행정지도가 부당한 공동행위의 동인이 되었더라도 그것은 과징금 감경사유가 될 수 있을 뿐이라는 입장을 취하여 법적 근거가 모호한 행정지도가 개입된 일련의 행위를 법위반행위로 판단하고 있다.[60)]

그동안 행정지도가 개입된 독점규제법 위반행위를 다룬 판결들을 살펴보면, ① 행정지도를 이유로 문제가 된 법위반행위의 위법성을 조각할 수 있는지 여부를 검토한 것들과, ② 행정지도에 따른 행위가 법 제58조의 '법령에 따른 정당한 행위'로서 적용제외가 인정되는지 여부를 검토한 것으로 나눌 수 있다. 먼저, 전자에 해당하는 것으로서 (사)농수산물도매시장법인협회 등의 사업자단체금지행위와 관련된 민사소송 사건에서 서울고법은 문제가 된 경쟁제한행위가 독점규제법의 궁극적인 목적에 비추어 위법하지 않다고 판시하면서, 적법한 행정지도에 응하여 이루어진 행위임을 그 근거의 하나로 제시한 바 있다.[61)] 이에 반하여 한국비철금속공업협동조합연합회의 사업자단체금지행위 사건에서 서울고법은 주무관청인 당시 상공부의 행정지도에 따라 경쟁제한적인 결의를 시행하였다는 항변에 대하여 "행정지도는 비권력적 사실행위에 불과한 것이어서 그에 따름이 강제되는 것이 아니므로 사업자단체로서는 독자적으로 공정거래법 위반 여부를 판단하여 행동하였어야 할 것이고, 공정거래법의 운영은 행정부 내에 있어서 독립된 지위를 가진 공정거래위원회의 권한으로 되어 있으므로, 가사 원고와 소외 회사 간의 위 합의가 상공부의 행정지도에 의한 것이라 하더라도 그것만으로 위법성이 조각된다거나 또는 그 시정을 명함이 금반언의 원칙에 반하여 허용될 수 없다 할 수 없을 것"이라고 판시하였다.[62)]

후자와 관련하여 현재까지 법원이 독점규제법 위반행위에 대하여 행정지도에

---

60) 공정거래위원회, '행정지도가 개입된 공동행위에 대한 공정거래위원회의 기본입장'(2002. 10. 21.) 및 행정지도가 개입된 부당한 공동행위에 대한 심사지침(공정거래위원회 예규 제75호, 2009. 8. 21. 개정) 참고.

61) 서울고법 1996. 12. 6. 선고 96나2240 판결.

62) 서울고법 1992. 1. 29. 선고 91구2030 판결.

따른 행위라는 이유로 법 제58조의 적용제외에 해당된다고 한 사례는 찾아 볼 수 없고,[63] 행정지도가 개입되었다는 항변이 제기된 사건들에서 법원은 문제가 된 행위가 실제로 행정지도에 따른 것이 아니라거나 또는 설령 행정지도에 따른 것이라고 할지라도 동 행정지도가 '자유경쟁의 예외를 구체적으로 인정하고 있는 법률 또는 그 법률에 의한 명령의 범위 내에서 행하는 필요최소한의 행위'[64]가 아니라고 판시하였다.

예컨대, 손해보험협회 및 10개 손해보험회사들의 부당한 공동행위 사건에서도 서울고법 및 대법원은 보험감독원의 행정지도에 따라서 5개 긴급출동 서비스를 제외한 '기타의 응급조치' 서비스를 전면 폐지한 것이라는 주장에 대하여, 동 행정지도의 내용은 보험계약자 서비스와 특별이익제공 행위를 구분할 수 있는 기준을 업계가 자율적으로 설정하라는 취지이지 무료 긴급출동서비스가 특별이익제공에 해당하므로 이를 폐지하라는 취지가 아니었으므로 위 합의를 '법령에 따른 정당한 행위'로 볼 수 없다고 판시하였다.[65]

최근의 판결 중 주목할 만한 것으로서 통신사업자들이 행한 각종 요금관련 공동행위 사건들에서 법원은 행정지도에 의한 것이므로 독점규제법의 적용이 배제된다는 항변을 배척한 바 있다. 먼저, 시내전화사업자들의 부당한 공동행위 사건에서 동 사업자들은 자신들이 2003년 6월경 행한 요금합의가 2002년 11월경에 이루어진 전기통신사업법 제33조의 4[66]에 근거를 둔 정보통신부의 사실상 구속력 있는 행정지도를 이행한 것이므로 법 제58조의 적용제외에 해당한다고 항변하였다. 이에 대하여 공정거래위원회는 당시 정통부의 협의 및 요구는 위 회사들에게 실제로 구속력이 없었고, 문제가 된 합의는 위 회사들이 정통부의 협의 및 요구와는 무관하게 요금인하 경쟁에 따른 매출감소와 비용증가를 방지하고 향후 요금인상을 위한 공조를 위하여 추진하였으므로 양자 사이에 인과관계가 인정되지 않을 뿐만 아니라, 나

63) 다만, 최근 위에서 소개한 화물운송료사건에서 대법원은 이 사건 합의 중 일부의 '부당성'이 인정되지 않을 수 있다고 판시하면서 그 근거 중 하나로 정부의 행정지도를 제시하였는데(대법원 2009. 7. 9. 선고 2007두26117 판결), 이는 적용제외에 관한 판시라기보다는 법 제19조 제1항 본문의 '부당한 경쟁제한성'에 관한 판시라고 해석된다.

64) 대법원 1997. 5. 16. 선고 96누150 판결.

65) 서울고법 2004. 6. 10. 선고 2002누17752 판결 및 대법원 2006. 11. 23. 선고 2004두8323 판결.

66) 위 조항은 "정보통신부장관은 전기통신사업의 효율적인 경쟁체계의 구축과 공정한 경쟁환경의 조성을 위하여 노력하여야 한다."라고 규정하고 있었다.

아가 전기통신사업법 제33조의 4는 선언적 규정에 불과하여 정통부가 이를 근거로 사업자에 대하여 요금에 관한 합의를 하도록 요구할 수 없다는 점 등을 근거로 '법령에 따른 정당한 행위'로 볼 수 없다고 하였다.[67] 관련 행정소송에서 서울고법 및 대법원 역시 실제로 당시 정통부의 행정지도가 존재하였으나 이는 강제성이 없었고, 이 사건 합의는 동 행정지도 후 7-8개월이 경과한 후에 이루어졌으며 그 과정에서 정통부가 특별히 보고를 받은 사실도 없는 점 등에 비추어 볼 때, 동 합의는 행정지도와는 무관하게 사업자들이 곧 시행될 시내전화 번호이동성제도로 인한 손실의 방지를 위하여 자발적이고 적극적으로 추진된 것으로 판단되고, 이 사건 행정지도의 근거가 된 전기통신사업법상 위 규정은 법 제58조에 해당되기 위한 근거가 되는 '자유경쟁의 예외를 구체적으로 인정하는 법률'로 볼 수 없을 뿐만 아니라 이 사건 합의가 행정지도에 따른 것으로 볼 수도 없으므로 법 제58조의 법령에 따른 정당한 행위에 해당하지 않는다고 판시하였다.[68]

제3절 부당한 공동행위의 법률적 효과

Ⅰ. 합의의 사법적 효력

부당한 공동행위를 할 것을 약정하는 계약 등은 사업자 간에 있어서는 이를 무효로 한다(법 19조 4항). 이는 그 행위의 당사자인 사업자 간에는(상대적으로) 무효가 된다는 의미이다. 따라서 그 계약의 이행을 청구할 수 없을 뿐만 아니라 그 불이행을 이유로 손해배상을 청구할 수도 없다. 그러나 그 계약을 기반으로 하여 다시 제3자와 체결한 계약의 효력에는 영향을 미치지 않는다. 따라서 예컨대, 경쟁제한적 가격협정으로 인하여 손해를 입은 소비자 등 제3자는 부당한 공동행위를 이유로 자신이 공동행위에 참여한 사업자와 체결한 매매계약의 무효를 주장할 수는 없고, 다만

67) 공정거래위원회 2005. 8. 18. 의결 제2005-130호.

68) 서울고법 2007. 8. 22. 선고 2005누20230 판결 및 대법원 2009. 6. 23. 선고 2007두19416 판결. 그러나 대법원은 공정거래위원회의 이 사건 과징금 산정과정의 법령적용이 위법하다는 이유로 이 사건 과징금 부과처분을 취소하였다.

독점규제법 또는 민법상 손해배상을 청구할 수 있을 뿐이다.

그러나 입법론상 현행법 제19조 제4항의 태도가 타당한지는 의문이다. 왜냐하면 시장경제를 경제질서의 기본으로 삼고 있는 나라에서 자유로운 경쟁을 제한하는 부당한 공동행위는 사회질서의 핵심적인 요소인 경쟁질서를 침해하는 행위에 해당되기 때문이다.[69] 따라서 독일에서는 부당한 공동행위를 금지하는 유럽기능 조약 제101조 제1항이나 경쟁제한방지법 제1조에 위반하는 합의나 협정을 절대적 무효라고 한다.[70]

Ⅱ. 시정조치

법 제19조가 금지하는 부당한 공동행위가 있을 때에는 공정거래위원회가 당해 사업자에 대하여 당해 행위의 중지, 시정명령을 받은 사실의 공표 기타 시정을 위한 필요한 조치를 명할 수 있다(법 21조). '기타 시정을 위한 필요한 조치'에는 합의의 파기, 입찰참가자격 제한요청 등이 포함된다. 이와 관련하여 예컨대, 가격협정이 행해진 경우에 그와 같은 합의가 있기 전의 가격 또는 정상가격으로의 인하를 명할 수 있는지에 대하여 논란이 있을 수 있는데, 시정조치의 본질이 위법상태의 제거 및 가까운 장래에 위법행위가 재발하는 것을 방지하는 데 그치는 것이고,[71] 실제로 부당한 공동행위가 없었을 경우에 책정되었을 '정상가격'을 산정하는 것이 사실상 불가능하다고 할 수 있으므로 특정한 가격수준으로 인하하라고 명할 수는 없다고 보아야 할 것이다.

Ⅲ. 과 징 금

법 제19조에 위반하는 부당한 공동행위가 있을 경우에 공정거래위원회는 당해 사업자들에게 과징금을 부과할 수 있다(법 22조). 과징금의 부과는 법 위반사업자에 대

69) 권오승, 계약자유와 공정거래, 경쟁법연구 제40권(2019), 133면 참조.

70) Dreher/kulka, Wettbewerbs-und Kartellrecht, 10, Aufl., Rdnr. 965; 이봉의, 독일경쟁법, 법문사, 2016, 95-96면 참조.

71) 대법원 2003. 2. 20. 선고 2001두5347 판결 참고.

한 가장 중요하고 효과적인 제재 및 억제수단이라고 할 수 있다. 부당한 공동행위에 대한 과징금은 당해 위반사업자가 위반기간 동안 일정한 거래분야에서 판매한 관련 상품이나 용역의 매출액 또는 이에 준하는 금액(관련매출액)을 기준으로 여기에 100분의 10을 곱한 금액을 초과하지 아니하는 범위 안에서 부과된다. 그런데 위반행위가 상품이나 용역의 구매와 관련하여 이루어진 경우에는 관련 상품이나 용역의 매입액을, 입찰담합 및 이와 유사한 행위인 경우에는 계약금액을 기준으로 하여, 여기에 100분의 10을 초과하지 않는 범위 안에서 부과된다(영9조 1항). 다만, 매출액이 없는 경우 등에는 20억 원을 초과하지 아니하는 범위 안에서 과징금을 부과할 수 있다(법 22조).

그리고 공정거래위원회는 과징금의 부과를 위해서 위반기간과 관련매출액을 특정할 필요가 있다. 위반기간은 위반행위의 개시일로부터 그 종료일까지의 기간을 말하는데, 개시일은 원칙적으로 실행개시일이 아니라 합의일이고, 종료일은 합의에 따른 실행행위가 종료된 날이다.[72] 한편 관련매출액은 부당한 공동행위와 관련된 상품 또는 용역의 대가의 합계액에서 품질불량, 파손 등으로 대가의 일부가 공제될 경우의 공제액 등 소정의 금액을 공제한 금액으로 하여야 한다.

법 시행령 제61조 제1항 [별표 2](위반행위의 과징금 부과기준)에서는 과징금의 산정기준을 법위반행위의 유형별로 구체적으로 규정하고 있는데, 특히 부당한 공동행위에 관하여는 위에서 정한 한도액의 범위 내에서 관련매출액에 중대성의 정도별로 정하는 부과기준율을 곱한 금액을 기본 산정기준으로 하고, 다시 이 금액에 대하여 위반행위의 기간 및 횟수 등에 따른 조정(1차 조정)과 위반사업자의 고의·과실 등에 따른 조정(2차 조정)을 거친 뒤, 기타 현실적 부담능력 등을 고려하여 최종적인 부과과징금을 결정하도록 하고 있다.

Ⅳ. 부당한 공동행위의 관련매출액

공정거래위원회가 부당한 공동행위에 대한 과징금을 산정함에 있어서 가장 중요한 과제는 관련매출액을 결정하는 것이다. 법 시행령 제61조 제1항 관련 [별표 2]

72) 대법원 2006.3.24. 선고 2004두 11275판결.

(위반행위의 과징금 부과기준)는 공정거래위원회가 관련매출액을 산정함에 있어서 관련상품의 범위는 위반행위로 인하여 직접 또는 간접적으로 영향을 받는 상품의 종류와 성질, 거래지역, 거래상대방, 거래단계 등을 고려하여 정하고, 위반기간은 위반행위의 개시일부터 종료일까지의 기간으로 하며, 매출액은 사업자의 회계자료 등을 참고하여 정하는 것을 원칙으로 하되, 각각의 범위는 행위유형별로 개별적·구체적으로 판단하도록 하고 있다.

또한 공정거래위원회의 '과징금부과 세부기준 등에 관한 고시'(공정거래위원회 고시 제2014-18호, 2014. 12. 31. 개정)는 관련매출액을 산정하기 위한 관련상품의 범위에 관하여 동 법시행령의 규정에 준하여, "(1) 관련상품은 위반행위로 인하여 직접 또는 간접적으로 영향을 받는 상품의 종류와 성질, 거래지역, 거래상대방, 거래단계 등을 고려하여 행위유형별로 개별적·구체적으로 판단한다. 관련상품에는 당해 위반행위로 인하여 거래가 실제로 이루어지거나 이루어지지 아니한 상품이 포함된다. (2) 위 (1)에 의하여 관련상품의 범위를 정하기 곤란한 경우에는 당해 위반행위로 인하여 직접 발생하였거나 발생할 우려가 현저하게 된 다른 사업자(사업자단체를 포함한다. 이하 같다)의 피해와 연관된 상품을, 다른 사업자의 직접적 피해가 없는 경우에는 소비자의 직접적 피해와 연관된 상품을 관련상품으로 볼 수 있다."고 규정하고 있다(동 고시 II. 5. 나). 그러나 위 고시가 말하는 '관련상품'의 범위를 구체적으로 획정하는 것은 여전히 쉽지 않아서[73] 재판상 많이 다투어지고 있는데, 이에 관한 중요한 판례를 살펴보면 다음과 같다.

먼저 (주)두원냉기의 부당한 공동행위 사건에서는 에어컨을 제조·공급하는 사업자들이 패키지에어컨의 소비자판매가격을 인상하기로 합의한 경우에 패키지에어컨 이외에 OEM부문을 포함한 매출액을 기준으로 과징금을 산정할 수 있는지가 문제되었는데, 대법원은 "과징금 산정의 기준이 되는 매출액을 산정함에 있어서 그 전제가 되는 부당한 공동행위와 관련된 상품 또는 용역의 범위는 부당한 공동행위를 한 사업자 간의 합의의 내용에 포함된 상품 또는 용역의 종류와 성질·거래지역·거래상대방·거래단계 등을 고려하여 개별적·구체적으로 판단하여야 한다."고 하면서,[74] 위 회사가 OEM생산방식에 의하여 납품하는 패키지에어컨의 납품가격

---

73) 참고로 일본의 경우에는 부당한 공동행위에 대한 과징금 산정의 기준이 되는 매출액의 물적 범위에 대하여 "당해 상품 또는 용역의 매출액"으로 정하고 있어 논란의 소지가 없다(일본 사적독점의 금지 및 공정거래의 확보에 관한 법률 제7조의 2).

인상 등에 관하여 논의 또는 합의하였다는 점을 인정할 수 없는 이상 OEM부문 매출액을 포함한 매출액을 기준으로 과징금을 산정한 것은 위법하다고 판시하였다.[75]

한편, 세제제조업체들의 부당한 공동행위 사건에서는 이들이 3개 브랜드의 세탁세제 제품과 3개 브랜드의 주방세제 제품의 가격을 합의한 경우에 합의의 대상에 직접 포함되지 않은 나머지 12개 브랜드 제품들의 매출액도 과징금 산정의 기준이 되는 관련매출액에 포함시켜야 하는지 여부가 다투어졌다. 대법원은 이 사건 담합의 대상이 되지 않은 나머지 12개의 브랜드 제품들도 그 주요 성분 등이 담합의 대상으로 된 제품들과 같은 것으로 보이는 점, 원고를 포함한 세제 4사가 세제제품의 브랜드별로 가격을 달리 책정하고 있기는 하나 세탁·주방세제라는 동질성으로 인하여 위와 같이 대표성 있는 브랜드 제품에 대하여 기준가격을 결정하고 나면 나머지 제품들도 그 가격의 영향을 받지 않을 수 없는 점, 실제로 관련 문건에 가격담합에 따른 가격인상의 대상이 전 품목이라고 볼 수 있는 내용이 기재되어 있는 점, 통상 대형 할인점에 대한 판매가격이 원고를 포함한 세제 4사가 공급하는 제품의 최저가이므로 그 외의 유통채널들도 대형 할인점에 대한 판매가격에 영향을 받지 않을 수 없는 점 등에 비추어 담합의 대상에 직접적으로 포함되지 아니한 나머지 12개 브랜드 제품들의 매출액도 관련매출액의 범위에 포함되어야 할 것이라고 판시하였다.[76]

특히 주목할 만한 사례로서 최근 합성수지제조사들이 다양한 품목 및 규격의 제품별로 가격을 담합한 행위가 문제된 합성수지제조사들의 부당한 공동행위 사건에서 과징금 산정의 기준이 되는 관련상품의 범위에 관한 다양한 쟁점이 다투어졌고, 각각의 쟁점에 대하여 순차적으로 대법원의 판시가 있었다. 먼저, 대법원은 가담사업자들이 범용상품의 가격에 대하여 합의한 경우에 특수규격제품 등 범용제품과 차별화된 제품을 관련상품에 포함시킬지 여부에 대하여 원고가 그 차별성을 입증하면 원칙적으로 제외하되, 이를 포함시키기 위해서는 이들 제품시장에서 경쟁이 제한되는 효과가 발생하였거나 발생할 우려가 있었다는 점을 공정거래위원회가 입증하여야 한다고 판시하였다.[77]

---

74) 대법원 2003. 1. 10. 선고 2001두10387 판결.
75) 같은 판결.
76) 대법원 2009. 6. 25. 선고 2008두17035 판결.

실제로 대법원은 위 법리를 적용하여 일부 사건에서 특수규격제품이 범용제품에 대한 가격고정 합의의 대상에 포함되지 않았고 원고가 국내에서 단독으로 생산하여 독점적으로 공급하고 있는 경우에 동 제품들의 가격 형성이 이 사건 공동행위에 영향을 받았거나 이 사건 공동행위로 인하여 차별화제품의 시장에 다른 경쟁자가 진입하는데 장애를 겪었다거나 그 대체재를 생산·판매하는데 지장을 받았음이 입증되지 않는다면 관련상품에서 제외하여야 한다고 판시하였다.[78]

또한 대법원은 수요처와의 거래상 가격을 결정하는데 사용하는 특정한 포뮬라방식에 따라 외부적으로 결정되는 참고가격에 수요처와의 개별협상을 통해 ±α의 형태로 가격이 책정되는 경우에는 이 사건 공동행위가 그 가격결정에 영향을 줄 수 없으므로 이로 인하여 포뮬라방식에 따른 제품들의 시장에 다른 경쟁자가 진입하는데 장애를 겪었다거나 그 대체재를 생산·판매하는데 지장을 받았음이 인정되지 않는다면 관련상품에 포함시킬 수 없다고 판시하였다.[79]

이에 반하여, 대법원은 문제가 된 공동행위의 대상이 된 범용제품에 특수 수요처를 위해 약간의 변형 등 공정을 거쳐 생산한 차별화제품은 이 사건 공동행위로 인하여 이들 제품시장에서 경쟁이 제한되는 효과가 발생하였거나 발생할 우려가 있으므로 관련상품에 포함시킨 것은 정당하다고 판시하였으며,[80] 공동행위를 통하여 다양한 제품의 대표규격의 가격(기준가격)을 정한 후 이를 기준으로 개별규격의 원가, 인지도, 특화정도, 할인율 등을 감안하여 가격을 결정한 경우에 이 사건 공동행위로 인하여 기준가격의 인상이 이루어지면 특수규격제품의 가격에도 기준가격의 변동폭만큼 영향이 미치도록 실행되었고 특수규격제품에 관해서도 다른 유화사의 경쟁제품이 있거나 반드시 독점적으로 공급하지 않았다면, 원고만이 독자적으로 개발하여 단독으로 제조·판매하는 제품들로서 수요처와의 개별협상에 의하여 가격이 결정되는 완전하게 차별화된 제품이라고 볼 수 없으므로, 이 사건 가격담합으로 인하여 그 가격의 결정에 직접 또는 간접적으로 영향을 받았던 관련상품에 포함된다고 판시하였다.[81]

---

77) 대법원 2011. 5. 26. 판결 2009두12082 판결; 대법원 2011. 9. 8. 선고 2009두14880 판결 등.

78) 대법원 2011. 6. 30. 선고 2009두12631 판결; 대법원 2011. 7. 24. 선고 2009두263 판결; 대법원 2011. 7. 28. 선고 2009두12280 판결; 대법원 2012. 3. 29. 선고 2010두27110 판결 등.

79) 대법원 2011. 6. 30. 선고 2009두12631 판결; 대법원 2011. 7. 28. 선고 2009두12280 판결 등.

80) 대법원 2011. 5. 25. 선고 2009두12082 판결.

요컨대, 판례는 원칙적으로 가격고정 합의의 대상인 제품을 관련상품에 포함시키고 그밖에 합의의 대상 이외의 제품을 관련상품의 범위에 포함시키기 위해서는 공동행위로 인하여 다른 경쟁사업자들이 이들 제품시장에 새로이 진입하는 데에 장애를 겪었거나 위 제품들의 대체재를 생산·판매하는 데 지장을 받았다는 등 이들 제품시장에서 경쟁이 제한되는 효과가 발생하였거나 발생할 우려가 있었다는 점을 공정거래위원회가 입증하여야 하다. 다만 독립적으로 거래의 대상이 되지 않는 상품이나 용역의 부분에 대하여 합의를 한 경우에는 이로 인하여 전체 상품이나 용역의 가격에 영향을 준 경우에는 전체 상품이나 용역의 가격을 기준으로 관련매출액을 산정할 수 있다는 입장이라고 할 수 있다.

Ⅴ. 공동행위의 시기(始期)와 종기(終期) 및 개수

1. 공동행위의 시기

부당한 공동행위에 대한 과징금을 산정함에 있어서 공동행위의 '시기'(始期)와 '종기'(終期)를 정하는 문제는 실무상 매우 중요한 의미를 가진다. 왜냐하면 부당한 공동행위에 대해 과징금을 산정하기 위해서는 우선 '관련매출액'을 산정해야 하는데, 이를 위해서는 먼저 관련상품(또는 용역)의 범위를 결정해야 할 뿐만 아니라 위반행위의 시기(개시일)와 종기(종료일)를 정하여 '위반기간'을 결정하고, 나아가 동기간 중에 판매 또는 매입한 관련상품의 매출액을 산정해야 하기 때문이다.

공동행위의 시기는 합의가 있은 날로 본다. 현행 독점규제법상 부당한 공동행위가 성립하기 위해서는 경쟁을 제한하는 행위를 할 것을 합의하는 것만으로 충분하고 당해 합의를 실행할 것을 요구하지 않는다. 그리고 동법 시행령 제61조 제1항의 [별표 2]는 관련매출액을 산정하기 위하여 필요한 '위반기간'을 "위반행위의 개시일부터 종료일까지의 기간"이라고 규정하고 있다. 따라서 부당한 공동행위의 시기는 문제가 된 합의의 실행이 개시된 날이 아니라 합의를 한 날이라고 해야 한다.[82]

그런데 법 제19조 제5항을 적용하여 합의를 추정하거나 또는 사실상 추정을 통하

81) 대법원 2011. 6. 30. 선고 2010두28915 판결 등.
82) 대법원도 이를 확인한 바 있다(대법원 2008. 9. 25. 선고 2007두3756 판결 참고).

여 합의의 존재를 인정하는 경우에는 합의를 한 날을 특정하기가 어렵다는 문제가 발생한다. 따라서 공정위의 '과징금부과 세부기준 등에 관한 고시'(공정거래위원회 고시 제2014-18호, 2014. 12. 31. 개정)는 부당한 공동행위의 경우 법 제19조 제1항을 적용하는 경우에는 참가사업자 전부에 대하여 법 제19조 제1항 각 호의 1에 해당하는 행위를 할 것을 합의한 날을 위반행위의 개시일로 보고, 법 제19조 제5항에 의한 합의 추정 등의 경우와 같이 합의일을 특정하기 어려운 경우에는 사업자별로 실행개시일을 위반행위의 개시일로 보되, 다만 실행을 개시한 후에 경쟁을 실질적으로 제한하는 효과가 나타나는 경우에는 그 효과가 발생한 날을 위반행위의 개시일로 본다고 규정하고 있다(동 고시 Ⅳ. 1. 다. (1) (다)).[83)]

2. 공동행위의 종기

공동행위의 종기는 과징금 산정을 위한 전제로서 위반기간의 종기가 될 뿐만 아니라 시정조치나 과징금 납부명령 등을 내릴 수 있는 처분시효기간의 기산점이 되기도 하고, 법령의 개정이 있은 경우에는 경과규정상 적용법령의 판단기준이 되기도 한다. 즉, 법 제49조 제4항은 법 위반행위에 대해 공정위가 조사를 개시하지 아니한 경우에 해당 위반행위의 종료일을 기준으로 7년의 처분기간을 규정하고 있고, 법 위반행위에 대한 과징금의 부과기준에 관한 사항 등을 정한 법령이 개정될 경우에는 흔히 경과규정을 두어 개정된 조항이 시행되기 전의 위반행위에 대해서는 종전의 규정에 의하도록 하고 있는데, '개정된 조항이 시행되기 전의 위반행위인지' 여부도 역시 위반행위의 종료시점을 기준으로 판단한다.[84)]

대법원은 일관되게 실행행위가 있었던 부당한 공동행위의 종기는 그 합의에 기한 실행행위가 종료한 날을 의미한다고 판시하고 있다.[85)] 따라서 부당한 공동행위

---

83) 위 고시 조항의 단서 규정은 2004년 4월 개정을 통하여 새로이 추가된 것이다. 이는 대법원이 2003년 철강사업자들의 부당한 공동행위 사건 관련 행정소송 상고심에서 구법 제19조 제5항에 따르면 '가격을 결정·유지 또는 변경하는 행위'가 '경쟁을 실질적으로 제한하는 행위'에 해당할 때 비로소 부당한 공동행위의 합의가 추정되므로, 이 사건 행위에 적용되는 과징금부과지침에서 말하는 '실행개시일'은 '가격을 결정·유지 또는 변경하는 행위'와 '경쟁을 실질적으로 제한하는 행위'라는 두 가지 간접사실이 모두 갖추어졌을 때를 의미하고, 그때가 언제인지에 관하여는 '가격을 결정·유지 또는 변경하는 행위'를 한 사업자의 시장점유율 및 당해 사업자가 생산·판매하는 시장의 특성과 현황 등을 종합적으로 고려하여 판단해야 한다고 판시한 이래(대법원 2003. 5. 27. 선고 2002두4648 판결), 대법원 및 하급심 법원이 계속적으로 같은 취지의 판결을 내림에 따라 공정거래위원회가 이와 같은 판결의 취지를 반영한 것이었다.

84) 대법원 2007. 12. 13. 선고 2007두2852 판결; 대법원 2008. 9. 25. 선고 2007두3756 판결 등.

의 경우에는 문제가 된 합의를 한 날을 기준으로 법상 처분기한이 경과하였더라도 당해 합의의 실행행위가 지속되어 실행행위의 종료시점을 기준으로 처분기한이 경과하지 않았다면 법상 시정조치나 과징금부과명령을 내릴 수 있고, 설령 합의가 성립된 시점 이후에 법령이 개정되었다고 할지라도 실행행위가 법령이 개정된 이후까지 계속되었다면 경과규정에 따라서 일반적으로 개정된 법령이 적용된다.

그런데 실무상으로 어떠한 사정이 존재하는 경우에 이미 실행된 공동행위가 종료되었다고 볼 수 있는지에 대하여 재판상 많이 다투어져 왔다. 이와 관련하여 공정위의 '과징금부과 세부기준 등에 관한 고시'는 "합의가 더 이상 존속하지 아니하게 된 날을 종료일로 본다. 참여사업자들이 여러 차례의 합의를 한 경우에는 합의의 구체적 내용과 사정 등을 종합적으로 고려하여 합의의 수와 그에 상응하는 종료일을 판단한다."고 규정하고 있을 뿐(동 고시 Ⅳ. 1. 다. (1) (라)), 더 이상 구체적 판단기준을 제시하지 않고 있다.

대법원은 가성소다제조사들의 부당한 공동행위 사건에서 공동행위의 종기에 관하여 중요한 사항을 판시하였다. 즉, 부당한 공동행위에 해당하는 합의가 실행된 경우에 첫째, 합의에 참가한 일부 사업자가 부당한 공동행위를 종료하기 위해서는 다른 사업자에 대하여 합의에서 탈퇴하였음을 알리는 명시적 내지 묵시적인 의사표시를 하고 가격을 독자적인 판단에 따라 담합이 없었더라면 존재하였을 가격 수준으로 인하하는 등 합의에 반하는 행위를 하여야 하며, 둘째, 합의에 참가한 사업자 전부에 대하여 부당한 공동행위가 종료되었다고 하기 위해서는 합의에 참가한 사업자들이 명시적으로 합의를 파기하고 각 사업자가 가격을 각자의 독자적인 판단에 따라 담합이 없었더라면 존재하였을 가격 수준으로 인하하는 등 합의에 반하는 행위를 하거나 또는 합의에 참가한 사업자들 사이에 반복적인 가격경쟁을 통하여 담합이 사실상 파기되었다고 인정할 수 있을 만한 행위가 일정 기간 계속되는 등 합의가 사실상 파기되었다고 볼 수 있을 만한 사정이 있어야 한다고 판시하였다.[86] 이러한 대법원의 판시 내용은 종전에 논란이 되었던 부당한 공동행위의 종기를 판단하는 기준을 참여사업자 일부에 대한 경우와 참여사업자 전부에 대한 경우로 나

85) 대법원 2006. 3. 24. 선고 2004두11275 판결; 대법원 2007. 12. 13. 선고 2007두2852 판결; 대법원 2008. 9. 25. 선고 2007두3756 판결; 대법원 2009. 6. 23. 선고 2007두19416 판결 등.

86) 대법원 2008. 10. 23. 선고 2007두12774 판결 등.

누어서 명확하게 결정하였다는 점에 그 의의가 있다.

3. 공동행위의 개수

위에서 살펴 본 부당한 공동행위의 종기를 결정하는 것은 공동행위의 개수를 결정하는 문제와 밀접한 관련성이 있다. 둘 이상의 합의가 상당한 기간에 걸쳐서 불연속적으로 이루어진 경우에 이들 합의 전체를 하나의 부당한 공동행위로 볼 것인지 아니면 각각의 합의를 별개의 부당한 공동행위로 볼 것인지에 따라 당해 공동행위의 종기가 달라진다. 수개의 합의가 불연속적으로 이루어진 경우에 이들 전체를 하나의 공동행위로 본다면 수개의 합의의 실행행위 중 가장 늦게까지 지속된 실행행위가 종료한 시점을 기준으로 법 제49조 제4항의 처분시효기간의 기산점과 경과규정에 따른 적용 법령을 정하게 되지만, 반대로 각각의 합의를 별개의 공동행위로 본다면 각각의 합의의 실행행위가 종료된 시점을 기준으로 이를 판단하게 된다.

이와 관련하여 공정위의 '과징금부과 세부기준 등에 관한 고시'는 법 위반행위가 2일 이상 불연속적으로 이루어진 경우에는 당해 위반행위의 유형·성격·목적·동기, 연속되지 아니한 기간의 정도와 이유, 위반행위의 효과, 시장상황 등 제반사정을 고려하여 경제적·사회적 사실관계가 동일하다고 인정되는 범위 내에서 하나의 위반행위로 보아 마지막 위반행위의 종료일을 당해 위반행위의 종료일로 보아야 한다고 규정하고(동 고시 II. 6. 나. (2)), 특히 부당한 공동행위와 관련해서 참가사업자들이 여러 차례의 합의를 한 경우에는 합의의 구체적 내용과 사정 등을 종합적으로 고려하여 합의의 수와 그에 상응하는 종료일을 판단하도록 규정하고 있을 뿐이다(동 고시 동 고시 IV. 1. 다. (1) (라)).

그런데 대법원은 일련의 판결을 통하여 부당한 공동행위의 개수를 판단하는 기준을 제시하고 있다. 먼저, 흑연전극봉 생산업자들의 국제카르텔 사건에서 대법원은 장기간에 걸쳐 내용을 다소 수정해 가면서 여러 차례의 합의를 행한 경우에 이를 별도의 합의로 보아야 할 것인지 여부에 대하여, "사업자들이 경쟁을 제한할 목적으로 공동하여 향후 계속적으로 가격의 결정, 유지 또는 변경행위 등을 하기로 하면서, 그 결정주체, 결정방법 등에 관한 일정한 기준을 정하고, 향후 이를 실행하기 위하여 계속적인 회합을 가지기로 하는 등의 기본적 원칙에 관한 합의를 하고, 이에 따라 위 합의를 실행하는 과정에서 수 회에 걸쳐 회합을 하고 구체적인 가격의 결정 등을 위한 합의를 계속하여 온 경우, 그 회합 또는 합의의 구체적인 내용이나 구성원에 일부 변경이 있더라도 그와 같은 일련의 합의는 전체적으로 하나의 부당한 공동행위로 봄이 상당하다고 판시하였다.[87]

그리고 대법원은 굴삭기제조사들의 부당한 공동행위 사건에서 다시 부당한 공동행위의 개수를 판단하는 기준에 관하여, "사업자들이 장기간에 걸쳐 수 회의 합의를 한 경우 그 수 회의 합의가 단일한 의사에 기하여 동일한 목적을 수행하기 위한 것으로서 그것이 단절됨이 없이 계속 실행되어 왔다면, 그 합의의 구체적인 내용 등에 일부 변경이 있었다고 하더라도, 그와 같은 일련의 합의는 특별한 사정이 없는 한 이를 전체적으로 1개의 부당한 공동행위로 봄이 상당하다."고 판시하였다.[88]

Ⅵ. 입찰담합에 대한 과징금

종래 입찰담합에 대한 과징금을 산정하는 방법과 관련하여 실무상 독특한 쟁점이 제기되고 있다. 즉 입찰담합의 실제 모습을 살펴보면 참여사업자 모두가 낙찰을 받는 경우는 매우 드물고, 참여사업자들 중 하나 또는 일부 사업자들만 낙찰을 받아 계약을 체결하고 기타 사업자는 유찰을 방지할 목적 등으로 소위 '들러리'로서 형식적으로 입찰에 참여하는 경우를 흔히 볼 수 있다. 이때 낙찰을 받지 않은 가담자에 대한 과징금의 산정방법이 문제가 되는데, 법 시행령은 입찰담합 및 이와 유사한 행위인 경우에 과징금 산정의 기초가 되는 관련매출액은 '계약금액'이라고 규정하고 있을 뿐이고(법 시행령 9조 1항 단서 후단) 그 외에 별도의 규정을 두지 않고 있다.[89]

다만, 공정위의 '과징금부과 세부기준 등에 관한 고시'는 입찰담합의 경우에 "낙찰(경락 포함)이 된 경우에는 계약금액을, 낙찰은 되었으나 계약이 체결되지 아니한 경우에는 낙찰금액을, 낙찰이 되지 아니한 경우에는 예정가격(예정가격이 없는 경우에는 응찰금액)을 당해 입찰담합에 참여한 각 사업자의 관련 매출액으로 본다."고 규정하고, "응찰하지 아니하였거나 탈락한 자에 대하여는 산정기준을 2분의 1 범위

87) 대법원 2006. 3. 24. 선고 2004두11275 판결 등.

88) 대법원 2008. 9. 25. 선고 2007두3756, 2007두12699 판결.

89) 2004. 4. 1. 개정되기 이전의 구법 시행령 제61조 제1항 관련 [별표 2]는 입찰담합에 대한 과징금 부과기준을 별도로 정하여, '입찰계약이 체결된 경우에는 계약금액의 5% 이내, 입찰계약이 체결되지 아니한 경우에는 10억 원 이하'라고 규정하고 있었다.

내에서 감액할 수 있다."고 규정하고 있다(동 고시 Ⅳ. 1. 다. (1) (마)). 따라서 현행 고시에 따르면 실제로 낙찰을 받은 업체가 존재하는 경우에 당해 낙찰자 이외의 가담자(소위 '들러리')에 대한 과징금은 여전히 낙찰자가 체결한 계약금액 또는 낙찰금액을 '관련매출액'으로 하되 2분의 1 범위 내에서 감액할 수 있을 뿐이다.

토의 주제

① 부당한 공동행위에 대한 시정조치로서 가격인하를 명할 수 있다는 견해와 이를 부정하는 견해의 논거를 각각 열거하고, 양자를 평가해 보시오.

② 법 시행령 및 '과징금부과 세부기준등에 관한 고시'에 따라 부당한 공동행위에 대한 과징금을 산정하기 위한 '관련매출액'을 산정하는 방법을 설명하고, 특히 관련상품의 범위에 관한 판결례로부터 일관된 원칙을 도출할 수 있는지 생각해 보시오.

심화학습

• 만일 일괄입찰에 대한 입찰담합에 참여한 사업자가 일단 실시설계적격자로 선정된 후 낙찰결정 이전에 당해 입찰이 무효라는 이유로 실시설계적격자로서의 지위를 박탈당하였다면 '과징금부과 세부기준등에 관한 고시'의 관련 규정상 '입찰계약이 체결되지 아니한 경우'라고 해석해야 하는지 생각해 보시오.

※ 대법원 2006. 12. 7. 선고 2004두3045 판결

제 4 절 공동행위 자진신고자 등에 대한 감면제도

우리나라 독점규제법이 1996년의 법 개정을 통하여 미국 및 EU 등 각국의 예에 따라, 은밀하게 이루어지고 있는 부당한 공동행위를 효과적으로 적발·시정하기 위하여 이를 자진하여 신고하거나 조사에 협조한 자 등에 대하여 시정조치나 과징금을 감면해 주는 제도를 도입하였다는 점은 이미 설명한 바와 같다. 특히, 이 제도는 최근 경성 공동행위에 대한 제재수준이 높아지고 동 제도에 대한 인식이 높아짐

에 따라 실제 부당한 공동행위를 적발하고 예방하는 데 중요한 역할을 담당하고 있는 것으로 평가되고 있다. 이 제도의 주요 내용은 다음과 같다.[90)]

우선, 독점규제법은 (1) 부당한 공동행위의 사실을 자진 신고한 자, (2) 증거제공 등의 방법으로 조사에 협조한 자에 대하여 시정조치 또는 과징금을 감경 또는 면제할 수 있고, 법 제71조에 따라 형사소추를 위해 필요한 공정거래위원회의 고발까지 면제할 수 있다(법 22조의 2 1항). 그런데 구체적으로 감경 또는 면제되는 자의 범위와 감경 또는 면제의 기준 및 정도 등 세부적인 사항은 대통령령으로 정하도록 하고 있다(법 22조의 2 3항). 또한 자진신고자 등의 신원이나 제보내용 등이 제3자에게 누설될 우려가 동 제도의 활성화를 가로막는 요인이 되고 있다는 지적에 따라 2007년의 법 개정을 통하여 명시적으로 (1) 자진신고자 등이 정보의 제공에 동의한 경우, (2) 해당 사건과 관련된 소송의 제기, 수행 등에 필요한 경우를 제외하고는, 자진신고나 제보와 관련된 정보 및 자료를 사건처리와 관계없는 자에게 제공하거나 누설하는 것을 금지하고(법 22조의 2 2항 및 법 시행령 35조 2항), 공정거래위원회는 자진신고자 등의 신청이 있으면 이들의 [illegible]되지 아니하도록 해당 사건을 분리 심리하거나 분리 의결할 수 있도록 하고 있다(법 시행[illegible] 35조 3항).

법 시행령은 시정조치 [illegible] 감면 여부를 결정하는 기준을 공정거래위원회가 조사를 시작하기 전에 자진신고한 [illegible]사를 시작한 후에 조사에 협조한 자를 구분하여 규정하고 있다. 먼저 공정거래위원회가 조사를 시작하기 전에 자진신고한 자가, (1) 부당한 공동행위임을 입증하는 데 필요한 증거를 단독으로 제공한 최초의 자일 것, (2) 공정거래위원회가 부당한 공동행위에 대한 정보를 입수하지 못하였거나 부당한 공동행위임을 입증하는 데 필요한 증거를 충분히 확보하지 못한 상태에서 자진신고하였을 것, (3) 부당한 공동행위와 관련된 사실을 모두 진술하고, 관련 자료를 제출하는 등 조사가 끝날 때까지 성실하게 협조하였을 것, (4) 그 부당한 공동행위를 중단하였을 것 등 4가지 요건을 모두를 충족시키는 경우에는 과징금 및 시정조치를 면제한다(법 시행령 35조 1항 1호). 또한 공정거래위원회가 조사를 시작한 후에 조사에 협조한 자로서, (1) 공정거래위원회가 부당한 공동행위에 대한 정보를 입수하지 못

---

90) 공정거래위원회는 '부당한 공동행위 자진신고자 등에 대한 시정조치 등 감면제도 운영고시'(공정거래위원회 고시 제2014－19호, 2015. 1. 2. 개정)에서 동 제도의 세부적인 운영절차 및 감면기준을 정하고 있다.

하였거나 부당한 공동행위임을 입증하는 데 필요한 증거를 충분히 확보하지 못한 상태에서 조사에 협조하고, (2) 위 자진신고자로서의 면제요건 (1), (3) 및 (4)에 해당하는 경우에는 과징금을 면제하고, 시정조치를 감경하거나 면제한다(법 시행령 35조 1항 2호).

그 밖에도 공정거래위원회가 조사를 시작하기 전에 자진신고하거나 공정거래위원회가 조사를 시작한 후에 조사에 협조한 자로서, (1) 부당한 공동행위임을 입증하는 데 필요한 증거를 단독으로 제공한 두 번째의 자이고, (2) 위 자진신고자로서의 면제요건 (3) 및 (4)에 해당하는 경우에는 과징금의 50%를 감경하고, 시정조치를 감경할 수 있고(법 시행령 35조 1항 3호), 부당한 공동행위로 인하여 과징금 부과 또는 시정조치의 대상이 된 자가 그 부당한 공동행위 외에 그 자가 관련되어 있는 다른 부당한 공동행위에 대하여 위 자진신고자로서의 면제요건 또는 첫 번째 협조자로서의 면제요건을 충족하는 경우에는 그 부당한 공동행위에 대하여 다시 과징금을 감경 또는 면제하고, 시정조치를 감경할 수 있다(법 시행령 35조 1항 4호). 후자는 소위 추가적 감면제도(Amnesty Plus)로서 현재 조사 중인 공동행위에 관해서는 감면요건을 충족하지 못하였으나 자신이 관련된 다른 공동행위에 관한 증거를 제공한 경우에는 그 공동행위에 대하여 시정조치나 과징금을 면제받는 것 이외에 조사 중인 공동행위에 대해서도 추가적으로 시정조치 및 과징금을 감면받는 제도이다. 그러나 이상의 감경요건에 해당하는 경우라 할지라도, (1) 다른 사업자에게 그 의사에 반하여 부당한 공동행위에 참여하도록 강요하거나 이를 중단하지 못하도록 강요한 사실이 있는 경우, (2) 일정기간 동안 반복적으로 부당한 공동행위를 한 경우, (3) 두 번째 자진신고자 또는 조사협조자로서 2개 사업자가 부당한 공동행위에 참여하고 그 중의 한 사업자인 경우이거나 첫 번째 자진신고자나 조사협조자가 자진신고하거나 조사에 협조한 날부터 2년이 지나 자진신고하거나 조사에 협조한 경우에는 시정조치와 과징금을 감면하지 아니 한다(법 시행령 제35조 제1항 제5호 및 제6호).

사업자들이 점차 자진신고자 감면제도를 활발하게 이용하게 됨에 따라 실무상 이 제도의 운영과 관련된 다양한 쟁점들이 제기되고 있다. 예컨대, 굴삭기제조사들의 부당한 공동행위 사건에서 대법원은 공정거래위원회가 원고가 조사에 협조하기 전에 이미 확보하고 있던 서류들은 '가격'에 대한 언급이나 원고가 가격 관련 공동행위에 참여하였다는 언급이 전혀 없어서 이들만으로는 이들 사이에 언제 어떠한 조건으로 가격합의가 성립되었는지를 알기 어려운 사정 등에 비추어 단지 부당한 공동행위의 단서에 관한 기초자료에 불과한데 반하여, 원고가 제출한 것은 각 가격인상 시점별로 일시, 장소, 주체, 객체 등에 관한 상세한 진술과 각 가격인상과 관련한 구체적인 논의내용이 명기된 자료로서, 위 기초자료에 더하여 이 사건 부당한 공동행위를 입증하는 데 필요한 최초의 증거가 될 수 있다고 판시하였다.[91] 그리고 대법원은 기타 사업자들에 대해서도 구 법시행령상 '부당한 공동행위임을 입증하는 데 필요한 증거'라 함은 부당한 공동행위를 직접적 또는 간접적으로 입증할 수 있는 증거를 의미하므로 문서를 비롯한 진술도 포함된다고 하면서, 원고의 직원이 이 사건 부당한 공동행위에 대하여 구두 진술을 통해 조사에 협조한 사실이 있으므로 구 법시행령상 증거의 제출순서 등에 관하여 아무런 제한이 없는 이상 이들에 대해서도 기타의 요건 충족 여부를 따져서 과징금 등을 감경해야 한다고 판시하였다.[92]

또한 합성수지제조사들의 부당한 공동행위 사건에서 장기간에 걸친 일련의 합의를 하나의 부당한 공동행위로 볼 수 있을 때 도중에 가담한 사업자가 자진신고를 한 경우에 그 효력이 당해 부당한 공동행위 전체에 미치는지, 아니면 자신이 가담한 이후의 공동행위에 대해서만 미치고 그 이전의 공동행위에 대해서는 별도로 자진신고자의 지위를 판단하여야 하는지가 다투어졌다. 관련 행정소송에서 대법원은 자진신고자 감면제도의 취지에 비추어 볼 때, 사업자들의 장기간에 걸친 일련의 합의를 전체적으로 하나의 부당한 공동행위로 볼 수 있는 경우에는 부당한 공동행위의 입증에 필요한 증거를 최초로 제공한 사업자만이 그 참여시기와 관계없이 당해 부당한 공동행위 전체에 대하여 자진신고자의 지위가 인정되고, 그 후 다른 사업자가 최초 조사협조자인 사업자가 가담하지 아니한 기간에 해당하는 부당한 공동행위에 대하여 조사에 협조하였다고 하더라도 그 일부 기간에 대해서만 별도의 최초 조사협조자로서의 지위를 획득한다고 볼 수 없다고 판시하였다.[93]

토의 주제

91) 대법원 2008. 9. 25. 선고 2007두12699 판결.

92) 대법원 2008. 9. 25. 선고 2007두3756 판결; 대법원 2008. 10. 23. 선고 2007두2920 판결.

93) 대법원 2011. 6. 30. 선고 2010두28915 판결 및 대법원 2011. 9. 8. 선고 2009두15005 판결. 동일한 취지의 판결로서 대법원 2015. 2. 12. 선고 2013두987 판결 참고.

■ 원칙적으로 부당한 공동행위를 자진신고하는 자는 이를 입증하는 데 필요한 증거를 단독으로 제공하여야 하지만, 2009년에 개정된 법 시행령 제35조(자진신고자 등에 대한 감경 또는 면제의 기준 등) 제1항 제1호 가목 단서는 "2 이상의 사업자가 공동으로 증거를 제공하는 경우에도 이들이 실질적 지배관계에 있는 계열회사이거나 회사의 분할 또는 영업양도의 당사회사로서 공정거래위원회가 정하는 요건에 해당하면 단독으로 제공한 것으로 본다."라고 규정하고 있다. 이와 같은 조항이 신설되기 이전의 구법 시행령이 적용된다고 가정할 때, 다음과 같은 사례에 대해 어떻게 판단할 것인지 생각해 보시오.

※ 서울고법 2009. 5. 13. 선고 2008누23773 판결; 서울고법 2008. 9. 24. 선고 2008누1810 판결; 서울고법 2008. 12. 18. 선고 2008누1803 판결

부당한 공동행위에 참여한 회사 A는 그 이후에 잔존법인인 B와 2개의 신설회사 C와 D로 분할되었다. 그런데 공정거래위원회가 A가 참여한 바 있던 부당한 공동행위에 대한 조사를 개시하자 C와 B는 각각 1순위와 2순위로 자진신고를 하였으나, B는 자진신고자의 지위를 인정받지 못하게 되었다. 이제 B는 법령상 자진신고자의 신고 및 증거제공 등의 방식에 대해 별다른 제한을 두고 있지 않으므로 대리나 대행의 방식을 취하는 것도 허용된다고 보아야 하고, 신설회사들의 감면신청서의 취지는 분할되기 전 A의 부당한 공동행위에 대한 자진신고를 포함한 것으로 해석되므로 신설회사들의 자진신고의 효과가 당연히 자신에게도 미치거나 대위에 의한 자진신고로 인정되어야 한다고 주장한다.

심화학습

• 우리나라 독점규제법상 부당한 공동행위 자진신고자 감면제도는 미국의 경우와는 달리 사업자에 대한 감면제도 이외에 개인에 대한 감면제도를 별도로 규정하고 있지 않고 있다. 이러한 제도적 차이가 실제 감면제도의 운영상 어떠한 영향을 미칠 수 있는지 생각해 보시오.

제 6 장

불공정거래행위의 금지

제1절 머 리 말

I. 의 의

1. 개념과 법적 근거

독점규제법 제23조는 다양한 유형의 불공정거래행위를 금지하고 있다. 법 제23조 제1항은 본문에서 '공정한 거래를 저해할 우려가 있는 행위'를 금지하고, 각 호에서 구체적으로 ① 거래거절(1호 전단), ② 차별적 취급(1호 후단), ③ 경쟁사업자 배제(2호), ④ 부당한 고객유인(3호), ⑤ 거래강제(3호), ⑥ 거래상 지위의 남용(4호), ⑦ 구속조건부거래(5호 전단), ⑧ 사업활동방해(5호 후단), ⑨ 부당한 지원행위(7호) 등 9가지 유형의 불공정거래행위를 열거하는 한편, 제8호에서는 제1호 내지 제7호와 유사한 유형의 불공정거래행위를 규제할 근거를 규정하고 있다. 불공정거래행위에 해당하는 사항을 내용으로 하는 것으로서 사업자가 행하는 불공정거래행위에 관하여 사업자단체가 이를 행하게 하거나 방조한 책임이 있는 경우 사업자단체의 금지행위로서 제재될 수 있다(법 26조 1항 4호).

또한 불공정거래행위와 관련하여 사업자가 분쟁조정 신청, 신고, 공정위의 조사에 대한 협조 행위를 한 사업자에게 그 행위를 한 것을 이유로 거래의 정지 또는 물량의 축소, 그 밖에 불이익을 주는 행위를 하거나 계열회사 또는 다른 사업자로 하여금 이를 행하도록 하는 것은 보복조치로서 별도로 금지된다(법 23조 의3).

2. 규정 취지

독점규제법은 자유시장경제체제의 근간인 자유롭고 공정한 경쟁의 보호를 목적으로 한다. 따라서 시장지배적 지위 남용행위나 부당한 공동행위와 같이 독점규제법상 거래행태의 개선을 위한 다른 규제의 경우에는 경쟁질서와의 관련성이 행위규제의 근거가 된다. 그런데 시장에서의 경쟁은 그 기반으로서 사적 자치 내지는 경제활동의 자유 보장, 거래질서와 관련성을 전제로 하는 것이므로, 독점규제법은 일반거래분야에 속하는 행위로서 경쟁질서와의 관련성이 상대적으로 적은 행위에 대하여도 적어도 거래질서와의 관련성[1]이 인정되면 불공정거래행위로서 규제할 수 있는 근거를 마련하고 있다. 즉 시장지배적 지위를 갖지 않는 사업자의 경쟁제한적인 행위뿐만 아니라 당사자 사이의 거래상의 지위가 균등하지 않은 거래관계에서 어느 일방이 경제력을 남용하여 불공정한 경쟁수단을 동원하는 행위나 계약자유를 침해하거나 그 한계를 일탈하여 거래조건 또는 내용이 불공정한 행위도 불공정거래행위로 규정되어 있다. 이러한 측면에서 불공정거래행위에 대한 규제는 시장지배적 지위의 형성 가능성을 사전에 방지한다는 보완적 내지는 예방적 기능을 수행[2]한다고 할 수 있다. 다만 어떤 행위를 불공정거래행위로 규제하기 위해서는 적어도 거래질서와의 관련성이 필요하므로, 단순히 불공정한 계약내용이나 사법상 권리의무를 조정할 필요가 인정되는 행위는 불공정거래행위의 규제 대상으로 보기 어렵다.[3]

Ⅱ. 관련 규범의 체계

1. 시행령

법 제23조 제2항은 불공정거래행위의 유형 및 기준을 대통령령으로 정하도록 하고 있고, 이에 따라 법 시행령 제36조 제1항 관련 [별표 1의2]는 법 제23조 제1항에서 정한 9가지 유형에 근거하여 불공정거래행위의 세부 유형으로 29가지를 규정하고 있다. 이는 모든 사업분야에 공통적으로 적용된다는 의미에서 일반 불공정거래행위로 불린다.

2. 고시 및 예규

(1) 고 시

시행령 제36조 제2항 제1문에서는, 공정위는 특수한 사업분야나 특정한 행위와 관련하여 발생하는 불공정거래행위를 효과적으로 규제하기 위하여 특히 필요하다고 인정하는 경우에는 일반 불공정거래행위의 유형 또는 기준을 특정분야 또는 특정행

1) 대법원 2015. 9. 10. 선고 2012두18325 판결.

2) 대법원 2001. 6. 12. 선고 99두4686 판결은 부당염매의 경우에 그 규제 취지가 법이 금지하는 시장지배적 지위의 남용을 사전에 예방하는 데 있다고 판시한 바 있다.

3) 대법원 2015. 9. 10. 선고 2012두18325 판결.

위에 적용하기 위하여 세부기준을 정하여 고시할 수 있다고 규정하여, 법률에서 위임 받은 사항에 대하여 고시에 재위임을 하고 있다. 별도로 지정, 고시된 행위는 특정분야 또는 특정행위에만 적용된다는 의미에서 특수 불공정거래행위 또는 특정 불공정거래행위라고 한다. 공정위가 이러한 특수 불공정거래행위를 지정, 고시하기 위해서는 미리 관계 행정기관의 장의 의견을 들어야 한다(같은 항 2문).

시행령의 위임에 근거하여 현재 공정위가 지정, 고시하고 있는 특수 불공정거래행위의 유형은 현재 5가지이다. 그 중 특정분야와 관련하여서는 '대규모소매업에 있어서의 특정 불공정거래행위의 유형 및 기준 지정고시'(공정위 고시 2017-20호),[4] '신문업에 있어서의 불공정거래행위 및 시장지배적 지위 남용행위의 유형 및 기준'(공정위 고시 2015-15호)이 있고, 특정행위와 관련하여서는 '병행수입에 있어서의 불공정거래행위의 유형 및 기준'(공정위 고시 2015-15호)과 '계속적 재판매거래등에 있어서의 거래상 지위 남용행위 세부유형 지정고시'(공정위 고시 2017-6호)가 있다. 하도급거래에 있어서 법 제23조 제1항 제4호의 거래상 지위남용에 관하여는 「하도급거래공정화에 관한 법률」에서, 가맹사업거래에 있어서 법 제23조 제1항 제1호, 제3호, 제4호, 제5호의 불공정거래행위에 관하여는 「가맹사업거래의 공정화에 관한 법률」에서, 대규모유통업자와 납품업자 또는 점포임차인 사이의 거래에 있어 법 제23조 제1항 제4호 및 제5호(다른 사업자의 사업활동 방해행위 제외)의 불공정거래행위에 관하여는 「대규모유통업에서의 거래 공정화에 관한 법률」에서, 공급업자와 대리점 간의 대리점거래에 있어 법 제23조 제1항 제4호의 불공정거래행위에 관하여는 「대리점거래의 공정화에 관한 법률」에서, 부당한 표시 · 광고에 관하여는 「표시 · 광고의 공정화에 관한 법률」에서 별도의 규정을 두고 있다.

한편, 공정위는 불공정거래행위를 예방하기 위하여 필요한 경우 사업자가 준수하여야 할 지침을 제정 · 고시할 수 있으나(법 23조 3항), 이에 근거한 고시는 아직 없다.

---

4) 이 고시는 대규모소매업자의 거래상 지위 남용행위의 구체적 유형 및 기준을 정하는 것을 목적으로 하고 있다. 그런데, 2011. 11. 14. 제정되어 2012. 1. 1.부터 시행되는 「대규모유통업에서의 거래 공정화에 관한 법률」은 대규모소매업자를 대체하는 용어인 대규모유통업자와 납품업자 또는 점포임차인 사이의 거래에 관하여 공정거래법 제23조 제1항 제4호 및 제5호(다른 사업자의 사업활동 방해행위 제외)에 우선하여 적용하므로(동법 제4조), 그 범위 내에서 중복되는 고시 규정은 사실상 효력을 상실하였다고 볼 수 있다.

>>> **판례** **헌법재판소 2002. 7. 18. 선고 2001헌마605 결정 ("신문고시" 사건)**

불공정거래행위는 각종의 경쟁적 거래에서 복잡다양하게 이루어지며 또한 그 형태도 부단히 변동되고 있음에 비추어 그 행위 형태와 기준에 관한 규정도 이에 맞추어 시기적절하게 효과적으로 대처할 수 있어야 할 것인바 국회가 모든 분야의 경쟁적 거래왜곡현상들을 그때그때 예측하거나 파악할 수 없고, 그러한 상황에 즉응하여 그때마다 법률을 개정하는 것도 용이하지 아니하므로 불공정거래행위의 유형과 기준을 미리 법률로서 자세히 정하지 아니하고 이를 명령에 위임한 것은 부득이한 것으로 인정되고, 이 사건 수권규정인 독점규제 및 공정거래에 관한 법률 제23조에서 위임한 사항인 '불공정거래행위의 유형 또는 기준'이 어떠한 내용을 가질 것인지에 대하여는, 동 조항에서 열거하고 있는 대표적 불공정거래행위의 내용을 참작할 수 있으며 나아가 동법 제1조가 요구하는 바와 같이 공정하고 자유로운 경쟁을 촉진하여 창의적인 기업활동을 조장하고 소비자를 보호함과 아울러 국민경제의 균형 있는 발전을 도모하기 위하여는 우월적 지위를 이용하여 경쟁사업자나 일반소비자의 이익을 부당하게 침해하는 행위를 규제하여야 할 것인데 이 사건 위임사항이 이러한 의미의 불공정거래행위의 기준과 유형을 한계지우는 내용이 될 것임은 무리 없이 예측할 수 있으므로 이 사건 조항인 신문고시 제3조 제1항 제2호는 동 수권사항을 위임받은 범위 내에서 이를 구체화하고 있을 뿐이어서 위임입법의 헌법적 한계를 초과하지 아니한다.

[평석] 김승대, "신문업에 있어서의 불공정거래행위 및 시장지배적 지위 남용행위의 유형 및 기준 제3조 제1항 등 위헌확인: 공정거래위원회의 신문고시와 자유경쟁 원칙", 헌법재판소 결정 해설집, 헌법재판소 (2003)

토의 주제

① 법에서 시행령에 위임한 사항에 대하여 시행령이 공정위의 고시에 재위임한 경우 위임된 사항이 적법한지, 그리고 위임입법의 내용이 위임의 구체적 범위에 부합하는지에 대한 판단기준은 무엇인가?

② 법에서 공정위의 고시에 의하여 정할 수 있도록 직접 위임한 경우에는 어떠한가?

(2) 예 규

법령의 근거는 없지만 공정위는 불공정거래행위의 유형 및 기준을 보다 구체적이고 명확하게 규정함과 아울러 불공정거래행위에 해당될 수 있는 사례를 예시함으로써, 위법성을 심사하는 기준으로 삼는 한편 사업자들의 법위반행위를 예방함에 목적을 둔 예규 형식의 행정규칙을 제정, 운용하고 있다. 이와 같은 예규로서는 일반 불공정거래행위를 대상으로 한 '불공정거래행위심사지침'[5]과 거래상 지위의 남용과 관련된 특수형태근로종사자에 대한 사업자들의 불공정거래행위를 대상으로 한 '특수형태근로종사자에 대한 거래상지위남용행위 심사지침'[6], 부당한 지원행위를 대상으로 한 '부당한 지원행위의 심사지침'[7]이 있다.

››› 판례 대법원 2004. 9. 24. 선고 2001두6364 판결 ("삼성에스디에스" 사건)

공정거래위원회가 구 독점규제 및 공정거래에 관한 법률(1999. 12. 28. 법률 제6043호로 개정되기 전의 것) 제23조 제1항 제7호의 규정을 운영하기 위하여 만든 부당한 지원행위의 심사지침이 '관계 법령을 면탈 또는 회피하여 지원하는 등 지원행위의 방법 또는 절차가 불공정한 경우'를 부당성 판단 기준의 하나로서 규정하고 있기는 하나, 위 심사지침은 법령의 위임에 따른 것이 아니라 법령상 부당지원행위 금지규정의 운영과 관련하여 심사기준을 마련하기 위하여 만든 공정거래위원회 내부의 사무처리지침에 불과하므로, 지원행위를 둘러싼 일련의 과정 중 관계 법령이 정한 방법이나 절차의 위배가 있다고 하여 바로 부당지원행위에 해당한다고는 할 수 없고, 이러한 관계 법령의 면탈 또는 회피가 지원행위의 부당성에 직접 관련된 것으로서 지원객체가 직접 또는 간접적으로 속한 시장에서 경쟁을 저해하거나 경제력 집중을 야기하는 등으로 공정한 거래를 저해할 우려가 있는 경우에 비로소 부당지원행위에 해당한다.

토의 주제

① 위 판례에 비추어 볼 때, 불공정거래행위심사지침의 법적 성질과 그 효력을 어떻게 볼 수 있는가?

② 공정위가 어떤 행위에 대하여 불공정거래행위심사지침에 예시된 사례에 해당하고 그 기준을 충족한다고 판단한 경우 그 사유만으로 그 행위가 위법하다고 판단할 수 있는가? 판단의 이유는 무엇인가?

3. 공정경쟁규약

사업자 또는 사업자단체는 부당한 고객유인을 방지하기 위하여 자율적으로 규약, 즉 공정경쟁규약을 정할 수 있고, 이 규약이 부당한 고객유인행위 금지 규정에

5) 2005. 1. 1. 제정되어 6차례 개정되었고, 최종 개정은 2020. 7. 29. 개정이다.
6) 2007. 7. 25. 제정되어 5차례 개정되었고, 최종 개정은 2019. 9. 30. 개정이다.
7) 1997. 7. 29. 제정되어 11차례 개정되었고, 최종 개정은 2017. 12. 12. 개정이다.

위반하는지 여부에 대한 공정위의 심사를 요청할 수 있다(법 23조 4항, 5항). 공정위가 심사를 거쳐 승인한 공정경쟁규약은 해당 업계의 행위규범(Best Practice)으로 작용할 수 있으며, 이를 준수한 행위에 대해서는 공정위가 동법 제23조 제1항 제3호의 부당한 고객유인으로 제재할 수 없을 것이다. 반면에 공정경쟁규약은 판매촉진을 위한 이익 제공이 정상적인 거래관행에 비추어 보아 부당하거나 과다한 이익의 제공에 해당되는지 여부를 판단하는 중요한 기준이 될 수도 있다.[8] 공정위가 승인한 공정경쟁규약의 사례로는 제약협회가 개정하여 2009. 12. 공정위의 승인을 받은 '의약품 거래에 관한 공정경쟁규약'을 들 수 있다.

제 2 절 불공정거래행위 일반론

Ⅰ. 실체법적 요건의 구성

불공정거래행위의 실체법적 조항은 대체로 위반자 요건, 행위 요건과 위법성 요건으로 구분할 수 있다. 행위 요건과 위법성 요건은 행위 요건이 행위의 성격상 위법성을 징표할 수도 있다는 점에서 일정한 상관관계를 갖게 되는데, 그 상관관계의 정도가 행위 유형 별로 다르게 나타날 수 있다는 것이 불공정거래행위의 실체법적 규정을 해석·평가함에 있어 중요한 단서가 된다.

판례는 불공정거래행위 해당 여부를 판단함에 있어 먼저 외형적으로 각 규정이 정한 행위 요건을 갖추는지를 판단하고 다음으로 그것이 같은 법의 목적에 비추어 부당하여 위법성 요건을 충족하는지 여부를 판단하는 논리적 과정을 따르는 것이 보통이다.

8) 대법원 2010. 11. 25. 선고 2009두9543 판결.

››› 판례 대법원 1998. 9. 8. 선고 96누9003 판결 (“쌍용정유” 사건)

구 독점규제 및 공정거래에 관한 법률(1994. 12. 22. 법률 제4790호로 개정되기 전의 것) 제23조 제1항 제1호, 제4호, 제5호, 같은 조 제2항의 위임에 의한 불공정거래행위의 유형 및 기준(공정거래위원회 고시 제1993-20호) 제1조 제2호(기타의 거래거절), 제6조(우월적 지위남용), 제8조(사업활동 방해)의 각 규정이 정하는 불공정거래행위로서 같은 법의 규제대상이 되기 위하여는 당해 행위가 외형적으로 위 각 규정이 정하는 요건을 갖추는 외에 그것이 같은 법의 목적에 비추어 부당한 것이어야 하고, 이 때 그 부당성의 유무를 판단함에 있어서는 거래당사자의 거래상의 지위 내지 법률관계, 상대방의 선택 가능성·사업규모 등의 시장상황, 그 행위의 목적 및 효과, 관련 법규의 특성 및 내용 등 여러 사정을 고려하여 그 행위가 공정하고 자유로운 경쟁을 저해할 우려가 있는지의 여부에 따라야 할 것이다.

원심판결 이유를 기록과 관계 법령에 대조하여 살펴보면, 원고가 그 판시와 같이 피고보조참가인 우림석유 주식회사에 대하여 석유류제품 공급물량감축, 외상기간단축 등 거래조건의 변경, 그 거래처에 대한 상대방의 부도가능성 고지·거래처이관 요청의 불수용·담보제공요구 등의 행위를 하였음을 인정한 다음, 원고는 위 회사에게 무담보 거래 및 외상기일 연장 특혜를 제공하다가 그 외상대금의 증대에 따른 채권확보대책의 일환으로 종전의 특혜를 배제하고 담보제공 요구나 공급물량감축 및 외상기일 단축 등을 통한 외상대금감축 등의 조치를 취하고 위 거래당사자들 사이의 대리점 계약이 존속함을 전제로 법적 대응을 한 것으로 보여질 뿐, 위와 같은 사실만으로 이러한 원고의 행위가 부당하게 이루어진 것으로서 위 각 규정이 정하는 거래거절, 우월적 지위남용 또는 사업활동 방해에 해당하는 것으로 단정하기 어렵고 달리 이를 인정할 만한 증거가 없다는 이유로, 원고의 위 각 행위가 불공정거래행위임을 전제로 한 이 사건 시정명령 및 과징금부과 처분은 위법하다고 판단한 원심의 조치는 수긍할 수 있고, 거기에 위 각 불공정거래행위에 관한 법리오해 등의 위법이 있다고 할 수 없다.

[평석] 백춘기, “불공정거래행위의 요건 및 부당성 유무의 판단기준”, 대법원판례해설 제31호, 법원도서관 (1999)

[관련문헌] 홍대식, “독점규제법상 불공정거래행위의 사법적 효력”, 사법논집 제30집, 법원도서관 (1999); 서정, “사적 거래행위에 대한 규제와 경제적 효율성 – 공정거래법상 불공정거래행위를 중심으로”, 고학수·허성욱 편, 경제적 효율성과 법의 지배, 박영사 (2009)

토의 주제

① 위 판례에서 법원은 불공정거래행위의 행위 요건과 위법성 요건을 분명하게 구분하여 인식하고 있는가? 관련되는 행위 유형으로 문제되는 거래거절, 우월적 지위남용[현재의 거래상 지위남용], 사업활동방해의 행위 요건에는 외형상 해당된다고 본 것인가?

② 판례의 문언상 문제되는 행위에 대하여 부당성이 부정된 이유는 무엇인가? 그 이유를 설시한 방식이나 근거는 적절한가?

Ⅱ. 실체법적 요건 분석

1. 위반자 요건

불공정거래행위 성립의 요건으로서의 위반자는 행위자인 사업자뿐만 아니라 계열회사 또는 다른 사업자로 하여금 이를 행하도록 하는 사업자도 포함된다. 법은 행위자로서의 사업자가 시장지배적 지위를 갖고 있을 것을 요건으로 하는 시장지배적 지위 남용행위와 달리 '행위를 하게 하는 자'뿐만 아니라 '행위자'로서의 사업자의 지위에 관해서도 추가적인 요건을 두고 있지 않다. 구체적인 행위 유형 가운데 거래상 지위 남용행위에 대하여만 행위자의 거래상의 지위라는 요건이 등장할 뿐이다.

그런데, '행위를 하게 하는 자'는 별도로 보더라도, 사법적 관계에서 대등한 당사자 간에 이루어지는 행위의 경우 불공정거래행위가 문제될 가능성이 별로 없다는 점에서 '행위자'의 경우에는 단순한 사업자라는 지위에 추가하여 불공정거래행위의 성립요건으로서 일정한 지위에 있을 것이 요구될 필요가 있다. 불공정거래행위는 사법적 관계를 규율의 대상으로 하면서도 당사자가 보유한 정보의 크기나 이를 수집·처리할 수 있는 능력에 차이가 있고(정보의 비대칭성) 당사자 사이의 거래상의 지위가 균등하지 않은(상대적 지위의 불균등성) 거래관계에서 사적 자치의 본질인 자기결정 또는 자율성이 침해될 수 있는 상황에서 문제되는 것이다. 따라서 불공정거래행위가 성립하기 위해서는 시장지배력에는 미치지 못하더라도 상대방에 비하여 상대적으로 우월한 협상력(superior bargaining power)을 갖고 있는 경우와 같이 행위자에게 어느 정도 지위가 있을 것을 필요로 한다고 보아야 할 것이다.

››› 판례 대법원 2006. 5. 26. 선고 2004두3014 판결 ("한국토지공사" 사건)

독점규제 및 공정거래에 관한 법률 제23조 제1항 제3호 후단 및 같은 법 시행령(2002. 3. 30. 대통령령 제17564호로 개정되기 전의 것) 제36조 제1항 [별표 1] 일반불공정거래행위의 유형 및 기준 제5호 (가)목의 '끼워팔기'에 해당하기 위하여는 자기가 공급하는 상품 또는 용역 중 거래 상대방이 구입하고자 하는 상품 또는 용역(이하 '주된 상품'이라 한다)을 공급하는 사업자가 주된 상품을 공급하는 것과 연계하여 거래 상대방이 그의 의사에 불구하고 상대방이 구입하고자 하지 않거나 상대적으로 덜 필요로 하는 상품 또는 용역을 구입하도록 하는 상황을 만들어낼 정도의 지위를 갖는 것으로 족하고 반드시 시장지배적 사업자일 필요는 없다.

토의 주제

① 위 판례에서 끼워팔기가 성립하기 위하여 행위자에게 요구되는 지위는 무엇인가? 그 지위는 시장지배적 지위와 어떻게 다른가?

② 끼워팔기에 관한 위와 같은 법리가 다른 불공정거래행위 유형에 대하여도 적용될 수 있다고 생각하는가?

2. 행위 요건

행위자[9]로서의 사업자가 법 제23조 제1항 각 호에 열거된 행위를 한 것으로 인정될 경우 불공정거래행위의 행위 요건을 충족한다. 법 제23조 제1항 각 호에 열거된 행위 요건은 사실적 요소 위주로 구성된 경우도 있으나 대부분의 경우 평가적 요소를 포함하고 있다. 또한 사실적 요소에 해당하는 개념인 경우에도 독점규제법상의 관련 규정과 입법취지 등을 고려하여 그 개념의 의미를 사법과는 다른 관점에서 이해할 필요가 있다. 예컨대, 불공정거래행위의 유형 중 여러 경우에 행위자와 상대방 사이의 거래관계를 전제로 하고 있는데, 여기서 말하는 거래관계를 반드시 직접적인 거래관계에 한정하는 것으로 해석할 수는 없다.[10] 특히 "방해", "배제", "제한", "현저히" 등과 같은 개념은 구체적 사안에 있어 일정한 법적 평가를 통하

9) 이에 대하여 '행위를 하게 하는 자'의 경우 행위자가 법 제23조 제1항 각 호의 행위 요건을 충족하는 외에 자신이 그러한 행위를 '행하도록 하는 행위'를 하였을 것을 요한다. '행하도록 하는 행위'는, 부당한 공동행위를 행하도록 하는 행위의 의미에 관하여 판시한 대법원 2009. 5. 14. 선고 2009두1556 판결에 유추해 볼 때 다른 사업자로 하여금 불공정거래행위를 하도록 교사하는 행위 또는 이에 준하는 행위를 의미하고, 다른 사업자의 불공정거래행위를 단순히 방조하는 행위는 여기에 포함되지 않는다고 할 것이다.

10) 대법원 2010. 1. 14. 선고 2008두14739 판결은 불공정거래행위에서의 "거래"란 통상의 매매와 같은 개별적인 계약 자체를 가리키는 것이 아니라 그보다 넓은 의미로서 사업활동을 위한 수단 일반 또는 거래질서를 뜻하는 것으로 보아야 한다고 전제하고, 행위자와 상대방 사이에 다른 사업자들을 매개로 한 거래관계의 존재를 인정하였다.

여 적용할 수 있는 일반적, 규범적 개념의 형식으로 되어 있다. 따라서 행위 요건을 구성하는 개념의 규범적인 의미를 객관적으로 명확하게 해석하기가 쉽지 않을 뿐만 아니라 사업자의 특정 행위를 그 행위 요건에 단순히 포섭하기보다는 그 행위 요건을 충족하는지를 판단하기 위해서 판단기준을 설정하고 판단을 위하여 고려하여야 할 요소를 식별하여야 하는 경우가 적지 않다.

그런데, 법은 불공정거래행위 유형 또는 기준을 구체화하기 위하여 범위를 정하여 대통령령에 위임하였고, 또한 시행령에서도 특정분야 또는 특정행위에 적용하기 위한 세부기준을 고시에 위임하고 있으므로, 그 위임 또는 재위임에 따른 하위 입법 규정에 보다 구체적인 행위 유형이 있는 경우에는 법, 시행령 및 고시의 규정을 종합하여 행위 요건의 내용을 확정하고 문제되는 행위가 그 요건을 충족하는지 판단하는 과정을 거치게 된다.

문제는 어떤 행위가 법 제23조 제1항 제1호 내지 제7호에 열거된 행위 유형의 요건에 포섭되지 않는 경우 제8호를 일반조항으로 적용하여 이를 제재할 수 있는가 하는 점이다.

››› 판례 대법원 2008. 2. 14. 선고 2005두1879 판결("부동산거래정보사업자" 사건)

독점규제 및 공정거래에 관한 법률 제23조 제1항 제8호가 복잡·다양한 경제활동 또는 시장 상황에서 발생할 수 있는 불공정거래행위 전부를 법률에 규정하는 것이 입법기술상 어려운 상황에서 공정거래 저해성에 있어서 그 제1호 내지 제7호와 유사한 행위를 규제하기 위한 것이라고 하더라도, 위 제8호에서는 제1호 내지 제7호와 달리 기본적 행위유형이나 이를 가늠할 대강의 기준조차 전혀 제시되어 있지 않아서 수범자인 사업자의 입장에서는 구체적으로 통상의 사업활동 중에 행하여지는 어떤 행위가 위 제8호에서 규정한 '공정한 거래를 저해할 우려가 있는 행위'에 해당하는 것으로서 금지되는지 여부를 예측하기가 매우 어렵다. 더욱이 독점규제 및 공정거래에 관한 법률은 같은 법 제23조 제1항에 위반하여 불공정거래행위를 한 사업자에 대하여 행정적 제재뿐만 아니라 형사처벌까지 가능하도록 하고 있는 점을 감안하면, 위 제8호는 행위의 작용 내지 효과 등이 제1호 내지 제7호와 유사한 유형의 불공정거래행위를 규제할 필요가 있는 경우에 이를 대통령령으로 정하여 규제하도록 한 수권규정이라고 해석함이 상당하다. 따라서 같은 법 시행령에 위 제8호와 관련된 불공정거래행위의 유형 또는 기준이 정하여져 있지 아니한 이상, 문제된 행위가 공정한 거래를 저해할 우려가 있는 행위라고 하여 이를 위 제8호의 불공정거래행위로 의율하여 제재를 가할 수는 없다고 할 것이다.

그런데, 피고는 원고 1 주식회사의 이 사건 홍보행위를 공정거래법 제23조 제1항 제8호의 불공정거래행위로 의율하여 원고 1 주식회사에 대하여 시정명령 등 이 사건 처분을 하였고, 이에 대하여 원심은 공정거래법 시행령에 공정거래법 제23조 제1항 제8호와 관련된 불정거래행위의 유형 또는 기준에 관한 규정이 없더라도 원고 1 주식회사의 이 사건 홍보행위를 공정거래법 제23조 제1항 제8호의 불공정거래행위로 의율할 수 있다는 전제하에 원고 1 주식회사의 이 사건 홍보행위를 공정거래법 제23조 제1항 제8호의 불공정거래행위로 의율한 피고의 원고 1 주식회사에 대한 이 사건 처분은 적법하다고 판단하였다. 그러나 앞서 본 법리에 비추어 보면 위와 같은 원심판결에는 위 규정의 해석·적용과 관련한 법리를 오해하여 판결에 영향을 미친 위법이 있다 할 것이므로 이를 지적하는 이 부분 상고이유에 관한 주장은 이유 있다.

[평석] 이승택, "독점규제 및 공정거래에 관한 법률 제23조 제1항 제8호의 직접 적용 가능 여부", 한국경쟁법학회 편, 경쟁법연구 제20권, 법문사 (2009)

[관련문헌] 홍대식, "사법적 관점에서 본 공정거래법–시장지배적 지위 남용행위를 중심으로–", 상사법연구 제27권 제2호, 한국상사법학회 (2008)

토의 주제

① 위 판례에 의할 때 법원이 문제된 행위에 법 제23조 제1항 제8호를 의율할 수 없다고 판단한 이유는 무엇인가? 이 규정이 직접 적용될 수 있는 형태가 되려면 어떻게 개정되어야 할 것인가?

② 위 규정의 구조를 법 제3조의 2 제1항 제5호 후단에 정한 "부당하게 … 소비자의 이익을 현저히 저해할 우려가 있는 행위"의 그것과 비교해 보라. 후자의 경우에는 유사한 문제가 발생하지 않는가?

3. 위법성 요건

(1) 공정거래저해성 또는 부당성의 의미

불공정거래행위의 위법성은 '공정한 거래를 저해할 우려', 즉 공정거래저해성을 말하며, 법 제23조 제1항 각 호에 규정된 '부당하게'는 공정거래저해성과 동일한 의미로 볼 수 있다. 공정거래저해성과 부당성의 관계를 어떻게 이해할 것인지에 대하여 학설상 다툼이 있으나, 이를 구별할 실익은 별로 없다.

문제는 공정거래저해성 또는 부당성을 어떻게 이해할 것인가 하는 점인데, 이를 일원적으로 파악하는 견해도 있고 다원적으로 파악하는 견해도 있다.[11] 일원적으로 파악하는 견해 중에는 불공정성에 근거한 단일 접근을 주장하는 견해도 있으나 대부분은 경쟁제한성 또는 경쟁질서와의 관련성을 부당성의 공통 표지로 인식하려는 견해라고 할 수 있다. 반면에 다원적으로 파악하는 견해는 경쟁 보호와 직접 관련되지 않은 다양한 가치도 불공정거래행위의 보호법익으로 포함하는 견해이다.

공정위의 심사지침은 공정거래저해성이 경쟁제한성, 경쟁수단의 불공정성, 거래내용의 불공정성을 포괄하는 복합적인 의미를 갖고 있다고 보아 다원적 접근방법을 취하면서도, 구체적 행위 유형에 이러한 판단기준이 모두 작용하는 것으로 보지 않고 행위 유형별로 개별적으로 판단하는 입장을 취하고 있다. 심사지침은 불공정거래행위의 유형을 경쟁제한성 위주로 심사하는 행위 유형과 불공정성 위주로 심사하는 행위 유형으로 구별한다.

이에 대하여 대법원 판례는 공정거래저해성 또는 부당성의 의미에 대하여 분명하게 밝히고 있지 않다. 판례가 불공정거래행위의 위법성 판단기준으로서 경쟁제한성을 위주로 하는지 아니면 불공정성을 위주로 하는지는 일률적으로 말하기 어려울 뿐 아니라 불공정성이라는 표현을 명시적으로 사용하고 있지도 않고, 또 행위 유형별로 보더라도 공정위의 심사지침과 반드시 부합하는 태도라고 보기도 어렵다. 판례는 불공정거래행위의 부당성 판단에 관하여 경쟁 과정이라는 가치와 그 전제 또는 성과와 직접 또는 간접적으로 관련되지만 때로는 경쟁 과정과 충돌될 수 있는 가치를 지시하는 사실적, 규범적 요소들을 폭넓게 형량 대상 이익으로 열거하면서, 그 가치들 사이의 일반적인 우열관계는 물론 문제되는 사건에서의 구체적 형량에 도움이 될 제한적 우열관계에 대하여도 명확한 기준을 제시하지 않는 것이 보통이다. 단지 여러 사정을 고려하여 그 행위가 "공정하고 자유로운 경쟁을 저해할 우려가 있는지 여부",[12] "공정한 거래가 저해될 우려가 있는지 여부"[13] 또는 "가격과 품질을 중심으로 한 공정한 거래질서를 저해할 우려가 있는지 여부"[14]에 따라 판단하여야 한다고 판시하고 있을 뿐이고, 최근에 거래질서 또는 경쟁질서와의 관련성

11) 불공정거래행위의 위법성을 파악하는 다양한 견해를 분류하는 방법으로는, 공정거래저해성과 공정경쟁저해성을 동일시하는 견해와 공정거래저해성과 공정경쟁저해성을 구별하면서 전자가 후자보다 폭넓은 개념으로 보는 견해로 구분하는 방법, 경쟁질서침해설과 거래질서침해설로 구분하는 방법 등이 있다.

12) 대법원 1998. 9. 8. 선고 96누9003 판결; 대법원 2005. 5. 27. 선고 2005두746 판결(기타의 거래거절).

13) 대법원 2006. 12. 7. 선고 2004두9388 판결(차별적 취급); 대법원 2001. 6. 12. 선고 99두4686 판결(부당염매); 대법원 2000. 6. 9. 선고 97누19427 판결(거래상지위 남용) 등.

14) 대법원 2006. 5. 26. 선고 2004두3014 판결(끼워팔기).

을 새로운 기준으로 제시하는 경향을 보인다.[15] 또한 대법원은 배타조건부 거래행위의 부당성은 경쟁제한성을 중심으로 평가하되, 거래상대방의 자유로운 의사결정이 저해되었거나 저해될 우려가 있는지 여부 등도 아울러 고려할 수 있다고 봄이 타당하다고 판시[16]하였는데, 이는 경쟁제한성과 그 전제가 되는 거래질서와의 관련성의 가치들 사이에 구체적 형량을 하기 위한 기준을 적극적으로 제시한 사례라고 할 수 있다.

심화학습

다음에 인용하는 글들을 비교하여 읽고 불공정거래행위의 부당성의 의미를 어떻게 이해할 것인가에 대한 자신의 견해를 정리해 보시오.

① 권오승, 경제법(제6판), 법문사 (2008), 277-278면

"독점규제법은 공정한 거래를 유지하기 위하여 불공정거래행위를 금지하고 있다. 여기서 공정한 거래(fair trade)라 함은 공정한 경쟁(fair competition)보다 넓은 개념으로서 경쟁의 수단이나 방법의 공정성뿐만 아니라 경쟁제한성이나 거래조건의 공정성까지 포함하는 것으로 이해되고 있다. 따라서 불공정거래행위의 금지는 경쟁 그 자체의 공정성뿐만이 아니라 경쟁자와 소비자의 이익도 함께 보호하는 매우 포괄적인 제도라고 할 수 있다. … (중략) … 즉, 불공정거래행위는 사업자들 상호간에 경쟁을 하는 수단이나 방법이 불공정한 경우는 물론이고, 거래의 내용이나 조건이 부당하거나 불공정한 경우 또는 거래를 위한 교섭이나 정보제공에 있어서 상대방의 합리적인 선택을 방해하는 행위까지를 포함하는 아주 넓은 개념이라고 할 수 있다."

② 이봉의, "불공정거래행위의 위법성 - 계약질서의 관점에서", 권오승 편, 공정거래와 법치, 법문사 (2004), 658면 이하

"사적자치 내지 사법과 경쟁(질서)간의 밀접한 연관관계는 공정거래저해성을 다분히 경쟁법의 체계 내에서 이질적인 것으로 추상화하거나 현실과 동떨어진 경쟁모델에 집착함에 따른 혼란의 위험을 감소시킬 수 있을 것으로 보인다. 종래 불공정거래행위 금지제도가 경쟁질서와는 무관한 것이라거나, 동 제도의 운영이 경제적 효과분석 없이 이루어짐으로써 민사적 분쟁에 지나치게 개입하는 것이라는 비판 역시 바로 이러한 관점에서 받아들이기 어렵다. 다시 말해서 불공정거래사건과 민사사건은 서로 연관성이 전혀 없는 것이 아니라, 다만 문제를 바라보고 이를 규율하는 방식의 차이

15) 대법원 2015. 9. 10. 선고 2012두18325 판결.
16) 대법원 2013. 4. 25. 선고 2010두25909 판결.

에 지나지 않기 때문이다. 동시에 계약자유의 관점에서 공정거래저해성을 파악하는 것은 효율성과 같은 결과보다는 '과정으로서의 경쟁'이라는 측면을 규범적으로 가장 무난하게 설명할 수 있는 장점이 있다. 계약자유에 기초하여 이를 제약하거나 남용하는 행위를 불공정거래행위의 본질적 요소로 파악할 경우, 자기완결적인 경쟁개념이나 일견 명확해 보이는 경쟁모델에 빠지지 않고, 시장경제의 자유로운 발전을 저해하는 행위를 규제할 수 있기 때문이다. … (중략) …

불공정거래행위법은 경쟁제한적 기업결합의 제한이나 카르텔 금지와 달리 계약법 질서의 연장선상에서 이를 보완하고 계속 발전시키는 성격을 가지며, 따라서 해석론(de lege lata)으로서는 계약자유의 침해나 계약자유의 남용에 따른 건전한 거래질서의 저해 및 이를 통한 경쟁의 기능저해라는 관점에서 일원적으로 파악하는 것이 바람직할 것이다. 즉, 공정거래저해성이 경쟁과 무관한 것도 아니지만, 그렇다고 해서 언제나 엄밀한 의미에서 경쟁제한성을 금지요건으로 삼아야 하는 것도 아니다."

③ 홍대식, "불공정거래행위 위법성 판단기준에 대한 재검토: 보다 시장친화적인 기준 정립을 위하여", 2009년 상반기 법 · 경제분석그룹 (LEG) 연구보고서, 한국공정거래조정원 (2009), 136-138면

"불공정거래행위는 공정한 거래질서의 확립을 주된 목적으로 한다는 점에서 그 위법성을 판단함에 있어 거래 내용의 불공정성이 기준이 되는 경우도 있지만, 거래의 불공정성을 규제하는 목적이 경쟁, 즉 질서로서의 경쟁을 보호하려는 것과 일정한 관련이 있다는 점에서 경쟁제한의 관점과 불공정성의 관점을 균형 있게 유지해야 할 필요가 있다. 이 문제는 경쟁과 선택의 자유, 특히 상대적 약자의 경제적 활동의 자유라는 두 가지 가치 중에 어느 것을 우선할 것인가 하는 문제와 결부된다. 경쟁을 중시하는 입장에 설 때는 시장의 자율적인 조정 기능을 중시하여 경쟁제한성을 주된 기준으로 보게 되므로 상대적으로 불공정거래행위 규정의 적용을 통한 정부의 개입 범위가 축소되는 반면, 선택의 자유를 중시하는 입장에 설 때는 경쟁제한성은 없고 비윤리성, 억압성, 기만성이 있는 거래의 경우에도 불공정거래행위 규정을 적극적으로 적용하게 되어 정부의 개입 범위가 확대된다.

경쟁 과정은 시장의 관점에서 개인이 시장 참여자로서 '경쟁 과정에 참여할 자유'를 실질적으로 보장 받는 것을 전제로 한다는 점에서 볼 때, 이러한 자유의 실질적 보장을 목적으로 하는 불공정성 기준 역시 일정한 범위에서 경쟁과 관련성을 갖는 내용을 포함한다고 할 수 있다. 그러나, 불공정성 기준의 독자적인 의의는 경쟁 과정 그 자체보다는 시장과 관련되지만(market-related) 경쟁 과정이 성립하기 위하여 전제가 되는 가치를 보호하는 것으로 볼 수 있기 때문에, 불공정성 기준이 경쟁제한성

기준에 대하여 보충적인 지위에 있는 것으로 이해할 때에만 불공정거래행위의 위법성을 경쟁과의 관련성이라는 측면에서 통합적으로 이해할 수 있을 것이다. 다만 실제로는 경쟁수단의 불공정성이나 거래내용의 불공정성 위주로 위법성이 판단되는 행위유형의 경우에는 구체적인 판단 과정에서 경쟁과의 관련성이 별로 고려되지 않는 것이 현실이다.

불공정거래행위의 위법성 판단기준이 사법의 영역에서 이루어지는 규범적 가치기준과 차별성을 갖는 독자적인 기준이 되려면 시장에서의 경쟁에 미치는 영향, 즉 시장기준이 중심적인 기준이 되거나 다른 기준에 의하여 일차적인 위법성 평가를 하더라도 시장기준에 의한 보완적 판단이 필요하다."

④ 서정, "사적 거래행위에 대한 규제와 경제적 효율성 – 공정거래법상 불공정거래행위를 중심으로", 고학수 · 허성욱 편, 경제적 효율성과 법의 지배, 박영사 (2009), 173-174면

"공정거래법상 불공정거래행위로 언급되는 행위유형은 경쟁제한효과로 인하여 위법하다고 평가되는 행위유형과 거래상대방에 대한 불이익제공으로 인하여 위법하다고 평가되는 행위유형으로 대별할 수 있다. 경쟁질서침해설이 전자만을 불공정거래행위로 파악하는 데 비하여 거래질서침해설은 양자 모두를 불공정거래행위로 보고 있다. 판례의 입장은 최근 들어 불공정거래행위를 거래당사자간의 이해관계 조정을 위한 규범으로 파악하는 경향이 강화되고 있다. 특히 포스코 판결을 계기로 거래질서침해설로 많이 기울었다고 평가할 수 있다. 요컨대, 공정거래저해성을 판단함에 있어 법원은 초기에 경쟁제한 여부를 집중적으로 심사하다가, 시간이 흐름에 따라 경쟁제한 이외의 거래상 약자의 보호 등 추가적인 알파(α) 요소를 고려하기 시작하였고, 한국토지공사 판결에 대한 해설에서 볼 수 있는 것처럼 불공정거래행위 규제는 원래 경쟁제한과는 무관하고 그 위법성은 오로지 α 요소만으로 판단하여야 한다는 주장까지 나오고 있다.

그렇지만, 이러한 경향이 공정하고 자유로운 경쟁의 촉진이라는 공정거래법의 입법목적에 부합하지 않는다는 비판을 피하기 어렵다. '불공정'이나 '부당'과 같은 단어가 내포하고 있는 강한 정서적 혹은 정치적 호소력으로 말미암아 그저 거래과정에 있어서 부정적(negative)이라고 생각되는 모든 행태가 그 부정적인 이유나 정도 등과 상관없이 불공정거래에 포함될 위험성이 있다. 그리고 그 과정에서 경쟁법 본연의 임무, 즉 공정하고 자유로운 경쟁의 유지가 등한시될 수도 있다. 공정거래법의 집행이 제대로 이루어지기 위해서는 감정적 호소력이 아니라 무엇이 불공정한지, 부당한지에 대한 구체적이고 객관적인 판단기준을 설정하는 것이 중요하다.

(2) 판례에 나타난 부당성 판단방식

대법원은 불공정거래행위의 위법성 판단에 있어 고려요소들을 참작하여 종합적으로 판단하는 방식(totality of circumstances test)[17]을 채택한다. 따라서 대법원이 제시하는 불공정거래행위의 위법성 법리에는 규칙에서는 예외적으로 작용하는 이익형량(balancing of interests)의 사고가 원칙으로서 작용한다. 판례는 불공정거래행위의 부당성 판단 방식으로서 기본적으로 행위와 관련된 당사자 및 이해관계인들의 서로 대립될 수 있는 이익들이 형량 대상이 되는 보호이익과 비교이익으로서 일반적으로 형량될 수 있음을 보인다. 나아가 경쟁 과정이라는 가치와 그 전제 또는 성과와 직접 또는 간접적으로 관련되지만 때로는 경쟁 과정과 충돌될 수 있는 가치들이 형량 대상이 되는 보호가치와 비교가치로서 형량될 수 있음을 보이기도 한다.

불공정거래행위의 위법성 판단과 관련하여 판례가 종합적인 방식을 채택하면서 관련된 고려요소들을 그때그때 구체적인 사안에 맞추어 탄력적으로 열거하고 있는 것은 주목할 만한 부분이다. 이러한 판단방식은 불공정거래행위 해당 여부가 문제되는 사업자의 경제활동에 대한 평가가 시간적, 공간적으로 구별되는 거래상황 또는 경제여건의 차이에 따라 달라질 수 있다는 점에서 구체적 타당성 있는 문제 해결을 할 수 있는 분석 틀을 제공할 수 있다. 구체적인 사안에 적용된 모습을 분석하면 고려요소들의 관계나 우선순위, 그리고 부당성 요건과의 법적, 경제적 관련성을 밝히고 유형화하는 데 도움이 될 것이다.

(3) '부당하게'와 '정당한 이유 없이'의 구분

시행령 제36조 제1항 관련 [별표 1의2]에 규정되어 있는 세부유형을 살펴보면, 대부분은 법에 규정되어 있는 '부당하게'라는 요건을 포함하는 반면, 일정한 행위유형에 대하여는 '정당한 이유 없이'라는 요건을 부가하는 경우(공동의 거래거절, 계열회사를 위한 차별취급, 부당염매)가 있어 그 차이가 무엇인가에 관하여 논란이 있다.

심사지침은 '부당하게'를 요건으로 하는 행위유형은 당해 행위의 외형이 있다고

---

17) 대체로 판단의 구조는 "부당성의 유무를 판단함에 있어서는 ~ 등 여러 사정을 고려하여 그 행위가 공정하고 자유로운 경쟁을 저해할 우려가 있는지 여부에 따라야 한다."거나 "부당성을 갖는지 여부는 ~ 등 여러 사정을 종합적으로 고려하여 그로 인하여 공정한 거래가 저해될 우려가 있는지 여부에 따라 판단하여야 한다."는 형식을 취하고 있다.

하여도 그 사실만으로 공정거래 저해성이 있다고 인정되는 것은 아니며, 원칙적으로 경쟁제한성, 불공정성과 효율성증대효과, 소비자후생 증대효과 등을 비교형량하여 경쟁제한성, 불공정성의 효과가 보다 큰 경우에 위법한 것으로 보고, 이 행위유형에 대하여는 공정위(사무처)가 위법성을 입증할 책임이 있고, '정당한 이유 없이'를 요건으로 하는 행위는 당해 행위의 외형이 있는 경우에는 원칙적으로 공정거래 저해성이 있는 것으로 보며, 피심인은 정당한 이유가 있는지에 대해 입증할 책임이 있다고 하여 양자의 차이를 입증책임의 차이로 보고 있다. 이에 대하여는 법문에서는 분명히 '부당하게'라는 요건만을 두고 있음에 반하여 시행령에서 '정당한 이유 없이'라는 요건을 부가하여 요건을 강화하는 것은 위임입법의 한계를 벗어난 것이 아닌가 하는 의문이 제기된 바 있다.[18)]

››› 판례 대법원 2001. 12. 11. 선고 2000두833 판결 ("대한주택공사" 사건)

구 독점규제 및 공정거래에 관한 법률(1999. 2. 5. 법률 제5813호로 개정되기 전의 것) 제23조 제1항은 공정한 거래를 저해할 우려가 있는 행위(이하 '불공정거래행위'라 한다)의 하나로 그 제1호에서 '부당하게 거래의 상대방을 차별하여 취급하는 행위'를 들고, 같은 조 제2항에서 그 행위유형 또는 기준을 대통령령으로 정하도록 위임함에 따라, 같은 법 시행령(1999. 3. 31. 대통령령 제16221호로 개정되기 전의 것) 제36조 제1항 [별표] 제2호 (다)목은 같은 법 제23조 제1항 제1호에 해당하는 행위유형의 하나로 '계열회사를 위한 차별'을 들면서 이를 '정당한 이유 없이 자기의 계열회사를 유리하게 하기 위하여 가격 · 수량 · 품질 등의 거래조건이나 거래내용에 관하여 현저하게 유리하거나 불리하게 하는 행위'라고 규정하는바, 같은 법 시행령 제36조 제1항 [별표] 제2호 (가), (나), (라)목에서 '가격차별', '거래조건차별', '집단적 차별'에 대하여는 그러한 행위가 '부당하게' 행하여진 경우에 한하여 불공정거래행위가 되는 것으로 규정하면서도 '계열회사를 위한 차별'의 경우에는 정당한 이유가 없는 한 불공정거래행위가 되는 것으로 문언을 달리하여 규정하고 있는 취지는, 이러한 형태의 차별은 경쟁력이 없는 기업집단 소속 계열회사들을 유지시켜 경제의 효율을 떨어뜨리고 경제력 집중을 심화시킬 소지가 커서 다른 차별적 취급보다는 공정한 거래를 저해할 우려가 많으므로 외형상 그러한 행위유형에 해당하면 일단 공정한 거래를 저해할 우려가 있는 것으로 보되 공정한 거래를 저해할 우려가 없다는 점에 대한 입증책임을 행위자에게 부담하도록 하겠다는 데에 있다 할 것이다.

원심판결 이유에 의하면, 원심은 원고가 정부의 방침에 따라 소외 주식회사 한양 외 3개의 회사(이하 '소외 회사들'이라 한다)를 인수한 다음 금융지원명령에 따라 자금전대나 지급보증을 하게 된 경위, 수의계약체결집행특례를 승인받아 시행한 과정, 수의계약체결의 내용, 소외

18) 이선희, "계열회사를 위한 차별적 취급", 대법원판례해설 52호 (2005), 321면.

회사들의 생산자재의 대부분이 건설공사 마감자재로서 발주 후 납품, 설치까지 장기간이 소요됨에 따라 원자재 구입 및 생산과정에서 발생되는 자금의 선투입으로 자금압박 요인이 발생되어 경영정상화의 차질이 우려되자 소외 회사들에게 선급금을 지급하기로 결정하고 선급금을 지급하게 된 사정, 원고들이 당시 소외 회사들을 위하여 차입하거나 전대, 지급보증하고 있는 채무의 범위 등에 관하여 그 판시와 같은 사실을 인정한 다음, 원고가 계열회사로 인수한 소외 회사들에게 선급금을 지급한 것은, 정부가 부실기업인 소외 회사들의 경영정상화의 촉진을 도모하기 위하여 원고에게 부여한 수의계약 승인과 금융지원명령의 범위 내에 속하는 행위에 해당한다고 봄이 상당하고, 또한 소외 회사들이 다시 도산하는 경우 야기될 시공중인 아파트건설의 공사중단으로 인한 집단민원 등 사회적 문제야기, 종업원의 대량실직, 자재납품 및 하도급업체의 연쇄도산 등을 방지하여 사회적, 경제적 안정을 도모하기 위한 공익적 목적이 있을 뿐만 아니라 1조 원이 넘는 전대 및 지급보증을 한 원고의 동반 도산을 예방하기 위하여 불가피하게 이루어진 최소한의 행위로 봄이 상당하므로, 이를 들어 정당한 이유 없는 계열회사를 위한 차별행위라고 볼 수 없다고 판단하였다.

기록과 관계 법령의 규정 및 위 법리에 비추어 살펴보면, 원심의 판단은 결국 원고의 소외 회사들에 대한 선급금 지급행위는 외형상 계열회사를 위한 차별에 해당하나 원고가 그 행위에 공정한 거래를 저해할 우려가 없었다는 점에 대하여 입증을 다하였으므로 위법하지 않다고 본 것으로서 정당한 것으로 수긍할 수 있고, 거기에 채증법칙 위배 또는 계열회사를 위한 차별이나 법령에 따른 정당한 행위에 관한 법리오해 등으로 판결에 영향을 미친 위법이 있다고 할 수 없다.

토의 주제

① 위 판례에서 공정한 거래를 저해할 우려가 없다는 점에 대한 입증책임을 행위자가 부담한다는 것은 소송법상 어떤 의미가 있다고 볼 것인가?

② 이 판결에서의 부당성 판단구조를 계열회사를 위한 차별적 취급에 관한 설명(제3절 II.3.(3))에서 소개하는 SK텔레콤 사건 판결에서의 그것과 비교해 보라. 차이를 발견할 수 있는가?

(4) 경쟁제한성

심사지침에서는 공정거래저해성은 경쟁제한성과 불공정성을 포함한다고 보고 두 기준을 대등하게 열거하고 있다. 심사지침에 의하면, 경쟁제한성이란 당해 행위로 인해 시장 경쟁의 정도 또는 경쟁사업자(잠재적 경쟁사업자 포함)의 수가 유의미한 수준으로 줄어들거나 줄어들 우려가 있음을 뜻한다고 한다. 이러한 정의는 법 제2

조 제8의2호에서 '경쟁의 실질적 제한'을 "일정한 거래분야의 경쟁이 감소하여 특정 사업자 또는 사업자단체의 의사에 따라 어느 정도 자유로이 가격·수량·품질 기타 거래조건 등의 결정에 영향을 미치거나 미칠 우려가 있는 상태를 초래하는" 것으로 정의하고 있는 것과 비교될 수 있는데, 그 차이가 무엇인지는 분명하지 않다. 그 차이를 어떻게 이해할 것인가 하는 점은 동일한 행위가 외형상 행위요건이 유사한 시장지배적 지위 남용행위와 불공정거래행위에 동시에 해당되는 것처럼 보이더라도 어떤 행위는 시장지배적 지위 남용행위로 보고 어떤 행위는 불공정거래행위로 볼 것인가의 판단 문제와 직결된다. 다만 불공정거래행위의 위법성 기준으로서의 경쟁제한성의 경우에도 시장을 단위로 이루어지는 경쟁 또는 경쟁자의 식별이 필요하므로, 위법성 판단을 위하여 관련시장 획정이 필요하다.

심사지침에서 경쟁제한성 위주로 심사되는 행위 유형은 거래거절, 차별적 취급, 경쟁사업자 배제, 거래강제 중 끼워팔기, 구속조건부거래가 있다. 행위 유형에 따라서는 경쟁제한성 외에 경제력 집중 우려 또는 경제력 집중 야기성도 부당성 판단기준으로 작용하는 경우[19]도 있다. 이에 대하여 판례는 구속조건부거래의 한 유형인 배타조건부거래의 부당성은 경쟁제한성을 중심으로 하되, 거래상대방의 의사결정의 자유 저해성도 아울러 고려한다고 판시[20]하여 공정위와 다른 기준을 적용한다.

››› 판례 대법원 2007. 11. 22. 선고 2002두8626 전원합의체 판결 ("포스코" 사건)

공정거래법은 그 제3조의2 제1항 제3호에서 시장지배적 사업자의 지위남용행위로서의 거래거절행위를 규제하면서 이와는 별도로, 그 제23조 제1항 제1호에서 개별 사업자가 부당하게 거래를 거절하여 공정한 거래를 저해할 우려가 있는 행위를 한 경우, 그 거래거절을 한 사업자의 시장지배적 지위 유무와 상관없이 이를 불공정거래행위로 보아 규제하고 있는바, 공정거래법 제3조의2 제1항 제3호의 시장지배적 사업자의 거래거절행위와 공정거래법 제23조 제1항 제1호의 불공정거래행위로서의 거래거절행위는 그 규제목적 및 범위를 달리하고 있으므로 공정거래법 제3조의2 제1항 제3호가 규제하는 시장지배적 사업자의 거래거절행위의 부당성의 의미는 공정거래법 제23조 제1항 제1호의 불공정거래행위로서의 거래거절행위의 부당성과는 별도로 독자적으로 평가·해석하여야 한다.

공정거래법이 그 제3조의2 제1항 제3호에서 시장지배적 사업자의 지위남용행위로서의 거

19) 계열회사를 위한 차별, 부당한 지원행위의 경우.
20) 대법원 2013. 4. 25. 선고 2010두25909 판결.

래거절행위를 규제하면서도 그 제23조 제1항 제1호에서 시장지배적 사업자를 포함한 모든 사업자의 불공정거래행위로서의 거래거절행위를 규제하고 있는 이유는, 거래거절이 시장지배적 사업자의 지위남용에 해당하는지 여부를 떠나 단지 그 거래상대방과의 관계에서 공정한 거래를 저해할 우려가 있는 행위라고 평가되는 경우에는 이를 규제하여야 할 필요성이 있기 때문이다. 따라서 공정거래법 제23조 제1항 제1호의 불공정거래행위로서의 거래거절행위에 관하여는 그 행위의 주체에 제한이 없으며, 또한 그 당해 거래거절행위의 공정거래저해성 여부에 주목하여 특정 사업자의 거래기회를 배제하여 그 사업활동을 곤란하게 하거나 곤란하게 할 우려가 있는 경우, 거래상대방에 대한 부당한 통제 등의 목적 달성을 위한 실효성 확보 수단 등으로 거래거절이 사용된 경우 등과 같이 사업자의 거래거절행위가 시장에 미치는 영향을 고려하지 아니하고 그 거래상대방인 특정 사업자가 당해 거래거절행위로 인하여 불이익을 입었는지 여부에 따라 그 부당성의 유무를 평가하여야 한다.

이에 비하여 공정거래법이 그 제3조에서 공정거래위원회로 하여금 독과점적 시장에서 경쟁을 촉진하기 위한 시책을 수립·시행하여야 할 의무를 부과하고 또한 그 제3조의2에서 시장지배적 사업자를 수범자로 하여 그 지위남용행위를 규제하면서 그 지위남용행위의 하나로 거래거절행위를 규정하고 있는 이유는, 불공정거래행위로서의 거래거절행위와는 달리 시장지배적 사업자가 존재하는 독과점적 시장에서 시장지배적 사업자의 경쟁을 제한하는 거래거절행위를 규제하여야 할 필요성이 있기 때문이다. 따라서 공정거래법 제3조의2 제1항 제3호의 시장지배적 사업자의 지위남용행위로서의 거래거절의 부당성은 '독과점적 시장에서의 경쟁촉진'이라는 입법목적에 맞추어 해석하여야 할 것이므로, 시장지배적 사업자가 개별 거래의 상대방인 특정 사업자에 대한 부당한 의도나 목적을 가지고 거래거절을 한 모든 경우 또는 그 거래거절로 인하여 특정 사업자가 사업활동에 곤란을 겪게 되었다거나 곤란을 겪게 될 우려가 발생하였다는 것과 같이 특정 사업자가 불이익을 입게 되었다는 사정만으로는 그 부당성을 인정하기에 부족하고, 그 중에서도 특히 시장에서의 독점을 유지·강화할 의도나 목적, 즉 시장에서의 자유로운 경쟁을 제한함으로써 인위적으로 시장질서에 영향을 가하려는 의도나 목적을 갖고, 객관적으로도 그러한 경쟁제한의 효과가 생길 만한 우려가 있는 행위로 평가될 수 있는 행위로서의 성질을 갖는 거래거절행위를 하였을 때에 그 부당성이 인정될 수 있다 할 것이다.

[평석] 이황, "공정거래법상 단독의 위반행위 규제의 체계–시장지배적 지위 남용행위로서의 거래거절행위의 위법성, 그 본질과 판단기준–", 사법 제5호, 사법발전재단 (2008); 황창식, "공정거래법상 시장지배력 남용 규제의 해석 및 집행상의 문제점–불공정거래행위 규제와의 법적용 관계를 중심으로", 경제법판례연구회 편, 경제법판례연구 제5권, 법문사 (2009)

[관련문헌] 강우찬, "공정거래법 제3조의2(시장지배적 지위남용금지)와 제23조(불공정거래행위 금지)의 관계에 관한 연구–규범의 중복현상을 중심으로–", 사법논집 제44집, 법원도서관 (2007); 이봉의, "불공정거래행위의 위법성–계약질서의 관점에서", 권오승 편, 공정거래와 법치, 법문사 (2004); 홍명수, "부당한 거래거절", 경제법판례연구 제1권, 경제법판례연구회 (2004)

토의 주제

① 위 판례에 비추어 볼 때, 불공정거래행위로서의 거래거절의 경쟁제한성은 시장지배적 지위 남용행위로서의 거래거절의 경쟁제한성과 어떤 차이가 있다고 생각되는가?

② "시장에 미치는 영향을 고려하지 아니하고 그 거래상대방인 특정 사업자가 당해 거래거절행위로 인하여 불이익을 입었는지 여부에 따라 그 부당성의 유무를 평가하여야" 한다는 기준과 기타의 거래거절(제3절 I.3.(2))에 대한 설명에서 소개하는 인천정유 대 현대오일뱅크 사건 판결에서의 그것을 비교해 보고, 불공정거래행위의 경쟁제한성 기준에 대한 자신의 견해를 정리해 보라.

(5) 불공정성

심사지침에 의하면, 불공정성(unfairness)이란 경쟁수단 또는 거래내용이 정당하지 않은 것으로, 구체적으로 경쟁수단의 불공정성이란 상품 또는 용역의 가격과 질 이외에 바람직하지 않은 경쟁수단을 사용함으로써 정당한 경쟁을 저해하거나 저해할 우려가 있음을 뜻하고, 거래내용의 불공정성이란 거래상대방의 자유로운 의사결정을 저해하거나 불이익을 강요함으로써 공정거래의 기반이 침해되거나 침해될 우려가 있음을 의미한다고 한다.

심사지침에서 경쟁수단의 불공정성 위주로 위법성이 판단되는 행위 유형은 거래강제 중 사원판매와 기타의 거래강제, 부당한 고객유인, 부당한 사업활동 방해가 있는데, 이들 행위 유형에 대한 부당성 판단은 공통적으로 장점에 의한 경쟁의 기초가 되는 바람직한 경쟁수단이 아닌 수단과 결부되어 있다. 거래내용의 불공정성 위주로 위법성이 판단되는 행위 유형은 거래상 지위 남용행위 한 가지 유형인데, 이에 대한 부당성 판단은 거래상대방과의 관계에서 상대적으로 정해지는 거래상 지위의 정도와 거래상대방이 받게 되는 불이익의 내용과 정도 사이의 상관관계에 의존한다.

(6) 경쟁제한성과 불공정성의 관계

해석상 특히 문제가 제기되는 것은 위법성 판단기준으로서 경쟁제한성과 불공정성의 상호관계이다. 경쟁제한성은 자유로운 경쟁과 진입의 확보가 보장되는 경쟁과정이라는 기제(mechanism)를 전제로 하여 그 기제의 유효한 작동을 왜곡하는 행위와 관련된 것으로서 경쟁자가 아니라 경쟁의 보호를 직접적인 판단의 척도로 삼는 기준이다. 이에 대하여 경쟁수단의 불공정성은 가격 · 품질 · 서비스 등의 바람직한 경쟁수단에 의하지 않는 행위와 관련되어 경쟁수단의 공정성을 확보하기 위한 것이고, 거래내용의 불공정성은 사회통념적으로 억압적이거나 기만적인 방법이나 수단을 이용하여 가격 · 품질 · 서비스 등과 같은 바람직한 경쟁수단에 영향을 미치는 행위와 관련되어 거래주체의 자주적 판단 및 자유로운 경쟁의 기반을 확보하기 위한 것으로서, 이러한 불공정성 기준은 경쟁보다는 경쟁자 또는 거래상대방의 보호를 직접적인 판단의 척도로 삼는 기준이다.

심사지침상 경쟁제한성 위주로 심사하는 행위 유형과 불공정성 위주로 심사하는 행위 유형은 위와 같이 서로 판단기준이 다르기도 하지만, 안전지대 적용 여부와 부당성 조각사유 고려의 정도에 있어서도 실제적인 차이가 있다.

첫째, 안전지대(safety zone)는 경쟁제한성 위주로 심사하는 행위 유형에 대하여만 적용된다. 이 제도는 시장점유율이 낮은 사업자의 경우는 시장에 미치는 경쟁제한효과가 존재하더라도 미미한 수준이라는 점을 고려하여 시장점유율을 기준으로 한 심사면제 대상을 정한 것이다. 심사지침에서는 '경쟁제한성 위주로 심사하는 행위유형'에 대해서 행위자의 시장점유율이 10% 미만(다만, 시장점유율의 산정이 불가능한 경우에는 연간매출액 50억 원 미만)인 경우에는 위법성 심사를 면제할 수 있도록 하였다.[21)]

둘째, 경쟁제한성 위주로 심사하는 행위 유형과 불공정성 위주로 심사하는 행위 유형 모두 경쟁제한성 · 불공정성과 효율성 증대효과 · 소비자후생 증대효과 등을 비교형량하는 것을 원칙으로 하면서 긍정적 효과가 부정적 효과를 현저히 상회하는 경우를 포함하여 합리성이 있다고 인정되는 경우 부당성을 조각할 수 있다고 보고 있으나, 불공정성 위주로 심사하는 행위 유형 중 일부 유형[22)]의 경우에는 부당성을 조각하는 사유인 합리성을 제한적으로 해석하고 있다.

---

21) 다만 심사지침은 안전지대에 해당되는 사업자의 행위라도 심사를 개시할 수 없는 것은 아니라고 규정하고 있으므로, 안전지대에 해당된다는 이유만으로 반드시 심사면제 대상이 된다고 볼 수 없다(대법원 2011. 3. 10. 선고 2010두9976 판결).

22) 위계에 의한 부당한 고객유인 행위, 사원판매에 의한 거래강제 행위, 거래상 지위 남용행위의 경우이다.

제 3 절 일반 불공정거래행위 유형론

Ⅰ. 거래거절

1. 의 의

거래거절이라 함은 부당하게 거래를 거절하는 행위, 즉 사업자가 특정사업자에 대하여 거래의 개시를 거절, 중단 또는 현저히 제한하는 행위를 말한다(법 23조 1항 1호). 거래거절 자체는 경쟁정책적 관점에서 보면 가치중립적이지만, 거래의 개시를 거절, 중단 또는 현저히 제한함으로써 상대방의 사업활동 및 시장에서의 거래질서에 부정적인 영향을 주고 그 결과 당해 시장에서 경쟁의 정도가 감소하거나, 거래거절이 공정거래법상 금지된 행위의 실효성을 확보하기 위한 수단으로 활용될 경우, 이는 관련 시장에서 경쟁을 제한하고 시장의 효율성 저하를 초래할 수 있으므로 금지된다.

2. 요건 분석

거래거절은 사업자의 행위가 거래거절행위, 즉 특정사업자에 대하여 거래 개시를 거절하는 행위 또는 계속적인 거래관계에 있는 특정사업자에 대하여 거래를 중단하거나 거래하는 상품 또는 용역의 수량이나 내용을 현저하게 중단하는 행위에 해당하고(행위 요건) 그 행위가 부당하다고 평가될 수 있는 경우(위법성 요건) 성립한다. 사업자와 특정사업자 간에 행해진 거래거절행위만이 문제가 되므로, 소비자는 대상이 되지 않는다. 위법성 판단은 거래거절행위가 관련시장, 즉 행위자가 속한 시장 또는 거래거절의 상대방이 속한 시장에서 경쟁을 제한하는지 여부를 위주로 판단하는데, 판단의 방식은 공동의 거래거절에 해당하는지 아니면 기타의 거래거절에 해당하는지에 따라 다르다.

3. 유 형

법 시행령은 거래거절을 행위자의 수에 따라 공동의 거래거절과 기타의 거래거절로 구분하고 있다.

(1) 공동의 거래거절

공동의 거래거절이라 함은 정당한 이유 없이 자기와 경쟁관계에 있는[23] 다른 사업자와 공동으로 특정사업자에 대하여 거래의 개시를 거절하거나 계속적인 거래관계에 있는 특정사업자에 대하여 거래를 중단하거나 거래하는 상품 또는 용역의 수량이나 내용을 현저히 제한하는 행위를 말한다.

》 판례 대법원 2006. 5. 12. 선고 2003두14253 판결 ("은행 CD공동망" 사건)

원심은, 그 채택 증거들을 종합하여 판시 사실을 인정한 다음, 원고들이 이 사건 CD공동망을 이용하여 원고들과 계속적인 거래를 해 온 주식회사 하나은행(이하 '하나은행'이라 한다)에 대하여 공동으로 원고들의 중앙컴퓨터에서 하나은행이 삼성카드 주식회사(이하 '삼성카드'라 한다)의 고객에게 부여한 가상계좌번호를 인식하지 못하게 하는 방법으로 하나은행으로 하여금 삼성카드 고객의 가상계좌서비스와 연결된 CD공동망을 사용하지 못하도록 단절한 행위는, 원고들과 신용카드업시장에서 경쟁관계에 있는 삼성카드에 대하여 가상계좌서비스를 제공하는 하나은행이라는 특정사업자에 대하여 공동으로 가상계좌서비스의 제공과 관련된 거래를 거절한 행위로서, 일응 독점규제 및 공정거래에 관한 법률에서 불공정거래행위의 유형으로 규정하고 있는 공동의 거래거절행위에 해당하지만, 이 사건 CD공동망은 기본적으로 참가은행들 사이의 예금잔액조회 및 예금인출서비스를 공유함을 전제로 구축, 운영되어 온 전산망으로서 그 공익적 성격을 감안한다고 하더라도 그 운영에 있어서는 전산망 구축과 유지에 상당한 비용과 노력을 투자한 참가은행들의 의사가 존중되어야 하는 점, 원고들을 비롯한 참가은행들은 현금서비스에 관하여는 이 사건 CD공동망이 전면 개방되어 있지 않은 관계로 제휴은행들과 사이에서 별도로 구축된 현금서비스망을 통하여 현금서비스를 제공받고 있는 데 비하여, 삼성카드는 사실상의 현금서비스제공을 예금인출로 가장하는 방법을 이용한 변칙적인 이 사건 가상계좌서비스를 통하여 상대적으로 저렴한 예금인출 수수료만을 지급하면서 이 사건 CD공동망을 이용하여 모든 참가은행들로부터 제한 없는 현금서비스를 제공받게 됨으로써 참가은행들보다 부당하게 경쟁우위에 설 가능성이 큰 점, 이 사건 가상계좌서비스의 제공은 이 사건 CD공동망을 예금인출기능으로만 이용하기로 하는 참가은행들 사이의 사실상의 내부약정 및 이용관행에 위반하는 행위인 동시에 CD기를 개방하지 않은 은행들에 대하여는 그 의사에 반하여 CD기를 현금서비스업무에 전면 개방할 것을 강제하는 결과가 되는 점, 삼성카드 등의 전문계 카드사들은 종전과 같이 개별 참가은행들과 이용계약을 체결하고 이용건당 수수료 1,000원을 지급하는 방법으로 이 사건 CD공동망을 현금서비스에 이용할 수 있으므로 원

23) 따라서 공동의 거래거절에 참가하는 사업자는 반드시 현실적 또는 잠재적 경쟁관계에 있어야 한다.

고들의 위와 같은 공동의 거래거절로 인하여 신용카드시장에서 다른 거래처를 용이하게 찾을 수 없어 거래기회가 박탈되었다고는 할 수는 없을 뿐더러, 직접적인 거래거절의 상대방인 하나은행 역시 이로 인하여 다른 거래처를 용이하게 찾을 수 없게 되었다거나 거래상대방 선택의 자유에 부당한 제한을 받게 되었다고는 할 수 없는 점, 전문계 카드사들이 이 사건 가상계좌서비스와 같은 방법으로 이 사건 CD공동망을 전면적으로 이용하는 경우 그 이용고객 수가 급증하여 전산망 시스템에 적지 않은 부하를 주게 되므로 참가은행들은 향후 시스템 보수와 확대 및 유지에 더 많은 비용을 지출하는 부담을 안게 될 것이 명백하나, 그로 인한 이득은 변칙적인 가상계좌서비스를 제공하는 하나은행 등 일부 참가은행의 수수료 수입에 국한되는 데 비하여 나머지 참가은행들은 그동안 전문계 카드사들과 사이에 개별적으로 체결한 현금서비스 이용계약에 따라 지급받아 온 수수료 수입을 모두 상실하게 되는 결과가 초래되어 오히려 공정한 경쟁을 저해할 우려가 있게 되는 점 등의 제반 사정을 고려해 보면, 원고들의 하나은행에 대한 이 사건 가상계좌서비스에 대한 위와 같은 공동의 거래거절행위는 그 거래거절에 정당한 사유가 있다고 할 것이고, 따라서 이는 공정한 경쟁을 저해할 우려가 있는 부당한 공동거래거절행위에 해당하지 않는다고 판단하였는바, 기록에 비추어 살펴보면 이러한 원심의 사실인정과 판단은 정당한 것으로 수긍이 가고, 거기에 상고이유로 지적하는 채증법칙 위반으로 인한 사실오인이나 법리오해 등의 위법이 없다.

토의 주제

① 대법원이 은행들의 거래거절행위에 정당한 사유가 있다고 판단한 논거를 정리해 보고, 그 판단 방식과 내용의 타당성에 대하여 토의해 보라.

② 이 사건에서 문제된 행위에 대하여 독점규제법 제19조 제1항 제8호에 정한 사업활동방해 공동행위 규정을 적용할 수 있는가? 적용법조의 요건상의 차이는 무엇인가? 신용카드사들이 가맹점 공동이용망 이용을 공동으로 사실상 거절한 사건인 대법원 2005. 8. 19. 선고 2003두5709 판결과 비교해 보라.

(2) 기타의 거래거절

기타의 거래거절이라 함은 사업자가 부당하게 단독으로 특정사업자와의 거래를 거절하는 행위를 말한다. 단독의 거래거절 또는 개별적 거래거절이라고도 한다. 대법원은 기타의 거래거절에 대하여 거래 상대방이 종래 계속적 거래관계에 있는 경우에도 자유시장경제체제하에서 일반적으로 인정되는 거래처 선택의 자유라는 원칙에 비추어 공동의 거래거절보다는 더 엄격한 부당성 판단기준을 적용한다.[24)]

〉〉〉 판례 대법원 2008. 2. 14. 선고 2004다39238 판결 ("인천정유 대 현대오일뱅크" 사건)

독점규제 및 공정거래에 관한 법률(이하 '공정거래법'이라 한다) 제23조 제1항 제1호 및 같은 법 시행령 제36조 제1항 [별표 1] 제1호 (나)목에서 불공정거래행위의 한 유형으로 규정하고 있는 '기타의 거래거절'이란 개별 사업자가 그 거래 상대방에 대하여 하는 이른바 개별적 거래거절을 가리키는 것이나, 이러한 개별적 거래거절행위는 그 거래 상대방이 종래 계속적 거래관계에 있은 경우에도 자유시장경제 체제하에서 일반적으로 인정되는 거래처 선택의 자유라는 원칙에서 볼 때, 또 다른 거래거절의 유형인 '공동의 거래거절'과는 달리 거래거절이라는 행위 자체로 바로 불공정거래행위에 해당하는 것은 아니고, 그 거래거절이 특정사업자의 거래기회를 배제하여 그 사업활동을 곤란하게 할 우려가 있거나 오로지 특정사업자의 사업활동을 곤란하게 할 의도를 가진 유력 사업자에 의하여 그 지위 남용행위로써 행하여지거나 혹은 공정거래법이 금지하고 있는 거래강제 등의 목적 달성을 위하여 그 실효성을 확보하기 위한 수단으로 부당하게 행하여진 경우라야 공정한 거래를 저해할 우려가 있는 거래거절행위로서 공정거래법이 금지하는 불공정거래행위에 해당한다고 할 수 있고(대법원 2001. 1. 5. 선고 98두17869 판결; 대법원 2005. 5. 26. 선고 2004두3038 판결 등 참조), 이러한 거래거절행위의 부당성 유무를 판단할 때에는 당사자의 거래상 지위 내지 법률관계, 상대방의 선택 가능성 · 사업규모 등의 시장상황, 그 행위의 목적 · 효과, 관련 법규의 특성 및 내용 등 여러 사정을 고려하여 그 행위가 공정하고 자유로운 경쟁을 저해할 우려가 있는지 여부에 따라야 한다(대법원 1998. 9. 8. 선고 96누9003 판결 참조).

원심이 인용한 제1심판결 이유에 의하면, 원심은 그 채택 증거를 종합하여, 한화에너지플라자 주식회사(이하 '한화에너지플라자'라 한다)는 1995. 7. 1. 당시 같은 한화그룹의 계열사이던 정리회사 인천정유 주식회사(당시는 한화에너지 주식회사이었고, 현재는 에스케이 인천정유 주식회사이다. 이하 '정리회사'라 한다)와 사이에 한화에너지플라자가 자가소비 또는 그 산하의 주유소, 부판점 및 기타 고객에게 판매할 석유류 제품의 전 수요량을 정리회사로부터 매입하기로 하는 석유류 제품 판매대리점계약(이하 '이 사건 판매대리점계약'이라 한다)을 체결하고 판매대리점거래를 하여 온 사실, 위 판매대리점계약은 계약일부터 1년간 유효하되 당사자 일방이 상대방에게 계약기간 종료 90일 전에 서면으로 계약기간 연장에 대하여 반대의사를 통지하지 않는 한 1년씩 자동적으로 연장되도록 되어 있었던 사실, 한편 피고 회사는 석유류 제품의 생산 및 판매업을 영위하는 회사로서, 스스로도 석유류 제품을 생산할 뿐만 아니라 그 제품의 판매를 위해 산하에 주유소 등 독자적인 수요층을 확보하고 있었던 사실, 그런데 1999. 8. 31. 정부 방침에 따라 정유업계의 구조조정을 위한 빅딜(Big Deal)의 일환으로, 피고 회사가 한화에너지플라자를 흡수합병하게 됨에 따라, 피고 회사는 정리회사와의 이 사건 판매대리점계약도 승계하고, 또 과거 한화에너지플라자 산하의 주유소 등도 피고 회사 산하의 주유소로 흡수하게 된 사실, 그리하여 피고 회사는 이후 정리회사로부터 공급받은 석유류 제품은 과거 한화에너지

---

24) 대법원 2001. 1. 5. 선고 98두17869 판결; 2004. 7. 9. 선고 2002두11059 판결; 대법원 2005. 5. 26. 선고 2004두3038 판결; 대법원 2010. 8. 26. 선고 2010다28185 판결.

플라자 산하에 있었던 주유소 등에 공급하고, 피고 회사가 생산한 석유류 제품은 원래 피고 회사 산하의 주유소 등에 공급하는 방식으로 사업을 영위해 온 사실, 그러던 중 2002년경 피고 회사는 누적된 적자로 경영위기를 맞게 되자 이를 극복하기 위한 자구책 중 하나로 이 사건 판매대리점계약을 종료시키기로 하고, 위 계약에서 정한 바에 따라 계약기간 만료 90여 일 전인 2002. 3. 27. 정리회사에 계약갱신의 거절을 통지하여 2002. 6. 30. 이 사건 판매대리점계약을 종료시킨 사실(이하 '이 사건 계약갱신 거절'이라 한다) 등 판시와 같은 사실을 인정하고 나서, 주유소 시장의 경직성 등으로 인하여 이 사건 계약갱신 거절로 인하여 정리회사가 피고 회사 산하의 주유소(특히 과거 한화에너지플라자 산하에 있었던 주유소) 등에 석유류 제품을 공급할 수 없게 되어 정리회사의 거래기회가 어느 정도 제한되는 효과가 발생하기는 하였으나, 다른 한편의 인정 사실에서 나타나는 바와 같이 이 사건 판매대리점계약이 종료된 이후 정리회사는 오히려 영업이익이 증가하였고, 정리회사의 관리인도 관계인집회에서 관리인보고서를 통해 피고 회사와의 판매대리점계약이 유지되지 않아도 정리회사가 향후 판매망의 확충 등을 통하여 지속적인 영업이익을 실현할 수 있다고 보고하였으며, 법원도 그와 같은 정리회사의 향후 영업전망을 고려하여 정리회사의 정리계획안을 인가하였던 점 등의 제반 사정을 고려하면, 그 거래기회 제한의 정도가 정리회사의 사업활동을 곤란하게 할 우려가 있다고 할 정도까지는 아니라고 보이고, 나아가 이 사건 계약갱신 거절 당시 피고 회사는 누적된 적자로 인한 신용등급 하락, 유동성 악화, 유산스(USANCE) 한도 삭감에 의한 원유도입 차질 및 그에 따른 재무상황 악화 등의 경영위기를 맞고 있었고 그로 인하여 2002. 4.경에는 대표이사 정몽혁이 그 책임을 지고 사퇴하기에 이르렀으며, 경영위기를 극복하기 위한 자구책으로 가동률 축소, 비업무용·저수익성 자산의 매각 추진, 인원 감축, 해외로부터의 긴급자금지원 협의를 진행하고 있었는바, 이러한 상황에서 피고 회사는 이 사건 판매대리점계약이 종료되면 정리회사의 제품을 매수할 의무를 면하게 되어 당시 공급초과 상태인 관계로 내수시장 가격의 60% 정도의 가격에 수출하였던 물량(피고 회사가 자체 생산한 석유류 제품을 의미한다)도 내수시장의 가격으로 피고 회사 산하의 주유소 등에 공급할 수 있게 됨으로써 상당한 이익을 얻을 수 있다는 판단하에 경영위기를 극복하기 위한 방안의 일환으로 이 사건 계약갱신 거절을 하게 되었던 것으로, 당시 피고 회사로는 이러한 자구책 없이는 기업활동의 유지가 어려웠던 것으로 보이는 점 등을 종합하여 보면, 이 사건 계약갱신 거절은 이를 전체적으로 부당한 행위라고는 보기 어려우므로 공정거래법 소정의 '기타의 거래거절'에 해당하지 않는다고 판단하였다.

원심판결을 관계 법령과 앞서 본 법리 및 기록에 비추어 살펴보니, 원심의 사실인정 과정에 어떤 채증법칙 위반의 잘못이 있음을 발견할 수 없고, 사실관계가 원심 판시와 같다면, 이 사건 계약갱신 거절은 정리회사의 거래기회를 배제하여 그 사업 활동을 곤란하게 할 우려가 있거나 오로지 특정사업자의 사업 활동을 곤란하게 할 의도를 가진 유력 사업자에 의하여 그 지위 남용행위로써 행하여지거나 혹은 공정거래법이 금지하고 있는 거래강제 등의 목적 달성을 위하여 그 실효성을 확보하기 위한 수단으로 부당하게 행하여진 경우의 어느 것에도 해당한다고 보기 어려우니, 이를 공정거래법 소정의 '기타의 거래거절'에 해당하지 않는다고 본 원심의 판단은 정당하다 할 것이고, 거기에 상고이유 주장과 같은 법리오해 등의 위법이 없다. 상고이유의 주장은 받아들일 수 없다.

[관련문헌] 심재한, "단독의 거래거절행위", 상사판례연구 13집, 상사판례연구회 (2002); 김차동, "단독거래거절에 의한 불공정거래행위의 규제원리", 권오승 편, 공정거래와 법치, 법문사 (2004); 강우찬, "부당한 거래 거절: 단독거래 거절을 중심으로", 경기법조 12호, 수원지방변호사회 (2005); 이봉의, "모회사 및 대규모수요자의 요청에 의한 거래거절", 경제법판례연구 제3권, 경제법판례연구회 (2006)

토의 주제

① 대법원 판례가 기타의 거래거절이 불공정거래행위에 해당한다고 평가할 수 있다고 본 세 가지 경우는 무엇인가?

② 대법원 판례는 기타의 거래거절의 부당성 유무를 판단함에 있어 상대방에게 불이익이 되는 사정과 행위자에게 유리한 사정을 구별하지 않고 종합적으로 판단하는 방식을 취한 반면, 비교판례인 헌법재판소 판례는 상대방에게 불이익이 되는 사정과 행위자에게 유리한 사정을 단계적으로 구분하여 대비하는 방식을 취하였다고 볼 수 있다. 두 가지 판단방식의 장단점을 논하여 보라.

》 비교 판례 헌법재판소 2004. 6. 24. 선고 2002헌마496 결정 ("현대오일뱅크 무혐의처분" 사건)

공정거래법 제23조 제1항은 부당한 거래거절을 비롯하여 시장에서의 공정한 거래를 저해할 우려가 있는 갖가지 유형의 불공정거래행위를 금지한다고 규정하고 있고, 동조 제2항에 따른 동법시행령 제36조 제1항 [별표 1]은 그와 같이 금지되는 구체적인 불공정거래행위의 유형과 기준을 상세히 정하고 있다. 이와 같이 공정거래법이 금지하는 불공정거래행위에 해당하기 위하여는, 첫째로 문제가 되는 행위가 그 외형으로 볼 때 동 조항에서 열거하는 행위유형에 해당하고(형식요건), 다음으로 그 행위가 실질에 있어 공정한 거래를 저해할 우려가 있어 부당하다는 평가를 받아야 하는바(실질요건), 여기서 공정한 거래를 저해할 우려가 있어야 한다는 것은 당해 행위가 시장의 경쟁질서에 악영향을 끼쳐 부당하다는 평가를 받아야 비로소 위법한 불공정거래행위로서 규제의 대상이 된다는 의미이다.

이 사건에서 불공정거래행위 해당 여부가 문제되는 행위는 현대오일뱅크가 인천정유에 대하여 한 석유류제품 판매대리점계약의 갱신거절행위인바, 이를 석유류제품 판매계약이라는 관점에서만 보면 단순한 구매의 거절이 될 것이지만, 다른 한편으로 양사는 다같이 석유류제품을 생산하여 판매하는 정유회사로서 국내 정유시장에서 서로 경쟁하는 관계에 있기도 하므로 현대오일뱅크에 의한 일방적인 거래관계 단절이 양사를 포함한 국내 정유시장 전체의 공정한 거래질서를 저해할 것인지 여부가 문제되는 것이다.

위와 같은 계약갱신거절행위는 계속적인 거래관계에 있는 특정사업자에 대하여 거래를 중단하는 행위로서 공정거래법 제23조 제1항 제1호 전단 및 동법시행령 제36조 제1항 [별표] 제1호 소정의 '거래거절'이라는 행위유형에 포섭된다(이하 '이 사건 거래거절'이라고 한다). 이러한 거래거절은 행위의 공동성 유무에 따라 '공동의 거래거절'과 '기타의 거래거절'로 나뉘는데, '공동의 거래거절'이 경쟁제한적 효과가 큰 행위 자체의 성질로 인하여 외형상 행위요건을 충족하기만 하면 위법성이 추정되어 행위자가 '정당한 이유'가 있음을 입증하지 못하는 한 위법하다는 평가를 받게 되는 데 비하여, '기타의 거래거절'은 곧 '개별적 거래거절'로서 행위요건 충족과 더불어 특별히 경쟁 제약·배제효과가 인정되는 등으로 공정거래저해성이 있는 경우에 한하여 비로소 위법한 불공정거래행위로서 규제의 대상이 된다.

즉, 통상 개별적 거래거절은 적어도 당해 행위자에 있어서는 나름대로 사업상 또는 거래상의 합리적인 이유에 기하여 행해지는 경우가 많을 뿐 아니라 경쟁시장을 전제로 할 때 공동의 거래거절과 달리 원칙적으로 경쟁제한적 성질이나 효과를 갖지 아니하는바, 이는 거래처선택의 자유를 염두에 둘 때 더욱 그러하다. 따라서 개별적 거래거절을 위법한 불공정거래행위라고 평가하기 위해서는 당해 행위가 거래거절의 행위요건에 해당한다는 것만으로는 부족하고 시장에 있어서의 경쟁 제약·배제효과와 같은 특별한 위법요소로서의 '부당성'이 부가적으로 인정되어야 한다. 이러한 경쟁 제약·배제효과는 거래거절을 한 행위자가 시장에서 '유력한 사업자'일수록 보다 커질 것이지만 어디까지나 계약자유의 원칙이 지배하는 시장경제질서 하에서는 행위의 주체·태양·효과 등 객관적 측면만으로 그 부당성을 단언하기는 어려울 것이고, 거절의 의도·목적까지 아울러 고려하여 공정거래저해성 유무를 판단할 필요가 있다.

개별적 거래거절이 공정거래저해성을 갖는 것으로 평가되는 구체적인 사례로서는, 첫째 거래거절이 특정사업자(행위자의 경쟁자 또는 그와 밀접한 관계에 있는 사업자의 경쟁자)의 거래기회를 배제하여 그 사업활동을 곤란하게 할 우려가 있는 경우, 둘째 거래거절이 공정거래법이 금지하고 있는 위법 또는 부당한 목적을 달성하기 위한 수단으로 이용되는 경우, 셋째 유력한 사업자가 거래상대방의 사업활동을 곤란에 빠지게 하는 것 이외에 특별한 이유도 없이 거래를 거절하는 경우의 세 가지가 들어지고 있다.

이와 같이 개별적 거래거절이 공정한 거래질서를 저해할 우려가 있는 위법한 행위인지 여부를 판단함에 있어서는 시장상황(시장집중도, 상품의 특성, 제품차별화의 정도, 유통경로, 신규진입의 난이도 등), 당사자의 거래상 지위(쌍방의 관계, 행위자의 시장점유율과 순위, 브랜드 이미지 등), 당해 행위가 상대방의 사업활동 및 시장의 거래질서에 미치는 영향(행위의 태양, 상대방의 대체거래처 선택가능성 여하, 경쟁 제약·배제효과의 정도 등) 등 여러 가지 위법요소들을 종합적으로 고려하여야 할 것인데, 여기서 특히 문제되는 것은 위와 같은 여러 가지 위법요소들 이외에 행위자에게 당해 거래거절에 이른 사업경영상 또는 거래상의 필요성 내지 합리적 이유가 있다는 사정(이하 '사업경영상의 필요성'이라고 한다)을 함께 참작할 수 있을 것인지, 만일 그러한 사업경영상의 필요성이 인정되는 경우에는 당해 거래거절의 위법성을 부인할 수 있을 것인지 여부이다.

이 사건에서 인천정유는 위 계약갱신거절로 인하여 더 이상 현대오일뱅크에게 그 생산의 석유류제품을 판매할 수 없게 되었는바, 피청구인은 이 사건 무혐의결정을 함에 있어 따로 결정의 이유를 명기하지는 않았지만, 기록에 첨부되어 있는 피청구인의 내부 검토보고서에 의하면 피청구인은 이 사건 거래거절이 '공동의 거래거절'에 해당한다는 인천정유의 주장을 배척하면서, '개별적 거래거절'로서 위법성이 있는지 여부에 관하여 그것이 비록 공정한 경쟁을 제약하거나 배제할 우려가 크지만 다른 한편으로는 극심한 유동성위기에 직면한 현대오일뱅크가 경영악화를 극복하고 기업의 회생을 도모하기 위해 불가피하게 선택한 자구책으로서 이른바 '사업경영상의 필요성'이라는 정당한 이유가 있는 거래거절이라는 이유로 불공정거래행위의 성립을 부정하였는바, 이와 같은 피청구인의 판단의 당부를 가늠하기 위해서는 곧 이 사건 거래거절이 공동의 거래거절인지, 그리고 만일 그것이 개별적 거래거절에 해당한다면 공정거래저해성이 인정되어 위법하다고 볼 수 있는지, 특히 사업경영상의 필요성을 이유로 그 위법성을 부인할 수 있을 것인지 여부를 판단할 필요가 있다 할 것이다. … (중략) …

이 사건 거래거절이 앞서 개별적 거래거절이 위법한 것으로 인정되는 세 가지 사례 가운데 '거래거절이 공정거래법이 금지하고 있는 위법 또는 부당한 목적을 달성하기 위한 수단으로 이용되는 경우' 또는 '유력한 사업자가 거래상대방의 사업활동을 곤란에 빠지게 하는 것 이외에 특별한 이유도 없이 거래를 거절하는 경우'에 해당한다고 볼 여지는 없어 보이므로, 결국 이 사건 거래거절의 위법 여부는 그것이 '특정사업자(행위자의 경쟁자 또는 그와 밀접한 관계에 있는 사업자의 경쟁자)의 거래기회를 배제하여 그 사업활동을 곤란하게 할 우려가 있는 경우'에 해당하는지 여부에 달려 있다 할 것이다. … (중략) …

불공정거래행위를 규제하는 목적은 공정하고도 자유로운 거래질서를 확립하는 데 있으므로, 행위의 공정거래저해성을 판단하는 기준도 원칙적으로 이러한 공정한 거래질서 유지의 관점에서 파악하여야 할 것이다. 따라서 거래거절의 위법성을 평가함에 있어 사업경영상의 필요성이라는 사유를 다른 주관적·객관적 위법요소들과 대등한 가치를 지닌 독립된 제3의 요소로 취급할 것은 아니라고 할 것이므로, 거래거절에 이른 사업경영상의 필요성이 인정된다는 사정만으로 곧 당해 거래거절의 위법성이 부인되는 것은 아니다.

그러나 앞서 본 바와 같이 여러 가지 위법요소들을 종합적으로 참작하여 개별적 거래거절의 공정거래저해성 유무를 심사한다고 할 때 거래거절의 원인이 된 사업경영상의 필요성은 행위의 객관적·주관적 측면을 이루는 여러 위법요소들 중 하나에 해당하는 참작사유로서, 아니면 적어도 위법성을 부인하기 위한 근거로 내세워지는 행위의 의도·목적을 추단케 하는 간접사실로서 위법성 판단과정에 작용한다고 보아야 할 것이다.

경쟁제한의 의도·목적이 없음을 이유로 개별적 거래거절의 위법성 여부를 다투는 경우 행위의 경쟁제한적 효과를 중심으로 한 객관적 측면과 행위의 의도·목적이라는 주관적 측면은 서로 대립적 가치로서 충돌하게 되고, 이러한 경우 양자의 비교형량을 통해 당해 행위의 위법성 유무를 가리게 될 것이다.

그런데 개별적 거래거절이 상대방의 사업활동에 미치는 영향의 정도는, '상대방의 사업활동의 원활한 수행이 방해되는 경우'로부터 '상대방의 사업활동이 현저히 제약되는 경우', '상대방의 사업활동의 계속이 곤란하게 되는 경우'까지 여러 단계가 있을 수 있는데, 이 때 사업경영상의 필요성이 작용하는 정도는 위와 같이 단계적으로 구분되는 경쟁 제약·배제효과 등 행위가 미치는 영향의 정도에 따라 달라질 것이다. 다시 말해 당해 거래거절이 상대방의 사업활동의 수행에 지장을 초래하는 정도에 머무는 때에는 일정한 정도 이상의 사업경영상 필요성만으로도 그와 같은 경쟁제한적 효과를 상쇄할 여지가 있을 것이나, 그것이 상대방의 사업활동의 계속을 곤란하게 할 정도로 경쟁제한적 효과가 강한 경우에는 어느 정도 사업경영상의 필요성이 있다는 것만으로는 부족하고 당해 거래거절을 하지 않으면 행위자가 곧 도산할 것이 확실하다고 판단되는 등의 사업경영상의 긴절한 필요성이 인정되지 않는 한 그 거래거절의 위법성을 부인할 수 없다고 볼 것이다.

[관련문헌] 이민호, "거래거절의 위법성 판단기준", 경제법판례연구 제2권, 경제법판례연구회 (2005)

Ⅱ. 차별적 취급

1. 의 의

차별적 취급이라 함은 사업자가 부당하게 거래상대방을 차별하여 취급하는 행위를 말한다(법 23조 1항 1호 후단). 차별적 취급은 효율성이나 한계비용의 차이를 반영하는 단순한 차이와 구별되며, 합리적 근거 없이 불리한 취급을 통하여 경쟁사업자나 차별을 받는 상대방인 사업자의 사업활동을 현저히 곤란하게 함으로써 행위자가 속한 시장 또는 거래상대방이 속한 시장에서의 경쟁을 저해하는 것이 문제된다.

2. 요건 분석

차별적 취급은 일반적으로 거래지역 또는 거래상대방에 따라 가격 또는 거래조건에 현저한 차이가 존재하고 그러한 차이가 부당하다고 평가되는 경우에 성립한다. 다만 구체적인 요건은 세부적인 행위 유형에 따라 다소 차이가 있다.

3. 유 형

법 시행령에서는 먼저 차별의 내용을 기준으로 가격차별과 거래조건차별을 나누고, 계열회사를 위한 차별취급과 집단적 차별의 경우에는 차별의 내용을 구별하지 않고 특별 취급을 하고 있다.

(1) 가격차별

가격차별이라 함은 부당하게 거래지역 또는 거래상대방에 따라 현저하게 불리 또는 유리한 가격으로 거래하는 행위를 말한다. 가격차별의 대상이 되는 거래상대방에는 사업자뿐만 아니라 소비자가 포함된다.

형태별로 보면, 가격차별은 차별의 대상에 따라 지역에 따른 가격차별과 상대방에 따른 가격차별로 구분할 수 있다. 지역에 따른 가격차별은 특정지역에서만 다른 지역보다 부당하게 높거나 또는 낮은 가격으로 거래하는 경우이며, 주로 특정지역의 경쟁자를 배제하거나 다른 시장에서의 자기의 지위를 확립하는 수단으로 쓰인다. 반면, 상대방에 따른 가격차별은 거래상대방에 따라서 서로 다른 가격으로 거래하는 경우이며, 자기의 경쟁자와의 관계에서 영향을 미치는 경우가 있고 또 상대방끼리의 경쟁에 영향을 미치는 경우도 있다.

〉〉〉 판례 대법원 2006. 12. 7. 선고 2004두4703 판결 ("신용카드사업자" 사건)

독점규제 및 공정거래에 관한 법률 제23조 제1항 제1호 및 같은 법 시행령 제36조 제1항 [별표 1] 제2호 (가)목에서 불공정거래행위의 한 유형으로 규정하고 있는 '가격차별'은 "부당하게 거래지역 또는 거래상대방에 따라 현저하게 유리하거나 불리한 가격으로 거래하는 행위"를 의미하므로 거래지역이나 거래상대방에 따라 현저한 가격의 차이가 존재하고 그러한 가격의 차이가 부당하여 시장에서의 공정한 거래를 저해할 우려가 있는 경우에 성립한다고 할 것인바, 가격차별을 규제하는 입법 취지와 위 각 규정을 종합하면, 가격차별이 부당성을 갖는지 여부를 판단함에 있어서는 가격차별의 정도, 가격차별이 경쟁사업자나 거래상대방의 사업활동 및 시장에 미치는 경쟁제한의 정도, 가격차별에 이른 경영정책상의 필요성, 가격차별의 경위 등 여러 사정을 종합적으로 고려하여 그와 같은 가격차별로 인하여 공정한 거래가 저해될 우려가 있는지 여부에 따라 판단하여야 할 것이다.

원심은, 신용카드사업자인 원고가 백화점 업종에 대하여 적용하는 신용카드 가맹점 수수료율은 2.5~2.6%이고 할인점 업종에 대하여 적용하는 신용카드 가맹점 수수료율은 1.5%인 사실, 백화점과 할인점의 주력품목, 소비자들의 이용동기 등에서의 세부적인 차이에도 불구하고, 최근 양 업종의 영업전략, 특히 할인점의 영업범위 확대로 인하여 취급품목이 중복됨에 따라 제한적이기는 하지만 백화점과 할인점은 상호 경쟁관계에 있는 사실 등을 인정한 다음, 원고가 상호 경쟁관계에 있는 가맹점인 백화점 업종과 할인점 업종의 가맹점 수수료율에 1% 내지 1.1%의 차이를 둔 것은 '거래상대방에 따른 현저한 가격차이가 존재하는 경우'로 볼 수 있다고 할 것이나, 매출액 대비 이윤율이 높고, 수요의 가격탄력성이 상대적으로 낮은 백화점에 대하여 할인점보다 높은 수수료율을 적용하는 것은 원고의 경영정책에 따른 현상으로 볼 수 있는 점, 원고의 입장에서는 백화점보다 후발 업자이면서 발전가능성이 많은 할인점에 대하여 백화점보다 낮은 수수료율을 적용하는 방법으로 할인점을 선점하려는 경영상의 필요도 있었다고 볼 수 있고, 이러한 요인에 의한 가격차별은 다른 카드업자들과 사이에 할인점 선점을 둘러싼 경쟁에 대응하는 것으로서 오히려 경쟁을 촉진시키는 측면도 있는 점, 백화점과 할인점 수수료율의 차등 적용은 호화업종과 생필품업종을 구분하여 수수료율을 정하도록 유도한 감독관청인 재무부의 행정지도에서 비롯된 것인 점, 국내 대부분의 신용카드업자들은 원고와 비슷한 수준으로 백화점과 할인점에 대하여 업종별로 차별화된 수수료율을 적용하고 있고, 외국의 경우에도 양 시장의 특성을 반영하여 일정 수준의 차별화된 수수료율을 적용하는 사례가 있는 점 등 제반 사정에 비추어 보면, 원고가 백화점 업종에 대한 수수료율을 할인점 업종에 비하여 1% 내지 1.1% 더 높게 책정하였다고 하더라도, 그러한 차이를 둔 것이 공정한 경쟁을 저해하는 부당한 가격차별로서 불공정거래행위에 해당한다고 볼 수는 없다고 판단하였다.

위 법리와 기록에 비추어 살펴보면, 원심의 위와 같은 사실인정과 판단은 정당한 것으로 수긍이 가고, 거기에 상고이유와 같은 가격차별의 부당성에 관한 법리오해, 사실오인, 심리미진 및 이유모순의 위법이 있다고 할 수 없다.

[평석] 윤신승, "5개 신용카드사들의 가맹점수수료율 차별 사건에 관한 평석", 경제법판례연구 제3권, 경제법판례연구회 (2006)

[관련문헌] 홍명수, "독점규제법상 차별적 취급", 비교사법 제12권 제2호, 한국비교사법학회 (2005); 신영수, "가격차별에 대한 정당성 항변의 허용기준", 경쟁저널 통권 제139호, 공정경쟁연합회 (2008)

토의 주제

① 판결에서 가격차별행위가 존재한다고 판단한 근거에 대하여 차별의 상대방 간의 관계, 가격 차이의 현저성 등의 요소별로 분석해 보라.

② 판결에서 가격차별행위의 정당화 사유로 인정된 것은 무엇인가?

(2) 거래조건차별

거래조건차별이라 함은 부당하게 특정사업자에 대하여 수량, 품질 등의 거래조건이나 거래내용에 관하여 현저하게 유리 또는 불리한 취급을 하는 행위를 말한다. 가격차별과 달리 특정사업자만을 대상으로 하고 소비자에 대한 차별은 포함되지 않는다. 거래조건의 예로서는 수량, 품질에 관한 조건 이외에도 상품의 인도시기 또는 방법에 관한 조건, 보증금에 관한 조건, 규격에 관한 조건 등을 들 수 있다.

››› 판례 대법원 2006. 5. 26. 선고 2004두3014 판결 ("한국토지공사" 사건)

독점규제 및 공정거래에 관한 법률 제23조 제1항 제1호 후단 및 같은 법 시행령(2002. 3. 30. 대통령령 제17564호로 개정되기 전의 것) 제36조 제1항 [별표 1] 일반불공정거래행위의 유형 및 기준 제2호 (나)목의 '거래조건차별'에 해당하기 위해서는 특정사업자에 대한 거래조건이나 거래내용이 다른 사업자에 대한 것보다 유리 또는 불리하여야 할 뿐만 아니라 그 유리 또는 불리한 정도가 현저하여야 하고, 또 그렇게 차별취급하는 것이 부당한 것이어야 한다.

원심은, 채택 증거들을 종합하여 판시와 같은 사실을 인정한 다음, 원고가 남양주지구 공동주택지를 판매하기 위한 선수협약을 체결하면서, 대한주택공사에 대하여는 공급가격이 10% 이상 상승할 경우 대한주택공사가 그 협약의 해제를 청구할 수 있고 이에 따라 협약이 해제될 경우 원고는 대한주택공사로부터 수납한 선수금에 법정이자를 가산하여 반환한다는 조항을 설정한 반면, 소외 우미건설 주식회사 및 신명주택건설 주식회사(이하 '다른 매수인'이라 한다)에 대하여는 같은 사유가 발생하는 경우에 원고와 다른 매수인이 협의하여 협약을 해제할 수 있다는 규정만을 두고 선수금의 반환에 관하여는 아무런 규정을 두지는 않았고, 원고의 위와 같은 선수협약 체결은 외견상으로는 특정사업자를 유리하게 취급하는 것으로서 거래조건에서 차별취급을 한 것으로 보이기는 하지만, 한편 원고의 내부지침인 선수공급에 관한 지침 및 용지규정 등의 관련조항에 의하면 선수협약 체결 후 공급가격이 10% 이상 상승하는 경우 다른 매수인이 요청하면 협약은 해제될 것으로 보이고, 이러한 사유로 해제되는 경우 원고로서는 위약금 귀속 없이 선수금 및 이에 대한 법정이자를 가산하여 반환해줄 의무가 있다고 할 것이므로, 위와 같은 외형상의 거래조건의 차이가 특정 사업자를 현저하게 유리하거나 불리하게 하는 행위에 해당한다고 보기 어렵다는 취지로 판단하였다.

기록에 비추어 살펴보면, 원심의 위와 같은 사실인정과 판단은 정당하고, 거기에 상고이유와 같은 채증법칙 위배로 인한 사실오인 또는 '거래조건차별'에 관한 법리오해의 위법이 없다.

토의 주제

- 판례에서 외형상의 거래조건의 차이(difference)와 차별(discrimination)을 어떻게 구별하고 있는지 토의해 보라.

(3) 계열회사를 위한 차별

계열회사를 위한 차별은 정당한 이유 없이 자기의 계열회사를 유리하게 하기 위하여 가격·수량·품질 등의 거래조건이나 거래내용에 관하여 현저하게 유리 또는 불리한 취급을 하는 행위를 말한다. 차별의 상대방에는 소비자도 포함된다.

이 행위 유형에서는 차별의 내용이 가격인지 거래조건인지에 따른 구별이 없고, 다른 차별적 취급 행위 유형과 달리 경제력 집중의 우려도 공정거래저해성의 내용으로 보는 행위 유형으로서 가격을 포함한 거래조건이나 거래내용 등에 관하여 계열회사를 유리하게 하기 위한 의도로 계열회사에 대해 현저하게 유리하거나 계열회사의 경쟁사업자에 대해 현저하게 불리하게 취급하였을 경우 원칙적으로 경쟁제한성 또는 경제력 집중 우려가 있는 것으로 보고 있다는 점에서 구별의 의의가 있다.

››› 판례 대법원 2004. 12. 9. 선고 2002두12076 판결 ("SK텔레콤" 사건)

2. 상고이유 제2점에 대하여

'계열회사를 위한 차별'의 요건으로서 계열회사를 유리하게 하기 위한 의도는, 특정 사업자가 자기의 이익을 위하여 영업활동을 한 결과가 계열회사에 유리하게 귀속되었다는 사실만으로는 인정하기에 부족하고, 차별행위의 동기, 그 효과의 귀속주체, 거래의 관행, 당시 계열회사의 상황 등을 종합적으로 고려하여 사업자의 주된 의도가 계열회사가 속한 일정한 거래분야에서 경쟁을 제한하고 기업집단의 경제력 집중을 강화하기 위한 것이라고 판단되는 경우에 한하여 인정된다고 할 것이다.

원심이 적법하게 확정한 사실관계 및 기록에 의하면, 원고의 이 사건 행위는 주식회사 신세기통신과의 기업결합승인 조건을 이행하기 위하여 2001. 6.까지 이동통신서비스시장에서 시장점유율을 낮추면서도 일시적으로 그 하락속도를 완화하기 위한 원고의 필요에서 비롯되었고, 원고는 SKG를 위하여 부담하게 된 이자비용에도 불구하고 이동통신서비스 가입자증가로 인하여 SKG의 단말기 매출증가이익을 훨씬 능가하는 이익을 얻게 되었으며, SKG가 공급하는 사업자모델로 무이자할부채권의 양수대상을 한정한 것도 사업자모델과 유통모델의 제품특성 및 유통구조의 차이나 당시의 거래관행 등에 비추어 효과적인 영업활동으로 인정할 수 있을 뿐 아니라, SKG에 이익을 주기 위한 행위를 하여야 할 긴급한 경영상의 필요가 있었다고도 보이지 않으므로, 비록 2000. 6. 이후 단말기보조금 금지로 SKG의 매출이 감소하여 경영상 어려움이 예상되는 상황에서 이 사건 행위로 인한 결과가 SKG에 유리하게 귀속되었다고 하더라도 그것만으로는 이 사건 행위의 주된 의도가 SKG가 속한 일정한 거래분야에서 경쟁을 제한하고 기업집단의 경제력 집중을 강화하기 위한 것이라고 판단되는 경우에 해당하지 않는다고 할 것이다. … (중략) …

3. 상고이유 제3점에 대하여

불공정거래행위의 한 유형인 '계열회사를 위한 차별'의 위법성을 평가함에 있어서 단순한 사업경영상 또는 거래상의 필요성 내지 합리성이 인정된다는 사정만으로 곧 그 위법성이 부인되는 것은 아니지만, 차별적 취급의 원인이 된 사업경영상의 필요성 등은 다른 사유와 아울러 공정한 거래질서의 관점에서 평가하여 공정거래저해성의 유무를 판단함에 있어서 고려되어야 하는 요인의 하나가 될 수 있다고 할 것이다.

원심판결 이유에 의하면, 원심은 그 판시와 같은 사실을 인정한 다음, 원고의 이 사건 행위로 이 사건 거래분야에서 SKG의 경쟁사업자인 삼성전자 등이 유통모델의 매출감소로 인한 불이익을 입게 되는 측면이 있으나 단말기시장 전체로 보면 SKG가 공급하는 사업자모델의 매출이 증가함에 따라 삼성전자 등이 사업자모델의 제조업자 지위에서 이익을 얻게 되었고 한편 원고의 경쟁사업자인 주식회사 케이티프리텔이나 주식회사 엘지텔레콤은 독립된 단말기 유통회사를 두지 아니한 채 직접 사업자모델을 대리점에 공급하면서 원고의 이 사건 행위와 같은 영업활동을 벌이고 있는 점, 원고는 일시적으로 시장점유율 하락속도를 둔화시키기 위한 사업경영상의 필요에 기하여 이 사건 행위에 이르렀는데 이동통신서비스의 제공이 고객의 단말기 구입과 불가분의 관계에 있어 단말기 유통회사인 SKG의 매출증가로 이어지게 된 점, 이 사건 행위와 같이 무이자할부채권의 양수대상을 SKG가 공급하는 사업자모델로 한정하더라도 이 사건 거래분야에서 SKG의 경쟁사업자인 삼성전자 등의 유통모델에 대한 경쟁을 유인하여 원고로서는 상대적으로 가격이 비싼 유통모델에 대한 높은 이자비용을 감수하지 않고서도 이동통신서비스 가입자 수의 증가를 가져올 수 있어 이를 합리적인 영업전략으로 볼 수도 있다는 점 등을 종합하여, 원고의 이 사건 행위에 공정거래저해성이 없다는 취지로 판단하였다.

위 법리를 기록에 비추어 살펴보면 원심의 위와 같은 사실인정 및 판단은 정당하고, 거기에 채증법칙 위배로 인한 사실오인이나 공정거래저해성에 관한 법리오해의 위법이 없다.

[평석] 이선희, "계열회사를 위한 차별적 취급", 대법원판례해설 52호(2004 하반기), 법원도서관 (2005); 홍명수, "계열회사를 위한 차별의 법리적 고찰", 경제법판례연구 제3권, 경제법판례연구회 (2006)

토의 주제

① 위 판례에 의할 때 계열회사를 위한 차별이 성립하기 위한 요건과 가격차별, 거래조건차별이 성립하기 위한 요건의 차이는 무엇이라고 할 수 있는가?

② 위 판례에서 말하는 사업경영상의 필요성의 의미와 위법성 판단 과정에서의 기능은 무엇인가? 사원판매에 대한 설명(제3절 V.3.(2))에서 소개하는 대우자동차판매 사건 판결에서 말하는 "사업경영상의 필요성"의 그것과 비교하여 설명하시오.

(4) 집단적 차별

집단적 차별이란 집단으로 특정사업자를 부당하게 차별적으로 취급하여 그 사업자의 사업활동을 현저하게 유리하거나 불리하게 하는 행위를 말한다.

Ⅲ. 경쟁사업자 배제

1. 의 의

경쟁사업자 배제라 함은 사업자가 부당하게 경쟁자를 배제하는 행위를 말한다(법 23조 1항 2호).

2. 요건 분석

경쟁사업자 배제의 수단으로 행하는 부당염매 또는 부당고가매입행위가 존재하고 그 행위가 경쟁사업자를 배제시킬 우려가 있어야 한다. 경쟁사업자는 통상 현실적으로 경쟁관계에 있는 사업자를 가리키지만, 시장진입이 예상되는 잠재적 사업자도 경쟁사업자의 범위에 포함된다. 경쟁사업자를 배제시킬 우려는 실제로 경쟁사업자를 배제할 필요는 없고, 여러 사정으로부터 그러한 결과가 초래될 추상적 위험성이 인정되는 정도로 족하다.

3. 유 형

법 시행령에서는 경쟁사업자 배제의 수단으로서 부당염매와 부당고가매입 두 가지 행위 유형을 규정하고 있다.

(1) 부당염매

부당염매라 함은 자기의 상품 또는 용역을 공급함에 있어서 정당한 이유 없이 그 공급에 소요되는 비용보다 현저히 낮은 대가로 계속하여 공급하거나(계속거래상의 부당염매) 기타 부당하게 상품 또는 용역을 낮은 대가로 공급함으로써(기타의 부당염매) 자기 또는 계열회사의 경쟁사업자를 배제시킬 우려가 있는 행위를 말한다. 즉 부당염매는 계속거래상의 부당염매와 기타의 부당염매로 구분되고, 그 유형에 따라 위법성 판단방식이 다르다.

》 판례 대법원 2001. 6. 12. 선고 99두4686 판결 (“현대정보기술” 사건)

1. 제1점에 대하여

구 독점규제 및 공정거래에 관한 법률(1999. 2. 5. 법률 제5813호로 개정되기 전의 것, 이하 ‘법’이라고 한다) 제23조 제1항은 공정한 거래를 저해할 우려가 있는 행위(이하 ‘불공정거래행위’라 한다)의 하나로 그 제2호에서 ‘부당하게 경쟁자를 배제하기 위하여 거래하는 행위’를 열거하고, 같은 조 제2항은 그 행위유형 또는 기준을 대통령령으로 정하도록 하여, 같은 법 시행령(1999. 3. 31. 대통령령 제16221호로 개정되기 전의 것, 이하 ‘영’이라고 한다) 제36조 제1항 [별표] 제3호 (가)목은 법 제23조 제1항 제2호에 해당하는 행위유형의 하나로 부당염매를 정하면서 이를 ‘자기의 상품 또는 용역을 공급함에 있어서 정당한 이유 없이 그 공급에 소요되는 비용보다 현저히 낮은 대가로 계속하여 공급하거나 기타 부당하게 상품 또는 용역을 낮은 대가로 공급함으로써 자기 또는 계열회사의 경쟁사업자를 배제시킬 우려가 있는 행위’라고 규정하고 있는바, 위 (가)목 전단에서 규정하는 이른바 계속거래상의 부당염매는 사업자가 채산성이 없는 낮은 가격으로 상품 또는 용역을 계속하여 공급하는 것을 가리키므로 그 행위의 외형상 그에 해당하는 행위가 있으면 ‘정당한 이유가 없는 한’ 공정한 거래를 저해할 우려가 있다고 보아야 할 것이나, 그 후단에서 규정하는 이른바 기타 거래상의 부당염매는 그 행위태양이 단순히 상품 또는 용역을 낮은 가격으로 공급하는 것이어서 그 자체로 이를 공정한 거래를 저해할 우려가 있다고 보기 어려운 만큼 그것이 ‘부당하게’ 행하여진 경우라야 공정한 거래를 저해할 우려가 있다고 보아야 할 것이며, 이 때 그 부당성의 유무는 당해 염매행위의 의도, 목적, 염가의 정도, 반복가능성, 염매대상 상품 또는 용역의 특성과 그 시장상황, 행위자의 시장에서의 지위, 경쟁사업자에 대한 영향 등 개별사안에서 드러난 여러 사정을 종합적으로 살펴 그것이 공정한 거래를 저해할 우려가 있는지의 여부에 따라 판단하여야 한다.

원심판결 이유에 의하면, 원심은 그 채용 증거들을 종합하여 그 판시와 같은 사실을 인정한 다음, 그 인정 사실에 의하면, 낙찰자로 결정된 원고의 입찰금액은 최소한의 인건비조차도 반영하지 못하는 낮은 가격임은 분명하나, 원고의 위와 같은 저가 입찰행위가 영 제36조 제1항 [별표] 제3호 (가)목 후단에서 규정하는 부당염매에 해당하기 위해서는 그것이 ‘부당하게’ 행하여졌음을 요건으로 하는바, 위 경쟁입찰이 있기 전에 지방자치단체의 지역정보화시스템통합용역은 수의계약에 의하여 주로 정보통신부 산하 한국전산원이나 지역 소재 대학에 발주되었고 민간 업체를 상대로 경쟁입찰에 부쳐진 것은 이 사건 용역이 처음이었으며, 행정자치부의 ‘지방자치단체의 지역정보화촉진시행계획’에 따르면 향후 시·군 단위까지 지역정보화시스템통합사업이 확대·실시될 예정에 있었으므로, 시스템통합 사업자들인 원고 및 위 소외 회사들은 지역정보화시스템통합용역이라는 신규시장에 각자 먼저 진입하여 기술과 경험을 축적할 목적을 가지고 원심 판시와 같이 모두 입찰예정가격에 훨씬 못 미치는 입찰금액으로 입찰에 참가하였던 점, 인천광역시는 향후 이 사건 용역과 관련된 각종 장비 및 용역을 추가로 구매함에 있어서 낙찰자인 원고에게 연고권 등 사실상의 우선권을 부여하지 않고 그 때마다 경쟁입찰방식에 의하여 공급자를 정하기로 방침을 세워놓고 있었으며, 이 사건 용역사업은 계속성 사업이 아니라 보고서의 제출로써 종료되는 1회성 사업이라서, 원고가 이 사건 용역을 저가로 낙찰받았다고 하여 이로 말미암아 원고의 경쟁사업자들이 향후 위 신규시장에서 배제될 우려가 없었던 점 등에 비추어 볼 때, 원고의 위와 같은 저가입찰행위를 부당성을 지닌 행위라고 볼 수 없으므로 영 제36조 제1항 [별표] 제3호 (가)목 후단에서 규정하는 부당염매에 해당하지 않는다고 판단하였다.

기록과 앞서 본 법리에 의하면, 원심의 위와 같은 사실인정과 판단은 정당한 것으로 수긍이 가고, 거기에 상고이유에서 주장하는 바와 같이 거래상의 부당염매에 있어서 부당성의 판단에 관한 법리오해의 위법이 없다.

2. 제2점에 대하여

원심은, 영 제36조 제1항 [별표] 제3호 (가)목에서 말하는 '경쟁사업자를 배제시킬 우려'는 추상적인 우려가 아니라 어느 정도 구체성을 지닌 우려를 가리킨다고 전제한 다음, 인천광역시가 이 사건 입찰참가자격을 제한함으로써 원고의 경쟁사업자들은 입찰에 참가한 위 소외 회사들로 한정되었는데 그들이 대규모기업집단 소속 계열회사라서 자금, 규모, 인력 등 면에서 결코 원고에 뒤떨어지지 않았고 그들 또한 입찰예정가격에 훨씬 못 미치는 낮은 가격으로 응찰하였던 점, 이 사건 용역이 계속적 사업이 아니라 보고서 제출로써 종료되는 1회성 사업이라는 점 등에 비추어 보면, 원고의 이 사건 입찰행위로 말미암아 경쟁사업자인 위 소외 회사들이 위 신규시장에서 배제될 우려도 없다고 판단하였다.

위 (가)목에서 말하는 경쟁사업자는 통상 현실적으로 경쟁관계에 있는 사업자를 가리킨다고 할 것이지만, 부당염매를 규제하는 취지가 같은 법(1999. 2. 5. 법률 제5813호로 개정되기 전의 것)이 금지하는 시장지배적 지위의 남용을 사전에 예방하는 데 있다고 볼 때, 시장진입이 예상되는 잠재적 사업자도 경쟁사업자의 범위에 포함된다고 보아야 할 것이고, 나아가 경쟁사업자를 배제시킬 우려는 실제로 경쟁사업자를 배제할 필요는 없고 여러 사정으로부터 그러한 결과가 초래될 추상적 위험성이 인정되는 정도로 족하다고 할 것인바, 경쟁사업자를 배제시킬 우려는 당해 염매행위의 의도, 목적, 염가의 정도, 행위자의 사업규모 및 시장에서의 지위, 염매의 영향을 받는 사업자의 상황 등을 종합적으로 살펴 개별적으로 판단하여야 한다.

따라서 원심이, 원고의 경쟁사업자를 이 사건 입찰에 참가한 위 소외 회사들로만 한정한 것과 경쟁사업자를 배제시킬 우려는 어느 정도 구체성을 가져야 한다고 본 것은, 그에 관한 법리를 오해한 잘못이 있다 할 것이다.

그러나 원고의 경쟁사업자에 향후 시장진입이 예상되는 사업자를 포함시킨다고 하더라도, 경쟁사업자를 배제시킬 우려는 당해 염매행위의 의도, 목적, 염가의 정도, 행위자의 사업규모 및 시장에서의 지위, 염매의 영향을 받는 사업자의 상황 등을 종합적으로 살펴 개별적으로 판단하여야 할 것인바, 원고의 이 사건 입찰목적이 앞서 본 바와 같고, 원고가 향후 이 사건 신규시장에서 다시 최저가로 입찰에 참가할 것으로 내다볼 만한 자료가 없는 이 사건에서, 1회성에 그치는 원고의 이 사건 입찰행위를 가리켜 이를 경쟁사업자를 배제시킬 위험성 있는 행위라고 단정하기는 어렵다고 할 것이니, 원심의 판단은 그 결론에 있어 정당하고, 원심의 위와 같은 잘못은 판결 결과에 영향을 미친 위법이라 할 수는 없다. 이 점에 대한 상고이유의 주장도 받아들일 수 없다.

[평석] 신영수, "부당염매의 위법성 판단과 경쟁사업자", 경제법판례연구 제1권, 경제법판례연

구회 (2004); 윤준, "부당염매의 위법성 판단기준", 대법원판례해설 36호(2001 상반기), 법원도서관 (2001); 이봉의, "공정거래법상 저가입찰의 '부당염매' 해당요건", 상사판례연구, 한국상사판례학회 (2002)

토의 주제

① 판례에 의할 때, 경쟁사업자의 범위에 포함되는 잠재적 사업자는 어떤 사업자를 말하는가?

② 경쟁사업자를 배제시킬 우려라는 기준은 시장지배적 지위 남용행위로서의 약탈적 가격책정의 위법성 판단기준과 구별될 수 있는가? 시장지배력이 없는 일반사업자의 염매행위를 별도로 규제하는 취지는 무엇이라고 생각하는가?

(2) 부당고가매입

부당고가매입이라 함은 부당하게 상품 또는 용역을 통상거래가격에 비하여 높은 대가로 구입하여 자기 또는 계열회사의 경쟁사업자를 배제시킬 우려가 있는 행위를 말한다.

Ⅳ. 부당한 고객유인

1. 의 의

부당한 고객유인이라 함은 부당하게 경쟁사업자의 고객을 자기와 거래하도록 유인하는 행위를 말한다(법 23조 1항 3호 전단). 소비자의 만족도를 극대화할 수 있기 위해서는 정확한 정보를 바탕으로 저렴하고 품질 좋은 상품 또는 용역을 구입할 수 있어야 한다. 이를 위해 사업자는 자기가 제공하는 상품 또는 용역의 가격과 품질을 경쟁수단으로 삼아야 함에도 불구하고, 부당한 이익제공이나 위계, 경쟁사업자의 거래방해 등 방법으로 경쟁사업자의 고객을 유인하는 것은 가격, 품질, 서비스 비교를 통한 소비자의 합리적인 상품 선택을 침해하고 사업자 간의 가격 등에 관한 경쟁을 통하여 공정한 경쟁 질서를 저해하므로 금지된다.[25]

2. 요건 분석

부당한 고객유인은 경쟁사업자의 고객을 자기와 거래하도록 유인하는 행위를 하고 그 행위가 부당하다고 평가를 받을 것을 요건으로 한다. 유인행위가 바람직한 경쟁질서를 저해하는 불공정한 경쟁수단에 해당한다는 점에 행위의 위법성이 있으므로 행위 요건과 위법성 요건이 결합되어 있다고 할 수 있다. 부당한 고객유인행위의 상대방에는 경쟁사업자와 거래를 한 사실이 있거나 현재 거래관계를 유지하고 있는 고객뿐만 아니라, 잠재적으로 경쟁사업자와 거래관계를 형성할 가능성이 있는 고객도 포함된다. 고객유인행위의 위법성을 판단함에 있어서는 사업자와 경쟁사업자 상품 간의 가격 등 비교를 통한 소비자의 합리적인 선택이 저해되는지 여부와 해당 업계 사업자 간의 공정한 경쟁질서가 저해되는지 여부가 중요한 고려요소가 된다.[26]

3. 유 형

법 시행령에서는 이를 부당한 이익에 의한 고객유인, 위계에 의한 고객유인, 기타의 부당한 고객유인 등 3개의 행위유형으로 구분하고 있다.

(1) 부당한 이익에 의한 고객유인

부당한 이익에 의한 고객유인이란 정상적인 거래관행에 비추어 부당하거나 과대한 이익을 제공 또는 제공할 제의를 하여 경쟁사업자의 고객을 자기와 거래하도록 유인하는 행위를 말한다. 부당한 이익의 제공이 경쟁사업자의 고객을 자기와 거래하도록 유인할 가능성이 있는지 여부는 객관적으로 고객의 의사결정에 상당한 영향을 미칠 가능성이 있는지 여부에 따라 결정된다.[27] 이익제공의 방법에는 제한이 없으며, 제공되는 이익에는 리베이트의 제공이나 가격할인 등 고객에게 유리하도록 하는 거래조건의 설정·변경, 판촉지원금 내지 판촉물의 지급, 경쟁사업자의 제품을 자사제품으로 교환하면서 덤으로 자사제품의 과다한 제공 등 적극적 이익제공과, 원래 부과되어야 할 요금 비용의 감면, 납부기한 연장, 담보제공 의무나 설정료

25) 대법원 2014. 3. 27. 선고 2013다212066 판결.
26) 대법원 2014. 3. 27. 선고 2013다212066 판결.
27) 대법원 2010. 12. 23. 선고 2008두22815 판결.

의 면제 등 소극적 이익제공 등 모든 경제적 이익이 포함된다.

행위의 위법성을 판단함에 있어서는 사업자와 경쟁사업자 상품 간의 가격 등 비교를 통한 소비자의 합리적인 선택이 저해되거나 다수 소비자들이 궁극적으로 피해를 볼 우려가 있게 되는 등 널리 거래질서에 대해 미칠 파급효과의 유무 및 정도, 널리 업계 전체의 공정한 경쟁질서나 거래질서에 미치는 영향과 함께 사업자가 제공하는 경제적 이익의 정도, 그 제공의 방법, 제공기간, 이익 제공이 계속적·반복적인지 여부, 업계의 거래 관행 및 관련 규제의 유무 및 정도 등을 종합적으로 고려하여야 한다.[28] 사업자가 제공하는 경제적 이익의 정도는 정상적인 거래관행에 비추어 보아 부당하거나 과다한 이익의 제공에 해당되는지 여부가 기준이 된다.[29] 정상적 거래관행이란 원칙적으로는 해당업계의 통상적인 거래관행을 기준으로 하되, 구체적 사안에 따라서는 바람직한 경쟁질서에 부합되는 관행을 기준으로 하며, 현실의 거래관행과 항상 일치하는 것은 아니다. 위와 같이 불공정한 경쟁수단에 해당되어도 효율성 증대효과나 소비자후생 증대효과가 경쟁수단의 불공정성으로 인한 공정거래 저해효과를 현저히 상회하거나 이익제공에 기타 합리적인 사유가 있는 경우에는 위법하지 않은 것으로 판단될 수 있다.

〉〉〉 판례 대법원 2010. 12. 23. 선고 2008두22815 판결 ("동아제약" 사건)

원심판결 이유에 의하면, 원심은 그 판결에서 채택하고 있는 증거들을 종합하여 판시와 같은 사실을 인정한 다음, 아래와 같은 사정에 비추어 보면 피고가 원고의 의약품 판촉계획과 그에 따른 의료기관 등에 대한 구체적인 지원행위를 독점규제 및 공정거래에 관한 법률(이하 '공정거래법'이라고 한다) 제23조 제1항 제3호에서 정한 포괄적인 하나의 부당한 고객유인행위로 본 것이 적법하다고 판단하였다.

첫째, 피고는 이 사건 시정명령 및 과징금 납부명령을 하면서 원고의 판촉계획 그 자체 또는 판촉행위 전부를 부당한 고객유인행위에 해당한다고 판단한 것이 아니라, 판촉계획에 따라 실행된 개개의 지원행위를 관련 의약품별로 지원시기, 지원대상, 지원금액 등을 특정한 후 이를 하나의 포괄적인 부당한 고객유인행위로 판단하였고 위반기간도 지원행위가 이루어진 의약품별로 달리 인정하고 있다.

둘째, 원고가 본사 차원에서 의약품의 판매증진을 위하여 의료기관 등에 대하여 현금이나

28) 대법원 2014. 3. 27. 선고 2013다212066 판결; 대법원 2018. 7. 12. 선고 2017두51365 판결.
29) 대법원 2010. 11. 25. 선고 2009두9543 판결.

물품 등을 지원하는 내용의 판촉계획을 수립하였고, 그에 따라 2003. 1. 1.부터 2006. 9. 30.까지 실제로 집행된 액수가 현금성 지원액 864억 8,200만 원, 골프 접대비용 17억 2,300만 원, 물품성 지원액 454억 5,200만 원인 점 등에 비추어 보면, 원고의 의료기관 등에 대한 구체적인 지원행위는 본사 차원의 판촉계획에 대한 실행행위의 성격을 갖는다고 볼 것이므로, 그러한 행위가 부당한 고객유인행위에 해당하는지 여부를 판단함에는 이를 하나의 행위로 평가하여야 한다.

셋째, 주요 국가 및 국제기구의 의약품 마케팅과 관련된 규제 현황과 국내 제약업체의 공정경쟁규약의 내용, 피고가 경조사비, 명절 선물, 2만 원 이하의 저가 판촉물, 5만 원 이하의 접대비 등은 이 사건 부당한 고객유인행위에서 제외한 점, 케이스 스터디도 주로 자사 의약품의 처방증대를 위하여 실시되었고 기부금 제공도 약품선정 등에 있어서 유리한 위치를 차지하기 위한 의도로 이루어졌던 것으로 보이는 점, 제약산업의 특성상 제약업체의 의사나 의료기관 등에 대한 정보제공과 설득을 통한 판촉활동이 불가피한 측면이 있기는 하지만, 그 상대방이 직접적인 소비자가 아니라 약품의 오남용을 막기 위해 면허제도를 통해 처방권을 부여받은 의료전문 종사자이고, 생명관련 사업이라는 특성 등으로 인하여 다른 업종보다 높은 규범성이 요구되는 점 등에 비추어 보면, 원고의 의료기관 등에 대한 구체적인 개개의 지원행위는 구 공정거래법 시행령(2010. 5. 14. 대통령령 제22160호로 개정되기 전의 것) 제36조 제1항 [별표 1] 제4호 (가)목에서 정한 '정상적인 거래관행에 비추어 부당하거나 과대한 이익을 제공 또는 제공할 제의를 한 경우'에 해당한다고 봄이 상당하다.

넷째, 부당한 이익의 제공이 경쟁사업자의 고객을 자기와 거래하도록 유인할 가능성이 있는지 여부는 객관적으로 고객의 의사결정에 상당한 영향을 미칠 가능성이 있는지 여부에 따라 결정된다고 할 것인데, 전문의약품의 경우 보건의료 전문가인 의사가 환자를 위하여 의약품을 구매 또는 처방하는 특수성이 있으므로 의사나 의료기관의 의약품에 대한 의사결정은 곧바로 최종 소비자인 환자의 의약품 구매로 연결될 수밖에 없는 점, 이 사건에서 문제된 원고의 구체적인 개개의 지원행위는 의사나 의료기관 등을 상대로 의약품의 처방증대 또는 판매증진을 위한 의도로 행해진 것인 점 등에 비추어 보면, 원고의 의료기관 등에 대한 이 사건 각 지원행위는 경쟁사업자의 고객을 유인할 가능성이 있다.

기록에 비추어 살펴보면, 원심의 이러한 판단은 정당하고, 거기에 상고이유로 주장하는 부당한 고객유인행위의 성립에 관한 법리오해 등의 위법이 없다.

[관련문헌] 황태희, "부당한 고객유인행위의 법적 검토", 한국경쟁법학회 편, 경쟁법연구 제18권, 법문사 (2008); 이봉의, "보건의료산업 리베이트 관행의 경쟁법적 쟁점과 과제", 서울대학교 법학 제40권 4호 (2009)

토의 주제

① 대법원이 특정 기간 동안 이루어진 다수의 고객유인행위를 포괄하여 하나의 고객유인행위로 평가한 근거는 무엇인가?

② 판례에 나타난 사실관계를 토대로 하여 정상적인 거래관행에 비추어 보아 부당하거나 과다한 이익의 제공에 해당되는지 여부에 대한 판단기준을 어떻게 구체화할 수 있을 것인지를 생각해 보라. 이 사건의 경우 제약업체의 의사나 의료기관에 대한 이익 제공이라는 사정이 판단에 어떤 영향을 미쳤다고 보는가?

(2) 위계에 의한 고객유인

위계에 의한 고객유인이라 함은 부당한 표시 · 광고 이외의 방법으로 자기가 공급하는 상품 또는 용역의 내용이나 거래조건 기타 거래에 관한 사항에 관하여 실제보다 또는 경쟁사업자의 것보다 현저히 우량 또는 유리한 것으로 고객을 오인시키거나 경쟁사업자의 것이 실제보다 또는 자기의 것보다 현저히 불량 또는 불리한 것으로 고객을 오인시켜 경쟁사업자의 고객을 자기와 거래하도록 유인하는 행위를 말한다.

위계에 의한 고객유인행위는 경쟁사업자의 고객을 유인하는 행위가 위계 또는 기만적인 방법에 의한 것이고, 그로 인하여 고객을 오인시키거나 오인시킬 우려가 있어야 성립한다.

사업자의 행위가 불공정거래행위로서 위계에 의한 고객유인행위에 해당하는지를 판단할 때에는, 그 행위로 인하여 보통의 거래 경험과 주의력을 가진 일반 소비자의 거래 여부에 관한 합리적인 선택이 저해되거나 다수 소비자들이 궁극적으로 피해를 볼 우려가 있게 되는 등 널리 업계 전체의 공정한 경쟁질서나 거래질서에 미치게 될 영향, 파급효과의 유무 및 정도, 문제 된 행위를 영업전략으로 채택한 사업자의 수나 규모, 경쟁사업자들이 모방할 우려가 있는지 여부, 관련되는 거래의 규모, 통상적 거래의 형태, 사업자가 사용한 경쟁수단의 구체적 태양, 사업자가 해당 경쟁수단을 사용한 의도, 그와 같은 경쟁수단이 일반 상거래의 관행과 신의칙에 비추어 허용되는 정도를 넘는지, 계속적 · 반복적인지 여부 등을 종합적으로 살펴보아야 한다.[30] 위계에 의한 고객유인의 대표적 수단인 부당한 표시 · 광고에 관해서는 「표시 · 광고의 공정화에 관한 법률」에서 별도로 규제하고 있다.

---

30) 대법원 2019. 9. 26. 선고 2014두15047 판결.

>>> 판례 대법원 2002. 12. 26. 선고 2001두4306 판결 ("한국오라클" 사건)

1. 상고이유 제1점에 대하여

원심판결 이유에 의하면, 원심은 위계에 의한 고객유인행위의 객체가 되는 상대방, 즉 경쟁사업자의 고객은 경쟁사업자와 기존의 거래관계가 유지되고 있는 상대방에 한정되지 아니하고, 새로운 거래관계를 형성하는 과정에서 경쟁사업자의 고객이 될 가능성이 있는 상대방까지도 포함된다는 전제 아래 원고와 한국사이베이스 주식회사(이하 '사이베이스사'라 한다)가 서울대학교병원으로부터 통합의료정보시스템재구축사업에 소요되는 데이터베이스관리시스템(DataBase Management System, 이하 'DBMS'라 한다)의 공급업자로 선정되기 위하여 서로 경쟁을 하고 있었던 이상 위 병원은 DBMS의 도급에 관하여 원고의 경쟁사업자인 사이베이스사의 고객이 될 가능성이 있는 상대방으로서 위계에 의한 고객유인행위에 있어서의 경쟁사업자의 고객에 해당한다고 판단하였는바, 기록과 관련 법령의 규정 등에 비추어 살펴보면, 원심의 위와 같은 판단은 옳고, 거기에 상고이유에서 주장하는 부당한 고객유인행위에 있어서의 경쟁사업자의 고객의 범위에 관한 법리오해의 위법이 있다고 할 수 없다.

2. 상고이유 제2점에 대하여

원심은 그 채용 증거에 의하여 그 판시와 같은 사실을 인정한 다음, ① 원고가 자기의 제품과 사이베이스사의 제품을 비교한 내용의 자료(이하 '이 사건 비교자료'라 한다)의 표지제목을 "Dataquest 1997 Database Market Share Summary"로 기재하여 그 비교자료의 내용이 당해 업계에서 공신력을 가지고 있는 Dataquest사 자료인 것처럼 표현한 점, ② DBMS와 같은 분야는 공급자로부터의 장기간의 유지보수가 필요하여 공급자의 경영안정이 무엇보다도 중요하다고 할 것인데, 원고가 사이베이스사의 경영현황이나 영업능력에 관하여 과거의 자료에 근거하여 그것도 불리한 점만을 발췌하여 이 사건 비교자료에 수록함으로써 사이베이스사의 경영이 계속 나빠질 것이라는 인식이 형성될 만한 내용을 담은 점, ③ DBMS 시장은 변화속도가 매우 빠른 소프트웨어 산업의 한 분야로서 기술변화가 급격하다는 점을 감안할 때, 원고가 경쟁사업자의 제품들과 성능을 비교함에 있어 구체적인 비교기준이나 객관적인 검증 또는 출처표시 없이 경쟁사업자의 제품들은 비교대상으로 삼은 대부분의 기능이 없는 반면 상대적으로 자신의 제품은 대부분의 기능을 보유하고 있는 것으로 기재한 점, ④ DBMS 제품은 기계적 성능 외에도 제품의 안정성 및 유지보수 가능성 등이 고객을 유치하는 데 매우 중요한 역할을 담당하고 있고, 전산 소프트웨어의 경우 급격한 기술발전이라는 특성상, 시스템 구축 초기의 장애도 곧 치유되어 안정적으로 운용될 수 있음에도 불구하고, 원고가 경쟁사업자의 제품들이 설치된 병원들의 전산장애 내역 등과 관련하여 명백히 확인되지도 아니하는 정보를 선별·왜곡함으로써 거래고객으로 하여금 사이베이스사의 제품에 중대한 하자가 있어 이를 이용할 경우 자주 전산장애가 발생될 수 있는 것 같은 인상을 주는 내용을 기재한 점 등을 종합하면, 이 사건 비교자료는 원고의 제품이 실제보다 또는 경쟁사업자의 것보다 현저히 우량 또는 유리하다고 하거나 경쟁사업자의 제품이 실제보다 또는 원고의 제품보다 현저히 불량 또는 불리하다고 하는 내용을 담고 있다고 할 것이고 그와 같은 내용을 담고 있는 이 사건 비교자료를 서울대학교병원과 서울대학교병원으로부터 통합의료정보시스템재구축사업의 개발자로 내정된 삼성에스디에스 주식회사에게 제출한 행위는 고객을 위계 또는 기만적인 방법에 의하여 유인한 행위에 해당한다고 판단하였다.

기록과 관계 법령에 비추어 살펴보면, 원심의 이러한 사실인정과 판단은 정당한 것으로 수긍할 수 있고, 거기에 상고이유에서 주장하는 심리미진이나 채증법칙 위배로 인한 사실오인 또는 위계의 성립 여부에 관한 법리오해의 위법이 있다고 할 수 없다.

3. 상고이유 제3점에 대하여

위계에 의한 고객유인행위를 불공정거래행위로 보아 규제하는 입법 취지에 비추어 보면, 위계에 의한 고객유인행위가 성립하기 위해서는 위계 또는 기만적인 유인행위로 인하여 고객이 오인될 우려가 있음으로 충분하고, 반드시 고객에게 오인의 결과가 발생하여야 하는 것은 아니라고 할 것이고, 여기에서 오인이라 함은 고객의 상품 또는 용역에 대한 선택 및 결정에 영향을 미치는 것을 말하고, 오인의 우려라 함은 고객의 상품 또는 용역의 선택에 영향을 미칠 가능성 또는 위험성을 말한다.

기록과 관계 법령 및 위에서 본 법리에 비추어 살펴보면, 서울대학교병원은 원고가 제출한 이 사건 비교자료 등을 의사결정자료로 삼아 DBMS 공급업체를 선정하였으므로 이 사건 비교자료가 위 병원의 구매의사결정에 영향을 미쳤을 가능성이 있다는 취지의 원심 판단은 정당한 것으로 수긍할 수 있고, 거기에 상고이유에서 주장하는 심리미진 또는 채증법칙 위배로 인한 사실오인이나 위계의 성립여부에 관한 법리오해의 위법이 있다고 할 수 없다.

[평석] 박해식, "위계에 의한 고객유인행위의 객체가 되는 상대방의 의미", 경쟁법연구 제9권 (2003)

토의 주제

- 이 사안에서 문제된 고객유인행위의 수단이 「표시 · 광고의 공정화에 관한 법률」 제2조에 정한 표시 · 광고와 구별되는 이유는 무엇인가? 표시 · 광고 개념의 범위에 비추어 사업자의 홍보 수단이 표시 · 광고 이외의 방법에 해당하여 위계에 의한 고객유인으로 문제될 가능성에 대하여 토의해 보라.

(3) 기타의 부당한 고객유인

기타의 부당한 고객유인이라 함은 경쟁사업자와 그 고객의 거래에 대하여 계약성립의 저지, 계약불이행의 유인 등의 방법으로 거래를 부당하게 방해함으로써 경쟁사업자의 고객을 자기와 거래하도록 유인하는 행위를 말한다.

V. 거래강제

1. 의 의

거래강제라 함은 부당하게 경쟁자의 고객을 자기와 거래하도록 강제하는 행위를 말한다(법 23조 1항 3호 후단). 거래강제행위는 고객의 선택의 자유를 왜곡하는 경쟁수단이므로, 이를 통하여 가격·품질·서비스를 중심으로 하는 공정한 거래질서를 침해할 우려가 있는지의 여부를 문제 삼게 된다.

2. 요건 분석

거래강제는 사업자가 경쟁자의 고객과의 관계에서 주된 상품시장에서의 지배력을 이용하거나 기존 거래관계에서의 우월적 지위를 이용하여 특정 상품이나 용역을 구입하거나 자기 또는 자기가 지정하는 사업자와 거래하도록 하는 행위를 하고, 그 행위가 상대방의 선택의 자유를 제한함으로써 가격과 품질을 중심으로 한 공정한 거래질서를 침해할 우려가 있다고 인정되는 경우에 성립한다. 거래강제의 상대방은 원칙적으로 직접 거래의 상대방이 되는 자를 의미하는 것으로서 "타 경쟁자의 고객일 수도 있었던 상대방에게 강제력을 행사하여 자기와 거래하도록 하는 행위"가 금지되는 것이다.[31] 행위 요건을 충족하는 거래행위는 상대방의 선택의 자유를 제한하는 것임을 전제로 하고 있는데, 그와 같은 강제성은 또한 경쟁수단의 불공정성을 위주로 하는 위법성 판단에 있어서도 핵심적인 요소가 되고 있으므로, 행위 요건과 위법성 요건이 사실상 결합되어 있다고 할 수 있다.

3. 유 형

법 시행령에서는 거래강제의 유형으로서 끼워팔기, 사원판매, 기타의 거래강제 등 세 가지 유형을 규정하고 있다.

31) 대법원 1998. 3. 27. 선고 96누18489 판결.

(1) 끼워팔기

끼워팔기라 함은 사업자가 거래상대방[32]에 대하여 자기의 상품 또는 용역을 공급하면서 정상적인 거래관행에 비추어 부당하게 다른 상품 또는 용역을 자기 또는 자기가 지정하는 사업자로부터 구입하도록 하는 행위를 말한다. 공정위의 심사지침에 의하면, 끼워팔기가 성립하기 위해서는 서로 다른 별개의 상품 또는 용역을 자기 또는 자기가 지정하는 사업자로부터 구입하도록 하는 행위가 존재하고, 그 행위가 경쟁을 제한하는 경우에 해당할 것을 요한다.

›››판례 대법원 2006. 5. 26. 선고 2004두3014 판결 ("한국토지공사" 사건)

독점규제 및 공정거래에 관한 법률 제23조 제1항 제3호 후단 및 같은 법 시행령 (2002. 3. 30. 대통령령 제17564호로 개정되기 전의 것) 제36조 제1항 [별표 1] 일반불공정거래행위의 유형 및 기준 제5호 (가)목의 '거래강제' 중 '끼워팔기'는, 자기가 공급하는 상품 또는 용역 중 거래 상대방이 구입하고자 하는 상품 또는 용역을 상대방에게 공급하는 것과 연계하여 상대방이 구입하고자 하지 않거나 상대적으로 덜 필요로 하는 상품 또는 용역(이하 '종된 상품'이라 한다)을 정상적인 거래관행에 비추어 부당하게 자기 또는 자기가 지정하는 다른 사업자로부터 상대방이 구입하도록 하는 행위를 말한다 할 것이고, 이러한 끼워팔기가 정상적인 거래관행에 비추어 부당한지 여부는 종된 상품을 구입하도록 한 결과가 상대방의 자유로운 선택의 자유를 제한하는 등 가격과 품질을 중심으로 한 공정한 거래질서를 저해할 우려가 있는지 여부에 따라 판단하여야 할 것이다.

원심은, 채택 증거들을 종합하여, 원고가 인천마전·남양주호평·평내·마석지구 등 공동주택지(이하 '비인기토지'라 한다)의 판매가 저조하자 상대적으로 분양이 양호한 부천상동·용인신봉·동천·죽전·동백지구 등 공동주택지(이하 '인기토지'라 한다)를 판매하면서 비인기토지의 매입시 인기토지에 대한 매입우선권을 부여함으로써 비인기토지를 매입하지 않고서는 사실상 인기토지를 매입할 수 없게 만들어, 주된 상품인 인기토지를 매입하여 주택건설사업을 하고자 하는 주택사업자로서는 사실상 종된 상품인 비인기토지를 매입할 수밖에 없는 상황에 처하였다는 등 판시와 같은 사실을 인정한 다음, 이러한 연계판매행위는 거래상대방에 대하여 자기의 주된 상품을 공급하면서 자기의 종된 상품을 구입하도록 하는 행위로서 끼워팔기에 해당하고, 나아가 공공부문 택지개발사업의 40% 이상을 점하고 있는 원고가 위와 같은 끼워팔기에 해당하는 연계판매행위를 할 경우 거래상대방인 주택사업자들의 상품 선택의 자유를 제한하는 등 공정한 거래질서를 침해할 우려가 있으므로, 원고의 위와 같은 행위는 결

32) 법에서는 거래강제를 "경쟁자의 고객"을 자기와 거래하도록 강제하는 행위라고 정의하고 있는데, 거래강제의 구체적 유형으로서의 끼워팔기의 요건으로는 행위의 대상을 "거래상대방"이라고 표현하고 있다. 그에 따른 규범적인 차이가 발생하는가?

국, 법 제23조 제1항 제3호 후단 및 법 시행령 제36조 제1항 [별표 1] 불공정거래행위기준 제5호 (가)목의 '끼워팔기'에 해당한다는 취지로 판단하였다.

앞서 본 법리에 비추어 기록을 살펴보면, 원심의 위와 같은 사실인정 및 판단은 정당하고, 거기에 심리미진 또는 채증법칙 위배로 인한 사실오인, '끼워팔기'에 관한 법리오해의 위법이 없다.

[평석] 이황, "불공정거래행위 중 끼워팔기의 성립요건", 대법원판례해설 61호(2006 상반기), 법원도서관 (2006)

[관련문헌] 김차동, "끼워팔기", 경제법판례연구 제3권, 경제법판례연구회 (2006); 장승화, "공정거래법상 끼워팔기의 위법성 판단기준", 법학 45권 4호, 서울대학교 법학연구소 (2004)

토의 주제

① 판례에서 인기토지와 비인기토지가 별개의 상품으로 판단된 근거는 무엇인가?

② 끼워팔기 행위가 거래상대방의 선택권을 침해한다는 점이 인정되면 바로 위법성이 인정되고, 종된 상품시장에서의 경쟁제한성을 별도로 심사할 필요가 없는가? 판례는 어떻게 판단하고 있는가?

③ 부당성 판단의 기준으로 제시된 정상적인 거래관행의 의미를 어떻게 이해하는 것이 좋은지 토의해 보라.

(2) 사원판매

사원판매라 함은 부당하게 자기 또는 계열회사의 임직원으로 하여금 자기 또는 계열회사의 상품이나 용역을 구입하도록 강제하는 행위를 말한다.

››› 판례 대법원 2001. 2. 9. 선고 2000두6206 판결 ("대우자동차판매" 사건)

구 독점규제 및 공정거래에 관한 법률(1999. 2. 5. 법률 제5813호로 개정되기 전의 것) 제23조 제1항 제3호 및 제2항과 같은 법 시행령(1999. 3. 31. 대통령령 제16221호로 개정되기 전의 것) 제36조 제1항 [별표] 제5호 (나)목에서 그 소정의 사원판매를 불공정거래행위로 규정하고 있는 것은, 회사가 그 임직원에 대하여 가지는 고용관계상의 지위를 이용하여 상품과 용역의 구입 또는 판매를 강제함으로써 공정한 거래질서를 침해하는 것을 방지하고자 하는 것으로서, 이러한 사원판매에 해당하기 위하여는 문제된 행위의 태양과 범위, 대상 상품의 특성, 행위자의 시장에서의 지위, 경쟁사의 수효와 규모 등과 같은 구체적 상황을 종합적으로 고려할 때 당해 행위가 거래 상대방인 임직원의 선택의 자유를 제한함으로써 가격과 품질을 중심으로 한 공정한 거래질서를 침해할 우려가 있다고 인정되어야 하지만, 당해 행위에 의하여 구입, 판매와 같은 거래가 반드시 현실적으로 이루어져야 하거나 혹은 공정한 거래질서에 대한 침해의 우려가 구체적일 것까지 요구되는 것은 아니고, 공정한 거래질서에 대한 침해의 우려가 있는 한 단순한 사업경영상의 필요나 거래상의 합리성 내지 필요성 유무는 불공정거래행위의 성립에 영향을 미칠 수 없다.

원심은, 소외 대우자동차 주식회사 등의 생산 차종을 전담 판매하는 원고가 원심 판시의 1998. 2. 12.자 판매활성화 방안 수립과 같은 해 4. 9.자 지시 및 같은 해 5. 2.자 지역본부장 회의에서의 지시와 그에 이은 결과 점검 등을 통하여 그 관리직 대리급 이상 임직원과 전입 직원들을 상대로 그 취급 차종에 관한 판매행위를 한 것은, 위 각 지시의 내용과 결과 점검 등의 구체적 경위에 관한 원심 판시와 같은 사정에 비추어, 대상 임직원들의 차량 구입 및 차종에 대한 선택의 기회를 제한하여 그 구입을 강제한 법 소정의 사원판매행위로서 불공정거래행위에 해당한다고 판단하였다.

앞서 본 법리와 기록에 비추어 보면, 위와 같은 원심의 조치는 정당한 것으로 수긍이 가고, 거기에 상고이유에서 주장하는 바와 같은 채증법칙의 위배나 불공정거래행위에 관한 법리오해의 위법이 있다고 할 수 없다. 이 부분 상고이유는 받아들일 수 없다.

[관련문헌] 홍명수, "사원판매의 위법성과 입법적 정당성 판단", 경제법판례연구 제1권, 경제법판례연구회 (2004)

토의 주제

- 판례에 의할 때, "가격과 품질을 중심으로 한 공정한 거래질서의 침해 우려"와 "사업경영상의 필요나 거래상의 합리성 내지 필요성 유무"는 비교형량 대상이 된다고 볼 수 있는가? 위법성 판단 시 두 가지 사유를 구성하는 요소들 사이의 상호관계와 우선순위는 어떻게 작용한다고 볼 수 있는가?

(3) 기타의 거래강제

기타의 거래강제라 함은 정상적인 거래관행에 비추어 부당한 조건 등 불이익을 거래상대방에게 제시하여 자기 또는 자기가 지정하는 사업자와 거래하도록 강제하는 행위를 말한다.

Ⅵ. 거래상 지위의 남용

1. 의 의

거래상 지위의 남용이라 함은 자기의 거래상의 지위를 부당하게 이용하여 상대방과 거래하는 행위를 말한다(법 23조 1항 4호). 이 규정은 현실의 거래관계에서 경제력에 차이가 있는 거래주체 간에도 상호 대등한 지위에서 법이 보장하고자 하는 공정한 거래를 할 수 있게 하기 위하여 상대적으로 우월한 지위 또는 적어도 상대방의 거래활동에 상당한 영향을 미칠 수 있는 지위에 있는 사업자에 대하여 그 지위를 남용하여 상대방에게 거래상 불이익을 주는 행위를 금지시키고자 하는 데 그 취지가 있다.[33]

2. 요건 분석

거래상 지위의 남용 행위에 해당한다고 인정되기 위하여는 행위 주체가 거래상 지위에 있을 것(행위자 요건)과 그 거래상 지위를 부당하게 이용하여 상대방과 거래하였을 것(행위 및 위법성 요건)을 요건으로 한다.

거래상 지위 남용행위의 주체인 사업자는 상대적으로 우월한 지위 또는 적어도 상대방의 거래활동에 상당한 영향을 미칠 수 있는 지위에 있어야 하고, 그러한 지위에 해당하는지 여부는 당사자가 처하고 있는 시장의 상황, 당사자 간의 전체적 사업능력의 격차, 거래의 대상인 상품의 특성 등을 모두 고려하여 판단하여야 한다.[34]

행위 및 위법성 요건은 결합되어 있는데, 굳이 두 요건을 구별하면 '거래상의 지위를 이용하여 상대방과 거래하는 행위'가 행위 요건에, '부당하게'가 위법성 요건에 해당한다. 여기서 거래하는 행위에는 거래와 관련되는 '유도되거나 강제된 행위'뿐만 아니라 사업자와 상대방의 의사가 합치된 계약의 형식으로 거래하는 행위가 포함된다.[35] 거래상의 지위를 '부당하게' 이용하였다는 점에 행위의 위법성이 있으므로 상대방과 거래하는 행위로서 그와 같은 위법성을 징표하는 행위를 행위 요건으

33) 대법원 2000. 6. 9. 선고 97누19427 판결; 대법원 2002. 1. 25. 선고 2000두9359 판결; 대법원 2006. 9. 8. 선고 2003두7859 판결 등.

34) 대법원 2000. 6. 9. 선고 97누19427 판결; 대법원 2006. 11. 9. 선고 2003두15225 판결; 대법원 2009. 10. 29. 선고 2007두20812 판결; 대법원 2011. 5. 13. 선고 2009두24108 판결 등.

35) 대법원 2011. 5. 13. 선고 2009두24108 판결.

로 볼 수 있을 것이다. 법 시행령에서는 행위 유형을 구체적으로 규정하고 있는데, 상대방에게 거래상 불이익을 주는 행위라는 점이 공통적인 요소라고 할 수 있다.

위법성 요건에 해당하는 거래상의 지위를 부당하게 이용하였는지 여부는 당사자가 처하고 있는 시장 및 거래의 상황, 당사자 간의 전체적 사업능력의 격차, 거래의 대상인 상품 또는 용역의 특성, 그리고 당해 행위의 의도·목적·효과·영향 및 구체적인 태양, 해당 사업자의 시장에서의 우월한 지위의 정도 및 상대방이 받게 되는 불이익의 내용과 정도 등에 비추어 볼 때 정상적인 거래관행을 벗어난 것으로서 공정한 거래를 저해할 우려가 있는지 여부를 판단하여 결정하여야 한다.[36)] 요컨대, 위법성 판단은 거래상대방과의 관계에서 상대적으로 정해지는 거래상 지위의 정도와 거래상대방이 받게 되는 불이익의 내용과 정도 사이의 상관관계에 의존한다고 볼 수 있다. 공정위의 심사지침에 의할 때, 거래상 지위의 남용은 거래내용의 불공정성 위주로 위법성을 판단하는 유일한 행위 유형인데, 거래내용의 불공정성이라 함은 거래상대방의 자유로운 의사결정을 저해하거나 불이익을 강요함으로써 공정거래의 기반이 침해되거나 침해될 우려가 있음을 의미한다.

3. 유 형

법 시행령에서는 거래상 지위의 남용의 유형으로 구입강제, 이익제공강요, 판매목표강제, 불이익제공, 경영간섭의 5가지를 규정하고 있다. 5가지 유형은 행위 요건으로서 상대방이 받게 되는 불이익의 내용에 따라 구별된다. 구입강제, 이익제공강요, 판매목표강제, 경영간섭은 행위 자체가 불이익의 내용을 구성하는 반면에, 불이익제공의 경우에는 설정·변경된 거래조건으로 부과되거나 이행 과정에서 추가된 것으로서 구입강제, 이익제공강요, 판매목표강제, 경영간섭에 준하는 것이 불이익의 내용이 된다.

거래상 지위의 남용행위의 대상이 된 거래가 사업자간의 거래에 한정되는 것은 아니므로[37)] 거래의 상대방에는 사업자뿐만 아니라 소비자가 포함될 수 있다. 그러나 판매목표강제, 경영간섭의 경우 행위의 성격상 소비자는 거래의 상대방에 포함

36) 대법원 2000. 6. 9. 선고 97누19427 판결; 대법원 2002. 1. 25. 선고 2000두9359 판결; 대법원 2002. 9. 27. 선고 2000두3801 판결 등.

37) 대법원 2006. 11. 9. 선고 2003두15225 판결.

되지 않는다. 또한 거래상 지위 남용행위의 상대방이 일반 소비자인 경우 단순히 거래관계에서 문제 될 수 있는 행태 그 자체가 아니라, 널리 거래질서에 미칠 수 있는 파급효과라는 측면에서 거래상 지위를 가지는 사업자의 불이익 제공행위 등으로 인하여 불특정 다수의 소비자에게 피해를 입힐 우려가 있거나, 유사한 위반행위 유형이 계속적·반복적으로 발생할 수 있는 등 거래질서와의 관련성이 인정되는 경우에 해당할 것을 필요로 한다.[38]

(1) 구입강제

구입강제라 함은 거래상대방이 구입할 의사가 없는 상품 또는 용역을 구입하도록 강제하는 행위를 말한다.

》 판례 대법원 2002. 1. 25. 선고 2000두9359 판결 ("부관훼리" 사건)

법 시행령 제36조 제1항, [별표 1] 제6호 (가)목 소정의 '구입강제'에 있어서 '거래상대방이 구입할 의사가 없는 상품 또는 용역'이라 함은 행위자가 공급하는 상품이나 역무뿐만 아니라 행위자가 지정하는 사업자가 공급하는 상품이나 역무도 포함한다 할 것이고, '구입하도록 강제하는 행위'라 함은 상대방이 구입하지 않을 수 없는 객관적인 상황을 만들어 내는 것을 포함한다.

원심판결 이유에 의하면 원심은, 원고를 비롯한 부산 – 일본 시모노세끼 사이의 해상운송업체의 현황, 원고가 제공하는 해상운송용역의 장점 및 원고의 선박을 이용하는 화주들이 취급하는 화물의 특성, 컨테이너를 이용한 육·해상 복합운송에 있어서 화주가 육상운송업체를 지정하는 방식 및 해상운송업체가 육상운송업체에게 컨테이너를 제공하는 방식 등에 관한 거래의 관행, 원고가 주식회사 동방 등을 자신의 육상운송업체로 지정한 경위 및 다른 육상운송업체인 주식회사 환광이 화주들의 화물을 육상운송하여 온 상황, 원고가 1998. 8. 13. 씨앤드씨통운 주식회사를 육상운송업체로 지정한 후, 화주들에게 씨앤드씨통운 주식회사를 이용하여 육상운송을 하여 줄 것을 요청하여 오다가, 1999. 1. 16. 화주들에게 안내문을 보낸 이후에는, 화주들이 육상운송업체로 주식회사 환광을 이용하기를 원하는 경우에도 원고가 위 회사에게 컨테이너를 제공하지 않음에 따라 화주들이 부득이 씨앤드씨통운 주식회사 또는 주식회사 동방을 통하여 육상운송을 하게 된 사정 등을 인정한 다음, 이러한 사실관계에 비추어 보면, (1) 원고는 부산과 시모노세끼 사이의 해상운송에 있어서 다른 해상운송업체에 비하여 운송여건이 우위에 있어서 농·수산물 수출업체인 화주들로서는 해상운송계약체결에 있어 원고의 요구를 받아들일 수밖에 없는 처지에 있으므로, 해상운송계약 체결에 있어서 원고는 거래 상

38) 대법원 2015. 9. 10. 선고 2012두18325 판결.

대방인 화주들에 대하여 우월한 지위에 있다 할 것이고, (2) 컨테이너를 이용한 육・해상 복합운송의 경우 육상운송업체의 지정은 운송료 및 필요한 서비스의 내용 등을 종합적으로 고려한 화주의 자유로운 의사에 따라 이루어져야 할 것으로서 특별한 사정이 없는 한 해상운송업체가 이를 제한할 수는 없고, 또한 해상운송업체로서는 특별한 사정이 없는 한 화주가 지정하는 육상운송업체에 대하여 컨테이너를 배정하여야 할 것인데, 그럼에도 원고가 화주들에 대하여 원고가 지정한 육상운송업체를 이용하도록 안내문을 발송하고 일부업체에 대하여는 그 이용을 적극적으로 권유하였을 뿐만 아니라 합리적인 이유 없이 주식회사 환광을 이용하려는 화주들에게는 컨테이너를 배정하지 않음으로써 화주들로 하여금 어쩔 수 없이 원고가 지정한 씨앤드씨통운 주식회사 등으로부터 육상운송용역을 제공받도록 사실상 강요하였다 할 것이므로, 결국 원고의 위와 같은 행위는 거래상의 우월한 지위를 이용하여 정상적인 거래관행에 비추어 부당하게 거래상대방이 구입할 의사가 없는 육상운송용역을 자기가 지정한 업체로부터 구입하도록 강제하는 행위로서, 법 제23조 제1항 제4호 소정의 거래상의 지위 남용행위에 해당한다고 할 것이므로, (3) 이에 대하여 그 시정을 명하고 과징금을 부과한 피고의 이 사건 처분은 적법하다고 판단한 후, 주식회사 환광이 사업상 비리가 있고, 원고에 대하여 컨테이너의 파손・분실 등에 관한 보장책을 마련하지 않았기 때문에, 원고가 주식회사 환광에 대하여 컨테이너를 배정하지 않은 것일 뿐이므로 원고의 위와 같은 조치는 정당하다는 등의 원고의 주장은 이유 없다고 배척하였다.

기록과 위 법리에 비추어 살펴보면, 원심의 위와 같은 사실인정과 판단은 수긍이 가고, 거기에 상고이유의 주장과 같은 채증법칙 위배로 인한 사실오인, 심리미진, 거래상 지위의 남용 및 구입강제에 관한 법리오해 등의 위법이 있다고 할 수 없다.

토의 주제

- 구입강제의 요건을 구성하는 "강제"의 의미에 대하여 판례가 "객관적 상황을 만들어내는 것", "사실상 강요"와 같은 표현을 사용하여 해석하는 부분에 주목하여 보라. 이러한 개념의 의미는 민법 제110조에 정한 사기, 강박에 의한 의사표시에서 말하는 "강박"의 의미나 형법 제12조에 정한 강요된 행위에서 말하는 "강요"의 의미와 어떻게 다른가?

(2) 이익제공강요

이익제공강요라 함은 거래상대방에게 자기를 위하여 금전・물품・용역 기타의 경제상 이익을 제공하도록 강요하는 행위를 말한다. 이익제공강요에는 거래상대방에게 경제상 이익을 제공하도록 적극적으로 요구하는 행위뿐만 아니라 자신이 부담하여야 할 비용을 거래상대방에게 전가하여 소극적으로 경제적 이익을 누리는 행위도 포함된다.

(3) 판매목표강제

판매목표강제라 함은 사업자가 자기가 공급하는 상품 또는 용역과 관련하여 거래상대방의 거래에 관한 목표를 제시하고 이를 달성하도록 강제하는 행위를 말한다. 여기서 '목표를 제시하고 이를 달성하도록 강제하는 행위'에는 상대방이 목표를 달성하지 않을 수 없는 객관적인 상황을 만들어 내는 것을 포함하고, 사업자가 일방적으로 목표를 제시하고 이를 달성하도록 강제하는 경우뿐만 아니라 사업자와 상대방의 의사가 합치된 계약 형식으로 목표가 설정되는 경우도 포함한다.[39] 거래상의 지위를 부당하게 이용하여 판매목표의 달성을 강제한 행위인지 여부는, 판매목표가 상품 또는 용역의 특성과 거래의 상황 등을 고려하여 합리적이고 차별 없이 결정·적용되었는지 여부와 해당 행위의 의도·목적·효과·영향 등 구체적 태양, 해당 사업자의 시장에서의 우월한 지위의 정도, 상대방이 받게 되는 불이익의 내용과 불이익 발생의 개연성 등에 비추어 정상적인 거래관행을 벗어난 것으로서 공정한 거래를 저해할 우려가 있는지 여부를 판단하여 결정하여야 하나, 단지 자기가 공급하는 상품 또는 용역의 구매자 확대를 위하여 노력하도록 거래상대방에게 촉구 또는 독려하는 것만으로는 부족하다.[40]

(4) 불이익제공

불이익제공이란 구입강제, 이익제공강요, 판매목표강제 외의 방법으로 거래상대방에게 불이익이 되도록 거래조건을 설정 또는 변경하거나 그 이행과정에서 불이익을 주는 행위를 말한다.

불이익제공이라 함은 사업자가 거래상 지위를 이용하여 거래를 함에 있어 거래상대방에 대한 거래조건의 설정 또는 변경이나 그 이행과정에서 거래상대방에게 불이익을 주는 행위를 의미하는 것이므로, 그 행위의 내용이 상대방에게 다소 불이익하다는 점만으로는 부족하고, 구입강제, 이익제공강요, 판매목표강제 등과 동일시할 수 있을 정도로 일방 당사자가 자기의 거래상의 지위를 부당하게 이용하여 그 거래

39) 대법원 2011. 5. 13. 선고 2009두24108 판결.
40) 대법원 2011. 6. 9. 선고 2008두13811 판결.

조건을 설정 또는 변경하거나 그 이행과정에서 불이익을 준 것으로 인정되고, 그로써 정상적인 거래관행에 비추어 상대방에게 부당하게 불이익을 주어 공정거래를 저해할 우려가 있어야 한다. 또한 상대방에게 부당하게 불이익을 주는 행위인지 여부는, 당해 행위가 행하여진 당시를 기준으로 하여 당해 행위의 의도와 목적, 당해 행위에 이른 경위, 문제가 되는 거래조건 등에 의하여 상대방에게 생길 수 있는 불이익의 내용과 불이익 발생의 개연성, 당사자 사이의 일상거래과정에 미치는 경쟁제약의 정도, 관련 업계의 거래관행과 거래형태, 일반 경쟁질서에 미치는 영향, 관계 법령의 규정 등 여러 요소를 종합하여 판단하여야 한다.[41] 그 사업자가 제3자에 대한 거래조건의 설정 또는 변경이나 이행과정에서 제3자에게 이익을 제공함으로써 거래상대방이 제3자에 비하여 상대적으로 불이익한 취급을 받게 되었다고 하여 사업자가 거래상대방에게 불이익을 제공한 것으로 볼 수는 없다.[42]

또한 거래상대방에게 발생한 불이익의 내용은 객관적으로 명확하게 확정되어야 하고, 여기에서의 불이익이 금전상의 손해인 경우에는, 법률상 책임 있는 손해의 존재는 물론 그 범위(손해액)까지 명확하게 확정되어야 한다.[43] 불이익제공이 상대방의 동의, 즉 당사자 간의 합의에 의한 것인 경우 상대방의 동의가 자발적으로 이루어진 것인지, 그렇지 않고 상대방이 거래관계의 지속을 위하여 어쩔 수 없는 강요에 의하여 이루어진 것인지가 다투어지는 경우 법원으로서는 행위자의 상대방에 대한 거래상 우월적 지위의 정도, 상대방의 행위자에 대한 거래의존도, 거래관계의 지속성, 거래 상품의 특성과 시장상황, 거래 상대방의 변경가능성, 당초의 거래조건과 변경된 거래조건의 내용, 거래조건의 변경경위, 거래조건의 변경에 의하여 납품업자가 입은 불이익의 내용과 정도 등을 정상적인 거래관행이나 상관습 및 경험칙에 비추어 합리적으로 추단할 수밖에 없다.[44]

대법원 판례가 부당하게 불이익을 준 행위의 성립을 긍정한 사례로는 통신사업자가 무선호출서비스 특판대리점과 거래를 함에 있어 채무이행을 강제하기 위한 수

41) 대법원 1998. 3. 27. 선고 96누18489 판결; 대법원 2001. 12. 11. 선고 2000두833 판결; 대법원 2002. 5. 31. 선고 2000두6213 판결; 대법원 2002. 10. 25. 선고 2001두1444 판결; 대법원 2003. 12. 26. 선고 2001두9646 판결; 대법원 2004. 7. 9. 선고 2002두11059 판결; 대법원 2005. 1. 28. 선고 2002두9940 판결; 대법원 2005. 12. 8. 선고 2003두5327 판결 등.

42) 대법원 2005. 12. 8. 선고 2003두5327 판결.

43) 대법원 2002. 5. 31. 선고 2000두6213 판결.

44) 대법원 2003. 12. 26. 선고 2001두9646 판결.

단으로 대리점 업무 수행에 필수불가결한 고객관리용 전산망의 지원을 일방적으로 중단하는 행위,[45] 신용카드사가 제휴은행들에게 자기의 가맹점에 적용되는 수수료율을 일괄적으로 적용하도록 통보함으로써 제휴은행들로 하여금 가맹점 수수료율을 변경하도록 한 행위,[46] 대한주택공사가 아파트 공사 등을 추진하면서 시공업체의 귀책사유가 아닌 설계도서확정 지연 등으로 공사기간이 연장되어 간접비용이 발생하였음에도 사실상 시공업체로 하여금 간접비 청구를 포기하게 하거나 또는 시공업체로 하여금 간접비 포기동의서를 제출하게 하였기 때문에 시공업체가 계약금액 조정 신청을 하지 못하자 이를 지급하지 아니한 행위,[47] 금융기관이 고객에게 변동금리부 주택담보 대출상품을 판매한 후 대부분의 시장금리가 약 30% 하락하였음에도 대출금리를 인하하지 않은 행위,[48] 한국도로공사가 고속도로휴게소 임차인들과 사이에 체결한 고속도로카드 판매대행계약에 따라 임차인들에게 지급하는 판매수수료율을 2%에서 1%로 인하한 행위,[49] 시중은행이 아파트를 분양 받은 고객들에게 대출해 준 대출금을 중도상환 받으면서 조기상환수수료를 징수한 행위[50] 등이 있다.

이에 반하여 부당하게 불이익을 준 행위의 성립을 부정한 사례로는 대한주택공사가 구매계약을 한 업체에 종합성능시험 완료시까지 일부 물품대금의 지급을 유보하고, 선시공 공사에 대한 개산급을 미지급하며, 중간공정관리일 미준수에 대하여 위약금을 부과한 행위,[51] 도시철도공사가 지하철승강장 매립형 광고틀을 시공완료하고 그 비용을 광고대행사에게 구상청구하면서 상호협의절차를 통한 금액의 조정 없이 일방적으로 납부를 요구한 행위,[52] 농업기반공사가 토목공사 및 문화마을 조성사업 등과 관련하여 현장관리인 인건비, 경비 등 제반 간접비용을 지급하지 아니하고 수리시설 개보수공사대금을 지급함에 있어서 지연지급에 따른 지연이자를 지급하지 아니한 행위,[53] 맥주회사가 주류판매회사로부터 맥주공급대금을 어음으로 교부받던 것을 현금이나 당좌수표로만 지급받는 것으로 거래조건을 일방적으로 변

45) 대법원 2002. 10. 25. 선고 2001두1444 판결.
46) 대법원 2006. 9. 8. 선고 2003두7859 판결.
47) 대법원 2007. 1. 26. 선고 2005두2773 판결.
48) 대법원 2009. 10. 29. 선고 2007두20812 판결.
49) 대법원 2007. 3. 29. 선고 2005두3561 판결.
50) 대법원 2010. 3. 11. 선고 2008두4695 판결.
51) 대법원 2001. 12. 11. 선고 2000두833 판결.
52) 대법원 2002. 5. 31. 선고 2000두6213 판결.
53) 대법원 2005. 1. 28. 선고 2002두9940 판결.

경한 행위,[54] 외국회사가 국내회사와 외국회사 제품의 국내 배급·판매대리 계약을 체결하였다가 그 계약 체결일로부터 3년 6개월 정도 지난 후에 계약 당시 정한 해지조항에 따라 계약을 해지한 행위[55] 서울대학교병원이 의료법 등 관계 법령에 따른 선택진료신청서 양식과 다른 양식을 통하여 환자 등으로 하여금 주진료과 의사에게 진료지원과 의사를 지정할 수 있게 포괄위임하도록 한 행위,[56] 정유회사가 거래 주유소들과의 상호 합의 없이 제품 주문 시에 가격을 확정하지 않고 제품공급 이후로부터 일정기간이 경과한 후에 가격을 확정하여 정산하는 행위[57] 골프장 운영회사가 회원들에게 적용되는 회칙을 그 회칙에서 정한 절차에 따라 개정·시행함에 따라 평일회원 자격기간이 축소되고 평일회원에게 종전과 달리 소멸성 연회비가 부과되도록 한 행위[58] 등이 있다.

대법원은 문제되는 행위가 외형상 불이익을 주는 행위에 해당하지도 않는 경우와 외형상 불이익을 주는 행위에는 해당하지만 부당하지 않은 경우를 구별하고 있다. 후자의 경우 대법원은 외형상 불이익을 주는 행위에 해당한다는 점을 상대방에게 다소 불이익하게 거래조건을 설정하거나 이행과정에서 불이익을 준 사실이 인정된다는 것으로 표현하면서, 그럼에도 불구하고 이러한 행위가 구입강제, 이익제공강요, 판매목표강제 등과 동일시할 수 있을 정도로 자기의 거래상의 지위를 부당하게 이용하여 그 거래조건을 설정 또는 변경하거나 그 이행과정에서 불이익을 주었다거나, 그로써 정상적인 거래관행에 비추어 상대방에게 부당하게 불이익을 주어 공정거래를 저해할 우려가 있는 것이라고는 보이지 아니한다고 판단하는 방식을 취한다.

》 판례 대법원 2002. 5. 31. 선고 2000두6213 판결 ("도시철도공사" 사건)

상대방에게 부당하게 불이익을 주는 행위인지 여부는, 당해 행위가 행하여진 당시를 기준으로 당해 행위의 의도와 목적, 당해 행위에 이른 경위, 당해 행위에 의하여 상대방에게 생길 수 있는 불이익의 내용과 정도, 당해 행위가 당사자 사이의 거래과정에 미치는 경쟁제약의 정

54) 대법원 2004. 7. 9. 선고 2002두11059 판결.
55) 대법원 2010. 8. 26. 선고 2010두28185 판결.
56) 대법원 2013. 1. 10. 선고 2011두7854 판결.
57) 대법원 2013. 4. 25. 선고 2010두25909 판결.
58) 대법원 2015. 9. 10. 선고 2012두18325 판결.

도, 관련업계의 거래관행, 일반경쟁질서에 미치는 영향 및 관계 법령의 규정 등 여러 요소를 종합하여 전체적인 관점에서 판단하여야 한다.

기록에 따르니, 원고는 1995. 12. 29. 참가인이 제작·설치하기로 되어 있던 승강장 매립형 광고틀을 서울특별시 지하철건설본부가 시공완료함에 따라 그 비용을 참가인에게 청구하면서 참가인과 상호협의절차를 통한 금액의 조정 없이 일방적으로 납부를 요구함으로써 참가인에게 다소 불이익하게 그 이행과정에서 불이익을 준 사실을 인정할 수 있으나, 한편 매립형 광고틀은 공사절차상 지하철건설공사과정에서 미리 설치되어야 할 성질의 것이었기 때문에 부득이 위 건설공사를 담당한 서울특별시 지하철건설본부가 그 광고틀을 제작·설치한 다음 사후에 원고를 통하여 참가인에게 이를 구상하게 한 것이고, 설치비 단가 478,984원 역시 공식적인 조달물자구매과정에서 품목별 지정단가를 적용하여 책정된 것이며, 원고가 위 제작비에 관하여 참가인에게 그 비용을 납부하라는 공문을 발송한 이래 수차에 걸쳐 원고와 참가인 사이에 공문을 통한 의견교환이 이루어지고 원고측 관계자와 참가인측 관계자가 직접 만나 협의를 거친 끝에 1996. 9. 6.경 제작·설치비 체납으로 인하여 그 사이 누적된 연체료는 이를 면제하는 대신 참가인이 그 제작·설치비를 부담하기로 하는 합의가 최종적으로 이루어진 사실을 알 수 있으나 매립형 광고틀의 제작·설치의 특수성, 광고틀의 제작·설치비를 부과하게 된 경위 및 그에 의하여 참가인에게 생길 수 있는 불이익의 내용, 광고틀의 제작·설치비의 부과가 당사자 사이의 거래과정에 미치는 경쟁제약의 정도 및 관련 업계의 거래관행, 관계 법령의 규정 등 기록에 나타난 여러 요소를 종합하여 전체적인 관점에서 볼 때, 원고의 이러한 행위가 구입강제, 이익제공강요, 판매목표강제 등과 동일시할 수 있을 정도로 자기의 거래상의 지위를 부당하게 이용하여 그 이행과정에서 불이익을 주었다거나, 그로써 정상적인 거래관행에 비추어 상대방에게 부당하게 불이익을 주어 공정거래를 저해할 우려가 있는 것이라고는 보이지 아니한다.

원심이, 마치 원고의 이러한 행위가 이루어진 후에 있은 일련의 비용절충과정까지 포함하여 전체로 보아 거래상 지위의 남용행위의 해당성 여부를 따져야 하는 것처럼 설시한 부분은 앞에서 본 법리에 비추어 잘못된 것이기는 하지만, 원고의 이러한 행위가 법 제23조 제1항 제4호, 제2항, 법시행령 제31조 제1항 [별표] 제6호 (라)목 소정의 불이익 제공에 의한 거래상 지위의 남용행위에 해당하지 아니한다고 하여 피고의 이 사건 시정명령의 취소를 구하는 원고의 이 사건 청구를 인용한 것은 결론에 있어서 정당한 것으로 수긍되고, 거기에는 채증법칙 위배로 인한 사실오인이나 거래상 지위의 남용행위 등에 관한 법리오해 등으로 판결에 영향을 미친 위법이 없다.

[평석] 박해식, "불공정거래행위의 하나인 '자기의 거래상의 지위를 부당하게 이용하여 거래상대방에게 불이익이 되도록 거래조건을 설정 또는 변경하거나 그 이행과정에서 불이익을 주는 행위'를 하였음을 이유로 시정명령 등 행정처분을 하기 위한 요건으로서 불이익의 의미", 대법원판례해설 제41호(2002 상반기), 법원도서관 (2002)

[관련문헌] 이봉의, "거래상 지위남용으로서 불이익제공의 부당성", 공정경쟁 통권94호, 한국공정경쟁협회 (2003); 임영호, "독점규제 및 공정거래에 관한 법률 시행령 제36조 제1항

[별표 1] 제6호 (라)목에 규정된 거래상 지위남용행위로서 불이익제공의 의미", 대법원판례해설 제58호(2005 하반기), 법원도서관 (2006); 이황, "불이익제공행위에 있어서 부당성의 판단기준과 사례", 대법원판례해설 64호(2006 하반기), 법원도서관 (2007)

토의 주제

① 이 판례에서 제시한 위법성 판단기준과 고려요소를 비교판례에서 제시한 그것과 비교해 보라. 차이점을 발견할 수 있는가?

② 이 판례에서 제시한 위법성 판단기준과 고려요소가 구체적 사안에 어떻게 적용되고 결론에 영향을 주었는지를 분석해 보라.

››› 비교 판례 대법원 2000. 6. 9. 선고 97누19427 판결 ("파스퇴르유업" 사건)

우월적 지위를 부당하게 이용하여 상대방에게 불이익을 준 행위인지 여부는 당해 행위의 의도와 목적, 효과와 영향 등과 같은 구체적 태양과 상품의 특성, 거래의 상황, 해당 사업자의 시장에서의 우월적 지위의 정도 및 상대방이 받게 되는 불이익의 내용과 정도 등에 비추어 볼 때 정상적인 거래관행을 벗어난 것으로서 공정한 거래를 저해할 우려가 있는지 여부를 판단하여 결정하여야 한다.

그런데 위와 같은 원심판결 이유를 기록에 비추어 살펴보면, 원심은 원고 회사가 피고 보조참가인에 대하여 가지는 거래상의 우월적 지위를 인정하면서도, 피고 보조참가인의 대리점주 회의 1회 불참과 2일간의 공장 견학 불참 및 일부 소비자들에 대한 배달 태만과 매출실적의 부진과 같은 사유가 원고 회사와 피고 보조참가인 사이의 대리점 거래의 구체적 형태와 상황, 그 외 거래 제품의 특성 등에 비추어 볼 때 달리 참작의 여지가 있거나 부차적인 사유에 그치는 것이 아니라 원고 회사가 기존 대리점주의 투하자본 회수를 위하여 통상 승인하여 주고 있던 대리점 양도를 허용하지 아니할 정도의 거래상의 의무위반에 해당하는지 여부뿐만 아니라, 원고 회사가 위와 같은 사유를 들어 참가인의 대리점 양도에 대한 승인을 거절하기에 이른 구체적 의도와 목적, 그 효과와 영향, 그리고 그 외 원고 회사가 피고 보조참가인에 대하여 가지는 우월적 지위의 정도와 원고 회사의 대리점 양도 승인에 대한 거부행위로 참가인이 받게 되는 불이익의 내용과 정도 등을 구체적으로 살펴 그것이 우월적 지위의 부당한 이용행위에 해당하는지 여부를 판단함이 없이 단지 대리점 거래에 있어서의 계약 체결의 자유를 근거로 이를 부정하고 있음이 분명하므로, 이는 법 소정의 불공정거래행위인 우월적 지위의 남용행위에 관한 법리를 오해하거나 필요한 심리를 다하지 아니하여 판결에 영향을 미친 위법을 저지른 것이라고 아니할 수 없다.

[평석] 조해현, "독점규제 및 공정거래에 관한 법률상의 불공정거래행위로서의 우월적 지위의

남용행위", 대법원판례해설 34호 (2000 상반기), 법원도서관 (2000); 홍대식, "우월적 지위의 남용행위의 위법성 판단기준", 경쟁법연구 7권, 한국경쟁법학회 (2001); 변동열, "거래상 지위의 남용행위와 경쟁", 저스티스 34권 4호, 한국법학원 (2001)

(5) 경영간섭

경영간섭이란 거래상대방의 임직원을 선임 또는 해임함에 있어서 자기의 지시 또는 승인을 얻게 하거나, 거래상대방의 생산품목·시설규모·생산량 또는 거래내용을 제한함으로써 경영활동을 간섭하는 행위를 말한다. 이러한 행위에 해당하려면 적어도 거래상대방의 의사에 반하여 거래내용 등을 결정하거나 영향력을 행사함으로써 거래상대방의 경영활동에 부당하게 관여하는 일정한 행위를 필요로 한다.[59]

››› 판례 대법원 2007. 1. 11. 선고 2004두3304 판결 ("한국수자원공사" 사건)

원심은 그 채용 증거들을 종합하여, 원고는 1996년부터 17개 댐 및 하구둑의 휴게소·매점을 일반 민간업체에 임대함에 있어, '임차인은 가격 결정시 판매량이 많은 품목에 대하여는 원고와 협의하여 결정된 가격을 가격표시판에 부착하여야 한다'(임대차계약서 제5조 제2항)고 하고, '임차인이 이를 위반한 때 계약을 해지할 수 있다'(같은 계약서 제13조 제3호)고 하는 내용(이하 '이 사건 조항'이라 한다)을 임대차계약에 명시한 사실을 인정한 다음, 원고는 수자원을 종합적으로 개발·관리하여 생활용수 등의 공급을 원활하게 하고 수질을 개선함으로써 국민생활의 향상과 공공복리의 증진에 이바지함을 목적으로 설립된 법인으로 각종 댐 및 하구둑 등을 건설·운영·관리와 이에 부대되는 사업을 행하고 있고, 원고가 임대차계약을 체결함에 있어 이 사건 조항을 둔 것은 위 휴게소·매점 등의 그 지리적 특성상 다른 경쟁자가 없는 독점적 지위에 있어 운영업체들이 부당하게 비싼 가격을 책정할 우려가 있으므로 이를 사전에 방지하여 소비자를 보호하기 위한 것인 점 등의 사정에 비추어 보면, 원고가 위 휴게소·매점 등에 대한 임대차계약에 이 사건 조항을 두어 운영업체의 자율적인 경영을 다소 제약하였다 하여 이를 두고 거래상 지위의 남용행위로서의 경영간섭행위에 해당한다고 볼 수 없다고 판단하였다.

관계 법령과 기록에 비추어 살펴보면, 원심의 위와 같은 사실인정과 판단은 정당한 것으로 수긍이 가고, 거기에 상고이유에서 주장하는 바와 같은 채증법칙 위배, 사실오인, 법리오해 등의 위법이 없다.

59) 대법원 2011. 10. 27. 선고 2010두8478 판결 및 원심인 서울고법 2010. 4. 8. 선고 2009누548 판결.

토의 주제

- 판례에서 문제된 행위가 소비자를 보호하기 위한 것인 점을 사업자에게 유리한 사정으로 참작한 것에 주목하고, 사업자의 행위가 상대방이나 경쟁에 미치는 부정적인 영향과 소비자에게 미치는 긍정적인 영향이 비교형량의 대상이 될 경우 어떻게 평가할 것인지 토의해 보라.

Ⅶ. 구속조건부거래

1. 의 의

구속조건부거래라 함은 거래상대방의 사업활동을 부당하게 구속하는 조건으로 거래하는 행위를 말한다(법 23조 1항 5호 전단). 사업자는 거래상대방과 거래함에 있어서 거래관계를 보다 긴밀하게 하거나 거래비용 절감, 거래관계에 특정한 투자(relationship-specific investment) 유인 보호 등의 목적으로 거래상대방의 사업활동을 구속하는 조건 또는 제한을 부과하는 경우가 있는데, 그러한 구속조건 또는 제한 그 자체가 문제되는 것이 아니라 그로 인하여 시장에서의 경쟁을 제한하는 경우에 문제가 된다.

2. 요건 분석

구속조건부거래에 해당하기 위해서는 사업자가 거래상대방의 사업활동을 구속하는 조건으로 거래하는 행위를 하고, 그 행위가 부당하다는 평가를 받아야 한다. 거래상대방은 직접 상대방인 경우가 대부분이나, 사업자가 상품 또는 용역을 거래할 때 그 상대방의 거래상대방에 관하여 구속하는 조건을 두어 제한하는 행위를 하는 경우에도 구속조건부거래에 해당한다.[60] 구속조건부거래에 해당하는 행위는 전후방으로 인접한 시장에서의 거래제한을 가리키는 수직적 거래제한행위, 특히 가격에 직접 영향을 미치지 않는 수직적 비가격 거래제한행위의 전형적인 유형이다.

구속조건부거래행위의 부당성은 경쟁제한성을 중심으로 그 유무를 평가한다.[61]

---

60) 대법원 2017. 5. 31. 선고 2014두4689 판결.

61) 대법원 2000. 10. 6. 선고 99다30817, 30824 판결; 대법원 2011. 3. 10. 선고 2010두9976 판결(거래

구속조건부거래행위의 경쟁제한적 효과는 배타조건부거래의 경우에는 시장봉쇄 효과, 상표 간 경쟁(interbrand competition) 제한 효과로, 거래지역 또는 거래상대방 제한의 경우에는 상표 내 경쟁(intrabrand competition) 제한 효과로 설명된다. 하지만 생산-유통-사후관리의 모든 단계에서 수직적 거래관계에 있는 거래 당사자 사이에 상호 보완적인 투자 유인을 보호할 필요가 있고, 상표 내 경쟁을 제한하더라도 상표 간 경쟁을 촉진하는 행위나 일면에서는 상표 간 경쟁을 제한하면서도 다른 면에서는 이를 촉진하고 수직적 통합의 효율성을 통하여 소비자 후생을 증대하는 행위도 있으므로, 구속조건부거래행위가 경쟁에 미치는 영향은 총체적으로 신중하게 판단할 필요가 있다.

3. 유 형

법 시행령에서는 구속조건부거래의 세부 유형으로 배타조건부거래와 거래지역 또는 거래상대방의 제한을 들고 있다.

(1) 배타조건부거래

배타조건부거래라 함은 사업자가 부당하게 거래상대방이 자기 또는 계열회사의 경쟁사업자와 거래하지 아니하는 조건으로 그 거래상대방과 거래하는 행위를 말한다. 배타조건부 거래행위가 부당한지 여부를 판단함에 있어서는 당해 배타조건부 거래행위로 인하여 대체적 물품구입처 또는 유통경로가 차단되는 정도, 경쟁사업자가 경쟁할 수 있는 수단을 침해받는지 여부, 행위자의 시장점유율 및 업계순위, 배타조건부 거래행위의 대상이 되는 상대방의 수와 시장점유율, 배타조건부 거래행위의 실시기간 및 대상이 되는 상품 또는 용역의 특성, 배타조건부 거래행위의 의도 및 목적과 아울러 배타조건부 거래계약을 체결한 거래당사자의 지위, 계약내용, 계약체결 당시의 상황 등을 종합적으로 고려하여야 한다.[62)]

지역 또는 거래상대방의 제한); 대법원 2013. 4. 25. 선고 2010두25909 판결(배타조건부 거래행위. 이에 대하여는 대법원이 거래처 선택의 자유 등이 제한됨으로써 자유로운 의사결정이 저해되었거나 저해될 우려가 있는지 여부 등도 아울러 고려한다고 판시하고 있으므로 주의를 요한다).

62) 대법원 2013. 4. 25. 선고 2010두25909 판결.

(2) 거래지역 또는 거래상대방의 제한

거래지역 또는 거래상대방의 제한이라 함은 사업자가 상품 또는 용역을 거래함에 있어서 그 거래상대방의 거래지역 또는 거래상대방을 부당하게 구속하는 조건으로 거래하는 행위로서 공정한 거래를 저해할 우려가 있는 행위를 말한다. 여기에서 공정한 거래를 저해할 우려가 있는지 여부는 해당 행위의 의도와 목적, 효과와 영향 등 구체적 태양과 거래의 형태, 상품 또는 용역의 특성, 시장 상황, 사업자 및 거래상대방의 시장에서의 지위, 제한의 내용과 정도, 경쟁에 미치는 영향, 공정거래법상 위법한 목적 달성을 위한 다른 행위와 함께 또는 그 수단으로 사용되는지 여부 등을 종합적으로 고려하여 판단하여야 한다.[63]

〉〉〉 판례 대법원 2011. 3. 10. 선고 2010두9976 판결 ("한국캘러웨이골프" 사건)

공정거래법 제23조 제1항 제5호, 제2항, 구 공정거래법 시행령(2010. 5. 14. 대통령령 제22160호로 개정되기 전의 것) 제36조 제1항 [별표 1] 제7호 (나)목에서 불공정거래행위의 한 유형으로 규정하고 있는 구속조건부 거래 중 거래지역 또는 거래상대방의 제한은 상품 또는 용역을 거래함에 있어서 그 거래상대방의 거래지역 또는 거래상대방을 부당하게 구속하는 조건으로 거래하는 행위로서 공정한 거래를 저해할 우려가 있는 행위를 말한다. 여기에서 공정한 거래를 저해할 우려가 있는지 여부는 해당 행위의 의도와 목적, 효과와 영향 등 구체적 태양과 거래의 형태, 상품 또는 용역의 특성, 시장 상황, 사업자 및 거래상대방의 시장에서의 지위, 제한의 내용과 정도, 경쟁에 미치는 영향, 공정거래법상 위법한 목적 달성을 위한 다른 행위와 함께 또는 그 수단으로 사용되는지 여부 등을 종합적으로 고려하여 판단하여야 한다.

원심판결 이유에 의하면, 원고는 대리점과 계약을 체결하면서 계약서에 원고와 사전 서면동의 없이 상품을 다른 판매점에 판매하는 것을 금지하고 이를 위반할 경우 상품공급을 중단하며 계약을 해지할 수 있다는 내용을 규정하였는데, 원고가 이와 같이 거래상대방을 제한한 궁극적 목적은 소속대리점으로부터 원고와 상품 공급계약을 체결하지 아니한 비대리점으로 물건이 공급되면 가격통제가 어려워지기 때문에 원고 골프용품의 재판매가격을 유지하기 위한 수단으로 활용하려는 것임을 알 수 있다.

이러한 사정과 앞서 본 법리에 비추어 보면, 이 사건 거래상대방 제한이 공정한 거래를 저해할 우려가 있는지 여부는, 이 사건 거래상대방 제한의 목적이 된 이 사건 재판매가격유지행위가 정당한 이유로 인하여 적법한지 여부, 이 사건 거래상대방 제한에 경쟁을 촉진하는 효과 등이 있는지 여부도 아울러 고려하여 판단함이 상당하다.

---

63) 대법원 2017. 5. 31. 선고 2014두4689 판결; 대법원 2017. 6. 19. 선고 2013두17435 판결.

그럼에도 불구하고, 원심은 위와 같은 사정을 고려하지 아니한 채, 이 사건 재판매가격유지행위는 정당한 이유에 관하여 살펴 볼 필요 없이 위법하다고 단정한 후, 이 사건 거래상대방 제한은 위법한 이 사건 재판매가격유지행위의 수단으로 활용되었다는 등의 이유로 위법하다고 판단하였으니, 원심판결에는 거래상대방 제한의 공정거래저해성에 관한 법리를 오해하고 심리를 다하지 아니하여 판결에 영향을 미친 위법이 있다.

토의 주제

① 판례에서 문제되는 행위는 대리점과 계약을 체결하면서 계약서에 원고와 사전 서면 동의 없이 상품을 다른 판매점에 판매하는 것을 금지하고 이를 위반할 경우 상품공급을 중단하며 계약을 해지할 수 있다는 내용을 규정한 행위이다. 판례에 의하면, 이러한 행위가 재판매가격을 유지하기 위한 수단으로 활용되었다는 이유만으로 위법하다고 볼 수 있는가? 그 이유는 무엇인가?

② 판결이유에 의하면, 이 사건에서 문제된 구속조건은 당사자 간 의사가 합치된 계약 형식으로 대리점에게 부과된 것으로 이해된다. 만일 구속조건이 당사자 간 의사가 합치된 계약 형식으로 부과된 것이 아니라 어느 일방이 일방적으로 유도하거나 강제하여 부과된 조건이었다면 결론이 달라질 수 있는가?

Ⅷ. 사업활동 방해

1. 의 의

사업활동 방해라 함은 사업자가 부당하게 다른 사업자의 사업활동을 방해하는 행위를 말한다(법 23조 1항 5호 후단). 사업활동 방해는 반드시 상대방이 있는 행위를 전제로 하고 있지 않을 뿐만 아니라 시행령에 특정된 기술의 부당이용, 인력의 부당유인 · 채용, 거래처 이전방해 외에 기타 부당한 방법에 의한 행위도 행위요건에 포섭될 수 있어 그 적용범위가 매우 넓게 인정될 수 있다. 이는 부당한 고객유인과 거래강제가 경쟁자의 고객과 거래관계가 성립하거나 거래관계 성립을 목적으로 하는 행위를 전제로 하고 행위의 수단이 시행령에 비교적 구체적으로 특정되어 있는 것과 대비된다. 또한 사업활동 방해 행위의 효과가 미치는 대상이라는 측면에서도 단지 "다른 사업자"라고 규정되어 있어 경쟁관계나 거래관계가 없는 사업자에 대하여 방해의 결과가 초래되는 경우도 규제 대상이 될 수 있다.

2. 요건 분석

사업활동 방해는 일정한 수단을 사용하여 다른 사업자의 사업활동을 방해하는 행위가 존재하고, 그 행위가 부당하다는 평가를 받는 경우에 성립한다. 그러나 사업활동 방해의 수단으로서의 기술의 이용, 인력의 유인·채용, 거래처 이전 방해 기타 방법은 "부당한" 방법이어야 하고 방해하는 행위도 그 효과가 다른 사업자의 사업활동을 "심히 곤란하게 할 정도"에 이르러야 하므로, 실제로는 행위 요건을 구성하는 방해 수단과 관련된 요소가 위법성 요건에 대한 판단에서도 고려될 수 있다. 판례는 이때 부당성의 유무는 해당 사업자의 시장에서의 지위, 사용된 방해 수단, 그 수단을 사용한 의도와 목적, 사용된 수단과 관련한 법령의 규정 내용, 문제된 시장의 특성, 통상적인 거래 관행, 방해 행위의 결과 등을 종합적으로 고려하여 그 행위가 공정하고 자유로운 거래를 저해할 우려가 있는지 여부에 따라 판단하여야 한다고 판시한다.[64)]

3. 유 형

법 시행령에서는 그 구체적 유형으로서 기술의 부당이용, 인력의 부당유인·채용, 거래처 이전방해, 기타의 사업활동 방해를 들고 있다.

(1) 기술의 부당이용

기술의 부당이용이라 함은 사업자가 다른 사업자의 기술을 부당하게 이용하여 다른 사업자의 사업활동을 심히 곤란하게 할 정도로 방해하는 행위를 말한다.

(2) 인력의 부당유인 · 채용

인력의 부당유인·채용이라 함은 사업자가 다른 사업자의 인력을 부당하게 유인·채용하여 다른 사업자의 사업활동을 심히 곤란하게 할 정도로 방해하는 행위를 말한다.

---

64) 대법원 2018. 7. 11. 선고 2014두40227 판결.

(3) 거래처 이전방해

거래처 이전방해라 함은 사업자가 다른 사업자의 거래처 이전을 부당하게 방해하여 다른 사업자의 사업활동을 심히 곤란하게 할 정도로 방해하는 행위를 말한다.

(4) 기타의 사업활동 방해

기타의 사업활동 방해라 함은 사업자가 기술의 부당이용, 인력의 부당유인·채용, 거래처 이전방해 이외의 부당한 방법으로 다른 사업자의 사업활동을 심히 곤란하게 할 정도로 방해하는 행위를 말한다.

>>> 판례 대법원 2018. 7. 11. 선고 2014두40227 판결 ("하이트진로음료" 사건)

3. 이러한 사실관계를 앞서 본 법리에 비추어 살펴본다.

가. 원고는 8개 대리점과 대리점 계약을 체결하는 과정에서 경쟁사업자인 참가인 회사와 8개 대리점 사이의 기존 계약관계 해소에 적극 관여하거나 더 나아가 그 해소를 유도하였다고 평가할 수 있다.

1) 앞서 살핀 바와 같이 원고는 상당 기간 8개 대리점주에게 참가인 회사와의 거래를 중단하고 자신과 대리점 계약을 체결할 것을 권유하였고, 변호사비용 중 일부를 지원하기로 미리 약정하였으므로, 그 자체로 기존 계약관계 해소에 적극적으로 관여하거나 그 해소를 유도한 것으로 볼 수 있다.

2) 참가인 회사의 대리점들이 있던 지역이 취약 지역이었던 원고는 그 지역을 목표로 하여 8개 대리점을 영입할 적극적인 필요성이 인정된다. 반면, 참가인 회사와 8개 대리점주 사이에 이 사건 제품의 품질이나 가격 등에 관하여 일정 부분 이견이 있었던 것으로는 보이나, 나아가 8개 대리점이 급작스럽게 기존의 계약관계를 종료할 만한 특별한 사유가 있었다고 인정하기는 어렵다.

나. 원고가 8개 대리점과 대리점 계약을 체결하면서 변호사비용 중 일부를 지원하기로 한 것은 통상적인 거래 관행으로 보기는 어렵다.

1) 계약의 중도 종료와 관련한 변호사비용을 지원하는 것은 가격, 질, 서비스 등 일반적으로 사용되는 경쟁수단으로 볼 수 없다.

2) 원고는 경쟁업체들도 비슷한 내용의 지원을 한다고 주장하나, 자신이 체결한 일부 계약 외에 이러한 이례적인 수단이 사용된 계약 사례를 제시하지 못하였고, 달리 먹는샘물 시장에 이러한 거래 관행이 존재한다고 보기도 어렵다.

다. 물량지원에 관한 이 사건 계약조건이 통상적인 거래 관행과 부합한다고 보기 어려운 면이 적지 않다. 구체적인 계약조건은 영업비밀에 해당하고 기존대리점과 신규로 영입하는 대리점의 취급에 다소 차이가 있을 수 있다는 점을 고려하더라도, 신규 대리점을 영입하면서 이에 대한 정보유출 예방책을 별도로 마련하는 것은 굉장히 이례에 속하는 사정으로서 물량지원에 관한 이 사건 계약조건이 통상적인 거래 관행에 부합하지 않는다고 의심할 만한 사정에 해당한다.

라. 게다가 전국 시장 단위에서 상당한 지위를 점하고 있는 원고가 천안 지역시장에 진입하기 위하여 특정한 경쟁사업자를 표적으로 삼아 그와 기존에 거래하던 대리점들에 유리한 거래조건을 선별적으로 제시한 의도와 목적 역시 부당성 판단에 중요하게 고려되어야 한다.

마. 이 사건 제품의 판매사업을 영위하는 데 있어서 대리점이 필수적인 유통채널로 기능하는데, 참가인 회사는 총 11개 대리점들 중 8개와 한꺼번에 거래가 끊겨 사업활동이 심히 곤란하게 되었다.

바. 이러한 사정들을 종합하여 보면, 원고가 참가인 회사와 8개 대리점주 사이의 계약관계 해소에 적극 관여하면서 앞서 본 계약조건들을 제시하여 8개 대리점주와 대리점 계약을 체결한 행위는, 공정하고 자유로운 경쟁을 저해할 우려가 있는 것으로서 그 부당성이 충분히 인정된다.

4. 이와 같은 취지로 판단한 원심판결은 정당하고, 거기에 상고이유 주장과 같이 '기타의 사업활동방해'의 부당성에 관한 법리를 오해하거나 논리와 경험의 법칙을 위반하여 사실을 오인한 잘못이 없다.

[평석] 서정·조계창, "기타 사업활동 방해의 부당성 판단 방법에 관한 검토", 경쟁저널 제201호 (2019)

토의 주제

- 이 사안은 전국 샘물 제품시장에서 상당한 지위를 가진 사업자인 원고가 지역시장에 진입하기 위하여 소규모 지역사업자와 거래 중인 대리점주 사이의 계약관계 해소에 적극 관여하면서 일정한 계약조건들을 제시하여 그 대리점주와 대리점계약을 체결한 행위가 문제된 사안이다. 판결에서 원고의 행위가 부당성이 인정된다고 판단하면서 고려한 사정들을 찾아보고 이러한 사정들이 부당성 판단에 어떻게 영향을 미쳤는지를 토의해 보라.

제 4 절 부당지원행위

Ⅰ. 규제의 의의

1. 부당지원행위 규제의 입법목적

독점규제법상 부당한 지원행위는 동법 제23조 제1항 각호에 해당하는 불공정거래행위의 하나로서 규정되어 있다. 일정한 관련이 있는 사업자 간에 상당히 유리한 조건에 따른 거래는 시장의 정상적인 기능을 왜곡하고, 공정한 거래를 저해할 우려가 있다. 나아가 다수의 기업들이 거대한 기업집단을 이루어 경제적 활동을 하고 있는 현실에서, 부당한 지원행위는 대규모 기업집단에 의한 경제력집중을 확대하는 유력한 수단이 될 수 있다. 즉 동일한 집단 내에 속한 계열 회사에 대한 지원은, 지원받는 회사가 속한 시장에서의 지위를 강화, 유지하는 방향으로 작용할 수 있고, 이로써 당해 기업집단 전체의 경제력 집중도 심화될 수 있다. 따라서 상당히 유리한 조건의 거래를 통한 지원행위에 대한 규제는 개별시장에서의 불공정성뿐만 아니라 국민경제 차원에서의 경제력집중 문제도 고려된 것이라 할 수 있다.

2. 경제력집중의 관점에서 부당지원행위 규제의 의의

특히 경제력집중 억제를 위한 입법적 대응으로서, 부당 지원행위에 대한 규제의 의의를 구체화할 필요가 있다. 독점규제법은 '경제력집중의 억제'를 위하여 대규모 기업집단을 지정하고 이에 대한 특별한 규제체계를 형성하고 있다. 이러한 규제의 비교법적인 예를 찾기는 힘들지만, 총수 개인의 지배를 중심으로 하여 대규모로 기업집단을 이루고, 이러한 기업집단이 국민 경제에서 상당한 비중을 차지하고 있는 우리 경제현실을 반영한 독점규제법상 특유의 제도로서 그 정당성이 인정되고 있다. 그러나 독점규제법의 본질은 개별 시장을 대상으로 공정하고 자유로운 경쟁을 침해하는 행위를 규제하는 것에 있으며, 이러한 관점에서 독점규제법 체계에 비추어 경제력집중 억제를 위한 제도가 이례적인 것임은 분명하다. 따라서 현실적인 규제 필요성이 있다 하더라도, 가능한 한 개별시장적 접근의 규제 수단을 도입하고, 이를 적극적으로 운용함으로써, 구체적인 행태의 위법성과 무관하게 형식적인 제한을 부과하고 있는 기존의 경제력집중 규제를 대체하여 나갈 필요가 있다.

이러한 점에서 '부당한 지원행위'에 대한 규제는 특별한 의의를 갖는다. 특히 우리 경제에서의 경제력집중은, 경제력집중의 유형인 시장집중, 일반집중, 소유집중의 형태가 유기적으로 결합하는 양상으로 전개되고 있다.[65] 이는 곧 부당지원행위 규제와 같은 개별시장 규제가 일반집중이나 소유집중의 관점에서도 긍정적인 영향을 미칠 수 있음을 시사하는 것이다.

Ⅱ. 부당지원행위 규제체계

1. 규제 대상 – 지원의 의의

일반적으로 지원의 의미는 광범위한 것이지만, 2013년 개정된 독점규제법 제23조 제1항 제7호는 규제 대상인 지원행위를 특수관계인 또는 다른 회사에 대하여 가지급금·대여금·인력·부동산·유가증권·상품·용역·무체재산권 등을 제공하거나 상당히 유리한 조건으로 거래하는 행위(가목)와 다른 사업자와 직접 상품·용역을 거래하면 상당히 유리함에도 불구하고 거래상 실질적인 역할이 없는 특수관계인이나 다른 회사를 매개로 거래하는 행위(나목)를 통하여 특수관계인 또는 다른 회사를 지원하는 행위로 규정하고 있다. 또한 제23조의 2를 추가하여 제1항에서 정상적인 거래에서 적용되거나 적용될 것으로 판단되는 조건보다 상당히 유리한 조건으로 거래하는 행위(1호), 회사가 직접 또는 자신이 지배하고 있는 회사를 통하여 수행할 경우 회사에 상당한 이익이 될 사업기회를 제공하는 행위(2호), 특수관계인과 현금, 그 밖의 금융상품을 상당히 유리한 조건으로 거래하는 행위(3호), 사업능력, 재무상태, 신용도, 기술력, 품질, 가격 또는 거래조건 등에 대한 합리적인 고려나 다른 사업자와의 비교 없이 상당한 규모로 거래하는 행위(4호) 등에 의하여 특수관계인에게 이익을 제공하는 행위를 규제 대상으로 규정하고 있는데, 동 규정에서 부당한

65) 홍명수, 재벌의 경제력집중 규제, 경인문화사, 2006, 59–61면.

이익제공 행위 역시 기본적으로 지원적 성격을 갖는 것이다.

2013년 법개정은 기존의 부당 지원행위로 규제되는지가 불명확하거나 부당성 판단의 어려움이 있는 행위 유형들을 규제 대상으로 명확히 함으로써 규제 실효성을 제고하기 위한 입법 목적에 따른 것이다. 이러한 필요성이 큰 것으로서 부당하게 거래단계가 추가되는 경우를 부당한 지원행위의 한 유형으로 제시하고, 부당한 지원행위와 별도로 특수관계인에 대한 부당 이익제공행위를 규제 대상으로 하는 방식을 취하였다. 특히 후자는 불공정거래행위와 별개의 조항에 규정되었기 때문에, 기존의 부당 지원행위에 있어서 부당성 판단과는 차이가 있을 것이다. 그러나 특수관계인에 대한 부당한 이익제공행위 역시 지원행위에 따른 경제력집중의 우려가 입법 목적이었다는 점을 고려하면, 기존의 부당 지원행위에 있어서 지원행위의 의의는 이익제공 행위의 관점에서도 의미가 있을 것이다.

동법 제23조 제1항 제7호의 지원행위 의의는 동법 시행령 [별표 1의2] 제10호에 의해서 구체화되고 있다.[66] 동호에 따르면, 부당한 지원행위는 지원 방식에 따라서 부당한 자금지원, 부당한 자산·상품 등 지원, 부당한 인력지원으로 나뉘며, 구체적으로 자금, 자산, 상품, 인력 등을 현저히 낮거나 높은 대가로 제공 또는 거래하거나 상당한 규모로 제공 또는 거래하여 과다한 경제상 이익을 제공하는 것을 의미한다. 2013년 법개정은 유리한 조건의 판단 기준을 현저성에서 상당성으로 변경하였다. 이로 인하여 비교 대상인 정상적인 거래와의 간격은 줄어든 것으로 볼 수 있기 때문에, 그 범위에서 부당한 지원행위로서 규제는 강화되지만, 기본적인 판단 구조는 유지되는 것으로 보아야 할 것이다.

동 규정에서 알 수 있듯이, 자산 등의 제공 또는 거래가 이루어져도 상당히 유리한 조건과 결합된 것이 아니면, 여기서의 지원행위에는 해당하지 않는다. 그리고 동 규정에 의하면 상당히 유리한 조건이란 상당히 낮거나 높은 대가 또는 상당한 규모를 의미한다. 일반적으로 거래 조건에서 가장 중요한 요소는 가격과 수량이므로, 법률에서 규정한 상당히 유리한 조건의 의미를 이와 같이 구체화한 동 규정의 태도가 부적절한 것은 아니다. 결국 지원행위를 확정함에 있어서 대가나 규모의 상

66) 2013년 8월 독점규제법 개정에 따른 시행령 개정은 아직 이루어지지 않고 있다. 현재 2013. 10. 2. 공정거래위원회가 제2013-48호로서 독점규제법 시행령 개정 최종안을 공고한 상황이며, 이하에서 거의 이론이 없는 부분은 동 시행령 개정안에 따라서 기술한다.

당성은 핵심적 요건이 되며, 정상적인 거래와의 비교를 통해서 판단될 것이다.

또한 동법 시행령 [별표 1의2] 제10호 본문은 상당히 낮거나 높은 대가로 제공 또는 거래하거나 상당한 규모로 제공 또는 거래하여 '과다한 경제상 이익'을 제공하는 경우에 지원행위에 해당하는 것으로 규정하고 있다. 동 규정에 따르면, 상당히 유리한 조건에 의한 거래가 있는 경우에도 이것이 과다한 경제상 이익 제공의 의미를 갖는 경우에만 지원행위에 해당하는 것이 되며, 이에 대한 판단에 의하여 독점규제법상 규제 대상이 되는 지원행위는 최종적으로 확정된다.

한편 2013년 개정된 제23조 제2항에 의하여 지원을 받는 행위도 금지대상이 되었다. 특히 동 규정은 제23조 제1항 제7호에 해당하는 경우를 넘어서 해당할 우려가 있는 경우에도 지원을 받는 행위를 금지함으로써, 매우 강화된 규제 방식을 취하고 있다는 점에 주목할 필요가 있다.

2. 부당성 판단

규제 대상으로서 지원행위가 확정되면, 동 행위의 부당성을 평가하여 규제 여부를 결정하게 된다. 부당한 지원행위는 독점규제법 제23조 제1항의 불공정거래행위의 한 유형으로서 규정된 것이고, 동항 본문은 불공정거래행위의 위법성 표지를 '공정한 거래를 저해할 우려'로서 규정하고 있으므로, 부당한 지원행위에 있어서 부당성 판단도 이에 따른다.[67] 물론 여기서의 공정거래저해성은 제23조 제1항 각호에 규정된 모든 불공정거래행위를 포괄하는 것이고, 따라서 그 내용은 각 불공정거래행위의 경쟁정책적 의의와 규제 목적에 따라서 구체화될 것이다.[68]

이에 대하여 대법원은 지원행위가 부당성을 갖는지 유무는 오로지 공정한 거래질서라는 관점에서 평가되어야 한다고 보면서,[69] 구체적인 판단과 관련하여 "지원주체와 지원객체와의 관계, 지원행위의 목적과 의도, 지원객체가 속한 시장의 구조와 특성, 지원성 거래규모와 지원행위로 인한 경제상 이익 및 지원기간, 지원행위로 인하여 지원객체가 속한 시장에서의 경쟁제한이나 경제력집중의 효과 등은 물론

67) 대법원 2004. 9. 24. 선고 2001두6364 판결 참조.

68) 이러한 점에서 공정거래저해성은 각각의 불공정거래행위 유형의 부당성을 판단함에 있어서 한계기능을 수행하는 것으로 이해할 수 있다. 홍명수, "부당한 지원행위의 의의와 위법성 판단", 권오승 편, 공정거래와 법치, 법문사, 2004, 411면.

69) 대법원 2004. 10. 14. 선고 2001두2881 판결.

중소기업 및 여타 경쟁사업자의 경쟁능력과 경쟁여건의 변화 정도, 지원행위 전후의 지원객체의 시장점유율의 추이, 시장개방의 정도 등을 종합적으로 고려하여 당해 지원행위로 인하여 지원객체의 관련시장에서 경쟁이 저해되거나 경제력 집중이 야기되는 등으로 공정한 거래가 저해될 우려가 있는지 여부를 기준으로 한다"고 판시하였다.[70]

즉 판례는 지원행위의 부당성 판단의 가장 중요한 요소로서 지원객체가 속한 시장에서의 경쟁제한성과 경제력 집중의 효과를 제시하고, 이를 종합함으로써 지원행위의 부당성을 최종적으로 판단하여야 하는 것으로 보고 있다. 이와 같은 판례의 태도는, 앞에서 논의한 바와 같이 부당지원행위 규제의 경쟁정책적 의의가 개별 시장의 차원을 넘어서 국민경제적 관점에서의 경제력 집중 문제까지 관련된다는 사고에 부합하는 것이다.

3. 특수관계인 문제와 법 제23조의 2의 신설

지원행위와 관련하여 지원 대상이 특수관계인인 경우에는 특별한 고려를 요한다. 우선 특수관계인에 대한 지원이 규제 대상이 되는 것은, 동법 제23조 제1항 제7호의 명문의 규정에 비추어 당연한 것으로 이해되지만, 공정거래위원회의 심결과[71] 법원의 판결을[72] 통하여 특수한 쟁점이 부각되었다.

문제가 된 사건에서 (주)삼성SDS는 신주인수권부 사채를 대량 발행한 후, 기업집단 총수의 자녀를 포함한 6인의 자연인에게 정상 가격보다 현저히 낮은 가격으로 매각하였다. 우선 자연인인 특수관계인에 대한 지원도 동 규정에서 규제하는 지원행위에 해당하는 것에 관해서는 의문의 여지가 없지만, 당해 사건에서 자연인이 시장에서의 경제적 주체가 되지 않는 상황에서도 지원행위의 부당성 판단이 가능한지가 쟁점이 되었다. 우선 대법원은 지원객체가 일정한 거래분야에서 시장에 직접 참여하는 것이 요구되는 것은 아니라는 점에서, 당해 사건에서의 지원행위도 부당성 판단의 대상이 되는 것으로 보았지만, 구체적인 부당성 판단에서 당해 지원행위의 부당성을 인정하지는 않았다. 그 근거로서 부의 이전이 가능해지고 특수관계인들에

70) 대법원 2004. 3. 12. 선고 2001두7220 판결.
71) 공정위 1999. 10. 28. 의결 제99-212호.
72) 대법원 2004. 9. 24. 선고 2001두6364 판결.

의한 경제력이 집중될 기반이나 여건이 조성될 여지가 있다는 것만으로 지원행위의 부당성을 인정할 수 없다고 판시하였다.

전술한 것처럼, 대법원은 지원행위의 부당성 판단에 있어서 개별 시장에서의 경쟁제한성뿐만 아니라 경제력집중의 효과도 고려 대상으로 이해하고 있으며, 이러한 판단 기준에 따라서 당해 사안에서 특수관계인에 대한 지원행위의 부당성은 인정하기 어렵다는 입장을 취한 것이라 할 수 있다.[73] 우리나라에서 대규모기업집단의 지배권의 승계는 가족 내 승계가 일반적이며, 승계의 방식은 상속이나 양도와 같은 직접적인 지배권의 이전이 아니라 승계자를 중심으로 하는 새로운 지배권을 창출하는 방식이 많이 이용되고 있다.[74] 문제는 이러한 목적으로 행하는 지원행위에 대하여 경제력집중의 관점에서 부당한 평가가 가능한지이며, 지배권의 이전이 경제력집중을 심화시킬 우려를 낳는 특별한 상황이 존재하지 않는 한, 지배권 이전의 의미를 갖는다는 것만으로 지원행위의 부당성을 인정하는 것에 한계가 있다.

2013년 법개정에 의하여 도입된 제23조의 2 규정은 이러한 한계를 보완하기 위한 입법 목적에 따른 것이다. 즉 동 규정은 특수관계인에 대한 부당한 이익제공을 금지하면서, 이에 해당하는 네 가지 유형을 제시하고 있다. 후술하는 바와 같이 이러한 행위 유형들은 경제력집중과 일정한 관련성이 인정되면서도 기존의 부당 지원행위 규제체계에서 부당성 판단에 어려움이 있었으며, 동 규정은 이를 입법적으로 보완하는 의미를 갖는다.

Ⅲ. 부당한 자금지원

1. 의 의

동법 시행령 [별표 1의2] 제10호 가목에 의하면, '부당한 자금지원'은 "부당하게 특수관계인 또는 다른 회사에 대하여 가지급금·대여금 등 자금을 상당히 낮거나 높은 대가로 제공 또는 거래하거나 상당한 규모로 제공 또는 거래하는 행위"를 말한다.

---

73) 이호영, 독점규제법, 홍문사, 2005, 275면 참조.

74) 홍명수, "대기업집단정책의 운용성과 평가와 향후 정책방향", 경제법연구 제5권 제1호, 2006, 118-119면.

2. 사례 분석

공정거래위원회는 SK증권의 유상증자에 SK글로벌(주)과의 옵션계약을 전제로 한 제이피모건의 참여가 지원행위에 해당한다고 보았는데,[75] '자금 또는 자산의 지원'이라는 표현을 사용함으로써, 동 사안에서 지원 수단이 자금과 자산 중 어디에 해당하는지를 명확히 밝히지는 않았다. 그러나 유동성의 정도에 따른 자금과 자산의 경계가 언제나 명확한 것은 아니다. 또한 지원행위의 핵심적 징표는 경제적 이익의 이전이며, 이익을 제공하는 수단이나 태양은 경제적 이익의 이전을 파악하기 위한 근거가 될 뿐이다. 따라서 '자금 또는 자산'과 같은 포괄적 표현이 규제의 법적 근거의 명확성을 해하는 것으로 볼 것은 아니다.

지원에 있어서 제3자가 매개되는 경우는 지원행위에 포함되며, 이와 관련하여 대법원은 '우회적 지원행위'라는 표현을 사용하고 있다.[76] 결국 중요한 것은 지원이 의도하는 대상에게 실질적으로 귀속될 수 있는지 여부이며, 이러한 점에서 삼성기업집단에서 발생한 부당한 지원행위에 대한 심결은 의미가 있다. 즉 삼성중공업(주), 삼성정밀화학(주) 등이 계열회사인 삼성자동차(주)의 판매확대를 위하여 자사의 임직원들에게 삼성자동차(주)의 제품을 구입할 경우에 구입비를 직접 지원하거나 무이자로 대출한 행위에 대하여, 지원의 직접적인 상대방은 삼성자동차(주)가 아니라 자사의 임직원이었지만, 공정거래위원회는 당해 행위를 삼성자동차(주)에 대한 지원행위로 판단하였다.[77]

지원행위가 부당한 것이 되기 위해서는, 자금을 상당히 낮거나 높은 대가로 제공 또는 거래하거나 상당한 규모로 제공 또는 거래하여 과다한 경제상 이익을 제공하는 것이어야 한다. 우선 법 제23조 제1항 제7호는 '상당히 유리한 조건'이라는 표현을 사용하고 있으며, 거래조건에는 대가와 수량이 가장 중요한 것이라는 점에서 시행령상 상당한 규모를 규정하고 있는 것이, 상위 법률에서의 규정을 벗어나는 것으로 볼 것은 아니다. 대법원도 현저한(상당한) 규모의 거래를 지원행위의 한 태양으로 인정하고 있으며, 다만 "현저한(상당한) 규모의 거래라 하여 바로 과다한 경제

75) 공정위 2003. 7. 7. 의결 제2003-108호.
76) 대법원 2004. 3. 12. 선고 2001두7220 판결.
77) 공정위 1998. 11. 29. 의결 9810독점1716.

상 이익을 준 것이라 할 수 없고, 현저한(상당한) 규모의 거래로 인하여 과다한 경제상 이익을 제공할 것인지 여부는 거래규모의 현저성(상당성) 여부, 급부와 반대급부의 차이, 지원행위로 인한 경제상 이익, 지원기간, 지원횟수, 지원시기, 지원행위 당시 지원객체가 처한 경제적 상황 등을 종합적으로 고려하여 구체적·개별적으로 판단한다"고 판결하였다.[78)]

부당한 지원행위에 있어서 상당성 판단이 핵심이며, 결국 위의 대법원 판결이 지적한 것처럼, 구체적 상황에서 개별적으로 판단될 수밖에 없을 것이다. 다음솔루션(주)이 계열회사인 (주)다음커뮤니케이션에게 50억원을 정상금리보다 4.5% 낮은 이자로 대여한 것에 대하여 공정거래위원회가 현저성(상당성)을 인정한 심결이 있다.[79)] 동 심결에서는 다음솔루션(주)이 계열회사인 (주)다음커뮤니케이션과 (주)투어익스프레스에 대하여 지원행위를 한 것이 문제가 되었다. 공정거래위원회는 결론적으로 지원행위의 부당성을 인정하면서, 현저한(상당한) 대가로 인한 과다한 경제상의 이익제공이라는 점 이외에, 이로 인하여 (주)다음커뮤니케이션은 인터넷 광고시장에서 유력한 사업자의 지위를 구축하게 되었고, 재무상황이 열악하였던 (주)투어익스프레스는 8,000여 회사가 존립하고 있는 여행업 시장에서 경쟁력을 강화하게 되었다는 점을 근거로 제시하였다.

동 심결이 시사하듯이, 상당히 유리한 대가나 규모에 의한 거래에서 기준이 되는 정상적인 거래를 상정하게 된다. 자금지원과 관련하여 보면, 자금의 정상적인 거래에서의 가격이라 할 수 있는 '정상금리'가 상당성 판단의 출발점이 된다. 이와 관련하여 「부당한 지원행위의 심사지침」(이하 심사지침)은 문제가 된 자금거래와 유사한 조건에서 지원객체가 특수관계가 없는 독립된 금융기관과의 자금거래에 적용될 수 있는 금리를 '개별정상금리'라 하여 상당성 판단의 기준이 되는 정상가격으로 이해하고 있다. 한편 심사지침은 개별정상금리를 산정하기 어려울 경우에 한국은행이 발표하는 예금은행의 가중평균 당좌대출금리를 '일반정상금리'라 하여 보충적인 기준으로서 규정하고 있었다. 이와 관련하여 대법원은 일반정상금리는 당좌 대출계약을 기초로 한 일시적 단기성 대출금리로서 정상적인 기업어음 대출금리 등 일반

78) 대법원 2007. 1. 25. 선고 2004두7610 판결.
79) 공정위 2002. 9. 3. 의결 제2002-180호.

대출금리보다 일반적으로 높기 때문에 개별정상금리를 산정하기 어렵다는 이유만으로 바로 일반정상금리를 정상금리로 적용할 수 없다고 판시하였고,[80] 현 심사지침은 대법원의 이러한 지적을 수용하여 개별정상금리를 산정하기 어려울 뿐만 아니라, 지원객체의 재무구조, 신용상태, 차입방법 등을 감안할 때 개별정상금리가 일반정상금리를 하회하지 않을 것으로 보는 것이 합리적인 경우를 일반정상금리가 적용되는 요건으로 규정하고 있다(Ⅲ.1. 다.). 일반적으로 당좌대출금리로서 정하는 일반정상금리는 금융시장에서의 이자율을 판단하는 정책적 지표로서 활용되는 것이며, 이를 개별 거래에서의 위법성 판단의 기준으로 삼는 것에는 한계가 있다. 따라서 상당성 판단의 기초로서 일반정상금리의 원용에는 신중할 필요가 있다.

한편 이와 같은 판단 방식은 정상거래와의 비교를 현저성 기준에 의하면서 형성되어 온 것이지만, 판단 방식은 기본적으로 동일하게 유지될 것이다. 그러나 현저성 보다는 정상거래와의 차이가 크지 않은 경우에도 상당성이 인정될 수 있기 때문에, 규제 범위는 그 만큼 확대될 것으로 예상된다.

끝으로 지원금액의 산정에 대하여 논의의 여지가 있다. 특히 이는 과징금 산정의 기초로서 의미를 갖는데, 이에 관하여 대법원은 "지원객체가 받았거나 받은 것과 동일시 할 수 있는 경제상 이익"을 지원금액의 범위로서 제시하고 있다.[81] 과징금은 부당이득환수적 성격을 갖고 있으며, 따라서 과징금 산정은 위법성 판단의 범위와 정합적으로 결합되어야 한다. 이러한 점에서 동 판결의 지적은 타당한 것으로 생각된다.

Ⅳ. 부당한 자산 · 상품 등 지원

1. 의 의

동법 시행령 [별표 1의2] 제10호 나목에 의하면, '부당한 자산 · 상품 등 지원'은 "부당하게 특수관계인 또는 다른 회사에 대하여 부동산 · 유가증권 · 상품 · 용역 · 무체재산권 등 자산을 상당히 낮거나 높은 대가로 제공 또는 거래하거나 상당한 규

80) 대법원 2004. 4. 9. 선고 2001두6197, 6203 판결.
81) 대법원 2004. 3. 12. 선고 2001두7220 판결.

모로 제공 또는 거래하는 행위"를 말한다.

동 규정에서 상품과 용역에 대해서는 다툼이 있었다. 특히 상품이나 용역의 거래에 부수하는 지원행태가 가능한 것인지가 문제가 되었고, 고등법원 판결에서는 이를 부정한 예도 있다.[82] 이에 대해서는 지원의 의의나 자산의 개념에 비추어 상품이나 용역이 배제되는 이유가 타당하지 않다는 지적이 가능하며,[83] 대법원에서도 고등법원의 이러한 판결은 받아들여지지 않았다.[84] 따라서 상품·용역을 자산 등 지원의 한 태양으로 규정한 것은, 이러한 문제를 입법적으로 해결한 의미가 있다.

2. 사례 분석

공정거래위원회는 (주)신한은행이 계열회사인 신한캐피탈 주식회사 및 신한생명보험 주식회사와 부동산 임대계약을 하면서 부동산을 저가로 임대하는 방법을 통해 경제상의 이익을 제공함으로써 신한캐피탈 주식회사 및 신한생명보험 주식회사를 지원한 것으로 보고 이에 대한 시정조치를 내렸다.[85] 이때 저가 임대에 의한 지원에 해당하는지 여부를 판단하기 위하여 동일 건물의 임대료를 정상적인 수준에서 평당 환산 월임대료 84,370원으로 정하고, 이보다 16.7%p 낮은 70,250원에 당해 사건에서 부동산을 지원객체에게 임대한 것은 그 차액만큼의 경제상의 이익을 제공한 것으로 평가하였다.

Ⅴ. 부당한 인력지원

1. 의 의

동법 시행령 [별표 1의2] 제10호 다목에 의하면, 부당한 인력지원은 "부당하게 특수관계인 또는 다른 회사에 대하여 인력을 상당히 낮거나 높은 대가로 제공 또는 거래하거나 상당한 규모로 제공 또는 거래하는 행위"를 말한다.

---

82) 서울고등법원 2003. 12. 9. 선고 2001누3329 판결.
83) 이호영, "상품·용역거래를 통한 계열회사 지원의 규제", 경제법판례연구 제1권, 2004, 232면 참조.
84) 대법원 2004. 10. 14. 선고 2001두2935 판결.
85) 공정위 2006. 9. 15. 의결 제2006-204호.

2. 사례 분석

인력지원은 구체적으로 인력자체의 지원 형태뿐만 아니라, 보수의 지급을 지원하는 형태로 나타날 수 있으며, 씨티은행 서울지점의 지원행위 사건에서 이러한 형태가 전형적으로 나타나고 있다. 동 사건에서 피심인인 씨티은행 서울지점은 씨티은행의 계열회사인 한국씨티그룹캐피탈(주)의 창업 과정에서 7명의 직원을 파견하였고, 또한 이들의 인건비 437,339,000원을 대신 지급하였다. 이들에 대한 인건비는 한국씨티그룹캐피탈(주)의 창업비 내지 개업준비비용에 해당하는 것이며, 따라서 공정거래위원회는 이상의 행위가 지원행위에 해당하는 것으로 판단하였다.

동 지원행위의 부당성 판단과 관련하여, 공정거래위원회는 두 가지 관점에서 접근하고 있다. 즉 지원금액은 지원행위가 이루어진 2002년도 지원객체의 영업수익의 69.5%, 당기순손실의 14.4%에 이르며, 이는 설립 초기 경영여건 및 자금사정을 크게 개선시킬 수 있는 수준으로 판단하면서, 특히 서울고등법원이 지원금액이 설립회사 자본총액의 0.86%(1억 7,100만원)에 불과하더라도 설립당시부터 경쟁사업자에 비해 경쟁조건이 유리하게 되었다고 인정할 수 있을 것이므로 공정한 거래를 저해할 우려가 있다고 판시한 것을 원용하고 있다.[86] 또한 피심인의 파견직원들이 수행한 업무(할부금융업 사업모델 구상 및 경제적 수익성 분석 등)는 지원객체가 관련시장에 신규진입하여 경쟁력을 확보함에 있어 관건이 되는 사항들로서 동 지원을 통하여 지원객체가 다른 경쟁업체들에 비해 경쟁여건이 유리하게 조성되어 할부금융시장에 원활히 진입할 수 있는 계기가 마련된 것으로 판단하였고, 이상의 검토에 기초하여 당해 지원행위가 부당하다는 결론을 내렸다.[87]

토의 주제

- 불공정거래행위의 하나로서 규정되고 있는 부당지원행위 규제의 의의를 경제력집중 억제의 관점에서 논의하시오.

86) 서울고등법원 2003. 12. 9. 선고 2001누3329 판결.
87) 공정위 2006. 9. 20. 의결 제2006－205호.

Ⅵ. 부당한 거래단계 추가

1. 의 의

동법 제23조 제1항 제7호 나목은 "다른 사업자와 직접 상품·용역을 거래하면 상당히 유리함에도 불구하고 거래상 실질적인 역할이 없는 특수관계인이나 다른 회사를 매개로 거래하는 행위"를 지원행위의 한 유형으로 규정하고 있다. 이를 보충하고 있는 동법 시행령 [별표 1의2] 제10호 라목은 이에 해당하는 행위로서, 1) 다른 사업자와 직접 상품·용역을 거래하면 상당히 유리함에도 불구하고 거래상 역할이 없거나 미미한 특수관계인이나 다른 회사를 거래단계에 추가하거나 거쳐서 거래하는 행위와 2) 다른 사업자와 직접 상품·용역을 거래하면 상당히 유리함에도 불구하고 특수관계인이나 다른 회사를 거래단계에 추가하거나 거쳐서 거래하면서 특수관계인이나 다른 회사에 대해 거래상 역할에 비하여 과도한 대가를 지급하는 행위를 규정하고 있다. 즉 거래상 역할이 없거나 미미한 상황에서 중간 단계의 거래를 거치거나 거래상 역할에 비하여 과도한 대가의 지급이 이루어지는 두 가지 행태가 동 규정에 의하여 규제되는 지원행위가 된다.

2. 부당성 판단

우선 첫 번째 행위에 해당하기 위해서는 추가된 거래단계의 거래상 역할에 대한 판단이 필요하며, 이러한 점에서 직접적으로 거래가 이루어진 경우와 거래 단계를 추가한 경우의 비교가 불가피하다. 거래단계에 추가된 사업자의 거래상 역할이 없거나 미미한 경우라면, 이러한 거래 자체가 거래단계에 추가된 사업자의 지원 목적에 의한 것이라는 입법적 판단이 전제되어 있다. 두 번째 행위 유형은 거래상 역할에 비하여 과도한 대가를 지급한 경우이고, 따라서 추가된 거래단계에서 정상적인 거래를 상정하고 이를 기준으로 대가의 과도성 판단이 필요할 것이다.

이상에서 거래상 역할의 의의나 과도한 대가의 여부는 지원행위의 존부를 판단하는 근거가 되는 것이고, 이것이 인정될 경우에 문제가 된 행위의 부당성 판단이 뒤따라야 할 것이다. 전술한 것처럼 거래단계의 추가를 지원행위 유형으로 규정한 것은 부당 지원행위 규제의 실효성을 제고하기 위하여 전형적으로 나타나는 거래 유형을 특정함으로써 지원행위 판단을 용이하게 하기 위한 것으로 볼 수 있으며, 부당성 판단기준 자체의 변경을 의도한 것으로 보기는 어렵다. 따라서 다른 지원행위 유형들과 마찬가지로 개별 시장에서의 경쟁제한적 효과와 경제력집중에 미치는 영향 등을 종합적으로 고려하여 부당성 판단이 이루어져야 한다.

Ⅶ. 특수관계인에 대한 부당한 이익제공

1. 규제 내용

동법 제23조의 2 제1항에서 규제 대상이 되는 회사는 상호출자제한기업집단에 속한 회사이며, 부당한 이익의 귀속 주체는 동일인 또는 친족인 특수관계인 그리고 특수관계인이 일정 비율 이상의 주식을 보유한 계열회사이다.[88] 이익을 귀속시키는 행위는 동항 각호에서 정하고 있는데, 정상적인 거래에서 적용되거나 적용될 것으로 판단되는 조건보다 상당히 유리한 조건으로 거래하는 행위(1호), 회사가 직접 또는 자신이 지배하고 있는 회사를 통하여 수행할 경우 회사에 상당한 이익이 될 사업기회를 제공하는 행위(2호), 특수관계인과 현금, 그 밖의 금융상품을 상당히 유리한 조건으로 거래하는 행위(3호), 사업능력, 재무상태, 신용도, 기술력, 품질, 가격 또는 거래조건 등에 대한 합리적인 고려나 다른 사업자와의 비교 없이 상당한 규모로 거래하는 행위(4호) 등이 이에 해당한다. 또한 특수관계인이 이와 같이 각 호에 해당할 우려가 있음에도 불구하고 해당 거래를 하거나 사업기회를 제공 받는 행위는 금지되며(23조의2 3항), 특수관계인이 제1항 또는 제3항의 행위를 하도록 지시하거나 해당 행위에 관여하는 행위도 금지된다(23조의2 4항).

한편 전술한 행위 유형 중 제4호의 행위는 예외적으로 허용될 수 있는데, 기업의 효율성 증대, 보안성, 긴급성 등 거래의 목적을 달성하기 위하여 불가피한 경우로서 대통령령이 정하는 거래에 대해서는 적용이 제외된다(23조의2 2항).

---

88) 여기에서 계열회사는 동법 시행령(안) 제37조의 2 제2항에서 동일인이 단독으로 또는 동일인의 친족과 합하여 발행주식 총수의 100분의30(주권상장법인이 아닌 회사의 경우에는 100분의20) 이상을 소유하고 있는 계열회사를 말한다.

2. 규제 의의

동법 제23조의 2에 의한 규제는 특수관계인에 대한 이익 귀속에 초점을 맞추어 규제체계를 형성하고 있다. 특정한 거래를 통하여 총수(동일인)나 그 친족이 이익을 취득하는 것은 분명하지만, 기존의 부당 지원행위를 통하여 규제가 불분명하였던 점을 보완하는 취지에서 입법이 이루어졌으며, 따라서 지원행위와 유사하지만 귀속 주체 측면에서 특별한 의미가 있는 이익 귀속의 문제가 핵심을 이룬다.

행위 유형을 구체적으로 보면, 제1호는 제23조 제1항 제7호의 부당 지원행위로서 규제가 불명확한 부분을 보완하는 의미가 강하다. 특히 특수관계인이 시장에 참가하고 있는 사업자가 아닌 경우에 정상적인 거래와 상당한 조건 상의 차이가 드러날 때에도 개별 시장에서의 경쟁제한성이나 경제력집중 측면에서 부당성 판단이 용이하지 않을 수 있다. 제4호 역시 동일한 맥락에서 이해할 수 있는데, 규모 측면에서 지원행위의 부당성 판단에 어려움이 있었다는 점이 고려된 것으로 볼 수 있다. 제2호의 행위는 전형적으로 터널링 효과에[89] 근거한 사익추구행위를 상정하고 있으며, 제3호 역시 직접적인 사익추구를 대상으로 하고 있다.

종합하면 제23조의 2 제1항 각 호의 행위에 의하여 특수관계인, 현실적으로 대규모기업집단의 총수나 그 친족에게 이익이 귀속되는 경우에 규제 대상이 된다. 물론 대규모기업집단에 관련된 특수관계인의 이익 추구행위 자체가 부당한 것은 아니며, 더욱이 경제력집중과의 관련성이 명확히 드러나는 것은 아니다. 그러나 이러한 행위들은 기본적으로 이미 경제력이 집중된 상황을 이용한 것이라 할 수 있고, 보다 본질적인 문제로서 기업의 집단적 운영의 효율성을 저해할 수 있다는 점에서 규제의 정당화 근거를 찾을 수 있을 것이다.

3. 부당성 판단

전술한 것처럼 특수관계인에 대한 부당한 이익제공 금지를 제23조 제1항이 아닌 별개의 조항에 위치시킨 것은, 불공정거래행위의 한 유형으로서 부당 지원행위와는

---

89) 터널링(tenneling) 효과란 계열회사 간에 거래를 통한 이익 이전에 의하여 지배주주의 이익이 극대화되는 효과를 의미한다. 이에 관하여 최승재, "부당지원행위와 터널링 규제에 대한 연구", 규제연구 제18권 제2호, 2009, 134면 참조.

다른 방식으로 부당성을 판단할 수 있도록 하기 위한 입법자의 의도가 반영된 것으로 볼 수 있다. 따라서 부당지원행위의 부당성 판단 기준으로 판례가 제시하였던 것과 같이 시장에서의 경쟁제한성과 경제력집중 등을 종합적으로 고려하는 판단방식을 곧바로 원용할 수는 없을 것이다.

동 제도가 도입된 이후 공정거래위원회는 현대증권이 동일인의 친족이 90%의 지분을 보유하고 있었던 HST와 거래한 행위를 동 규정에 의하여 규제하였다.[90] 동 사건에서 현대증권은 제록스와 지점용 복합기 임대차거래에 있어서 직거래 방식 대신에 HST를 거래 중간에 위치시켜 이중으로 임대차계약을 맺는 방식을 택하였다. 공정거래위원회는 당해 행위가 법 제23조의2 제1항 제1호에 해당하는 것으로 보고, 이에 대한 시정조치와 과징금 부과를 명하였다. 동 사건에서 공정거래위원회는 문제가 된 행위가 제23조의 2 제1항 제1호에 해당하는지, 즉 정상적인 조건보다 상당히 유리한 조건으로 거래가 이루어졌는지에 초점을 맞추었으며, 당해 행위의 위법성에 관한 판단을 행하지는 않았다. 이러한 입장은 2016년 12월 제정한 '총수일가 사익편취 금지규정 가이드라인'에도 반영되었는데, 동 가이드라인은 "총수일가 사익편취행위 해당여부의 판단은 법 제23조의 2 제1항 각 호에서 정한 금지행위에 해당하고 그 결과 총수일가에게 부당한 이익이 귀속되었음이 입증되는 것으로 충분하다. 다시 말해, 법 제23조 제1항 제7호의 부당한 지원행위가 행위 요건과 별도로 부당성(공정거래저해성) 요건을 입증하여야 하는 것과 달리, 총수일가 사익편취행위는 금지행위의 유형에 해당하는 경우 특별한 다른 사유가 없는 한 법 제23조의 2를 위반한 것으로 본다"고 규정하고 있다(Ⅲ).

그러나 특수관계인에 대한 이익제공이 부당성 판단 없이 법위반행위로 판단될 수 있는 것인지는 의문이며, 입법 취지 등을 고려하여 동 규정에서의 고유한 부당성 판단 기준에 관하여 논의가 이루어질 필요가 있다.[91] 동 규정의 입법 취지에서

90) 공정위 2016. 7. 7. 의결 제2016-189호.

91) 공정거래위원회는 대한항공과 계열회사인 싸이버스카이 등과 행한 거래에 대해서도 현대증권 사건과 유사한 입장을 취하면서 사익편취행위에 해당하는 것으로 보았다(공정위 2017. 1. 10. 의결 제2017-9호). 그러나 동 심결에 대한 항고심에서 서울고등법원은 "공정거래법 제23조의2 제1항 제1호의 부당한 이익제공행위가 성립하려면 당해 거래와 동일한 실제 사례를 찾거나 또는 당해 거래와 비교하기에 적합한 유사한 사례를 선정한 후 그 사례와 당해 거래 사이에 가격에 영향을 미칠 수 있는 거래조건 등의 차이가 존재하는지를 살펴 이를 합리적으로 조정하는 과정을 거쳐 정상가격을 추단하여야 하고, 거래의 동기, 거래의 방식, 거래의 규모, 귀속되는 이익의 규모, 거래의 경제적 효과 등을 고려하여 그러한 행위로 인하여 사익 편취를 통한 경제력 집중이 발생할 우려가 있는지를 기초로 부당성 여부를 판단하여야" 하는 것으로 판시함으로써 공

언급하였듯이, 특수관계인에 대한 부당한 이익제공의 문제가 특히 경제력집중과 무관한 것으로 보기 어렵다는 점도 염두에 두어야 한다. 결국 독점규제법은 대규모기업집단에 의한 경제력집중을 직접적으로 해소하는 것과 같은 해체 방식이 아니라, 이를 수용하면서 그 폐해를 시정하는 방향으로 경제력집중 억제를 위한 규제체계를 형성하고 있으며, 제23조의 2에 의한 특수관계인에 대한 이익제공의 부당성 판단기준도 이러한 맥락에서 제시되어야 할 것이다.

토의 주제

- 2013년 법개정에 의하여 추가된 부당 지원행위의 유형과 특수관계인에 대한 부당한 이익제공 규제의 의의에 관하여 논하시오.

제 5 절 불공정거래행위 금지 규정의 집행

Ⅰ. 행정적 집행

1. 시정조치

공정위는 불공정거래행위, 특수관계인에 대한 부당한 이익제공 등의 금지 규정 또는 보복조치의 금지 규정에 위반하는 행위가 있을 때에는 해당 사업자에 대하여 해당 불공정거래행위 또는 특수관계인에 대한 부당한 이익제공행위의 중지 또는 재발방지를 위한 조치, 해당 보복조치의 중지, 계약조항의 삭제, 법 위반행위로 인하여 공정위로부터 시정명령을 받은 사실의 공표, 기타 시정을 위하여 필요한 조치를 명할 수 있다(법 24조).

정거래위원회에 반대되는 입장을 취하였다(서울고법 2017. 9. 1. 선고 2017누36153 판결).

〉〉〉 판례 대법원 2007. 1. 12. 선고 2004두7146 판결 ("이랜드리테일" 사건)

법 제2조 제1호 소정의 사업자가 법 제23조 제1항 제4호, 제2항, 법 시행령 제36조 제1항 [별표 1] 제6호 (나)목 및 (라)목 소정의 행위를 하였음을 이유로 공정거래위원회가 법 제24조 소정의 시정명령 등 행정처분을 하기 위해서는 그 대상이 되는 '이익제공강요' 및 '불이익제공'의 내용이 구체적으로 명확하게 특정되어야 하고, 그러하지 아니한 상태에서 이루어진 그 시정명령 등 행정처분은 위법하다고 할 것이다.

기록에 의하면, 원고는 납품업자에 대하여 제조를 위탁하는 하도급 상품의 거래 및 직매입하는 상품의 거래와 관련하여 거래의 전제조건 또는 납품상품의 판매촉진과 관련된 것을 이유로 광고선전비 등 각종 명목의 비용을 납품업자의 납품대금에서 공제하거나 현금 또는 상품으로 수령하여 온 사실(이하 위와 같은 각종 명목의 비용 수령행위를 '비용부담행위'라고 한다), 피고는 1999년도 및 2000년도 기간 동안 원고의 납품업자들에 대한 합계 154,887,260,000원 상당의 각종 비용부담행위가 법 제23조 제1항 제4호, 제2항, 법 시행령 제36조 제1항 [별표 1] 제6호 (나)목 및 (라)목에 해당된다는 이유로 비용부담행위 부분과 관련된 이 사건 시정명령을 하면서 그 의결서 이유 부분에, 원고가 1999년도 및 2000년도 기간 동안 납품업자에 대하여 원심판결의 '납품업체에 대한 각종비용 부담내역' 기재와 같은 각종 명목의 비용을 부담할 것을 사실상 강요하고 납품대금에서 이를 일방적으로 공제하거나 현금 또는 상품으로 수수하고 있다고 하면서 그 구체적 사례로 원고에게 야채 등 신선식품류를 납품하였던 정원유통의 경우를 들고 있는 사실, 그런데 위 '납품업체에 대한 각종비용 부담내역'에는 1999년도 및 2000년도 사이에 원고가 수령한 비용명목 및 업체수, 비용별 합계액 등만이 기재되어 있을 뿐 그 비용을 제공한 업체명, 비용제공의 시기, 업체별 비용부담 액수 등 구체적인 내용이 전혀 적시되어 있지 아니한 사실, 피고는 또한, 원고가 납품업자에 대해 자기가 제조를 위탁하여 매입하는 하도급상품 및 직매입하는 상품의 재고품을 납품업자의 자발적 요청이나 동의 또는 귀책사유가 없음에도 불구하고, 납품업자들에 대하여 2000년도에 모두 43,822건, 합계 30,995,185,000원 상당의 반품행위를 하였고 이러한 반품행위는 법 제23조 제1항 제4호 및 '대규모소매점업에 있어서의 특정 불공정거래행위의 유형 및 기준 지정 고시'(2001. 7. 6. 공정거래위원회 고시 제2001-9호로 개정되기 전의 것) 제3조에 해당한다는 이유로 반품행위와 관련된 이 사건 시정명령을 하면서 그 의결서 이유 부분에 반품대상 업체명, 반품시기 등에 대한 구체적 적시 없이 단지 2000년도 원고 점포별 반품건수 및 반품액수만을 적시하고 있는 사실 등을 인정할 수 있으므로 비용부담행위 및 반품행위 부분에 관한 이 사건 시정명령은 그 대상이 되는 행위들의 내용이 구체적으로 명확하게 특정되었다고 할 수 없고, 따라서 이 부분 시정명령은 위법하다고 할 것이다.

원심판결의 이유설시에 적절하지 않은 점이 있으나 이 부분 시정명령이 위법하다고 본 결론은 정당하고, 거기에 상고이유로 주장하는 바와 같은 채증법칙 위반으로 인한 사실오인, 판단유탈 등의 위법이 없다.

토의 주제

■ 판례에 의할 때, 시정명령의 대상이 되는 행위의 내용은 의결서 이유에 어느 정도로 특정되어야 하는가?

2. 과징금

공정위는 불공정거래행위(부당한 지원행위 제외) 금지 규정을 위반하는 행위가 있을 때에는 당해 사업자에 대하여 위반사업자가 위반기간 동안 일정한 거래분야에서 판매한 관련 상품이나 용역의 매출액 또는 이에 준하는 금액, 즉 관련 매출액에 100분의 2를 곱한 금액[92]을 초과하지 아니하는 범위 안에서 과징금을 부과할 수 있다. 다만 매출액이 없는 경우 등에는 5억 원을 초과하지 아니하는 범위 안에서 과징금을 부과할 수 있다(법 24조의2, 영 9조 1항). 부당한 지원행위와 특수관계인에 대한 부당한 이익제공행위를 한 자와 그 상대방에 대한 과징금의 상한액은 직전 3개연도의 평균 매출액의 100분의 5를 초과하지 않는 범위 또는 매출액이 없는 경우 등에는 20억 원을 초과하지 아니하는 범위로 정해져 있다(법 24조의2, 영 9조 2항).

판례 대법원 2001. 2. 9. 선고 2000두6206 판결 ("대우자동차판매" 사건)

원심판결 이유와 기록에 의하면, 피고는 앞서 본 원고의 사원판매행위를 불공정거래행위에 해당한다고 인정하고 그에 대하여 이 사건 과징금 부과처분을 함에 있어, 원고의 직전 3개 사업연도 평균 매출액을 그 사업부문 전체의 매출액에 의하여 금 2,935,323,888,000원으로 산출한 다음, 그에 대하여 피고가 정한 '과징금 산정방법 및 부과지침'(1998. 6. 30.자로 개정된 것, 이하 '지침'이라고 한다)에서 정한 이른바 역진체감비율(逆進遞減比率) 즉, 매출액을 그 규모에 따라 5단계로 나눈 후 각 단계별로 2/100 내지 2/4,800로 순차 낮추어 책정하고 있는 비율을 적용하여 그 액수를 금 1,933,000,000원으로 산정한 후 이를 그대로 부과한 데 대하여, 원심은 위 과징금의 액수가 법 제24조의2에서 정하고 있는 상한 범위 내의 것이고 또 과징금의 부과가 징벌적 제재 조치의 성격을 갖는다는 점 등을 내세워 위 액수가 원고의 이 사건 사원판매행위로 인한 총매출액에 육박한다고 하더라도 그 부과처분이 재량권의 일탈·남용에 해당하지는 않는다고 판단하였다.

92) 부당한 지원행위의 경우에는 불공정거래행위의 한 유형으로 규정되어 있으나 과징금의 상한액은 해당 사업자의 직전 3개연도의 평균 매출액의 100분의 5를 초과하지 않는 범위로 정해져 있다(법 24조의 2, 영 9조 2항).

그러나 법상의 과징금 부과는 비록 제재적 성격을 가진 것이기는 하여도 기본적으로는 법위반행위에 의하여 얻은 불법적인 경제적 이익을 박탈하기 위하여 부과되는 것이고(대법원 1999. 5. 28. 선고 99두1571 판결 참조), 법 제55조의3 제1항에서도 이를 고려하여 과징금을 부과함에 있어서는 위반행위의 내용과 정도, 기간과 횟수 외에 위반행위로 인하여 취득한 이익의 규모 등도 아울러 참작하도록 규정하고 있는 것이므로, 불공정거래행위에 대하여 부과되는 과징금의 액수는 당해 불공정거래행위의 구체적 태양 등에 기하여 판단되는 그 위법성의 정도뿐만 아니라 그로 인한 이득액의 규모와도 상호 균형을 이룰 것이 요구되고, 이러한 균형을 상실할 경우에는 비례의 원칙에 위배되어 재량권의 일탈·남용에 해당할 수가 있다고 할 것이다.

그런데 원심판결 이유를 기록에 비추어 살펴보면, 피고가 부과한 이 사건 과징금의 액수는 비록 법 제24조의2와 영 제9조 제1항에서 규정하고 있는 방식에 따라 원고의 직전 3개 사업연도 평균 매출액에 일정 비율을 곱하여 산정한 것이고 또 그 비율도 피고의 지침에서 정하고 있는 앞서 본 역진체감비율을 적용함으로써 전체적으로 법정 상한비율인 100분의 2를 초과하지 않게 된 것이기는 하지만, 그 대상 불공정거래행위인 원고의 이 사건 사원판매행위와의 관계에서 볼 때는 그로 인하여 실제 차량 구입에 이른 직원수가 합계 253명 정도이고 그 사원판매행위로 인한 매출액의 총액이 20여 억 원 정도인 것으로 추산됨에도 불구하고, 그 거래가 원고의 전체 사업규모에서 어느 정도의 비중을 차지하는지 여부와 그로 인하여 원고가 취득한 이익의 규모가 어느 정도인지를 전혀 고려함이 없이 원고의 전체 사업부문 매출액과 위 지침상의 비율을 그대로 적용함으로써 그 구체적 액수가 원고가 이 사건 사원판매행위로 인하여 취득한 이익의 규모를 크게 초과하여 그 매출액에 육박하게 된 것임이 분명하다.

그렇다면 이 사건 과징금의 액수가 비록 법과 영의 규정에서 정한 방식에 의하여 그 상한을 초과하지 않는 것이라고 하더라도 불법적인 경제적 이익의 박탈이라는 과징금 부과의 기본적 성격에 비추어 볼 때 그 부과 대상인 원고의 구체적인 불공정거래행위로 인한 이득액의 규모와 사이에서 지나치게 균형을 잃은 과중한 액수에 해당한다고 할 수가 있고, 이는 원고의 이 사건 사원판매행위가 가지는 위법성의 정도를 고려하더라도 마찬가지라고 할 것이며, 피고의 이 사건 과징금 액수의 산정이 위와 같은 지침에 근거를 둔 것이라고 하더라도 이는 피고 내부의 사무처리준칙에 불과한 것인 만큼 위와 달리 볼 근거가 되지 아니한다고 할 것이다.

그렇다면 이 사건 과징금 부과처분은 그 액수의 면에서 비례의 원칙에 위배된 재량권 일탈·남용의 처분에 해당한다고 볼 수가 있음에도 불구하고, 원심은 위와 같은 점을 살펴보지 아니한 채 그 판시와 같은 이유만으로 위와 같은 금액의 이 사건 과징금 부과가 재량권의 일탈·남용에 해당하지 않는다고 단정하고 있는 것이므로, 이는 결국 과징금 부과에 관한 법리를 오해하거나 필요한 심리를 다하지 아니하여 판결에 영향을 미친 것이라고 할 것이다. 이를 지적하는 상고이유의 주장은 이유가 있다.

[관련문헌] 조해현, "독점규제 및 공정거래에 관한 법률상의 불공정거래행위", 재판자료 제108집, 행정재판실무연구집, 법원도서관 (2005); 홍대식, "공정거래법상 과징금 제도의 현

황과 개선방안", 행정법연구 제18호, 행정법이론실무학회 (2007)

토의 주제

① 판례는 불공정거래행위에 대한 과징금 부과의 기본적 성격을 무엇으로 보고 있는가?

② 판례가 과징금 부과처분이 그 액수의 면에서 비례의 원칙에 위배된 재량권 일탈·남용의 처분에 해당한다고 본 주된 이유는 무엇인가?

Ⅱ. 민사적 집행

1. 손해배상

사업자가 불공정거래행위의 금지 규정을 위반함으로써 피해를 입은 자가 있는 경우에는 당해 피해자에 대하여 독점규제법에 정한 손해배상책임을 지게 될 뿐만 아니라(법 56조 1항), 그 행위는 민사상 불법행위를 구성하여 민사상 손해배상책임을 질 수도 있다.[93)]

2. 사법적 효력

불공정거래행위의 금지 규정에 위반하는 행위가 위법하여 민사상 불법행위를 구성한다고 하여 당연히 그 사법적 효력까지 부정되는 것은 아니다. 따라서 사업자의 계약상 권리가 불공정거래행위에 기초한 것이라고 하더라도 거래상대방은 그에 따른 의무를 이행하여야 하는 경우가 생길 수 있다. 이론적으로는 불공정거래행위가 사회상규에 반하는 위법한 행위라거나 신의성실의 원칙에 비추어 볼 때 계약자유원칙의 한계를 넘는 위법한 행위로 평가될 수 있다면 그 사법적 효력까지 부정될 수 있을 것이다.[94)] 대법원은 거래상 지위의 남용행위가 공정거래법상 불공정거래행위에 해당하는 것과 별개로 위와 같은 행위를 실현시키고자 하는 사업자와 상대방 사

93) 대법원 2009. 7. 23. 선고 2008다40526 판결.

94) 홍대식, "불공정거래행위와 공서양속", 비교사법 제14권 1호, 한국비교사법학회 (2007); 서정, "불공정거래행위의 사법상 효력", 민사판례연구회 편, 민사판례연구 제31권, 박영사 (2009).

이의 약정이 경제력의 차이로 인하여 우월한 지위에 있는 사업자가 그 지위를 이용하여 자기는 부당한 이득을 얻고 상대방에게는 과도한 반대급부 또는 기타의 부당한 부담을 지우는 것으로 평가할 수 있는 경우에는 선량한 풍속 기타 사회질서에 위반한 법률행위로서 무효라고 판시하였다.[95)]

Ⅲ. 형사적 집행

불공정거래행위, 보복조치의 금지 또는 특수관계인에 대한 부당이익제공행위의 금지 규정에 위반하여 행위를 한 자 또는 불공정거래행위 또는 특수관계인에 대한 부당이익제공행위의 금지 규정 위반행위에 대한 공정위의 시정조치에 응하지 아니한 자는 형사처벌의 대상이 된다(법 66조 1항 9의2호, 9의3호, 67조 2호, 6호). 보복조치의 금지 규정 위반행위, 부당지원행위와 특수관계인에 대한 부당이익제공행위를 한 자에 대한 법정형이 다른 불공정거래행위를 한 자보다 더 무겁게 정해져 있다. 이러한 독점규제법위반죄에 대하여는 원칙적으로 공정위의 고발이 있어야 공소를 제기할 수 있다(법 71조 1항).

95) 대법원 1996. 4. 26. 선고 94다34432 판결; 대법원 2017. 9. 7. 선고 2017다229048 판결.

제 7 장

사업자단체 규제 등

제1절 사업자단체의 규제

Ⅰ. 규제의 의의

1. 사업자단체의 의의

독점규제법 제2조 제4호는 사업자단체를 그 형태 여하를 불문하고 2이상의 사업자가 공동의 이익을 증진할 목적으로 조직한 결합체 또는 그 연합체를 말하는 것으로 정의하고 있다. 형태 여하를 불문하므로, 사업자단체의 법적 형태나 법인격 여부는 문제가 되지 않으며, 조합의 형태로 나타날 수도 있다.

사업자단체는 복수의 사업자가 구성한 단체이므로, 당연히 사업자 개념에 기초한다. 동법 제2조 제1호는 사업자를 제조업, 서비스업, 기타 사업을 행하는 자로 정의하고 있는데, 동 규정에서 제시하는 영리성 외에 불문의 표지로서 독자적인 사업을 영위하는 의미에서 독립성이 요구되는 것으로 이해되고 있다.[1] 이와 같은 사업자의 개념 표지는 사업자단체에도 반영될 것이다. 이와 관련하여 대법원 판결은 "사업자단체에 참가하는 개별 구성사업자는 독립된 사업자이어야 하므로, 개별 사업자가 그 단체에 흡수되어 독자적인 활동을 하지 않는 경우에는 사업자단체라고 할 수 없고, 사업자단체로 되기 위해서는 개별 구성사업자와 구별되는 단체성, 조직성을 갖추어야 한다"고 판시하고 있다.[2]

동 규정은 단체의 목적으로서 공동의 이익 증진을 규정하고 있는데, 공동의 이익 증진 외에 공익과 같은 다른 목적을 함께 추구하는 경우에도 사업자단체에 해당한다.[3] 한편 공동의 이익이 요구된다고 해서 사업자단체를 구성하는 사업자가 반드시 동일 시장 내지 산업에 위치하여야 하는 것은 아니다. 동 규정이 이를 요구하는 것으로 볼 수 없으며, 동일 시장의 문제는 경우에 따라서 사업자단체 행위의 위법

---

1) 차성민, "독점규제법의 인적 범위", 권오승 편, 공정거래법강의II, 법문사, 2000, 79면.

2) 대법원 2008. 2. 14. 선고 2005두1879 판결.

3) 대한의사협회 사건에서 대법원은 의사들의 단체인 사단법인 대한의사협회에 대하여, 동 단체가 사회복지, 국민건강증진, 보건향상 등의 목적 외에도 '의권 및 회원권익옹호' 등을 목적으로 내세우고 있다는 점에서 독점규제법상 사업자단체에 해당한다고 보았다. 대법원 2003. 2. 20. 선고 2001두5347 판결.

성을 판단함에 있어서 고려될 것이다. 따라서 전국경제인연합회나 상공회의소와 같이 다양한 업종의 사업자를 포괄하는 단체도 사업자단체가 될 수 있다.

동법 제2조 제1호 2문은 "사업자의 이익을 위한 행위를 하는 임원·종업원·대리인 기타의 자는 사업자단체에 관한 규정의 적용에 있어서는 이를 사업자로 본다"고 규정하고 있다. 사업자단체는 구성원이 사업자인 단체를 말하는 것이지만, 사업자에 고용된 임원·종업원 등의 단체도 실질적으로 사업자 이익을 위한 단체로 볼 수 있다는 점을 반영한 것이다.

2. 사업자단체 규제의 의의

경쟁법상 사업자단체의 규제를 명시적으로 별도의 규제 유형으로 규정하고 있는 예는 일본의 독점금지법에서 찾을 수 있다. 2차 세계대전 이전 일본의 사업자단체는 정부의 정책에 맞추어 개별 기업의 자율성을 억제하고 산업 운영의 통일성을 기할 목적으로 카르텔을 주도하는 역할을 수행하였으며, 이러한 역사적 경험은 종전 이후 경제민주화를 지향하여 경쟁법을 제정하는 과정에 반영되었다.[4)]

독점규제법상 사업자단체 규제는 규정 형식이나 내용 면에서 일본 독점금지법의 영향을 받은 것으로 이해되는데, 특히 경제 현실에서 사업자단체의 역할이 일본과 유사하게 전개되고 있는 상황이 고려된 것으로 볼 수 있다. 그러나 이와 관련하여 독점규제법상 개별 금지 규정을 통하여 사업자단체가 개입된 경우를 규제할 수 있으므로, 사업자단체에 관한 별도의 규제 근거를 두는 것이 타당한지에 의문을 표하는 견해도 있다.[5)]

---

4) 독점금지법과는 별도로 1948년 7월 사업자단체의 활동을 규제하는 사업자단체법이 제정되었다. 이후 사업자단체법은 1953년 9월 독점금지법의 개정에 의하여 독점금지법 제8조 및 제8조의 2에 흡수되면서, 폐지되었다. 来生新, "日本の競爭政策の歷史的概觀(1): 戰前から1977年改正まで", 後藤晃·領村與太郎 編, 日本の競爭政策, 東京大學出版會, 1998, 25-31면 참조.

5) 서정, "사업자단체의 부당행위와 경쟁제한성", 경제법판례연구 제1권, 2004, 332면.

Ⅱ. 규제의 내용

1. 사업자단체의 금지행위

독점규제법 제26조 제1항은 사업자단체의 행위로서, 제19조 제1항 각호의 행위에 의하여 부당하게 경쟁을 제한하는 행위(1호), 일정한 거래분야에 있어서 현재 또는 장래의 사업자수를 제한하는 행위(2호), 구성사업자의 사업내용 또는 활동을 부당하게 제한하는 행위(3호), 사업자에게 제23조 제1항 각호의 1의 규정에 의한 불공정거래행위 또는 제29조의 규정에 의한 재판매가격유지행위를 하게 하거나 이를 방조하는 행위(4호)를 금지한다. 특히 사업자단체가 제1호의 부당한 공동행위를 행하는 경우 동법 제19조 제2항에 의한 공동행위 인가를 통하여 허용될 수 있다(법 26조 2항).

2. 금지행위의 구체적 의의

사업자단체 행위로서 금지하는 제1호는 사업자단체에 의한 카르텔을 규제 대상으로 하며, 부당한 공동행위에 해당하는지의 판단은 동법 제19조 제1항에 기초한다. 예를 들어 동법 제19조 제1항이 규제하는 공동행위는 합의만으로 성립하고 별도의 실행행위를 요하지 않으므로, 사업자단체에 의한 경우에도 구성사업자간에 공동의 인식이 형성되는 것으로 충분하다.[6)]

사업자들의 공동행위는 사업자단체에 의해서도 이루어질 수 있으므로, 규제 자체는 가능한 것으로 볼 수 있지만, 부당한 공동행위를 규제하는 동법 제19조 제1항과의 관계가 문제될 수 있다. 동법 제19조 제1항은 공동행위의 요건으로서 합의를 '계약·협정·결의 기타 어떠한 방법으로' 행하여질 수 있는 것으로 규정하고 있으며, 이때 결의는 단체적 합의 방식을 상정한 것으로 볼 수 있다. 즉 사업자단체에 의한 공동행위는 동법 제19조 제1항에 의한 규제가 가능하다는 점에서, 동법 제26조 제1항 제1호에 의하여 사업자단체의 금지행위로서 규제하는 고유한 의의가 무엇인지에 대한 이해가 필요하다.[7)]

---

6) 대법원 2006. 11. 24. 선고 2004두10319 판결.

7) 동법 제26조 제1항 제1호를 제19조 제1항에 대한 특칙(특별법적 규정)으로 이해하는 견해로서, 황태희, "공정거래법상 사업자단체의 금지행위", 경쟁저널 제154호, 2011, 48면 참조.

우선 제19조 제1항에서의 결의가 다양하게 이루어지는 사업자단체의 모든 의사결정 방식을 포괄할 수 있는지가 다투어질 수 있다. 예를 들어 치과의사회와 치과기공사회 사이에 각 실무협의회 소속 회원을 통하여 치과기공물의 가격에 관한 가이드라인을 정한 다음 대표자의 추인을 받아 대표자 명의로 회원들에게 위 가이드라인에 대한 안내문을 발송한 사건에서, 대법원은 이러한 행위가 동법 제26조 제1항 제1호에서 정한 사업자단체에 의한 가격결정행위에 해당한다고 보았는데,[8] 사업자단체의 이러한 행위가 동법 제19조 제1항의 합의에 해당할 수 있는지에 대하여 논의의 여지가 있다. 무엇보다 제26조 제1항의 규정 형식에 비추어 사업자단체가 구성 사업자들의 합의과정을 거치지 아니하고 일정한 사항을 사업자에게 지시한 경우도 규제 대상이 될 수 있는데 반하여, 이러한 행위를 제19조 제1항에 의하여 규율하는데 어려움이 따를 수 있다. 한편 이와 같은 행위 측면에서 구분을 시도할 경우에, 제19조 제1항이 기타의 방법에 의한 합의의 성립 가능성을 명시적으로 규정함으로써 합의를 개방적으로 기술하고 있다는 점을 염두에 두어야 할 것이다. 양자의 규범적 차이가 분명하게 드러나는 것은, 규정 위반에 대한 제재 대상에 관한 것이다. 즉 부당한 공동행위로서의 규제는 공동행위에 참가한 사업자를 대상으로 하는데 반하여, 사업자단체 금지행위는 구성사업자뿐만 아니라 사업자단체 자신도 제재 대상이 된다는 점에서(법 27조 및 28조), 양 규정의 적용상 실질적인 차이가 나타난다.

제2호의 일정한 거래분야에서 사업자 수의 제한은 부당성 판단을 요하지 않는 당연위법적인 형식을 취하고 있다. 관련시장에서 사업자 수의 제한은 인위적 진입장벽으로서의 의미가 있으며, 미국 반독점법상 당연위법의 법리가 적용되는 시장분할과도 유사하다. 즉 경쟁제한성이 인정될 가능성이 매우 크지만, 그러나 모든 경우에 사업자 수의 제한이 경쟁제한성을 갖는 것으로 단정할 수는 없으며, 따라서 법문의 규정 태도와 달리 경쟁제한성 판단을 요하는지가 문제가 될 수 있다.[9]

제3호의 구성사업자의 사업내용 또는 활동을 부당하게 제한하는 행위에서는 부당성 판단이 핵심이다. 전술한 대한의사협회 사건에서 대법원은 이때의 부당성을

---

8) 대법원 2005. 8. 19. 선고 2003두9251 판결.

9) 공정거래위원회 실무는 사업자 수의 제한에 해당하는 행위가 있는지 여부에 기초하여 위법성 판단을 하고, 경쟁제한성에 관한 판단은 별도로 하지 않는 경향을 보여주고 있다. 공정거래위원회 2009. 12. 30. 의결(약) 제2009－271호; 공정거래위원회 2008. 5. 2. 의결(약) 2008－205호 참조.

경쟁제한성의 관점에서 판단하고 있는데,[10] 동 규정의 입법 취지에 비추어 타당한 해석으로 이해된다.

제4호는 불공정거래행위 또는 재판매가격유지행위를 강요하거나 방조하는 행위를 대상으로 한다. 특히 강요의 의미와 관련하여 사실상 강요한 것으로 볼 수 있는 정도의 상당한 영향력의 행사로 이해하는 견해가 유력하다.[11] 여기서의 강요가 의사의 자율성을 완전히 침해하는 정도까지 이를 필요는 없다는 점에서, 폭넓게 파악될 필요가 있다. 이와 관련하여 서울고법이 "단순히 물리적으로 이를 강요하는 것만을 의미하는 것이 아니라 그러한 지위를 이용하여 이러한 재판매가격유지행위를 권장하거나 협조를 요청하는 등 어떠한 방법으로든 이를 사실상 강요하는 결과를 가져오는 모든 행위를 말하는 것"으로 판시한 것은 주목할 만하다.

동 행위의 위법성은 기본적으로 강요·방조의 대상이 되는 행위의 위법성에 기초하지만, 또한 사업자단체의 강요 또는 방조 행위 자체도 위법성 판단의 요소가 된다. 이와 관련하여 대한출판문화협회 사건에서 대법원은 "사업자단체가 사업자에게 법 제29조에 의한 재판매가격유지행위를 하게 하는 행위를 금지하는 취지는 사업자의 재판매가격유지행위를 규제하는 법 제29조의 그것과는 전혀 별개의 것이므로, 개개의 사업자 사이에 저작물에 관한 재판매가격유지행위를 할 수 있다고 하더라도 사업자단체가 자유경쟁가격제도를 택하려는 사업자에게 재판매가격유지행위를 하게 하는 행위는 법 제26조 제1항 제4호에 위반되는 것"으로 판시하였다.[12] 동 판결에서 대법원은 사업자단체 금지행위의 고유한 위법성을 강조하는 입장에서 동법 제29조 제2항에 의하여 허용되는 재판매가격유지행위를 강요한 경우에도 사업자단체의 금지행위에 해당한다고 본 것이다. 그러나 사업자단체의 강요 또는 방조의 위법성 판단이 그 대상인 행위의 위법성 판단과 분리될 수 있는지는 의문이며, 독점규제법이 허용하는 행위에 대한 강요 또는 방조가 경쟁제한의 관점에서 위법한 것으로 평가될 수 있는지에 관하여 논의의 여지가 있다.

한편 다른 금지유형과 비교하여 여기서의 강요 또는 방조의 대상인 불공정거래

---

10) 대법원 2002. 9. 24. 선고 2002두5672 판결; 대법원 2010. 10. 28. 선고 2010두14084 판결에서도 이 때의 제한이 구성사업자 사이의 공정하고 자유로운 경쟁을 저해할 정도에 이른 경우에는 이를 허용하지 않겠다는 데에 동 규정의 입법취지가 있다고 판시하고 있다.

11) 이호영, 독점규제법의 이론과 실무, 홍문사, 2006, 373면.

12) 대법원 1997. 6. 13. 선고 96누5834 판결.

행위 또는 재판매가격유지행위가 실행에 이를 필요는 없다고 보는 견해가 있다.[13] 이러한 견해에 대하여, 제1호에 의한 부당한 공동행위의 경우 제19조 제1항에 의한 공동행위가 실행행위를 요하지 않는다는 점에서 제4호에 이를 원용하는 것에 의문이 있지만, 실행행위와 무관하게 독점규제법에 위반하는 행위의 강요 또는 방조 행위로부터 위법성을 인정할 수 있다는 입장을 취한다면 긍정적으로 볼 수 있을 것이다.

심화학습

• 사업자단체의 금지행위로서 특히 동법 제26조 제1항 제3호의 사업내용 또는 활동 제한과 관련하여 대한의사협회 사건에 대한 대법원 판결(대법원 2003. 2. 20. 선고 2001두5347 전원합의체 판결)과 대한약사회 사건에 관한 대법원 판결(대법원 1995. 5. 12. 선고 94누13794 판결)이 있었다. 대한의사협회 사건은 의약분업제도의 정비 과정에서 정부가 '의약품 실거래가 상환제'를 채택하여 보험약가를 30.7% 인하하면서 대신에 진료수가를 12.8% 인상하는 정책을 제안하자 대한의사협회가 의료수가를 현실화할 것을 요구하면서 폐업결의를 한 사건이고, 대한약사회 사건은 약국의 한약취급제한규정에 반발한 대한약사회의 약국폐업결의가 문제가 된 사건이다. 두 사건 모두 대법원은 사업자단체의 사업활동 제한에 해당하는 행위로서 위법한 것으로 판단하였다. 두 판결에서 다수의견과 반대의견을 비교하고, 동 판결에 대한 평석(서정, "사업자단체의 부당행위와 경쟁제한성", 경제법판례연구 제1권, 2004)을 참고하여 사업자단체의 사업활동 제한의 부당성 판단기준을 논의하시오. 특히 동 평석에서 경제적 목적과 정치적 목적을 구별하고 전자에 경우에 한하여 사업자단체 활동의 위법성을 판단하여야 한다는 주장의 논거를 검토하시오.

Ⅲ. 위반행위에 대한 제재

1. 시정조치

동법 제27조에 의하여 공정거래위원회는 사업자단체의 금지행위 규정에 위반하는 행위가 있을 때에는 당해 사업자단체에 대하여 당해행위의 중지, 시정명령을 받은 사실의 공표 기타 시정을 위한 필요한 조치를 명할 수 있으며, 필요한 경우 구

13) 이호영, 앞의 책, 375면.

성사업자에게도 동일한 조치를 취할 수 있다.

2. 과징금

동법 제28조 제1항에 의하여 공정거래위원회는 사업자단체의 금지행위 규정에 위반하는 행위가 있을 때에는 당해사업자단체에 대하여 5억원의 범위 안에서 과징금을 부과할 수 있다.

또한 동조 제2항에 의하여 공정거래위원회는 사업자단체의 부당한 공동행위에 참가한 사업자에 대해서 대통령령이 정하는 매출액에 100분의10을 곱한 금액을 초과하지 않는 범위 안에서, 매출액이 없는 경우 등에는 20억원을 초과하지 않는 범위 안에서 과징금을 부과할 수 있다. 이때의 과징금 부과기준은 동법 제19조 제1항에 위반한 공동행위 참가사업자에 대한 과징금 부과기준과 동일하다. 한편 동조 제3항에 의하여 제26조 제1항 제2호 내지 제4호의 행위에 참가한 사업자에 대해서는 대통령령이 정하는 매출액에 100분의5를 곱한 금액을 초과하지 않는 범위 안에서, 매출액이 없는 경우 등에는 10억원을 초과하지 않는 범위 안에서 과징금을 부과할 수 있다.

제 2 절 재판매가격유지행위 규제

Ⅰ. 규제의 의의

1. 재판매가격유지행위의 의의

(1) 재판매가격유지행위의 개념

재판매가격유지행위는 상품의 유통 과정에서 상위에 있는 사업자가 다음 단계에서의 상품 가격을 구속하는 것을 의미한다. 독점규제법 제2조 제6호는 “재판매가격유지행위라 함은 사업자가 상품 또는 용역을 거래함에 있어서 거래상대방인 사업자 또는 그 다음 거래단계별 사업자에 대하여 거래가격을 정하여 그 가격대로 판매 또는 제공할 것을 강제하거나 이를 위하여 규약 기타 구속조건을 붙여 거래하는 행위를 말하는 것"으로 규정하고 있다.

동 규정에서 알 수 있듯이, 재판매가격유지는 상품 유통단계에서 가격 유지를 의미하므로, 대리나 위탁판매 등과 같이 유통과정상의 재판매로 볼 수 없는 경우에는 동 규정의 적용 여지가 없다.[14] 재판매가격유지는 행태적으로 가격유지를 강제하거나 기타 구속조건을 붙여 거래하는 것을 말한다. 따라서 단지 일정한 가격을 권장하거나 희망하는 것은 강제나 구속적 조건이 수반하지 않는 것이므로, 동법에서 규제하는 재판매가격유지행위에 해당하지 않는다. 판례는 단지 참고가격 내지 희망가격으로 제시하는 것에 그치지 않고, 재판매업자로 하여금 그 지시·통지에 따르도록 하는 것에 대하여 현실로 그 실효성을 확보할 수 있는 수단이 부수되어 있는 경우에만, 법 제2조 제6호에서 규정하는 '그 가격대로 판매할 것을 강제하거나 이를 위하여 규약 기타 구속조건을 붙여 거래하는 행위'로서 법 제29조 제1항에 의하여 금지되는 '재판매가격유지행위'에 해당하는 것으로 보고 있다.[15]

(2) 재판매가격유지행위의 유형

경쟁정책적으로 의미 있는 분류는 가격유지의 내용에 따라 최저재판매가격유지와 최고재판매가격유지로 구분하는 것이다. 최저가격의 유지는 균형가격 이상에서 일정한 가격을 설정하고 그 이하의 가격으로 판매하는 것을 금지하는 것이며, 최고가격 유지는 균형가격 이하에서 결정된 가격 이상으로 판매하는 것을 금지하는 형태로 나타난다.

최고가격유지는 균형가격 이하에서 가격책정이 이루어지기 때문에, 그 자체로 소비자에게 이익이 되는 측면이 있으며, 이러한 점은 경쟁정책상 긍정적인 평가 요소로서 고려될 수 있다. 미국 반독점법에 관한 판례도 이와 같은 최고가격유지의 특성을 반영하여 상반되는 효과를 형량하는 합리의 원칙에 따라서 위법성을 평가하였으며,[16] 이러한 태도는 독점규제법 제29조 제1항 단서에서 정당한 사유가 있는 최고가

---

14) 대법원은 "벤츠 승용차 수리 서비스와 관련하여 벤츠코리아와 딜러사들 사이에 수직적 거래관계나 재판매 구조가 성립한다고 볼 수 없는 점" 등을 이유로 당해 행위가 재판매가격유지행위에 해당하지 않는다고 판단하였다. 대법원 2019. 3. 14. 선고 2018두60984 판결.

15) 대법원 2001. 12. 24. 선고 99두11141 판결.

격유지 형태의 재판매가격유지행위는 허용되는 것으로 하는 규정에 반영되어 있다.

2. 재판매가격유지행위의 경쟁제한성과 경제적 동기

전술한 것처럼 재판매가격유지행위는 유통과정상 상위에 있는 사업자에 의하여 이루어지며, 수직적 구조 하에서 하위 단계에서의 가격 경쟁을 제한한다. 일반적으로 재판매가격유지는 동일한 상표품 안에서의 가격 고정 형태로 나타나게 되는데, 이러한 특성에 따라서 재판매가격유지행위는 '수직적 상표품내(vertical intrabrand) 제한'으로 이해되고 있다.[17]

가격경쟁을 제한한다는 점에서 재판매가격유지가 경쟁제한적 효과를 낳는 것에 의문은 없지만, 이러한 행위의 배경이 되는 경제적 이유에 대해서 살펴볼 필요가 있다. 일반적으로 재판매가격유지의 경제적 동기로서 유인염매의 방지가 거론된다. 다수의 상품을 취급하는 유통 사업자는 브랜드 인지도가 높은 상품의 염매를 통하여 고객을 확보하는 전략을 활용할 수 있는데, 당해 상품의 제조업자 입장에서는 자사 상품의 브랜드 가치가 하락할 우려를 갖게 되며, 이를 억제하기 위하여 가격을 고정하는 방식을 채택할 수 있다. 또한 재판매가격유지는 유통사업자 중 무임승차(free-riding)를 방지하는 목적과도 관련된다. 제조업자는 자신의 상품에 대한 유통업자의 판촉활동을 권장하게 되는데, 유통업자의 판촉활동에 따른 비용은 상품의 가격에 전가될 것이다. 이때 소비자가 판촉활동으로부터 상품에 대한 정보를 얻고 이러한 활동을 하지 않는 대신에 저가로 상품을 공급하는 유통업자로부터 상품을 구매한다면, 적극적으로 판촉활동을 하지 않은 유통업자가 다른 유통업자의 영업활동에 무임승차를 하게 되는 상황이 발생하고, 이는 당해 상품의 판촉활동을 전반적으로 위축시키는 결과를 낳을 수 있다. 이때 제조업자가 하위 유통 단계에서의 가격을 고정하면, 당해 상품의 판매에 적극적인 활동을 하지 않은 유통사업자에게 상품을 구매할 유인이 줄어들 것이므로, 결국 재판매가격유지는 유통사업자의 무임승차를 방지하는 유력한 수단이 될 수 있다.

이상의 유인염매나 무임승차의 방지는 유통 과정에서 상표간(interbrand) 경쟁을

---

16) State Oil Co. v. Khan, 522 U.S. 3 (1997).

17) E. Thomas Sullivan & Jeffrey L. Harrison, Understanding Antitrust and Its Economic Implications 4. ed., LexisNexis, 2003, p. 215 이하.

촉진시키는 의미가 있으며, 이러한 점은 재판매가격유지행위의 경쟁제한성 판단에 종합적으로 고려될 요소라 할 수 있다.

Ⅱ. 규제의 내용

1. 재판매가격유지행위의 금지

독점규제법 제29조 제1항 본문은 "사업자는 재판매가격유지행위를 하여서는 아니된다"고 규정하고 있다. 동항 단서는 "상품이나 용역을 일정한 가격 이상으로 거래하지 못하도록 하는 최고가격유지행위로서 정당한 이유가 있는 경우에는 그러하지 아니하다"고 규정하여, 최고가격유지 형태의 재판매가격유지행위가 허용될 수 있는 근거를 마련하고 있으므로, 동항의 본문은 최저가격 형태의 재판매가격유지행위에 적용되는 것으로 이해된다.

동항 본문에 의하여 최저가격유지의 재판매가격유지행위는 금지되며, 특히 동 규정은 위법성 판단에 관한 근거를 두지 않음으로써 당연위법적인 규제 방식을 채택하고 있다. 그러나 전술한 것처럼 최저가격 형태의 재판매가격유지 역시 경쟁촉진적인 효과를 가질 수 있으므로, 이러한 입법 태도가 타당한지에 관해서는 논의의 여지가 있다. 이와 관련하여 미국 반독점법상 재판매가격유지에 관한 2007년 Leegin 판결에서[18] 미국 연방대법원은 최저가격 형태의 재판매가격유지에 대한 당연위법의 법리적용을 부인하고 합리의 원칙에 따라서 경쟁제한성을 판단하였다는 것을 참고할 필요가 있다. 최근 대법원도 "최저재판매가격유지행위가 당해 상표 내의 경쟁을 제한하는 것으로 보이는 경우라 할지라도, 시장의 구체적 상황에 따라 그 행위가 관련 상품시장에서의 상표 간 경쟁을 촉진하여 결과적으로 소비자후생을 증대하는 등 정당한 이유가 있는 경우에는 이를 예외적으로 허용하여야 할 필요가 있다. 그리고 그와 같은 정당한 이유가 있는지 여부는 관련시장에서 상표 간 경쟁이 활성화되어 있는지 여부, 그 행위로 인하여 유통업자들의 소비자에 대한 가격 이외의 서비스 경쟁이 촉진되는지 여부, 소비자의 상품 선택이 다양화되는지 여부,

18) Leegin Creative Leather Products, Inc. v. PSKS, Inc., 551 U.S. 877 (2007). 동 판결에 대한 평석으로, 홍명수, "Leegin 판결이 남긴 것", 경제법판례연구 제8권, 2013 참조.

신규사업자로 하여금 유통망을 원활히 확보함으로써 관련 상품시장에 쉽게 진입할 수 있도록 하는지 여부 등을 종합적으로 고려하여야 할 것"이라고 판시함으로써, 독점규제법 제29조 제1항의 규정에도 불구하고 최저재판매가격유지에 대한 경쟁제한성 판단이 필요함을 지적하고 있다.[19]

2. 예 외

동법 제29조 제2항에 의하여 대통령령이 정하는 저작물과 공정거래위원회로부터 사전에 지정을 받은 일정한 상품에 대해서는 재판매가격유지행위가 허용된다.

동법 시행령 제43조에 의하여 대통령령이 정하는 저작물은 「저작권법」 제2조의 저작물 중 관계중앙행정기관의 장과의 협의를 거쳐 공정거래위원회가 정하는 출판된 저작물(전자출판물을 포함)을 말하는데, 현재 공정거래위원회는 「출판문화산업 진흥법」의 적용을 받는 간행물 중에서 '실용도서'와 '학습참고서II'를 제외한 것으로서 발행일로부터 18개월이 지나지 않은 것과 「정기간행물의 등록 등에 관한 법률」 제2조에 의한 일간신문이 여기에 해당하는 것으로 고시하고 있다(고시 제2012-19호). 일정한 저작물에 대하여 재판매가격유지를 허용하는 것은, 이러한 행위가 출판업자나 저작물을 취급하는 유통사업자에게 일정한 이윤을 보장함으로써 출판산업의 진흥과 저작물의 보편적인 보급에 기여할 수 있다는 취지에서이다.

공정거래위원회의 사전 지정 상품의 예외와 관련하여 동법 제29조 제2항 각호는 사전 지정을 받을 수 있는 요건을 규정하고 있는데, 당해상품의 품질이 동일하다는 것을 용이하게 식별할 수 있을 것(1호), 당해상품이 일반소비자에 의하여 일상 사용되는 것일 것(2호), 당해상품에 대하여 자유로운 경쟁이 행하여지고 있을 것(3호) 등이 이에 해당한다. 이상의 요건은 상표(brand)를 통하여 식별되는 일용품으로서 경쟁이 이루어지고 있는 상품을 말하며, 재판매가격유지에 의하여 전술한 유인염매나 무임승차 방지를 통한 경쟁촉진 효과가 나타날 수 있는 경우를 상정한 것으로 이해된다. 그러나 이상의 사전 지정제도는 거의 활용되지 않고 있으며, 현재 공정거래위

19) 대법원 2010. 11. 25. 선고 2009두9543 판결; 대법원 2011. 3. 10. 선고 2010두9976 판결; 대법원 2017. 6. 19. 선고 2013두17435 판결. 이에 대한 비판적인 견해로서, 이봉의, "공정거래법상 재판매가격유지 행위의 개념 및 위법성", 최근 독점규제법 주요 판례의 법·경제학적 분석, 2011, 22면 참조. 공정거래위원회가 제정한 '재판매가격유지행위 심사지침'(예규 제138호)은 최저재판매가격유지행위를 당연위법으로 보고 있다(3. 가.).

원회에 의하여 지정된 상품은 없다. 나아가 제도적인 측면에서 이러한 효과를 사후적인 경쟁제한성 평가에 있어서 고려 요소로 보지 않고, 이를 사전적인 예외 기준으로 삼는 것이 타당한지에 의문이 있다.

토의 주제

① 최저가격 방식과 최고가격 방식의 재판매가격유지행위의 경쟁정책상의 차이를 논하고, 이에 대하여 현행 독점규제법과 같이 상이한 규제 형식을 취하는 것이 타당한지에 관하여 토의하시오.

② 현행 독점규제법상 재판매가격유지행위의 사전 지정제도의 의의와 타당성에 관하여 토의하시오.

Ⅲ. 위반행위에 대한 제재

1. 시정조치

동법 제31조에 의하여 공정거래위원회는 동법에 반하는 재판매가격유지행위에 대하여, 당해 사업자에게 당해 행위의 중지, 시정명령을 받은 사실의 공표 기타 시정을 위한 필요한 조치를 명할 수 있다.

2. 과징금

동법 제31조의 2에 의하여 공정거래위원회는 동법에 반하는 재판매가격유지행위에 대하여 대통령령이 정하는 매출액에 100분의 2를 곱한 금액을 초과하지 아니하는 범위 안에서 과징금을 부과할 수 있고, 매출액이 없는 경우 등에는 5억원을 초과하지 아니하는 범위 안에서 과징금을 부과할 수 있다.

››› 판례 대법원 2001. 12. 24. 선고 99두11141 판결 (“남양유업” 사건)

▶ **사실관계**

동 사건은 남양유업(주)의 시장지배적 지위남용행위로서 출고조절과 재판매가격유지행위가 문제가 된 사건이다. 재판매가격유지행위에 관련되는 사실관계는 다음과 같다. 남양유업은 1) 거래처에 '권장소비자가격'의 형태로 소비자가격을 지정하여 이를 지키도록 강요하여 왔으며, 특히 1997년 10월 이후 신제품을 출시하거나 가격인상을 단행한 후 자신이 지정한 소비자가격대로 판매하지 않는 유통업체에 대해서 수시로 가격을 점검하여 가격인상을 적극적으로 종용하였다. 2) 1997. 12. 19. 지점장회의에서 영업담당이사를 통해 영업관리부에 가격점검을 위한 시장조사를 실시하도록 지시하고, 영업관리부는 1998. 1. 5. 각 지점에 대하여 거래처가 인상된 지정가격으로 판매하고 있는지 여부를 파악하여 보고할 것을 지시하는 한편, 영업관리부 스스로도 1998. 1. 9.부터 같은 달 10일에 걸쳐 수도권지역 64개 거래처의 판매가격 등을 조사하였다. 3) 각 지점에서는 주기적으로 유통업체를 방문하여 가격준수 여부를 점검하고, 미준수업체에 대하여는 수차례 방문하여 설득하거나 제품공급을 중단하겠다는 뜻을 통지하면서 가격인상을 적극적으로 종용하였다. 또한 원고 회사 충청지점 영업사원이 작성한 일일활동보고서에 의하면, 관내 대형할인점인 한국마크로 대전매장 및 한국까르푸 대전매장이 인상된 소비자가격으로 판매하지 아니하자, 위 영업사원이 1998년 2월 및 3월 중 여러 차례 위 매장들을 방문하여 가격인상을 종용하고 할인판매를 할 경우에는 지점관계자와 협의하도록 요청하였고, 관내 하나로마트 조치원매장에 대하여는 가격인상을 조건으로 제품을 공급한 것으로 기재되어 있으며, 또한 위 지점에서는 1997. 4. 1.부터 동년 9. 2.까지의 기간 중 지정가격을 준수하지 아니한 점포의 현황을 파악하여 본사에 보고한 사실이 있다.]

▶ 판결개요

원고 회사의 판매가격 조사·점검행위는, 그 조사의 목적이 거래처로 하여금 그 가격대로 판매하게 하는 데에 있음을 인정할 자료가 없고, 나아가 그 구체적인 조사의 방법, 횟수, 조사자의 언동, 이에 대한 피조사자의 반응이나 태도 등을 알아 볼 수 있는 자료도 현출되어 있지 아니하므로, 이로써 원고 회사의 권장소비자가격 통보에 그 실효성을 확보할 수 있는 수단이 부수되어 있었다고 보기 어렵다. 또한 기록에 의할 경우에, 원고 회사 충청지점 영업사원이 관내 일부 대형할인매장에 대하여 판매가격을 인상할 것을 요청하면서 이에 응하지 아니할 경우 상품 공급을 중단할 것처럼 통지·시사하였음을 알 수 있으나, 한편 위 각 매장에 대한 상품 공급은 위 지점에서 담당하고 있는 것이 아니라 원고 회사 본사와 각 그 매장의 서울 본사 사이에서 체결된 계속적 상품공급계약에 따라 원고 회사 본사에서 담당하고 있고, 각 그 상품공급계약에 따르면 원고 회사 본사로서는 구매발주서에 적시된 납기 및 납품장소에 맞추어 상품을 납품하여야 하고, 발주된 상품은 1회에 전부 납품하여야 하며, 원고 회사 본사가 납기를 준수하지 못하였을 경우 1일당 발주금액의 1/1000(한국마크로의 경우) 내지 15/100(하나로마트의 경우)의 지체배상금을 물도록 되어 있으며, 그리하여 원고 회사 본사는 매출액이 큰 위 각 대형할인매장에 대하여 염매를 이유로 함부로 공급중단을 결정할 수 없는 입장에 있었고, 실제로도 그를 이유로 공급중단을 실시한 바 없었고, 더구나 위 영업사원은 관내 점포를 돌아다니면서 판매대금 수금, 반품처리 등의 업무를 담당하는 당시 25세의 입사 1년 남짓된 사원에 불과하여 독자적으로 공급중단 등을 결정하거나 실시할 권한이 없어, 위 각 매장의 담당직원들은 위 영업사원의 언동에 크게 개의하지 아니하였고, 그들 또한 본사로부터 지시받은 판매가격으로 판매할 뿐 스스로 판매가격을 결정할 권한이 없었음을 알 수 있는바, 이와 같은 사실관계에서라면, 위 영업사원의 위 각 매장에 대한 판매가격 인상요청에도 현실로 그 실효성을 확보할 수 있는 수단이 부수되어 있었다고 보기는 어렵다. 따라서 원고회사의 거래처에 대한 권장소비자가격 통보나 판매가격 인상요청은 모두 그 실효성을 확보할 수 있는 수단이 부수되어 있었다고 할 수 없고, 남양유업의 상기 행위는 재판매가격유지행위에 해당하지 않는다.

[평석] 홍명수, "재판매가격유지행위에 관한 대법원 판결 검토", 명지법학 제7호, 2007

제 8 장

공정거래위원회의 조직과 사건처리절차

제1절 공정거래위원회의 역사 및 지위

Ⅰ. 공정거래위원회의 역사

오늘날 공정거래위원회는 업무의 범위뿐만 아니라 조직이나 인적구성의 측면에서도 결코 작지 않은 조직이다. 정원만 해도 600명이 넘는다. 하지만, 처음부터 공정거래위원회가 오늘날과 같이 독자적인 의사결정권을 가진 독립성 있는 큰 기구로서 발족된 것은 아니었다. 1981. 4. 3. 발족 당시의 공정거래위원회는 당시 경제기획원 소속의 심의·의결기관에 불과하였고 결정 및 처분권한은 경제기획원 장관에게 있었다. 즉 공정거래위원회는 의사의 대외표시권한이 있는 행정청이 아니라 경제기획원 장관의 필수적인 자문기관에 불과하였다. 그래서, 심사관의 조사 및 피심인의 의견을 청취한 후 위원회가 재적위원 3인 이상의 찬성으로 의결하면 실제 처분은 경제기획원 장관이 행하였다. 만약 공정거래위원회의 판단과 경제기획원 장관의 판단이 상이한 경우 문제가 발생할 소지를 안고 있었으나 다행히 실제로 그러한 일이 발생한 적은 없었다.

1990년의 법 개정으로 인해 공정거래위원회는 독자적인 처분권한이 있는 기관으로 발전하게 되었다. 동 개정은 공정거래위원회의 독립성과 전문성을 확충하기 위한 것이었는데 이 개정으로 인해 경제기획원 장관이 아니라 공정거래위원회가 독립적으로 법운용을 할 수 있게 되었다. 즉 공정거래위원회는 여전히 경제기획원 장관 소속으로 되어 있었으나 심의·의결뿐만 아니라 독자적으로 처분을 하고 법집행을 할 수 있게 되었던 것이다.

공정거래위원회가 경제기획원 장관 소속에서 벗어나 독립적인 중앙행정기관으로서의 위상을 갖게 된 것은 1994년 법 개정을 통하여서이다. 종래 경제기획원 장관 소속의 기관에서 국무총리 소속의 독립적인 중앙행정기관으로 1995년 재출발하게 되었다. 무엇보다도 개정법에서는 “이 법에 의한 사무를 독립적으로 수행하기 위하여 국무총리 소속하에 공정거래위원회를 둔다”라고 규정함으로써 공정거래위원회 업무의 독립성을 명시하였다. 이후 지금까지 이러한 체제가 기본적으로 유지되고 있다.

업무의 범위에 있어서는 2008년부터 재정경제부로부터 소비자정책을 이관 받아 공정거래위원회는 사실상 소비자정책의 주무부서가 됨으로써 공정거래업무와 함께 소비자업무를 양대 축으로 한 경쟁정책 및 소비자정책 주관부서로 성장하게 되었다.

Ⅱ. 공정거래위원회의 위상

1. 개 요

공정거래위원회의 위상을 살펴본다면, 우선 공정거래위원회는 행정부 내에 있는 국무총리 소속의 기관이다. 미국과 같이 행정부 밖의 이른바 “제4부”는 분명히 아니다. 하지만 사무의 집행에 있어서는 독립성을 인정받고 있다. 여기서 독립성이란 기본적으로 정치적 독립성, 특히 대통령으로부터의 독립성을 의미한다. 삼부에 속하지 않는 미국의 연방거래위원회(Federal Trade Commission; FTC)(이하 ‘FTC’라 함)와는 달리 국무총리 소속기관으로 되어 있기 때문에 일반적인 행정이나 정책업무에서 감독을 받을 수는 있지만 구체적인 사건처리와 관련하여서는 국무총리나 대통령의 지시를 받지 않는다. 그 밖에도 법에 정한 면직사유가 아니고서는 위원들이 임기 동안 임의로 면직될 수 없다. 이러한 취지로 독립성을 이해할 수 있다면 공정거래위원회를 독립규제위원회(independent regulatory commission)라고 부르는 경우에도 그 의미가 미국과 같지는 아니하다.

공정거래위원회는 행정기관으로서 행정권 이외에 법원과 비슷하게 당사자들 간의 분쟁에 개입하여 사법절차와 유사한 절차를 거쳐 심판을 하고 법위반행위에 대해 시정조치나 과징금을 부과할 수 있다는 의미에서 준사법권이 있다고 설명되고 있다. 또한, 독점규제법 집행을 위해 필요한 기준이나 절차를 제정할 수 있다는 의미에서 준입법권이 있다고 설명된다. 공정거래위원회의 위상에 대해 여러 가지 각도에서 살펴볼 수 있겠지만 여기에서는 준사법기관 및 준입법기관으로서의 공정거래위원회에 대해 살펴본다.

2. 준사법기관

준사법적 권한은 미국뿐만 아니라 우리나라에서도 의미 있는 권한이라 생각된다. 미국 FTC가 담당하는 시정조치 권한(remedial power)은 당사자 간 분쟁해결의 성격을 띠고 있고 그러한 기능은 전통적으로는 법원이 담당하던 기능으로 인식되었었다. 현대행정의 필요성에 따라 FTC를 비롯한 독립규제위원회가 주로 그러한 기능을 부여받았고 따라서 시정조치를 위한 절차도 법원의 절차를 준용하게 되었다. 이러한 권한은 전통적인 행정기관들에게는 여전히 예외적인 것이었다. 우리나라 공정거래위원회가 다루는 대상도 일반 행정기관의 것에 비해 그 내용이 복잡하고 전문적인 경제현상으로서 공익적인 성격과 함께 당사자들 간 분쟁의 성격이 강하다. 또한 공정거래위원회의 시정명령이나 과징금 부과권한은 일반 행정기관의 처분권에 비해 재량의 범위가 넓고 분쟁해결의 성격이 강하며 오히려 법원의 권한과 유사한 측면이 강하다. 그래서 이를 위한 절차도 법원의 재판절차와 유사하다. 그러한 점에서 본다면 준사법적인 권한은 공정거래위원회를 다른 행정기관과 차이나게 하는 중요한 징표라고 할 수 있다.

하지만, 현행 공정거래위원회의 사건처리절차나 권한이 준사법기관으로서의 실질에 부합하는지에 대해서는 많은 의문이 있는 것이 사실이다. 아래에서는 공정거래법 제23조 제1항 제7호의 부당지원행위에 대한 과징금부과조항이 위헌성이 있는지 여부가 문제된 사건에서 헌법재판소의 다수의견과 소수의견을 발췌하여 살펴본다. 다수의견은 공정거래위원회의 절차가 준사법기관으로서의 적법한 모습을 갖추고 있다고 보는 반면 소수의견은 대단히 미흡하다고 본다.

››› 판례 헌법재판소 2003. 7. 24. 선고 2001헌가25 결정 ("부당지원행위 과징금조항의 위헌성"에 대한 결정)

▶ 다수의견

(2) 과징금의 부과가 어떤 기관에 의하여, 어떤 절차를 통하여 이루어지는지 본다.

독점규제 및 공정거래에 관한 사무를 독립적으로 수행케 하기 위하여 국무총리 소속하에 공정거래위원회(이하 "위원회"라 한다)가 설치되어 있는데(공정거래법 제35조), 위원회는 위원장 1인, 부위원장 1인을 포함한 9인의 위원으로 구성하며, 위원장과 부위원장은 국무총리의 제청으로,

나머지 위원은 위원장의 제청으로 대통령이 임명한다(제37조). 위원의 자격은 공정거래에 관하여 경험이 있는 2급이상의 공무원의 직에 있던 자, 판사·검사 또는 변호사의 직에 15년이상 있던 자, 대학에서 법률학·경제학·경영학 부교수이상의 직에 15년이상 있던 자, 기업경영 및 소비자보호활동에 15년이상 종사한 경력이 있는 자 등으로 되어 있다(제37조 제2항). 위원은 신분보장을 받으며, 정치활동이 금지되어 있다(제40조, 제41조).

위원회의 심리와 의결은 공개하며(제43조 제1항), 위원에 대한 제척·기피·회피제도가 있다(제44조). 위원회는 조사결과를 서면으로 당해 사건의 당사자에게 통지하여야 하며(제49조 제3항), 시정조치 또는 과징금 납부명령을 하기 전에 반드시 당사자 또는 이해관계인에게 의견을 진술할 기회를 주어야 하고(제52조 제1항), 당사자 또는 이해관계인은 위원회의 회의에 출석하여 의견을 진술하거나 자료를 제출할 권리를 부여받고 있다(동조 제2항). 나아가 당사자 또는 이해관계인은 관련된 자료의 열람·복사를 요구할 수 있다(제52조의 2). 위원회의 시정조치명령에 대하여는 당사자에게 집행정지 신청권이 있다(제53조의 2). 위원회의 처분에 대하여 불복이 있는 자는 처분의 고지를 받은 날로부터 30일내에 이의신청을 할 수 있으며, 이에 대한 심의, 재결은 위원회의 전원회의에서 이루어진다(제37조의 3 제1항 제2호, 제53조). 이의신청을 거치지 않고도 위원회의 처분에 대하여 서울고등법원에 행정소송을 제기할 수 있다(제54조, 제55조).

(3) 물론 위원회는 그 구성의 독립성, 사건처리 절차의 사법적 요소 등의 측면에서 가장 대표적인 독립규제위원회라 일컬어지는 미국의 연방거래위원회(Federal Trade Commission)와 비교할 때 미흡한 점이 있다고도 평가할 수 있다. 미국의 경우 대통령이 연방상원의 동의를 얻어 5인의 위원을 임명하며, 사건의 조사과정에서는 이른바 행정법판사(administrative law judge)와 같은 법전문가에 의한 독립적 직무수행이 이루어지고 있다.

그러나 미국과 우리나라는 법률체계, 사법과 행정의 관계, 경제현실 등 여러 가지 점에서 차이가 있을 뿐만 아니라, 행정목적 실현을 위하여 취해지는 규제수단에 대하여 사법적 체계나 요소를 어느 정도로 적용할 것인지는 기본적으로 제도 형성의 문제로서 입법자의 선택에 달려 있다 할 것이다.

법관에게 결정권한을 부여한다든지, 절차에 있어 사법적 요소들을 강화한다든지 하면 법치주의적 자유보장이라는 점에서 장점이 있겠으나, 다른 한편으로 경제, 환경, 도시계획, 보건과 같은 복잡하고 전문적인 규제분야에서 정책입안자나 현장의 정책집행자의 일관되고 전문적인 목적지향적 관리가 가능하기 위해서는 행정기관 스스로 행정목적 달성에 효율적인 제재수단과 제재수위를 1차적으로 선택할 수 있도록 하는 것이 행정의 경험과 전문성, 책임성을 보다 살리는 길이 된다고 볼 수도 있다.

(4) 그렇다면, 우리나라 공정거래법에서 행정기관인 위원회로 하여금 과징금을 부과하여 제재할 수 있도록 한 것은 부당내부거래를 비롯한 다양한 불공정 경제행위가 시장에 미치는 부정적 효과 등에 관한 사실수집과 평가는 이에 대한 전문적 지식과 경험을 갖춘 기관이 담당하는 것이 보다 바람직하다는 정책적 결단에 입각한 것이라 할 것이고, 과징금의 부과 여부 및 그 액수의 결정권자인 위원회는 합의제 행정기관으로서 그 구성에 있어 일정한 정도의 독립성이 보장되어 있고, 과징금 부과절차에서는 통지, 의견진술의 기회 부여 등을 통하여 당사

자의 절차적 참여권을 인정하고 있으며, 행정소송을 통한 사법적 사후심사가 보장되어 있으므로, 이러한 점들을 종합적으로 고려할 때 과징금 부과 절차에 있어 적법절차원칙에 위반되었다거나 사법권을 법원에 둔 권력분립의 원칙에 위반된다고 볼 수 없다.

▶ 소수의견

5. 재판관 한대현, 재판관 권 성, 재판관 주선회의 반대의견

(2) 공정거래위원회의 준사법기관성

사법절차를 가장 엄격한 적법절차의 하나라고 볼 때 그에 유사한 정도로 엄격하게 적법절차의 준수가 요구되는 절차를 '준사법절차', 그러한 절차를 주재하는 기관을 '준사법기관'이라고 표현할 수 있을 것이다.

헌법 제119조 제2항은 "국가는 ...시장의 지배와 경제력의 남용을 방지하며 ...경제에 관한 규제와 조정을 할 수 있다"라고 규정함으로써 독과점과 불공정거래의 규제라는 경제정책적 목표를 개인의 경제적 자유를 제한할 수 있는 정당한 공익의 하나로 명문화하고 있다. 경제적 자유가 초래하는 경제력의 집중과 시장지배적 경향으로 말미암아 필연적으로 시장의 자유가 위축될 우려가 있으므로 국가는 이를 방지할 필요가 있고 따라서 국가가 공정거래법을 제정하여 사업자의 시장지배적 지위의 남용과 과도한 경제력의 집중을 방지하고 부당한 공동행위 및 불공정거래행위를 규제하는 것은 자본주의적 시장경제의 기능을 보장하기 위한 국가의 헌법상 과제인 것이다(헌재 1996. 12. 26. 96헌가18 판례집 8-2, 680, 695 참조).

그런데 반독점과 공정거래에 위배되는 행위를 규제함에 있어서는 당해 사업에 관련된 경제적 상황, 위반행위가 시장에 미치는 경제적 영향, 개별 기업의 구체적 상태 등을 신속·정확히 파악하여 적정하고 신속한 대책을 제시할 수 있는 전문성을 규제기관이 갖추어야 하므로 이 점에서는 규제기관의 행정적 전문화가 요청되고 다른 한편, 부당공동행위나 불공정거래행위의 규제가 대상 기업의 경제적 자유와 재산권에 미칠 수 있는 치명적 침해의 심각성에 상응하여 사전고지와 청문, 엄격한 사실인정과 공정한 판단 등을 보장하는 절차적 엄격성이 보장되어야 하므로 이 점에서는 규제기관의 사법적 엄격화가 요청된다. 만일 행정적 전문성만을 강조하여 그 권한을 일반 행정기관에 그대로 맡긴다면 행정기관의 권한이 지나치게 강대하여지고 그 권한이 자의적으로 남용될 우려가 있다. 한편 사법절차적 엄격성만을 강조하여 이를 법원에 맡긴다면 통상의 사법절차를 모두 거치는 데 따른 시간의 경과 등으로 신속한 대응에 어려움을 겪게 될 수 있다. 따라서 행정부에 속하지도 않고 사법부에도 속하지 않는 제3의 독립기관에게 이를 맡길 필요성이 있고, 이에 따라 행정권과 사법권으로부터 분리된 독립적 기관으로서 공정거래위원회를 설치하여 독립규제위원회로서 독점규제와 공정거래 유지의 국가기능을 담당하게 하여야 할 것이다. 그렇다면 공정거래위원회는 당연히 행정적 전문성과 사법절차적 엄격성을 함께 가져야 하며 그 규제절차는 당연히 '준사법절차'로서의 내용을 가져야만 하는 것이다.

(3) 이 사건 과징금의 처벌적 성격

이 사건 과징금의 처벌적 성격은 이미 앞에서 본 바와 같다. 그 요지는 다음과 같다.

이 사건 과징금은 부당지원행위를 한 기업에게 부과되는 것인데 만약 부당지원행위로 인하여 발생한 이익을 이 과징금의 부과에 의하여 박탈하고자 한다면 실제로 이익을 본 피지원자

에게 과징금을 부과하여야 마땅할 것이다. 그러나 이 사건 법률조항은 지원을 함으로써 이익이 아니라 손실을 본 사업자를 상대로 과징금을 부과하도록 규정하고 있으므로 이 과징금은 지원행위로 발생한 이익을 박탈하기 위한 것은 아니다. 그렇다면 이것은 부당지원행위를 억제하기 위하여 그 행위를 한 사업자에게 응징을 가하고 이로써 장래의 법위반을 일반적으로 예방하려는 의미를 가지고 있다고 보아야 한다. 따라서 "과징금은 그 목적이나 효과로 보아 실질적인 처벌의 성질을 갖는 것이고 이는 헌법 제12조 제1항 후문이 특히 명문으로 적법절차의 대상으로 삼고 있는 '처벌'에 바로 해당하는 것이다.

한편 이 사건 법률조항은 부당지원행위를 한 기업에 대하여 매출액의 100분의 2의 범위내에서 과징금을 부과하도록 규정한다. 기업의 이익금이 그 매출액의 극히 일부에 불과할 수도 있는 실정을 감안할 때 이익금에 비하여 과도한 과징금은 당해 기업의 수지와 경영에 매우 불리한 영향을 미칠 수 있는 것이고 나아가 당해 기업이 상당한 시장지배력을 가지고 있는 주요 기업인 경우에는 그 파급효과가 국민경제의 흐름에도 적지 않은 영향을 미칠 수 있다. 이와 같이 이 사건 과징금 제도가 당해 기업에게 사활적 이해를 가진 제재가 될 수 있을 뿐만 아니라 경제 전반에도 중요한 영향을 미칠 수 있는 것임을 생각할 때, 그 부과절차는 적법절차의 원칙상 적어도 재판절차에 상응하게 조사기관과 심판기관이 분리되어야 하고 심판관의 전문성과 독립성이 보장되어야 하고 증거조사와 변론이 충분히 보장되어야 하며 심판관의 신분이 철저하게 보장되어야만 할 것이다. 이러한 관점에서 이 사건 법률조항을 검토하면 많은 문제가 있다.

토의 주제

① 독자는 다수의견과 소수의견 중 어느 의견에 동의하는가? 공정거래위원회가 준사법기관으로서의 위상을 확립하기 위해서는 사법절차를 어느 정도 수준으로 채택해야 한다고 생각하는가?

※ 다수의견은 공정거래위원회의 준사법성의 수준 즉 권한이나 절차를 어떻게 정할 것이냐 하는 것은 기본적으로 입법적 선택의 문제로 본다. 즉 "행정목적 실현을 위하여 취해지는 규제수단에 대하여 사법적 체계나 요소를 어느 정도로 적용할 것인지는 기본적으로 제도 형성의 문제로서 입법자의 선택에 달려 있다"는 입장이다. 그래서, 모범적인 미국 FTC에 비해서 절차적 보장이 미흡하다 하더라도 그러한 절차에 의한 과징금부과행위가 적법절차의 위반이라고 할 수는 없다고 본다. 반면 소수의견은 공정거래위원회의 절차가 엄격한 준사법성을 지니지 못하였다고 본다. 그래서 그러한 절차에 의해 과징금을 부과하는 것은 위헌이라고 본다. 즉 "공정거래위원회는 당연히 행정적 전문성과 사법절차적 엄격성을 함께 가져야 하며 그 규제절차는 당연히 '준사법절차'로서의 내용을 가져야만 하는 것이다."는 것이다. 그런데, 공정거래위원회는 그러한 수준의 준사법성을 지니고 있지 못하기 때문에 부당지원행위에 대한 과징금부과도 위헌이라는 입장이다.

② 미국의 Philip Elman에 의하면 FTC는 소추기관(a prosecutorial body)이라기보다는 독금법을 집행하는 '전문 행정심판소'(an expert administrative tribunal)로

서 고안된 것이라고 한다(Plilip Elman, Administrative Reform of the Federal Trade Commission, The Georgetown Law Journal, Vol. 59, Mar. 1971, No. 4, p.781). 반면, 우리나라 언론에서는 공정거래위원회를 종종 '경제검찰'이라고 표현한다. 독자는 어떠한 표현이 공정거래위원회의 정체성에 더 부합한다고 생각하는가?

③ 헌법재판소의 소수의견뿐만 아니라 일반 여론이나 정치권에서는 공정거래위원회의 절차를 사법절차에 더 가깝게 보완하라고 주문하는 경우가 많다. 사법절차의 가장 큰 장점은 공정성과 개인과 기업의 권익보장이다. 그렇다면, 준사법적인 절차를 강화하면 할수록 좋은 것일까? 미국에서 FTC가 발족하기 이전에 현재의 독점규제 사건은 사법적인 절차 즉 검찰의 기소 및 법원의 판단에 의해 행해졌다. 준사법적 절차가 아니라 완전한 사법적 절차에 의해 사건처리가 이루어졌다. 그렇다면 FTC는 왜 탄생하게 되었을까? 준사법적인 절차를 강화하는 경우 단점은 없는 것일까? 사법기관과 행정기관의 장단점에 대해 생각해 보라.

3. 준입법기관

FTC는 "미국에서 두 번째로 막강한 입법기관"(the second most powerful legislative body in the United States)이라 평가받기도 하였다. 예컨대, 미국의 경우, 우리나라의 방문판매법상 청약철회에 해당하는 규정이 법률의 형식이 아닌 FTC의 규칙(The Cooling Off Rule) 형식으로 되어 있다. 과거 엄격한 삼권분립제를 채택하고 있었던 미국에서는 원래 의회의 소관사항으로 이해되던 입법권한의 일부가 현대행정의 대두와 함께 주로 독립규제위원회들에 부여되어 그들 기관이 입법기능의 일부를 수행하였던 것이다. 그래서, 독립규제위원회들을 준입법기관이라고 불러왔던 것이다.

반면, 우리나라의 정치체제는 처음부터 내각책임제의 요소가 강하였고 특히 경제개발과정에서 행정부가 입법부를 압도하던 전통 하에서 공정거래위원회뿐만 아니라 타 행정기관도 상당한 입법기능을 수행하여 왔다. 그래서, 이러한 준입법권은 법률의 위임에 의거한 행정입법 권한이고 준사법권은 일반적인 행정행위 권한으로 이해할 수 있기 때문에 결국 이러한 권한들은 거의 모든 일반 행정기관들도 갖고 있는 것으로서 공정거래위원회만의 특수성으로 보기 어렵다는 지적이 있다. 그러한 점에서 FTC에 비해서 공정거래위원회의 준입법권은 상대적으로 그 의미가 약하다고 생각된다.

하지만, 공정거래위원회가 다루는 업무의 성격이 대단히 복잡하고 전문적이며 가변성이 강하다. 그래서, 공정거래법에서 구체화할 수 있는 입법수준은 일반적인 내무행정이나 교통행정, 건축행정 등과는 큰 차이가 있다. 결국 법에서는 다소 추상적인 기준만을 제시할 수밖에 없고 사실상 많은 내용들이 하위 규정에서 정해질 수밖에 없다. 공정거래위원회의 준입법적이 권한은 이런 측면에서 이해할 수 있다.

심화학습

① 공정거래위원회가 제정하는 행정규칙의 법적 효력

공정거래위원회가 제정하는 각종의 행정규칙은 법적 효력이 어떤 것인지 문제가 된다. 일반적인 행정규칙은 법규적인 효력이 없다. 하지만, 대법원에 따르면 행정규칙 그 자체의 효력이 아니라 위임된 법령과 결합하여 법규적인 효력이 있다고 한다. "법령의 규정이 특정행정기관에게 그 법령내용의 구체적 사항을 정할 수 있는 권한을 부여하면서 그 권한행사의 절차나 방법을 특정하고 있지 아니한 관계로 수임행정기관이 행정규칙의 형식으로 그 법령의 내용이 될 사항을 구체적으로 정하고 있다면 그와 같은 행정규칙, 규정은 행정규칙이 갖는 일반적 효력으로서가 아니라, 행정기관에 법령의 구체적 내용을 보충할 권한을 부여한 법령규정의 효력에 의하여 그 내용을 보충하는 기능을 갖게 된다"고 한다(대법원 1987. 9. 29. 선고 86누484 판결). 그리고 이와 같은 행정규칙, 규정은 당해 법령의 위임한계를 벗어나지 아니하는 한 그것들과 결합하여 대외적인 구속력이 있는 법규명령으로서의 효력을 갖게 된다.

② 행정규칙이 위임의 범위를 벗어나 위법하다는 판례

구 「독점규제 및 공정거래에 관한 법률」(1996.12.30, 법률 제5235호로 개정되기 전의 것) 제23조 제3항은 "공정거래위원회가 불공정거래행위를 예방하기 위하여 필요한 경우 사업자가 준수하여야 할 지침을 제정·고시할 수 있다."고 규정하고 있으므로 위 위임규정에 근거하여 공정거래위원회는 「표시·광고에 관한 공정거래지침」을 제정하였다.

위 지침 Ⅲ(규제대상 및 법 운용방침) 2(법운용방침) (나)호에서 정하고 있는 '문제되는 표시·광고내용에 대한 사실 여부 또는 진위 여부에 관한 입증책임은 당해 사업자가 진다'고 규정하고 있었다. 이것은 원래 공정거래위원회가 부담하고 있는 표시·광고 내용의 허위성 등에 관한 입증책임을 전환하여 사업자로 하여금 표시·광고 내용의 사실성 및 진실성에 관한 입증책임을 부담하게 하는 것이었다. 미국의 FTC의 광고실증제를 지침에 도입한 것이었다.

대법원은 지침의 내용을 크게 둘로 나누어 판단하였다. 우선, 구 독점규제법 제23

조 제3항은 "공정거래위원회가 불공정거래행위를 예방하기 위하여 필요한 경우 사업자가 준수하여야 할 지침을 제정·고시할 수 있다."고 규정하고 있으므로 위 위임규정에 근거하여 제정·고시된 「표시·광고에관한공정거래지침」의 여러 규정 중 불공정거래행위를 예방하기 위하여 사업자가 준수하여야 할 지침을 마련한 것으로 볼 수 있는 내용의 규정은 위법의 위임범위 내에 있는 것으로서 위법의 규정과 결합하여 법규적 효력을 가진다고 보았다.

다음으로, 위 지침 Ⅲ(규제대상 및 법 운용방침) 2(법운용방침) (나)호에서 정하고 있는 '문제되는 표시·광고내용에 대한 사실 여부 또는 진위 여부에 관한 입증책임은 당해 사업자가 진다'는 입증책임규정은 원래 공정거래위원회가 부담하고 있는 표시·광고 내용의 허위성 등에 관한 입증책임을 전환하여 사업자로 하여금 표시·광고 내용의 사실성 및 진실성에 관한 입증책임을 부담하게 하는 것으로서 사업자에게 중대한 불이익을 부과하는 규정이라고 보았다. 이러한 사항을 지침으로 정하기 위하여는 법령상의 뚜렷한 위임근거가 있어야 할 것인데, 위 법규정은 공정거래위원회로 하여금 불공정거래행위를 예방하기 위하여 사업자가 준수하여야 할 사항을 정할 수 있도록 위임하였을 뿐 입증책임전환과 같은 위 법의 운용방침까지 정할 수 있도록 위임하였다고는 볼 수 없으므로 위 입증책임규정은 법령의 위임 한계를 벗어난 규정이어서 법규적 효력이 없다고 판시하였다.

그 후, 당해 지침의 근거가 되는 법률조항은 1999. 2. 5에 독점규제법에서 분리되어 「표시광고의 공정화에 관한 법률」이 제정되면서 삭제되었고, 동 지침의 내용은 「표시광고의 공정화에 관한 법률」 제5조에 유사한 형태로 삽입이 되었다.[1] 공정거래위원회는 표시광고의 속성상 행정기관이 모든 사항을 입증한다는 것은 사실상 불가능하므로 사업자의 입증책임에 관한 사항을 표시광고법에 삽입하여 입법적으로 해결한 것이다.

③ 행정규칙이 위임의 범위를 벗어나지 않아 합헌이라는 판례

헌법재판소는 구 독점규제법 및 동 시행령에 의해 제정된 「신문업에 있어서의 불공정거래행위 및 시장지배적지위 남용행위의 유형 및 기준」(이하 '신문고시'라 함)의 위헌성 여부를 심사하면서 고시형식의 위임이 합헌이라는 전제하에서 동 고시는 위임의 한계를 벗어나지 않은 것으로서 합헌이라고 결정하였다.

헌법재판소에 의하면, 불공정거래행위는 각종의 경쟁적 거래에서 복잡다양하게 이루어지며 또한 그 형태도 부단히 변동되고 있음에 비추어 그 행위 형태와 기준에 관한 규정도 이에 맞추어 시기적절하게 효과적으로 대처할 수 있어야 할 것인바 국회가 모든 분야의 경쟁적 거래왜곡현상들을 그때그때 예측하거나 파악할 수 없고, 그러한 상황에 즉응하여 그때마다 법률을 개정하는 것도 용이하지 아니하므로 불공정거

래행위의 유형과 기준을 미리 법률로서 자세히 정하지 아니하고 이를 명령에 위임한 것은 부득이한 것으로 인정된다는 것이다.

그리고, 이 사건 수권규정인 독점규제법 제23조에서 위임한 사항인 '불공정거래행위의 유형 또는 기준'이 어떠한 내용을 가질 것인지에 대하여는, 동 조항에서 열거하고 있는 대표적 불공정거래행위의 내용을 참작할 수 있으며 나아가 동법 제1조가 요구하는 바와 같이 공정하고 자유로운 경쟁을 촉진하여 창의적인 기업활동을 조장하고 소비자를 보호함과 아울러 국민경제의 균형있는 발전을 도모하기 위하여는 우월적 지위를 이용하여 경쟁사업자나 일반소비자의 이익을 부당하게 침해하는 행위를 규제하여야 할 것인데 이 사건 위임사항이 이러한 의미의 불공정거래행위의 기준과 유형을 한계지우는 내용이 될 것임은 무리없이 예측할 수 있다는 것이다.

결론적으로 헌법재판소는 이 사건 조항인 신문고시 제3조 제1항 제2호는 동법 시행령에서 불공정거래행위의 유형과 기준을 상세히 구체화하였고 다시 특정행위나 특정분야의 불공정거래행위의 유형과 기준을 정하기 위한 세부기준만을 공정거래위원회 고시에 위임하고 있어 위임입법의 헌법적 한계를 초과하지 아니한다고 결정하였다.

제 2 절 공정거래위원회의 조직

Ⅰ. 각국 경쟁법 집행기구의 조직형태

1. 이원적 모델과 일원적 모델

미국에서는 경쟁법의 집행이 단일의 집행기관이 아닌 복수의 집행기관에 의해 이원적으로 이루어지고 있다. 독임제인 법무부(Department of Justice; DOJ)(이하

1) 「표시광고의 공정화에 관한 법률」 제5조 (표시 · 광고내용의 實證등)

① 사업자등은 자기가 행한 표시 · 광고중 사실과 관련한 사항에 대하여는 이를 實證할 수 있어야 한다.

② 공정거래위원회는 사업자등이 제3조제1항의 규정에 위반할 우려가 있어 제1항의 규정에 의한 實證이 필요하다고 인정되는 경우에는 그 내용을 구체적으로 명시하여 당해 사업자등에게 관련자료의 제출을 요청할 수 있다.

③ 제2항의 규정에 의하여 實證資料의 제출을 요청받은 사업자등은 요청받은 날부터 15일 이내에 그 實證資料를 공정거래위원회에 제출하여야 한다. 다만, 공정거래위원회는 정당한 사유가 있다고 인정되는 경우에는 그 제출기간을 연장할 수 있다.

'DOJ'라 함)와 합의제인 FTC의 이원적 법집행체제에 의해 DOJ와 FTC는 일정한 협조관계를 유지하면서 각자의 수권법률에 이해 독자적으로 법집행을 하고 있다. 이러한 이원적인 법집행은 미국 경쟁법 집행의 역사적인 이유에 기인한 바 크지만 이러한 집행방식이 타당성이 있다는 점도 일정 부분 인정되고 있다. 1971년 대통령 자문위원회인 Ash위원회가 이 문제에 대해 검토를 한 바 있는데, 이 위원회는 이원적인 법집행은 각 기관의 전문성(special expertise)에 따라 업무를 분담할 수 있게 해준다는 장점이 있기 때문에 기본적으로 이원적인 법집행의 현 체제를 유지할 것을 권고하였다.[2)]

DOJ와 FTC의 핵심적인 집행 법률을 살펴보면 DOJ는 기본적으로 Sherman 법을 집행하고 FTC는 FTC 법을 집행하며 Clayton 법은 공동으로 집행한다고 정리할 수 있다. 하지만, FTC가 Sherman 법을 집행할 수 있는 권한을 보유하고 있지 않지만 FTC 법이 Sherman 법을 포함하는 폭 넓은 규제범위를 지니고 있다고 해석되고 있기 때문에 실제로는 Sherman 법 위반행위에 대해서도 FTC 법을 활용하여 규제할 수 있다.[3)] 또한 Clayton 법 제7조의 기업결합심사권한은 DOJ와 FTC 양 기관 모두 가지고 있기 때문에 중복적인 법집행의 문제가 발생할 수 있다. 법집행방식을 본다면 DOJ는 법 위반이 중대한 것은 형사소송절차를 활용하고 그렇지 않은 것은 민사소송절차를 활용하는 반면 FTC는 준사법적인 행정처분절차를 주로 활용한다.

이처럼 미국에서는 FTC와 DOJ가 상당한 부분에서 경쟁법 집행을 공동으로 하고 있기 때문에 양 기관간의 업무협조와 업무조정이 필요하다. 이를 위한 주된 두 가지 방법은 업무조정절차(Clearance Procedures)와 공동의 법집행지침(Joint Enforcement Guideline)이다.

하지만, 이원적 법집행체제를 택하고 있는 미국과 달리 선진외국의 사례를 보면 합의제 기관에 의한 일원적 법집행체제가 더욱 더 선호되고 있다. 이러한 이유는 일본의 경쟁당국출범시의 논의에서 찾아 볼 수 있다. 일본에서 합의제기관인 公正取引委員會를 만들 당시 오히려 미국 점령군의 다수파는 미국식의 독임제·합의제 혼합형태의 이원적 법집행체제는 바람직하지 않다고 생각하여 위원회 형태의 일원

2) The President's Advisory Council on Executive Organization, 다만, 이 위원회는 FTC와 DOJ 간에 불필요한 업무의 중복(needless confusion)이 없는지 여부를 검토해 보아야 한다고 권고하였다.

3) FTC 법 제5조의 적용범위는 Sherman 법, Clayton 법을 포함해 그 이상이라고 해석된다.

적인 법집행체제를 구축하도록 강하게 주장하였다고 한다. 일본에서는 이를 '公取委中心主義'라고 부른다. 이원적인 체제는 법집행의 일관성에 문제가 있고, 경제적인 현상에 대해 고도의 전문적 판단을 요하는 업무를 독임제인 검찰당국이 담당하는 것은 한계가 있기 때문에 전문성있는 위원회가 전담하는 것이 낫다는 것이었다.

2. 합의제와 독임제

경쟁법 집행조직의 형태를 여러 가지 기준으로 나누어 볼 수 있지만 사건에 대한 최종 의사결정형태가 합의제인지 아니면 독임제인지에 따라 분류해 볼 수 있다. 미국에서 세계 최초의 독립규제위원회인 주간통상위원회(Interstate Commerce Commission; ICC)가 성공한 이래 FTC가 설립되었고 이후 세계의 많은 경쟁법 집행조직이 대체로 합의제 형태를 채택하고 있다. 하지만, 경쟁법 집행조직으로서의 합의제 조직이 반드시 우수한 것인지에 대해 수많은 비판이 있어왔는데 어떠한 기준을 중요시하느냐에 따라 그 평가는 달라질 수 있으며 제도적인 설계 못지않게 각 나라의 정치풍토나 행정문화에 따라 실제적인 운영은 달라질 수 있다.

일반적으로 합의제의 장점으로는 집단적인 의사결정으로 인해 특정 개인의 자의적이고 독단적인 의사결정을 막을 수 있다는 점을 들 수 있다. 또한 한 사람의 의견보다는 다수의 합의에 의한 의견이 더 무게가 실리게 되기 때문에 실행에 있어서 유리하며 구성원들이 일시에 바뀌지 않도록 제도를 설계한다면 조직의 의사결정이 비교적 일관성 있고 계속성이 있다는 장점이 있다. 정치적으로 중립적이고 독립적인 의사결정이 요구되는 분야에서는 합의제가 전문성을 발휘하고 외부의 압력에 저항하는 데 유리하다.

반면 합의제의 단점이라면 구성원의 무책임성(irresponsibility)이라 할 수 있다. 즉 "개별 위원들은 익명성의 옷(a cloak of anonymity)을 입고 대중의 반응을 두려워할 필요가 없다"[4]는 것이다. 또한, 의사결정이 신속하지 못하고 비용이 많이 든다는 점이다. 집단이 의사결정에 책임을 진다는 것은 아무도 책임을 지지 않는다는 말과 동의어일 수 있으며 최선의 결정보다는 타협에 의한 미봉책이 최후의 결정이

4) "[C]ollegiality provides a cloak of anonymity that allows the commissioners to act without fear of public reaction."

될 가능성도 적지 않다. 그리고 집단적인 의사결정과정을 살펴보면 구성원 모두가 비슷한 비중으로 의사결정에 참여하기보다는 특정 구성원들이 의사결정을 주도하는 경향이 있고 그 결정의 명의가 집단으로 되어 버리는 경우 의사결정의 실질과 결과가 일치하지 않게 된다는 문제점이 있다.

세계 대부분의 경쟁법 집행조직은 합의제 조직형태를 지니고 있는데, 미국의 FTC 및 일본의 公正取引委員會, 우리나라의 공정거래위원회가 대표적이고, 영국의 경쟁법 집행조직은 종래 독임제 조직형태를 지니고 있었으나 2003년부터 합의제 조직형태로 바뀌었다. 또한, 독일의 연방카르텔청은 다수의 심판부가 설치되어 있고 사건별로 심판부에서 합의에 의해 처리하고 있다.

3. 소 결

경쟁법 집행기구의 바람직한 조직형태를 일반론적으로 이야기할 수는 있지만 각국의 정치적 여건 및 문화와 밀접한 관련을 가지고 있기 때문에 어떤 모델이 더 낫다고 일의적으로 단언하기보다는 각 국의 역사적 상황과 정치적 여건에 따른 선택의 문제라고 보는 것이 좋을 것이다.

또 한 가지 유의할 점은 조직형태가 합의제냐 독임제냐 하는 것 못지않게 실질적인 운영이 합의제에 부응하는지 여부이다. 과거 우리나라의 많은 합의제 기구들이 합의제 기구의 장과 사무처를 중심으로 사실상 독임제와 유사하게 운영되어 왔으며 공정거래위원회도 예외는 아니었다고 생각된다. 우리나라와 행정문화가 비슷한 일본에서도 공정취인위원회의 의사결정이 위원장－사무총장 라인에서 독임제와 비슷하게 이루어져 왔다고 한다. 따라서, 조직과 절차에 관한 이해는 법적·제도적 측면에서의 접근뿐만 아니라 정치환경, 행정문화, 개인의 리더십 등 종합적인 측면에서의 접근이 요구된다.

Ⅱ. 공정거래위원회의 조직

1. 개 요

공정거래위원회는 합의제 행정기관으로서 의사결정체로서의 위원회와 보좌조직으로서의 사무처로 구성되어 있다. 하지만, 순수합의제 기관이라고 보는 것은 무리가 있다. 부위원장제도가 있어 위원 간에도 계층제적인 서열이 분명하다. 즉 위원장은 장관급, 부위원장은 차관급, 기타 위원은 고위공무원단에 속하는 일반직 공무원이다. 그리고 사무처를 총괄하는 사무처장이 있어 운용여하에 따라서는 보좌조직을 중심으로 독임제처럼 운영될 가능성도 적지 않다.

2. 위 원

(1) 선 임

현행의 독점규제법 제37조 제1항 및 제2항에서는 위원의 자격을 규정한 후 대통령이 임명하도록 하고 있다. 이렇게 자격요건을 규정하는 것은 공정거래위원회가 미국과 달리 제도의 설계상 행정부 소속 즉 국무총리 소속으로 되어 있어 중립적인 업무를 수행하여야 하는 공정거래위원회 위원이 오로지 정치적인 이유로만 임명되지 않도록 일정한 자격을 규정한 후 그 범위 안에서 대통령이 임명하도록 한 것으로 이해할 수 있다.

위원의 선임에 관한 형행의 규정은 여러 차례의 개정을 거친 것이다. 독점규제법 제정 당시 공정거래위원회는 위원 5인으로 구성하도록 되어 있었고 그 중 3인은 상임위원, 2인은 비상임위원으로 구성되도록 하였다. 위원의 임명은 일정한 요건을 갖춘 자 중에서 경제기획원장관의 제청으로 대통령이 행하였다. 1990년에 공정거래위원회가 심의·의결권뿐만 아니라 독자적인 처분권을 가지게 되면서 위원의 숫자가 5명에서 7명으로 늘어나게 되었고 이 중 2인은 비상임위원으로 하였다. 위원장과 부위원장은 경제기획원장관의 제청으로 대통령이 임명하고 기타 위원은 위원장의 제청으로 대통령이 임명하도록 하였다. 1994년 법개정으로 공정거래위원회가 독립적인 중앙행정기관으로 발전하면서 위원장과 부위원장은 국무총리의 제청으로 대통령이 임명하고 기타 위원은 위원장의 제청으로 대통령이 임명하도록 하였다.

1996년 법 개정으로 위원의 숫자가 9명으로 늘어났고 이 중 5인은 상임위원, 4인은 비상임위원으로 하였는데 지금까지 이 체제가 유지되고 있다. 공정거래위원회 위원장의 직급이 이전에는 차관급이었는데 동 개정으로 인해 장관급으로 격상됨으로써 다른 행정부처와 외형상 동급의 기관으로 발전하게 되었다.

이러한 제도변천과정을 살펴본다면, 법제정 당시부터 위원의 자격요건을 규정하고 있었다는 점, 위원들이 직접적인 처분권한을 부여받게 되었다는 점, 위원의 임명을 당초 경제기획원장관의 제청으로 대통령이 하던 것을 국무총리의 제청으로 대통령이 하도록 개정한 점, 위원장의 직급을 장관급으로 격상한 점 등이 공정거래위원회의 독립성 제고에 많은 도움을 주었다. 다만, 비상임위원 제도가 위원의 독립성제고에 도움이 되는지는 일의적으로 평가하기는 어렵다. 비상임위원은 상임위원에 비해 대통령으로부터의 영향을 받을 가능성은 오히려 낮을 수 있는 반면 피조사인이나 경제단체 등으로부터 영향을 받을 가능성은 상대적으로 높다고 볼 수 있다.

(2) 임기 및 해임 · 결격사유

제정법에서 위원의 임기는 3년으로 하되 1차에 한하여 연임할 수 있다고 규정이 되어 있었기 때문에 위원은 최대한 6년까지만 재임할 수 있었다. 현행의 독점규제법 제39조에서는 공정거래위원회 위원의 임기에 대해 "공정거래위원회의 위원장, 부위원장 및 다른 위원의 임기는 3년으로 하고, 1차에 한하여 연임할 수 있다"고 규정하고 있다. 이 규정에 의하면 미국 FTC의 위원은 임기가 있으나 위원장의 임기가 없는 것과는 달리 위원장, 부위원장, 위원의 임기가 각각 3년인 것으로 해석될 수 있다.[5] 그래서 미국과 달리 대통령이 교체되었다 하더라도 위원장이나 부위원장을 3년 임기 이전에 교체할 수는 없다.

원래 이 규정은 2001. 1. 16. 법률 제6371호로 개정된 것이다. 개정 전 법률 제29조에 의하면 "위원의 임기는 3년으로 하고, 1차에 한하여 연임할 수 있다."고 되어 있었다. 즉 당해 개정 전 법률에서는 위원장, 부위원장, 기타 위원 구분 없이 그냥 위원의 임기는 3년이라고 되어 있어 만약 일반위원이 부위원장이나 위원장이 되는 경우 임기가 문제될 수 있었다. 개정 법률은 이러한 문제를 입법적으로 해결한 것이라 할 수 있다.

법에서는 위원의 해임 및 결격사유에 대해 규정하고 있는데, 독점규제법 제44조에서는 사건의 공정한 처리를 위하여 위원의 제척, 기피, 회피사유에 대하여 명시하고 있다. 이 규정은 법에 정한 일정한 사유가 없이는 위원으로 하여금 사건을 담

5) 해석에 따라서는 위원 3년, 부위원장 3년, 위원장 3년 및 각각 연임이 가능하므로 총 18년까지 근무할 수 있는 것으로 된다.

당하는 것을 막을 수 없다는 견지에서는 위원들의 독립성 보장을 위한 규정으로 이해할 수도 있다.

토의 주제

- 공정거래위원회의 위원선임 및 임기 등을 외국 경쟁당국의 위원과 비교해 보라. 미국 FTC 및 일본 公正取引委員會의 위원선임 방식과 임기를 조사해보라. 우리나라 공정거래제도에 많은 영향을 준 미국 및 일본과 비교해 보라. 미국 FTC 홈페이지(http://ftc.gov/)와 일본 公正取引委員會 홈페이지(http://www.jftc.go.jp/)를 참조하라. 외국 경쟁당국의 위원제도와 비교할 때 공정거래위원회 위원제도의 장단점은 무엇인가? 특히, 위원 독립성의 측면에서 생각해 보라.

3. 사무처

현행 독점규제법 제47조에서는 공정거래위원회의 사무를 처리하기 위하여 위원회에 사무처를 둔다고 규정하고 있고 사무처를 총괄하는 사무처장직을 두고 있다. 사무처는 일반 행정업무와 정책업무뿐만 아니라 위원회의 지시를 받아 사건을 조사하고 심판절차에서 원고의 역할을 수행하는 등 조직 내에서 소추자의 역할을 수행한다.

합의제 기구라고 하여 모든 일을 집단적인 의사결정에 따라 하게 되면 조직 운영이 비효율적으로 될 수 있다. 미국에서 1950년에 제정된 Organization 법의 취지도 합의제 조직운영의 효율성을 제고하기 위해 위원장의 권한을 강화하고 행정적인 업무는 사무조직에 대폭 위임하는 것을 목표로 한 바 있다. 우리나라에서는 독점규제법이 제정될 당시 이미 법에서 독점규제법의 규정에 위반된 사항의 조사 및 사전심사등을 전담하기 위하여 경제기획원에 심사관을 두도록 하고, 심사관은 독점규제 및 공정거래에 관한 실무경험이 있는 일반직 국가공무원으로 보하도록 하여 합의제 기구를 보좌할 수 있도록 제도적인 기틀을 마련해 두었다. 이들 심사관은 경제기획원 직제에 의해 공정거래실 소속으로 되어 있었는데, 1990년 법 개정으로 인해 공정거래위원회의 기구와 기능이 확대되면서 기존의 공정거래실이 공정거래위원회 사무처로 확대개편 되었고 사무처장 직제가 신설되었으며 사무처에는 총괄정책국, 독점관리국, 거래국 등 3개의 국을 두게 되었다. 이후에도 사무처 조직은 계속 확대되어 오늘에 이르게 되었다.

토의 주제

- 미국의 FTC는 사무처장을 정점으로 한 사무처 조직형태를 가지고 있지 않다. 다만, 개별 국이나 실형태의 사무조직만 있다. 반면 공정거래위원회는 사무처장을 정점으로 하는 피라미드형태의 사무처 조직을 갖고 있다. 공정거래위원회는 위원장-부위원장-사무처장을 중심으로 운영이 되고 기타 위원들의 역할이 축소되고 있다는 비판이 있다. 이들 조직의 장단점을 비교해 보라.

4. 심의회의

법 제정 당시에는 사건 심의를 위한 회의가 위원 전원이 참석하는 전원회의 하나밖에 없었다. 그러나, 사건의 숫자가 늘어나면서 모든 사건을 전원회의가 담당할 수 없다는 현실적인 문제와 함께 선례가 있거나 사실관계나 법률관계가 분명하여 심의과정에서 별다른 쟁점이 없는 사건까지 전원회의가 모두 담당하는 것은 비효율적이라는 정책적 판단을 하게 되었다. 이에 따라 1996년 법 개정 때 소회의를 추가로 설치하여 회의를 두 개로 분화시켰다.[6] 한편으로는 미국식의 행정법판사(ALJ) 제도의 취지를 우리 식으로 수용한 측면도 없지 아니하다.

그래서, 공정거래위원회의 위원들이 모여 사건을 심의하는 회의는 전원회의와 소회의 두 종류가 있다(독점규제법 37조의 2). 전원회의의 소관사항은 비교적 사안이 중요하여 위원 전원의 심의가 필요한 사항인데, 법에서는 (i) 공정거래위원회 소관의 법령이나 규칙·고시 등의 해석적용에 관한 사항, (ii) 이의신청의 규정에 의한 이의신청, (iii) 소회의에서 의결되지 아니하거나 소회의가 전원회의에서 처리하도록 결정한 사항, (iv) 규칙 또는 고시의 제정 또는 변경, (v) 경제적 파급효과가 중대한 사항 기타 전원회의에서 스스로 처리하는 것이 필요하다고 인정하는 사항을 전원회의 소관사항으

6) 1996. 11. 19. 국회에 제출된 정부제안문(의안번호 150310)에서는 "공정거래위원회의 회의를 효율적으로 운영하기 위하여 법령등의 해석적용에 관한 종전의 의견을 변경할 필요가 있거나 이의신청에 대한 재결을 하는 경우 등은 위원전원으로 구성하는 전원회의에서 심의·의결하도록 하고, 그 외에 일상적으로 발생하는 경미한 사건에 대하여는 위원 3인으로 구성하는 소회의에서 심의·의결하도록 함"이라고 하여 소회의 신설의 필요성을 밝히고 있다.

로 규정하고 있다(동법 의3 37조 1항). 기타 비교적 경미한 사안은 소회의 소관사항이다.

전원회의의 의사는 위원장이 주재하며 재적위원 과반수의 찬성으로 의결하는 반면, 소회의의 의사는 상임위원이 주재하며 구성위원 전원의 출석과 출석위원 전원의 찬성으로 의결한다(동법 42조). 소회의에서 다수결이 아닌 전원출석, 전원찬성을 요구하는 것은 3인의 위원 중 2인 위원의 찬성으로 위원회 전체의 의사를 대변한다고 보는 것은 무리이기 때문이다.

토의 주제

- 공정거래위원회의 회의와 대법원의 회의를 비교해 보라. 헌법 제102조 제1항에서 대법원에 部를 둘 수 있다고 규정하고 있고, 법원조직법 제7조 제1항에서 전원합의체이외에 3인 이상의 대법관으로 구성되는 部를 둘 수 있다고 규정하고 있다. 공정거래위원회의 소회의는 대법원의 지정재판부에 상응한다. 대법원의 지정재판부는 4인의 대법관으로 구성이 되는데 만약 대법관 4인 전원의 의견이 일치하지 않으면 판결이 성립될 수 없다. 이런 점에서 공정거래위원회와 대법원은 유사하다.
- 공정거래위원회의 독립성제고를 위한 다음 글을 읽고 찬·반 의견을 제시해보라.

※ 권오승, "공정거래위원회의 독립성과 전문성", 「공정거래와 법치」, 법문사, 2004, 991-993면

제 3 절 공정거래위원회의 사건처리절차

Ⅰ. 사건의 단서

공정거래위원회가 사건조사에 착수하게 되는 계기는 직권인지와 신고 두 가지가 있다. 직권인지에 의한 조사는 불법행위가 만연한 산업분야에 대한 기획조사시에 많이 활용을 한다. IMF 당시 대기업들에 대한 부당내부거래 조사가 대표적이다. 기타 대부분의 사건은 신고에 의해 조사가 개시된다.

1. 신고의 법적 성질

신고인은 공정거래위원회에게 구체적인 조치를 발동하여 줄 것을 청구할 수 있는 권리가 있는지 문제가 될 수 있다. 다음의 판결문은 신고의 법적 성질을 분명히 밝혀주고 있다.

〉〉〉 판례 대법원 2000. 4. 11. 선고 98두5682 판결 ("신고의 법적 성질"에 관한 판례)

구 독점규제및공정거래에관한법률(1998. 2. 24. 법률 제5528호로 개정되기 전의 것, 이하 '법'이라 한다) 제49조 제1항은 "공정거래위원회는 이 법의 규정에 위반한 사실이 있다고 인정할 때에는 직권으로 필요한 조사를 할 수 있다."라고, 제2항은 "누구든지 이 법의 규정에 위반되는 사실이 있다고 인정할 때에는 그 사실을 공정거래위원회에 신고할 수 있다."라고 각 규정하고 있는바, 여기에서 말하는 신고는 공정거래위원회에 대하여 법에 위반되는 사실에 관한 조사의 직권발동을 촉구하는 단서를 제공하는 것에 불과하고 신고인에게 그 신고 내용에 따른 적당한 조치를 취하여 줄 것을 요구할 수 있는 구체적인 청구권까지 있다고 할 수는 없고(대법원 1989. 5. 9. 선고 88누4515 판결 참조), 법 제49조 제3항에서 "공정거래위원회는 제1항 또는 제2항의 규정에 의하여 조사를 한 경우에는 그 결과(조사결과 시정조치 명령 등의 처분을 하고자 하는 경우에는 그 처분의 내용을 포함한다)를 서면으로 당해 사건의 당사자에게 통지하여야 한다."라고 규정하고 있다 하더라도 이는 신고인이 아닌 당사자에 대한 통지의무를 규정한 것으로서 신고인에 대한 통지와는 그 근거나 성질을 달리하는 것이므로 이러한 규정이 있다고 하여 달리 볼 수도 없다. 따라서 공정거래위원회가 신고 내용에 따른 조치를 취하지 아니하고 이를 거부하는 취지로 무혐의 또는 각하 처리한다는 내용의 회시를 하였다 하더라도 이는 그 신고인의 권리의무에 아무런 영향을 미치지 아니하는 것이어서 그러한 조치를 가리켜 항고소송의 대상이 되는 행정처분에 해당한다고는 할 수 없다.

2. 무혐의결정에 대한 헌법소원

신고의 법적 성질이 조사의 직권발동을 촉구하는 단서제공에 불과하여 무혐의결정이 있더라도 행정소송을 제기하여 다툴 수 없다면 헌법소원의 대상은 될 수 없는가? 헌법재판소는 무혐의결정이 헌법재판소법상 '공권력의 행사'에 해당하고 자의적인 무혐의조치는 국민의 평등권을 침해할 수 있기 때문에 헌법소원의 대상이 될 수 있다고 한다(헌법재판소 2002. 6. 27. 선고 2001헌마381 결정). 그리고, 헌법재판소는 실제로 석유류 제품 판매 대리점 계약 갱신거절 사안에서 공정거래위원회의 무혐의처분취소결정을 내린 바 있다. 다음은 헌법재판소 결정문을 발췌한 것이다.

〉〉〉 판례 헌법재판소 2004. 6. 24. 선고 2002헌마496 결정 ("공정거래위원회의 무혐의처분"에 대한 결정)

(2) 개별적 거래거절로서의 위법 여부

② 앞서 본 바와 같이 이 사건 거래거절은 고도의 경쟁 제약·배제효과를 초래하고 있음이 명백하므로 위법성 판단요소들 상호간의 비교형량을 함에 있어 이른바 사업경영상의 필요성을 참작한다고 하더라도 그것은 적어도 현대오일뱅크가 인천정유와의 이 사건 판매대리점계약을 종료하지 않으면 곧 도산에 이를 것임이 확실하다는 등의 긴급한 사정이 명백히 인정될 정도는 되어야만 위와 같은 경쟁제한적 효과를 상쇄할 여지가 있다고 할 것인바, 위 ①항에서 살펴본 사실관계에 비추어 보면 이 사건 거래거절 당시 현대오일뱅크는 2000년과 2001년의 2년간에 걸쳐 계속된 대규모 적자국면과 유동성위기를 타개하고 경영상태를 호전시키기 위하여 내수시장의 점유율을 확대함으로써 영업이익을 증대시킬 필요성에 당면해 있었다고 보이기는 하지만 나아가 인천정유와의 거래관계를 당장 종료하지 않으면 곧 도산에 이를 것임이 확실하게 예측되는 등의 긴절한 필요성을 갖고 있었다고 보기는 어렵다 할 것이다.

③ 그렇다면 위와 같이 자사 생산제품의 판로 확대를 통해 추가적인 영업이익을 창출함으로써 경영상태를 호전시킬 필요성이 있었다는 정도의 사업경영상의 필요성만으로써 이 사건 거래거절이 가져오는 뚜렷한 경쟁제한적 효과를 상쇄할 수 있다고 보이지 않으므로, 결국 이 사건 거래거절은 위법한 불공정거래행위에 해당한다고 할 것이다.

(3) 소결

따라서 피청구인이 이 사건 거래거절을 불공정거래행위에 해당하지 아니한다고 판단하여 내린 이 사건 무혐의결정은 현저히 정의와 형평에 반하는 조사 또는 잘못된 법률의 적용이나 증거판단에 따른 자의적 처분으로서, 청구인의 평등권과 재판절차상의 진술권을 침해한 공권력 행사라고 할 것이다.

토의 주제

① 독자는 개별 사안에 대해 실체적인 위법성 판단을 시도한 헌법재판소의 태도에 동의하는가? 개별 사안마다 헌법재판소가 위법성 판단을 하게 된다면 권력분립의 원리에 어긋날 가능성은 없는가? 헌법재판소는 독점규제법 사건의 위법성판단에 대한 전문성이 있는가?

② 신고인의 지위를 격상하고자 하는 논의들이 많다. 신고인의 지위가 격상되면 어떠한 장점이 있을까 생각해 보라. 반면, 현재 공정거래위원회는 너무 많은 신고사건

이 폭주하여 중요한 사건에 역량을 결집하지 못하고 있다. 경미한 사건은 간단히 종결해 버리고 사회적 파급효과가 큰 중요한 사건에 역량을 모아서 사건을 처리한다면 국가전체적인 효율성은 증대될 수 있다. 하지만 이 경우 신고인의 지위는 약해질 수 있다. 신고인의 지위를 격상하는 것이 바람직한가 아니면 사회전체의 효율성을 극대화하는 것이 더 중요한가?

Ⅱ. 사건의 심사[7)]

1. 개 요

공정거래위원회가 법위반사실을 인지하거나 신고를 받게 되면 사무처장은 그 사건을 담당하게 될 심사관을 지정한다. 대부분 당해 업무를 담당하는 국장 또는 지방사무소장이 지정되지만 실제로는 담당 심사관은 부하직원으로 하여금 심사업무를 담당하도록 한 후 보고를 받아 업무를 처리한다. 지정된 심사관은 정식으로 심사절차를 개시하기에 앞서 기초적인 사실조사와 사전심사를 한다(「공정거래위원회 회의운영 및 사건절차등에 관한 규칙」(이하 '절차규칙'이라 함) 10조 1항). 사실조사 또는 사전심사를 마친 후 심사관은 정식사건으로 처리할 것인지 아니면 심사불개시 결정(절차규칙 12조 1항)을 할 것인지 판단한다. 심사불개시 사유는 대부분 법적용대상이 아닌 경우이다.

사전심사를 마친 후 법적용대상이 된다고 판단하는 경우에는 정식으로 사건심사에 착수하게 되는데 이를 위해서는 우선 사건심사 착수보고를 하여야 한다. 사건심사 착수보고는 절차규칙상의 심사불개시 사유가 아닌 한 거의 자동적으로 이루어진다. 절차규칙 제11조에 심사착수 보고의 방식이 규정되어 있는데, 사건명과 사건의 단서 및 개요, 관계법조 등을 명시하여 중요한 사건이 아닌 한 전산망을 통하여 이루어진다. 하도급 서면조사를 통한 직권인지를 제외하면 직권인지를 통한 사건착수보다는 신고를 통한 사건착수건수가 훨씬 더 많고 연간 3,000~4,000여건 정도의 사건이 접수된다.

---

7) '심사'와 '조사'는 많은 경우 혼용되어 사용된다. 하지만 여기서는 '심사'와 '조사'뿐만 아니라 법률검토, 경제분석 등을 포함하는 넓은 의미로 사용한다.

2. 조사권한

독점규제법 제50조 제1항에서는 독점규제법 위반행위의 조사를 위한 권한에 관해 규정하고 있다. 공정거래위원회의 조사권한으로는 당사자나 이해관계인을 출석시켜 의견을 청취할 수 있는 권한, 감정인을 지정하여 감정을 위촉할 수 있는 권한, 사업자나 사업자단체 또는 이들의 임직원에 대하여 원가 및 경영상황에 관한 보고나 기타 필요한 자료나 물건의 제출을 명하거나 제출된 자료나 물건을 영치할 수 있는 권한, 소속공무원으로 하여금 사업자 또는 사업자단체의 사무소 또는 사업장에 출입하여 업무 및 경영상황, 장부 · 서류, 전산자료 · 음성녹음자료 · 화상자료 그 밖에 대통령령이 정하는 자료나 물건을 조사하거나 대통령령이 정하는 바에 의하여 지정된 장소에서 당사자나 이해관계인의 진술을 들을 수 있는 권한, 사업자나 사업자단체 또는 이들의 임직원에 대하여 조사에 필요한 자료나 물건의 제출을 명하거나 제출된 자료나 물건의 영치를 할 수 있는 권한 등이 있다.[8)]

그리고, 이러한 조사권에 대해 불응하는 자에 대하여는 과태료부과의 처분 또는 형사처벌을 할 수 있다.[9)] 즉 검찰과 같이 법원으로부터 압수 · 수색영장을 발부받아 강제로 조사하는 것이 아니라 조사에 불응하는 경우 과태료 또는 형사처벌을 통해 간접적으로 강제할 수 있다는 점에서 공정거래위원회는 간접 강제조사권이 있다고 할 수 있다. 최근의 주요 사례들로는 조사가 벌어지는 사무실안에 있는 직원들이 중요정보가 담긴 노트북을 소지한 채 사무실을 이탈하거나, 온라인을 통해 PC에 저장된 자료 폐기 또는 조사공무원이 조사증표를 제시할 때 방문증 발급을 지연시키면서 관련자료 폐기 또는 변개한 사례 등이 있었다.

문제는 이러한 조사방해가 발생하는 경우 과태료 부과처분이외에 압수 · 수색영장없이 공정거래위원회가 실력행사를 통해 조사를 관철할 수 있느냐 하는 점이다. 조사공무원은 비례원칙의 범위 안에서 피조사자 측의 신체나 재산에 실력을 가할 수 있다는 견해[10)]가 있으나, 다수의견은 직접적 강제수단을 규정하지 않고 별도의

8) 그 외에도 부당지원행위의 조사를 위한 한시적인 금융거래정보제출요구권이 있었으나 2011년에 폐지되었다.

9) 독점규제법 제66조 1항 11호 및 제69조의 2.

10) 홍정선, 행정법원론(상), 박영사, 2008, 614면.

벌칙규정을 두고 있다는 것은 실력행사를 허용하지 않는다는 의미로 해석되어야 한다고 본다.[11)]

토의 주제

■ 독점규제법 위반행위에 대한 과징금 규모가 커지면서 법위반행위는 고도로 지능화 · 은밀화 하고 있다. 반면 공정거래위원회는 강제조사권이 없어 조사권한이 제한되어 있다. 공정거래위원회가 법원으로부터 압수 · 수색영장을 부여받을 수 있는 방법은 없는가? 미국이나 독일, 영국, 일본 등의 사례를 조사해 보라.

Ⅲ. 심의 · 의결

1. 개 요

심사관이 심사를 마친 후 소회의 소관인 사건인 경우 사전에 심사보고서를 피심인에게 송부를 해 주고 의견을 조회하는데 만약 피심인이 심사보고서의 조치내용을 수락하게 되면 위원회는 서면으로 심사보고서를 심사한 후 심사관이 초안을 작성하여 제출한 의결서(안)을 참고하여 의결서를 작성한다. 이것을 약식절차라고 한다.[12)] 정식의 심판절차는 기본적으로 대심구조로 진행이 되며 일정부분 직권주의적 요소가 가미되어 있다.

심사관은 심사를 마친 후 소관사항에 따라 심사보고서를 전원회의 또는 소회의에 제출한다. 동시에 피심인에게 심사보고서를 송부하면서 원칙적으로 2주 이내에 심사보고서에 대한 의견을 심판관리관에게 제출할 것을 요구하는 통지를 하여야 한다(절차규칙 29조 10항). 정식의 심의이전에 심의준비절차가 마련되어 있는데 이는 심의개최 이전에 복잡한 사실관계와 법률관계를 정리하여 심의를 효율화하기 위해 2006년에 도입되었다. 의장은 피심인 의견서 제출일 내지 제출기한일, 심의준비절차 종료일부터 30일 이내에 심의에 부의하여야 한다(절차규칙 30조의 2). 심의절차는 본인임을 확인하기

11) 박정훈, “공정거래법의 공적집행”, 공정거래와 법치, 권오승 편, 법문사, 2004, 1011－1012면; 김동희, 행정법 I, 박영사, 2008, 436면; 김남진, 행정법(I), 법문사, 2007, 411면 등.

12) 세부적인 절차는 절차규칙 제59조－제63조에 나와 있다. 그리고, 고발과 과징금 납부명령 및 피심인이 수락하지 않을 것이 명백한 경우는 이러한 절차를 생략할 수 있다.

위한 인정신문(절차규칙 35조) → 심사관과 피심인이 의견의 요지를 진술하는 모두절차(동 38조) → 증거조사(동 41조) → 심의 → 최후의견진술(동 43조)의 순으로 진행된다. 전원회의 또는 소회의는 심의를 마친 후 비공개로 합의[13]를 한 후 전원회의는 재적위원 과반수의 찬성, 소회의는 재적위원 전원의 찬성으로 의결을 한다. 각 회의는 의결 또는 결정을 한 후 형식적 요건으로서 의결서 또는 결정서를 작성하여야 한다. 의결의 종류는 심의절차의 종료(동 46조), 무혐의 또는 주의촉구(동 47조), 종결처리(동 48조), 조사 등 중지(동 49조), 경고(동 50조), 시정권고(동 51조), 법 제51조의 2(동의의결), 시정명령(동 52조), 과징금 납부명령(동 52조), 과태료 납부명령 등이 있다.

2. 피심인의 방어권

피심인의 방어권과 관련하여 공정거래위원회가 심의 당시에 사업자에게 알려주지 않아 의견진술의 기회가 없었던 혐의에 대하여 위원들 간 합의과정에서 혐의를 인정하여 시정명령 및 과징금을 부과한 것이 절차상 하자가 있는 것인지 문제가 된 적이 있다. 1998년 공정거래위원회는 석도강판제조 3사에 대하여 부당한 공동행위 혐의를 조사하여 심사보고서를 작성하였다. 그런데, (주)포스틸에 대한 심사보고서에서는 운송비합의와 시장점유율합의만이 기재되어 있었다. 사업자는 대리인을 선임하여 공정거래위원회에 의견을 제시하였는데 심사보고서에 기재된 두 가지 혐의에 대하여서만 의견을 제시할 수밖에 없었다. 공정거래위원회는 전원회의의 심리를 마친 후 위원들 간의 합의에서 두 가지 혐의에 추가하여 판매가격 합의도 인정된다고 판단하여 이 부분까지 감안한 과징금으로 3,268백만원을 부과하였다. (주)포스틸은 공정거래위원회의 의결에 대해 이의신청을 하였다. 이의신청과정에서 새롭게 추가된 혐의에 대해 의견진술을 하였고 공정거래위원회 전원회의는 의견 청취 후 이의신청을 기각하였다. 하지만, 서울고등법원과 대법원은 절차상 하자를 이유로 공정거래위원회의 처분을 취소하였다.

---

13) 독점규제법 제43조 (심리 · 의결의 공개 및 합의의 비공개)
① 공정거래위원회의 심리와 의결은 공개한다. 다만, 사업자 또는 사업자단체의 사업상의 비밀을 보호할 필요가 있다고 인정할 때에는 그러하지 아니하다.
③ 공정거래위원회의 사건에 관한 의결의 합의는 공개하지 아니한다.

》》 판례 대법원 2001. 5. 8. 선고 2000두10212 판결 ("절차적 하자"에 관한 판례)

법 제49조 제3항은 공정거래위원회로 하여금 법 위반사실에 대한 조사결과를 서면으로 당해 사건의 당사자에게 통지하도록 규정하고, 법 제52조 제1항에 의하면 공정거래위원회가 법 위반사항에 대하여 시정조치 또는 과징금납부명령을 하기 전에 당사자에게 의견을 진술할 기회를 주어야 하고, 같은 조 제2항은 당사자는 공정거래위원회 회의에 출석하여 그 의견을 진술하거나 필요한 자료를 제출할 수 있다고 규정하고 있는 한편, 법 제55조의2의 위임에 따라 공정거래위원회가 법 위반사건의 처리절차를 정하여 고시한 "공정거래위원회의회의운영및사건절차등에관한규칙"(1998. 10. 1. 공정거래위원회 고시 제1998-10호)은 위 각 규정을 반영하여... 이들 규정의 취지는 공정거래위원회의 시정조치 또는 과징금납부명령으로 말미암아 불측의 피해를 받을 수 있는 당사자로 하여금 공정거래위원회의 심의에 출석하여 심사관의 심사결과에 대하여 방어권을 행사하는 것을 보장함으로써 심사절차의 적정을 기함과 아울러, 공정거래위원회로 하여금 적법한 심사절차를 거쳐 사실관계를 보다 구체적으로 파악하게 하여 신중하게 처분을 하게 하는 데 있다 할 것이므로, 법 제49조 제3항, 제52조 제1항이 정하고 있는 절차적 요건을 갖추지 못한 공정거래위원회의 시정조치 또는 과징금납부명령은 설령 실체법적 사유를 갖추고 있다고 하더라도 위법하여 취소를 면할 수 없다고 보아야 한다... 그리고 원고가 위 시정조치 및 과징금납부명령에 불복하여 피고에게 이의신청을 하면서 뒤늦게나마 '판매가격 합의' 부분에 대한 의견을 제출하였다고 하더라도, 이로써 그 처분 전에 발생한 절차상 하자가 치유된다고 볼 수도 없으므로, 이 점을 다투는 상고이유 주장 또한 이유 없다.

토의 주제

① 당해 사건에서 절차적으로 문제가 된 것은 무엇이며 그 결과 피심인은 어떠한 불이익을 당하였나?

② 대법원 판결 후 공정거래위원회는 본 건에 대하여 다시 심의를 개최하여 당초의 처분과 같은 취지의 처분을 하였다. 다만, 과징금은 당초 3,268,000,000원에서 3,083,800,000원으로 일부 감액하였다. 의결서[14]에 의하면 "이 사건에 대한 서울고등법원 및 대법원 판결의 취지와 내용, 다른 사건과의 형평성, 행위유형별 법 위반기간 및 동기간 동안의 석도강판 내수매출액을 감안하여" 과징금을 재산정한다고 되어 있다. 그런데, 이 사건에서 승소한 피심인이 최종적으로 얻은 것은 무엇인가?

14) 공정거래위원회 의결 2001-126호, 2001. 9. 10.

3. 과징금

(1) 과징금의 법적 성질

공정거래위원회 처분 중에서 사업자에게 가장 부담스러운 것이 과징금이다. 종래 과징금의 법적 성질에 대해 부당이득 환수로 보는 견해와 제재로 보는 견해가 있었고 양자를 겸하고 있는 것으로 보는 견해 등이 있었다. 지금은 양자의 성격을 겸하고 있는 것으로 보는 것이 일반적인 견해이다.

한편 일반적인 과징금과 달리 부당지원행위의 과징금은 지원객체가 아닌 지원주체에게 부과되는 것이므로 부당이득환수적인 성격은 거의 없고 제재로서의 성격이 강하다. 헌법재판소는 이러한 과징금은 기본적으로는 행정목적 달성을 위해 선택한 합목적적인 제도로 보면서 부당이득이 아닌 행정제재로서의 성격만 가지고 있다고 하여 위헌은 아니라고 결정하였다.

〉〉〉 판례 헌법재판소 2003. 7. 24. 선고 2001헌가25 결정 ("부당지원행위 과징금조항의 위헌성"에 대한 결정)

이 사건 법률조항에 의한 과징금은 위에서 본바와 같이 정확한 부당이득환수를 직접적인 목적으로 하는 것이 아니라 부당지원행위의 억지에 그 주된 초점을 두고 있는 것이므로 반드시 부당지원을 받은 사업자에 대하여만 과징금을 부과하는 것만이 입법목적 달성을 위한 적절한 수단이 된다고 할 수 없다.

과징금의 취지가 제재를 통한 부당지원행위의 억지에 있는 이상 입법자는 누구에게 과징금을 부과하는 것이 위반행위를 보다 효율적으로 차단하고 시장의 경쟁질서를 효과적으로 회복·유지하게 될 것인가라는 정책적 관점에서 과징금 부과의 객체를 정할 수 있다 할 것인데 입법자는 이 점에서 지원을 한 기업에 대하여 제재를 가하는 것이 보다 효율적이라 본 것이고, 또한 비록 그것이 지원을 받는 기업으로부터 부당이득을 직접 환수하는 방법은 아니라 할지라도 서로 긴밀히 연결된 기업집단 내 계열기업들 간의 관계에 비추어 볼 때 지원을 한 기업에 대한 제재와 억지는 결국 지원을 받는 기업이 속한 시장의 경쟁질서를 회복하는 효과를 낳는다고 본 것인 바, 입법자가 선택한 이러한 수단이 공정한 경쟁질서 보호에 부적절한 것이라 할 수 없다.

(2) 과징금의 부과

위에서 살펴본 과징금의 법적 성질에 따라 독점규제법 제55조의 3 제1항에서는 공정거래위원회가 과징금을 부과함에 있어서 위반행위의 내용 및 정도, 위반행위의 기간 및 회수, 위반행위로 인해 취득한 이익의 규모 등을 참작하도록 하고 있다. 다시 시행령에서는 위반행위의 종별과 당해과징금의 금액 등을 명시하여 이를 납부할 것을 서면으로 통지하여야 한다고 규정하고 있다(영 61조의 2 1항).

이러한 기본원칙에 따라 「과징금부과 세부기준 등에 관한 고시」이 제정되어 있는데 상당히 구체적이고 자세하게 규정되어 있는 것이 특징이다. 이 고시에 따르면 과징금의 부과방법은 다음과 같다.

첫째, 각 위반행위의 유형에 따라 위반행위의 중대성의 정도별로 기본과징금액이 정해진다. 둘째, 위반행위의 기간 및 횟수와 부당이득의 규모를 고려하여 기본과징금을 조정한 금액인 의무적 조정과징금액이 정해잔다. 셋째, 위반사업자 혹은 위반사업자단체의 고의·과실 등 행위자요소, 위반행위의 성격과 사정, 재정적 상황 및 시장여건 등의 사유를 고려하여 의무적 과징금을 가중 또는 감경하여 임의적 조정 과징금액이 정해진다. 넷째, 임의적 조정과징금이 위반사업자의 현실적 부담능력, 당해 위반행위가 시장에 미치는 효과, 기타 시장 또는 경제여건 등을 충분히 반영하지 못하여 현저히 과중하다고 판단되는 경우에 이를 감액(면제를 포함한다)하여 부과하는 금액인 부과과징금이 정해진다. 여기서 가장 중요한 역할을 하는 기준은 대부분 관련매출액이다.

토의 주제

- 독임제행정기관이라면 과징금부과에 있어서 재량권을 가능한 한 축소시키기 위하여 과징금부과기준을 최대한 자세하고 상세하게 규정하는 것이 바람직하다. 재량권행사가 불가피한 합의제행정기관의 경우도 마찬가지인가?

Ⅳ. 불복수단

1. 이의신청

공정거래위원회 처분에 대하여 불복이 있는 자는 그 처분의 통지를 받은 날부터 30일 이내에 공정거래위원회에 이의신청을 할 수 있다.[15] 이의신청제도는 강학상 특별행정심판으로서 행정심판법에 의한 행정심판의 특례를 정한 것으로 본다. 행정심판법에서는 행정심판에 관하여 다른 법률에서 특례를 정한 경우에도 그 법률에서 규정하지 아니한 사항에 관하여는 행정심판법이 정하는 바에 의한다고 규정하고 있다.[16] 그래서, 독점규제법에서 특례를 정하고 있는 사항에 대하여는 행정심판법이 적용되지 않고 독점규제법이 적용된다. 행정심판청구에 기간의 제한을 둔 것은 행정법관계의 조속한 안정을 기하려는 데에 그 취지가 있는데 심판청구기간은 불변기간으로 보고 있다. 독점규제법상 이의신청기간에 대하여도 동일하게 해석하여야 할 것이며 이 기간이 도과한 경우는 부적법 각하하여야 한다. 공정거래위원회는 이러한 이의신청이 있으면 60일 이내에 의결하여야 한다.[17] 이의신청의 대상은 공정거래위원회의 처분인데, 위원회의 의결 중 시정명령과 과징금납부명령, 과태료납부명령이 이에 해당한다.

토의 주제

- 원처분을 한 공정거래위원회가 다시 자신이 내린 결정의 이의신청을 담당하는 것은 절차적으로 불공정한 것이 아닌가?

2. 행정소송

공정거래위원회의 처분과 이의신청 재결에 대하여는 그 통지를 받은 날부터 30일 이내에 서울고등법원에 소송을 제기할 수 있다.[18] 종래에는 이의신청 전치주의를 규정하여 이의신청을 거치지 않고는 소송을 제기할 수 없었으나 행정소송법의 개정에 따라 이의신청 전치주의를 폐지하였다. 일반 행정소송이 3심제[19]인데 반하여 공정거래위원회의 처분에 대하여는 2심제로 하고 있는 것은 공정거래위원회의 사건처리절차가 준사법적으로 이루어지고 있기 때문에 선진외국의 예에 따른 것이다. 따라서 이러한 준사법적 절차에 따르지 않은 처분에 대하여는 2심제를 적용하

---

15) 독점규제법 제53조 제1항.
16) 행정심판법 제43조 제2항.
17) 독점규제법 제53조 제2항.
18) 독점규제법 제54조 및 제55조.
19) 행정소송법 제9조 제1항.

기 어려울 것이다.

그런데, 공정거래위원회의 고발에 대하여 행정소송을 제기할 수 있는지 문제가 될 수 있다. 우선 고발에 대하여 대법원은 처분성을 인정하지 않는다.[20] 즉, 사단법인 대한약사회 사건에서 대법원은 "고발은 수사의 단서에 불과할 뿐 그 자체 국민의 권리의무에 어떤 영향을 미치는 것이 아니고, 특히 법 제71조는 공정거래위원회의 고발을 위 법률위반죄의 소추요건으로 규정하고 있어 공정거래위원회의 고발조치는 사직 당국에 대하여 형벌권 행사를 요구하는 행정기관 상호간의 행위에 불과하여 항고소송의 대상이 되는 행정처분이라 할 수 없으며"라고 판시하였다. 대법원은 나아가 고발하기로 하는 공정거래위원회의 의결은 행정청 내부의 의사결정에 불과할 뿐 최종적인 처분은 아닌 것이므로 이 역시 항고소송의 대상이 되는 행정처분이 되지 못한다고 판시하였다. 반면 헌법재판소는 1995. 7. 21. 선고 94헌마136 결정에서 공정거래위원회가 심사의 결과 인정되는 독점규제법 위반행위에 대하여 일응 고발을 할 것인가의 여부를 결정할 재량권을 인정하면서도, 행위의 위법성과 가벌성이 중대하고 피해의 정도가 현저하여 형벌을 적용하여야 할 것이 객관적으로 상당한 사안에 있어서는 고발권을 행사하지 않은 것은 명백히 자의적인 것으로서 당해 위반행위로 인한 피해자의 평등권과 재판절차진술권을 침해하는 것이라고 판단하였다.[21]

토의 주제

- 우리나라에서 대부분의 소송은 3심제를 택하고 있다. 그렇다면, 공정거래위원회 처분에 대한 행정소송을 2심제로 하는 것이 기업에게는 유리한가, 불리한가? 외국의 사례와 비교해 보고, 장단점을 설명하라.

---

20) 대법원 1995. 5. 12. 선고 94누13794 판결.

21) 다만, 헌법재판소는 당해 사안에서의 고발권 불행사는 자의적인 것이 아니라고 결정하였다. 당해 사안은 대리점계약 거래거절사건인데 헌법재판소는 개별적이고 구체적인 거래관계를 대상으로 한 단 1회성 거래거절행위는 경쟁질서에 끼친 해악의 정도가 중대하지 않고 경제적 손실은 손해배상청구를 통해 전보될 수 있다고 보았다.

제 9 장

독점규제법 역외적용 및 적용제외

제 1 절 독점규제법의 역외적용

Ⅰ. 개 요

외국 사업자라고 하더라도 국내에서 행한 행위에 대하여는 특별한 예외가 없는 한 속지주의의 원칙에 따라 국내법을 적용할 수 있다는 점에 대해서는 별다른 이의가 없다. 하지만, 외국에서 행해진 외국 사업자의 행위에 대해 국내법을 적용할 수 있는지에 대해서는 그동안 논란이 적지 않았던 것이 사실이다. 이에 대해서는 종래 속지주의의 원칙에 따라 역외적용을 부정하는 견해도 있었으나 세계 경제의 통합이 가속화된 현대에 와서는 일반적으로 역외적용을 인정하는 것이 국제사회의 대세로 되었고 그 논리로서는 효과주의 이론이나 이익형량 이론 등이 있어 왔다.

효과주의이론(effects test)은 외국에서 이루어진 행위라 하더라도 그 행위가 자국에 영향을 미친 경우에는 자국법을 적용할 수 있다는 이론이다. 이익형량이론(interest balancing theory)은 효과뿐만 아니라 자국의 이익이 타국의 이익과 비교할 때 더 큰 경우만 자국법을 적용할 수 있다는 이론이다. 미국이나 EU, 독일 등 각국마다 약간씩의 차이가 있으나 효과를 중요시하는 것은 공통적이라 할 수 있다.

우리나라기업이 2014. 1. 현재 외국 경쟁당국으로부터 부과 받은 과징금은 2조 6,322억원에 달한다고 한다. 세부적인 내역은 다음 <표 1>, <표 2>와 같다.[1)]

표 1 한국기업에 대한 미국의 역외적용

연도	사건명	한국기업에 대한 제재 현황
1996	라이신 가격담합	○ 2개사에 벌금 157만 8천불 – 제일제당 : 125만불, – 세원 아메리카 : 32만 8천불
2001	핵산조미료 가격담합	○ 2개사 벌금 309만불 – 제일제당 : 300만불, – 대상저팬 : 9만불
2005 ~2007	D–RAM 가격담합	○ 법인 (2개사 벌금 4억 8,500만불) – 하이닉스 : 1억 8,500만불, – 삼성전자 : 3억불

1) 출처: 공정거래위원회 제7회 카르텔 업무 설명회 자료 및 언론 보도 종합 업데이트.

연도	사건명	한국기업에 대한 제재 현황
2005 ~2007	D-RAM 가격담합	ㅇ 개인(2개사 임원 10명 : 벌금 총250만불 및 징역 5~14개월) – 하이닉스 : 4명(각 25만불, 징역 5~8개월) – 삼성전자 : 6명(각 25만불, 징역 7~14개월)
2007 2009	항공운송 가격담합	ㅇ 2개사 벌금 3억 5,000만불 – 대한항공 : 3억불, – 아시아나 : 5,000만불
2008	LCD 가격담합	ㅇ 1개사(LG 디스플레이) 벌금 4억불 ㅇ 개인 2명(총 5.5만불, 징역 7~12개월)
2011	CDT(브라운관) 가격담합	ㅇ 1개사(삼성SDI) 벌금 3,200만불 ㅇ 개인 3명 기소 – 삼성SDI : 1명 기소 – LG 디스플레이: 2명 기소
합 계		벌금 12억 7,167만불 (약 1조 7,310억원)

표 2 한국기업에 대한 EU의 역외적용

연도	사건명	한국기업에 대한 제재 현황
2000	라이신 가격담합	ㅇ 2개사에 과징금 1,721만 유로 – 제일제당 : 1,008만 유로, – 대상(舊 세원) : 713만 유로
2002	핵산조미료 가격담합	ㅇ 2개사 과징금 502만 유로 – 제일제당 : 274만 유로, – 대상 : 228만 유로
2010	DRAM 가격담합	ㅇ 2개사 과징금 1억 9,719만 9천 유로 – 삼성전자 : 1억 4,572만 8천 유로 – 하이닉스 : 5,147만 1천 유로
2010	LCD 가격담합	ㅇ 1개사(LG디스플레이) 과징금 2억 1,500만 유로
2012	브라운관 가격담합	ㅇ 2개사 과징금 4억 4,640만 유로* – LG전자 : 2억 9,560만 유로 – 삼성SDI : 1억 5,080만 유로
합 계		과징금 8억 8,082만 9천 유로 (약 1조 2,782억원)

* LPD(LG-필립스 조인트벤처): 2억9600만 유로 과징금을 LG와 필립스가 연대하여 납부하도록 명령받음. EU는 모자회사가 하나의 경제단위(economic entity)를 구성한다고 판단하는 경우 해당경제단위(undertaking) 소속 회사들에 대해 연대(jointly and severally)납부명령부과

** '98.9. 해상운송 운임료 담합에 대해 과징금 5,294만 유로 부과 → 1심법원에서 증거부족 등으로 EU집행위 결정 무효화('03.9.30), 미항소로 확정

*** '00.5. 해상운송 운임할인거부 담합에 대해 75만 유로 부과 → 1·2심 법원에서 절차상 하자를 이유로 과징금 부과처분 취소('04.12.20 확정)

우리나라에서도 독점규제법 상에 역외적용에 관한 명시적인 규정이 생기기 이전부터 흑연전극봉 카르텔 사건(2002년)과 비타민 카르텔 사건(2003년)에서 외국의 학설이나 판례에 따라 역외적용을 하여왔다. 그 후 역외적용을 둘러싼 법적인 논란을 정리하기 위해 2004. 12. 31. 독점규제법 개정 때 "이 법은 국외에서 이루어진 행위라도 국내시장에 영향을 미치는 경우에는 적용한다"(법 2조의2)고 명시적으로 규정하게 되었다(2005년 4월시행). 우리 법에서는 객관적인 효과만을 문제삼을 뿐 그 의도에 대해서는 불문한다.

우리나라 경쟁당국인 공정거래위원회가 외국기업에 대해 제재를 가한 경우를 정리하면 다음의 <표 3>과 같다.[2)]

표 3 우리나라의 외국기업에 대한 제재

연도	사건명	피심인	총과징금	비고
2002	흑연전극봉	3개국 6개 사업자	57억원	최초
2003	비타민	5개국 6개 사업자	34억원	
2008	복사용지	4개국 4개 사업자	38억원	역외적용규정도입 및 전담조직(국제카르텔과) 신설 후 최초
2009	마린호스	4개국 5개 사업자	5억원	
2010	항공화물운임	16개국 21개 사업자	1,195억원	
2011	CDT	4개국 5개 사업자	262억원	
2011	TFT-LCD	3개국 10개 사업자	1,940억원	
2012	CRT유리	3개국 4개 사업자	545억원	
2013	자동차계량장치 및 와이퍼시스템 입찰담합	2개국 5개 사업자	1,146억원	
합 계			5,222억원	

2) 출처: 제9회 카르텔업무설명회 자료 업데이트.

Ⅱ. 판　　례

공정거래위원회가 역외적용을 시도한 사례는 2002년의 흑연전극봉 카르텔 사건(공정거래위원회 의결 제2002-077호, 2002. 4. 4.)이다. 이 사건에서는 미국, 독일, 일본 국적의 6개 흑연전극봉 제조업체가 1992년 영국 런던에서 한국을 비롯한 흑연전극봉 수입국가에 대한 가격 및 시장분할을 담합하였는지 여부가 쟁점이 되었다. 이 사안은 이미 외국에서 조사를 하여 증거를 확보한 상태였기 때문에 증거의 유무보다는 법적인 근거가 없이 외국기업에 대한 조사를 하여 역외적용을 할 수 있는지 여부와 외국에 있는 사업자에 대한 문서송달 방법이 오히려 문제가 되었었다. 대법원은 역외적용의 근거에 대하여는, 합의가 외국에서 이루어졌다 하더라도 실행이 한국에서 이루어졌고 한국 시장에 영향을 미쳤다는 이유로 역외적용을 긍정하였다. 송달에 대해서는 행정절차법상의 우편송달 적법성을 인정해 주었다.

〉〉〉 판례 대법원 2006. 3. 24. 선고 2004두11275 판결 ("독점규제법의 역외적용"에 관한 판례)

가. 제2점에 대하여

구 '독점규제 및 공정거래에 관한 법률'(2004. 12. 31. 법률 제7315호로 개정되기 전의 것, 이하 '공정거래법'이라 한다) 제55조의2 및 이에 근거한 '공정거래위원회 회의운영 및 사건절차 등에 관한 규칙'(공정거래위원회 고시 제2001-8호) 제3조 제2항에 의하여 준용되는 구 행정절차법(2002. 12. 30. 법률 제6839호로 개정되기 전의 것, 이하 '행정절차법'이라 한다) 제14조 제1항은 문서의 송달방법의 하나로 우편송달을 규정하고 있고, 행정절차법 제16조 제2항은 외국에 거주 또는 체류하는 자에 대한 기간 및 기한은 행정청이 그 우편이나 통신에 소요되는 일수를 감안하여 정하여야 한다고 규정하고 있는 점 등에 비추어 보면, 피고는 국내에 주소·거소·영업소 또는 사무소(이하 '주소 등'이라 한다)가 없는 외국사업자에 대하여도 우편송달의 방법으로 문서를 송달할 수 있다고 할 것이다.

그럼에도 불구하고, 원심이 이와는 달리 국내에 주소 등이 없는 외국사업자에 대하여는 행정절차법 제14조 제1항의 우편송달을 할 수 없고, 달리 송달할 방법이 없어 같은 조 제4항 제2호 소정의 '송달이 불가능한 경우'에 해당하므로 공시송달의 방법을 취할 수밖에 없다고 한 것은 잘못이라고 할 것이나, 기록에 의하면, 피고는 국내에 주소 등이 없는 외국사업자인 원고에게 '심사보고서에 대한 의견제출요구 및 전원회의 개최통지서' 및 '의결서 정본'을 등기우편으로 송달하였음을 알 수 있고, 이는 행정절차법 제14조 제1항의 규정에 따른 우편송달로서 적법하다 할 것이므로, 원심판결은 그 결론에 있어서 정당하고, 거기에 판결 결과에 영향을 미친 판단누락 또는 행정절차법의 적용 범위 등에 관한 법리오해의 위법이 없다.

나. 제1점 및 제3점에 대하여

공정거래법은 사업자의 부당한 공동행위 등을 규제하여 공정하고 자유로운 경쟁을 촉진함으로써 창의적인 기업활동을 조장하고 소비자를 보호함과 아울러 국민경제의 균형 있는 발전을 도모함을 그 목적으로 하고 있고(제1조), 부당한 공동행위의 주체인 사업자를 '제조업, 서비스업, 기타 사업을 행하는 자'로 규정하고 있을 뿐 내국사업자로 한정하고 있지 않은 점(제2조), 외국사업자가 외국에서 부당한 공동행위를 함으로 인한 영향이 국내시장에 미치는 경우에도 공정거래법의 목적을 달성하기 위하여 이를 공정거래법의 적용대상으로 삼을 필요성이 있는 점 등을 고려해 보면, 외국사업자가 외국에서 다른 사업자와 공동으로 경쟁을 제한하는 합의를 하였더라도, 그 합의의 대상에 국내시장이 포함되어 있어서 그로 인한 영향이 국내시장에 미쳤다면 그 합의가 국내시장에 영향을 미친 한도 내에서 공정거래법이 적용된다고 할 것이다.

Ⅲ. 문서송달

역외적용에 있어서 가장 어려운 문제 중의 하나는 외국에 있는 사업자에 대하여 어떻게 문서를 송달할 것인가 하는 점이다. 상기의 사건에 있어서도 문서송달방법의 적정성이 다투어졌다. 이러한 해석상의 의문을 해소하기 위해서 독점규제법 제53조의 3 제2항에서는 국외에 주소·영업소 또는 사무소를 두고 있는 사업자 또는 사업자단체에 대해서는 국내에 대리인을 지정하도록 하여 동 대리인에게 송달한다고 규정을 신설하였다. 만약 국내에 대리인을 지정하지 아니한 경우에는 행정절차법에서 규정한 대로 관보, 공보, 게시판, 일간신문 중 하나 이상에 공고하고 인터넷에도 공고하여 송달하는 방법을 택할 수 있다.

토의 주제

① 역외적용에서 '국내 시장에 영향을 미치는 경우'의 여부를 어떻게 판단할 것인지 문제가 될 수 있다. 물론 일의적인 기준을 정립하기가 쉽지 않으나, 외국의 판례나 기존의 지침 등이 일응 참고기준이 될 수 있을 것이다. 예컨대, 카르텔의 경우 국내시장점유율이 20% 이상인 경우를 생각해 볼 수 있다. 또한, 카르텔이나 기업결합은 어느 정도 국제적인 합의가 이루어질 수 있지만 불공정거래행위는 우리나라에 독특한 내용이 많아 국제적인 합의가 쉽지 않다. 역외적용은 어느 범위까지 가능한 것인가?

② 외국 기업에 대해 과징금 부과를 하였으나 당해 기업이 불응하는 경우 집행할 수 있는 방법이 있는가?

제 2 절 독점규제법의 적용제외

Ⅰ. 총 설

1. 적용제외의 의의

우리나라와 같이 시장경제를 경제질서의 기본으로 삼고 있는 나라에서는 독점규제법이 경제질서의 기본법이자 일반법이기 때문에 동법은 원칙적으로 모든 산업분야에 빠짐없이 적용된다. 독점규제법은 현재 특정 산업에 대하여 아무런 명시적인 적용제외조항을 두지 않고 있다. 그러나 아무리 시장경제를 기본으로 하고 있다고 하더라도 경제활동을 오로지 시장의 기능에만 맡겨 놓을 수 없는 경우가 있기 때문에, 동법은 제58조 이하에서 특정한 사업자나 특정한 행위에 대하여는 그 적용을 전면적 또는 부분적으로 제외하고 있다.

그런데 이러한 적용제외를 널리 인정하게 되면 독점규제법의 실효성이 크게 저하될 우려가 있기 때문에, 우리나라 경제질서의 기본인 시장경제의 질서기능을 제대로 유지하기 위해서는 적용제외조항을 가능한 한 제한적으로 해석할 필요가 있다. 한편, 어떤 행위가 법 제58조 이하에 해당될 경우에는 처음부터 공정거래법상 개별 금지조항의 적용이 전부 또는 일부 배제된다.

2. 적용제외의 이론적 근거

(1) 적용제외의 인정근거

적용제외를 인정하는 근거는 이를 실증적인 관점에서 찾을 수도 있고 이론적인 관점에서 찾을 수도 있다. 여기서 적용제외가 형성되는 사회경제적 과정에 초점을 맞추어 그 근거를 주로 이익집단의 영향에서 찾고 있는 실증적인 관점은 제쳐놓고,

일단 이론적인 관점에서 그 근거는 다음과 같은 두 가지로 나누어진다.[3] 하나는 정부가 추구하는 목표가 서로 충돌하는 경우에 대한 입법자의 정책적 판단이고, 다른 하나는 시장실패에 대처하기 위한 것이다.

가. 목표충돌에 대한 정책적 결단

무엇보다 경쟁정책과 상충되는 정책목표를 달성하기 위하여 경쟁원리에 대한 제한이나 한계가 필요한 경우에 적용제외가 활용될 수 있다. 예컨대, 경기정책(불황카르텔), 국제수지의 균형(수출카르텔), 산업구조정책(구조조정카르텔, 중소기업의 협동화), 완전고용정책(고용안정을 위한 기업결합의 승인), 국가안보 등을 위한 조치들이 여기에 해당된다. 그런데 여기서는 그러한 목표의 달성을 위하여 당해 조치들이 과연 필요하며 불가피한 것인지가 문제된다. 독점규제법에서 인정하고 있는 효율성증대나 회생불가회사의 구제를 위한 기업결합의 예외(법 7조 2항), 산업합리화·연구기술개발·불황의 극복·산업구조의 조정·거래조건의 합리화 또는 중소기업의 경쟁력향상을 위한 공동행위의 인가(법 19조 2항)에서 이러한 목표충돌이 나타나고 있다. 그 밖에 금융 또는 보험산업 등 특정산업의 고유한 목표를 달성하기 위하여 독점규제법의 적용을 부분적으로 제외하는 경우도 있으며, 여기서는 주로 그러한 정책적 판단이 과연 합리적인지의 여부가 문제된다. 따라서 그러한 적용제외의 합목적성과 필요성, 그리고 그것이 그 밖의 영역에 미치는 부수적인 영향 등도 함께 고려하여야 한다.

그런데 이러한 적용제외는 결국 경쟁정책에 대한 국가의 태도에 따라 좌우되기 때문에 국가는 이러한 적용제외를 인정함에 있어서 독점규제법이 경제질서의 기본법이라는 점을 감안하여 적용제외의 인정범위를 가능한 한 축소하도록 노력해야 할 것이다. 합리적 이유도 없이 적용제외를 널리 인정하게 되면, 독점규제법은 경제질서의 기본법으로서 그 의의나 기능을 상실하게 될 우려가 있기 때문이다.

나. 시장실패에 대한 대처

여기서도 적용제외의 근거가 입법자의 정책적인 판단에 의존하고 있는 것은 사실이지만, 그것을 정당화하는 근거는 다분히 경쟁이론적인 것이다. 시장경제에 있어서는 모든 경제활동이 원칙적으로 경쟁에 의하여 조정되지만, 경쟁이 아예 발생할 수 없거나 그 영역의 특수성 때문에 경쟁의 긍정적인 효과가 나타나지 않는 경

3) 권오승, 「독점규제법상 적용제외」, 법경제연구(Ⅱ), 한국개발연구원, 1995, 109면 이하 참조.

우에는 경쟁이 배제된다. 이것을 이른바 시장실패(market failure)라고 한다. 이러한 사유는 특히 운송업이나 에너지산업에서 중요한 의미를 가진다.

여기서 시장실패의 사유로서 특히 중요한 의미를 가지는 것으로는 무엇보다 자연독점을 들 수 있다.[4] 자연독점이란 어떤 시장에서 소요되는 수요의 양을 충족함에 있어서 하나의 공급자가 둘 이상의 기업이 공급하는 것보다 더 싸게 공급할 수 있는 경우를 가리킨다. 자연독점은 흔히 규모의 경제가 현저하게 나타나거나 외부효과가 상당한 산업에서 그 예를 찾을 수 있다. 이러한 경우에는 장기적으로는 오로지 하나의 공급자만이 살아남게 되는데, 이러한 산업은 자연적인 적용제외로서 별도의 규율을 받는다. 예컨대 전기·가스 등과 같은 에너지산업과 수도·철도운수 등과 같은 분야가 여기에 해당된다. 이러한 분야는 본질적으로 오로지 자유경쟁에만 맡길 수 없는 측면이 있으므로, 일반적으로 이를 공공부문 내지 정책규제부문이라고 한다. 이러한 분야에 대하여는 법률에 의하여 영업의 자유가 제한되고 있을 뿐만 아니라 국가의 직접적인 규제가 이루어지고 있는 경우가 많다.

Ⅱ. 적용제외의 유형별 기준

1. 법령에 따른 정당한 행위

독점규제법은 사업자 또는 사업자단체가 다른 법률 또는 그 법률에 의한 명령에 따라 행하는 정당한 행위에 대하여는 동법을 적용하지 않는다고 규정하고 있다(법 58조). 그러나 여기서 다른 법률 또는 그 법률에 의한 명령이 구체적으로 무엇을 의미하는지는 명확하지 않다. 1980년에 동법을 제정할 당시에는 특별법의 제정을 통하여 동법의 적용을 받지 않는 법률을 구체적으로 지정하도록 규정하고 있었으나(구법 47조 2항), 정부는 이러한 적용제외법률을 제정하지 않고 있다가, 1986년에 동법의 제1차 개정시에 동 조항을 삭제하였다. 따라서 현행법상으로는 여기서 말하는 법령이 구체적으로 어떠한 법령을 의미하는지가 분명하지 않고, 이 문제는 결국 해석론에 맡겨져 있다.

---

4) W. Möschel, Recht der Wettbewerbsbeschr kungen, 1983, Rdnr. 973.

시장경제를 경제질서의 기본으로 삼고 있는 우리나라에 있어서는 독점규제법이 경제질서의 기본법이기 때문에, 경쟁을 제한해야 할 합리적인 이유가 있는 경우에는 동법의 적용을 제외하지만 그렇지 않은 경우에는 동법을 적용해야 한다. 동법 제58조가 적용제외의 근거를 단순히 법령에 따른 행위라고 규정하지 않고 법령에 따른 '정당한' 행위라고 규정하고 있는 것도 이러한 이유 때문이다. 판례는 다른 법령에서 경쟁제한을 허용하고 있는 모든 경우에 대하여 동법을 적용하지 않는 것이 아니라, 정당한 행위 즉 경쟁제한을 인정해야 할 합리적인 이유가 있는 행위에 대해서만 필요최소한의 범위에서 동법의 적용을 제외해야 할 것이라는 매우 엄격한 입장을 취하고 있다.[5)]

››› 판례 대법원 1997. 5. 16. 선고 96누150 판결 ("대한법무사협회" 사건)

독점규제법 제58조는 이 법의 규정은 사업자단체가 다른 법률 또는 그 법률에 의한 명령에 따라 행하는 정당한 행위에 대하여는 이를 적용하지 아니한다고 규정하고 있는바, 위 조항에서 말하는 법률은 당해 사업의 특수성으로 경쟁제한이 합리적이라고 인정되는 사업 또는 인가제 등에 의하여 사업자의 독점적 지위가 보장되는 반면 공공성의 관점에서 고도의 공적규제가 필요한 사업 등에 있어서 자유경쟁의 예외를 구체적으로 인정하고 있는 법률 또는 그 법률에 의한 명령의 범위 내에서 행하는 필요최소한의 행위를 말하는 것이라 할 것이므로, 법무사법이 부당한 사건위촉의 유치금지(22조), 성실의무·품위 보전의무·회칙 준수의무(27조), 회비 분담의무(28조) 등에 관하여 규정하고 있다고 하여도 집단등기사건을 자유롭게 수임하는 것을 제한함으로써 자유로운 경쟁을 저해하고 있음이 분명한 이 사건 집단등기사건수임업무처리규정의 제정과 그 시행은 독점규제법 제58조에 규정되어 있는 정당한 행위에 해당한다고 할 수 없다.

››› 판례 대법원 2008. 12. 24. 선고 2007두19584 판결 ("케이티" 사건)

독점규제법 제58조는 "이 법의 규정은 사업자 또는 사업자단체가 다른 법률 또는 그 법률에 의한 명령에 따라 행하는 정당한 행위에 대하여는 이를 적용하지 아니한다."고 규정하고 있다. 그런데 여기서 말하는 정당한 행위라 함은 당해 사업의 특수성으로 경쟁제한이 합리적이라고 인정되는 사업 또는 인가제 등에 의하여 사업자의 독점적 지위가 보장되는 반면 공공성의 관점에서 고도의 공적규제가 필요한 사업 등에 있어 자유경쟁의 예외를 구체적으로 인정하고 있는 법률 또는 그 법률에 의한 명령의 범위 내에서 행하는 필요·최소한의 행위를

5) 대법원 1997. 5. 16. 선고 96누150 판결.

말하는 것이다(대법원 1997. 5. 16. 선고 96누150 판결; 대법원 2007. 12. 13. 선고 2005두5963 판결 등 참조).

원심은 그 채택 증거를 종합하여 그 판시와 같은 사실을 인정한 다음, 이 사건 시외전화 사업이 그 특수성으로 인하여 경쟁제한이 합리적이라고 인정되는 사업 또는 인가제 등에 의하여 사업자의 독점적 지위가 보장되는 사업이라고 할 수 없는 점, 원고가 행정지도의 근거로 들고 있는 전기통신사업법(2008. 2. 29. 법률 제8867호로 개정되기 전의 것, 이하 같다) 제34조 제2항이 자유경쟁의 예외를 구체적으로 인정하고 있는 법률에 해당한다고 볼 만한 사정이 없는 점, 원고는 정보통신부 담당공무원으로부터 접속료 부담문제에 관한 행정지도를 받게 되자 이를 이용하여 시외전화 맞춤형 정액요금제 상품을 출시하기로 하는 등 위 행정지도의 범위를 벗어나는 별도의 내용으로 이 사건 2002년 합의를 한 점 등의 이유를 들어, 이 사건 2002년 합의가 독점규제법 제58조에서 말하는 '법률 또는 그 법률에 의한 명령에 따른 정당한 행위'에 해당하지 않는다고 판단하였다.

위 법리 및 기록에 비추어 보면, 원심의 이러한 사실인정과 판단은 정당하다.

원심판결에는 상고이유의 주장과 같은 독점규제법 제58조, 전기통신사업법 제34조 제2항 등의 해석에 관한 법리오해, 정보통신부 담당공무원의 행정지도와 이 사건 2002년 합의 사이의 인과관계에 관한 법리오해, 채증법칙 위배 등의 위법이 없다.

››› 판례 대법원 2009. 7. 9. 선고 2007두22078 판결 ("농협중앙회" 사건)

배타조건부 거래행위가 구 독점규제 및 공정거래에 관한 법률(2007. 4. 13. 법률 제8382호로 개정되기 전의 것) 제3조의2 제1항 제5호 전단의 시장지배적 사업자의 지위남용행위에 해당하려면 그 배타조건부 거래행위가 부당하게 거래상대방이 경쟁사업자와 거래하지 아니할 것을 조건으로 그 거래상대방과 거래하는 행위로 평가될 수 있어야 한다. 여기서 말하는 '부당성'은 '독과점적 시장에서의 경쟁촉진'이라는 입법 목적에 맞추어 해석하여야 하므로, 시장에서의 독점을 유지·강화할 목적, 즉 시장에서의 자유로운 경쟁을 제한함으로써 인위적으로 시장질서에 영향을 가하려는 목적을 가지고, 객관적으로도 그러한 경쟁제한의 효과가 생길 만한 우려가 있는 행위로 평가될 수 있는 배타조건부 거래행위를 하였을 때 그 부당성이 인정될 수 있다.

...(중략) 법 제58조는 "이 법의 규정은 사업자 또는 사업자단체가 다른 법률 또는 그 법률에 의한 명령에 따라 행하는 정당한 행위에 대하여는 이를 적용하지 아니한다"고 규정하고 있다. 그런데 여기서 말하는 정당한 행위라 함은 당해 사업의 특수성으로 경쟁제한이 합리적이라고 인정되는 사업 또는 인가제 등에 의하여 사업자의 독점적 지위가 보장되는 반면 공공성의 관점에서 고도의 공적규제가 필요한 사업 등에서 자유경쟁의 예외를 구체적으로 인정하고 있는 법률 또는 그 법률에 의한 명령의 범위 내에서 행하는 필요·최소한의 행위를 말하는 것이다(대법원 1997. 5. 16. 선고 96누150 판결; 대법원 2008. 12. 24. 선고 2007두19584 판결 등 참조).

원심은, 그 채용 증거를 종합하여 그 판시와 같은 사실을 인정한 다음, 농업협동조합법 제134조, 비료관리법 제7조, 농림부장관의 비료수급계획 등 원고가 주장하는 어떠한 법령에도 식량작물용 화학비료 구매사업을 경쟁제한이 합리적이라고 인정되는 사업으로 보거나, 원고의 독점적 지위를 보장하거나, 고도의 공공적 규제가 필요하다고 보아 자유경쟁의 예외를 구체적으로 인정하는 내용이 기재되어 있지 않으므로, 식량작물용 화학비료 구매사업이 사업의 특수성으로 인하여 경쟁제한이 합리적이라고 인정되는 사업 또는 인가제 등에 의하여 사업자의 독점적 지위가 보장되는 사업이라고 할 수 없다고 판단하였다.

위 법리 및 기록에 비추어 살펴보면, 원심의 위와 같은 판단은 정당하다.

원심판결에는 상고이유에서 주장하는 바와 같은 법 제58조의 해석에 관한 법리오해 등의 위법이 없다.

심화학습

① 법령에 따른 정당한 행위에 행정지도에 따른 행위가 포함될 수 있는가?

② 행정지도에 따른 기업간 행위조정에서 발생하는 산업정책과 경쟁정책의 충돌을 어떻게 이해하고, 평가해야 할 것인가?

[관련문헌] 이봉의, 통신요금 카르텔의 위법성 판단에 관한 고찰, 행정법연구 제13호, 2005. 5; 이호영, 규제산업과 독점규제법의 적용제외, 한양대학교 법학논총 제23집 제1호, 2006. 6

2. 무체재산권의 행사행위

독점규제법은 저작권법, 특허법, 실용신안법, 디자인보호법 또는 상표법에 의한 권리의 정당한 행사라고 인정되는 행위에 대해서는 적용되지 않는다. 저작권, 특허권, 실용신안권, 디자인 또는 상표권 등과 같은 무체재산권은 그 성질상 배타적으로 사용·수익·처분할 수 있다. 그러나 무체재산권을 행사하는 행위라고 하여 언제나 독점규제법의 적용이 배제되는 것이 아니며, 그 권리를 인정하는 목적의 범위를 벗어나서 부당하게 이용되는 경우에는 동법이 적용된다.

공정거래위원회는 2000년 8월 「지적재산권의 부당한 행사에 대한 심사지침」[6]을 마련하여 외형상 또는 형식상으로는 지식재산권에 의한 권리의 행사로 보이는 행위라도 발명과 창작을 장려하려는 지식재산권 제도의 취지를 벗어나 정당한 권리의 행사로 볼 수 없는 일정한 행위에 대해서는 기술시장 또는 상품시장 등에서의 경쟁

6) 독점규제법은 제정 당시부터 지금까지 무체재산권이라는 용어를 사용하고 있으나, 그 후 지적재산권이라는 용어가 사용되다가, 최근에는 지식재산권으로 바뀌었다. 그에 따라 2010년 3월 지침의 명칭 또한 「지식재산권의 부당한 행사에 대한 심사지침」으로 변경되었다. 최근에는 특허관리전문사업자(non-practicing entities; NPEs)에 의한 특허권 남용규제를 강화하는 내용으로 심사지침이 개정된 바 있다. 공정거래위원회 예규 제205호, 2014. 12. 17. 참조.

을 제한하는 경우에 독점규제법이 적용될 수 있음을 밝힌바 있다. 가장 최근에 개정된 심사지침[7]은 그간 실무상 문제되었던 표준특허와 사실상 표준특허를 준별하고, 특허보유자의 실시허락 거절의 부당성을 경쟁제한성을 중심으로 판단하는 내용을 담고 있다.

특허권 행사에 대한 적용제외 여부가 다투어진 대표적 사례는 이른바 "GSK" (글락소스미스클라인) 사건[8]이었다. 당초 GSK 등과 동아제약 사이에 체결된 역지불합의(reverse payment agreement)가 독점규제법상 부당한 공동행위로 규제되었는데, 이들 사업자가 역지불합의란 특허분쟁을 효과적으로 종결시키는 수단으로서 법 제59조가 정하는 특허권의 정당한 행사로서 적용제외에 해당한다고 주장하였다. 이에 대하여 서울고법은 ① 특허권자의 특허가 무효이거나 경쟁사업자가 특허를 침해한 것이 아님이 명백함에도 특허권자와 경쟁사업자가 관련시장에서 경쟁을 제한하기 위한 목적으로 합의에 이른 경우, ② 특허기간의 만료 후에도 경쟁사업자가 관련제품을 시장에 출시하지 않도록 한 경우, ③ 방법의 발명의 경우 제조방법과 상관없이 특허를 이용하여 생산한 제품과 동일한 제품에 관한 연구 또는 제조, 판매 등을 금지하는 경우, ④ 특허기간 만료 시까지 경쟁사업자가 특허권을 침해하지 않고도 할 수 있는 연구 또는 시험을 하지 않기로 함으로써 특허기간이 만료된 이후에도 경쟁사업자가 바로 제품을 출시하지 못하여 실질적으로 특허권자의 독점권이 연장되는 효과가 발생하는 경우, ⑤ 당해 특허와 직접적으로 관련이 없는 다른 특허에 관련된 연구개발, 관련 제품의 출시 등을 금지하는 경우에는 다른 특별한 사정이 없는 한 특허권의 부당한 행사로서 공정거래법의 적용을 받는다고 판시하였다.

이러한 기준에 따라 서울고법은 이 사건에서 문제된 역지불합의는 특허만료일을 넘어서 복제약의 제조·판매 등을 금지하였고, GSK 등이 보유한 제법특허와 다른 방법으로 생산하는 것까지 금지하였으며, 나아가 이 사건 특허와 아무런 관련이 없으나 자신과 경쟁관계에 놓일 수 있는 제품의 제조·판매 등까지 금지시켰다는 점에서 동 합의가 특허권의 정당한 행사 범위를 넘었다고 판단하였다. 아울러 특허분쟁에 관한 합의에 특허권자가 침해자에게 경제적 이익을 부여하는 내용이 포함되었

---

7) 공정거래위원회 예규 제247호, 2016. 3. 23.

8) 서울고법 2012. 10. 11. 선고 2012누3028 판결.

다는 사정만으로 그 합의가 특허권의 정당한 행사가 아니라고 단정할 수는 없으나, 특허권자가 침해배제를 약정하면서 침해자에게 역으로 상당한 경제적 이익을 부여한 사정은 다른 사정들과의 종합적인 고려 하에 그 합의를 함에 있어 당사자에게 반경쟁적인 의사 또는 목적이 있었다고 추단할 수 있는 근거가 된다고 판시하였다.

이어서 대법원은 '특허권의 정당한 행사라고 인정되지 아니하는 행위'란 행위의 외형상 특허권의 행사로 보이더라도 그 실질이 특허제도의 취지를 벗어나 제도의 본질적 목적에 반하는 경우를 의미하고, 여기에 해당하는지는 특허법의 목적과 취지, 당해 특허권의 내용과 아울러 당해 행위가 공정하고 자유로운 경쟁에 미치는 영향 등 제반 사정을 함께 고려하여 판단하여야 한다고 판시하였다. 그에 따라 이 사건에서 의약품의 특허권자가 자신의 특허권을 침해할 가능성이 있는 의약품의 제조·판매를 시도하면서 그 특허의 효력이나 권리범위를 다투는 자에게 그 행위를 포기 또는 연기하는 대가로 일정한 경제적 이익을 제공하기로 하고 특허 관련 분쟁을 종결하는 합의를 한 경우에, 그 합의가 '특허권의 정당한 행사라고 인정되지 아니하는 행위'에 해당하는지는 특허권자가 그 합의를 통하여 자신의 독점적 이익의 일부를 상대방에게 제공하는 대신 자신의 독점적 지위를 유지함으로써 공정하고 자유로운 경쟁에 영향을 미치는지에 따라 개별적으로 판단하여야 하고, 이를 위하여는 합의의 경위와 내용, 합의의 대상이 된 기간, 합의에서 대가로 제공하기로 한 경제적 이익의 규모, 특허분쟁에 관련된 비용이나 예상이익, 그 밖에 합의에서 정한 대가를 정당화할 수 있는 사유의 유무 등을 종합적으로 고려하여야 한다.[9)]

그 밖에 주로 특허권과 관련하여 문제될 수 있는 경우는 다음과 같다.

(1) 특허취득의 경우

특허취득에는 원시취득과 승계취득이 있는데, 여기에는 원칙적으로 독점규제법이 적용되지 않는다. 그러나 양자 모두 그 취득이 부당한 경쟁제한을 목적으로 하는 경우에는 독점규제법의 적용이 배제되지 않는다. 즉, 사기나 허위표시에 의하여 특허를 취득하고, 이로써 독점이나 가격고정을 꾀하는 행위는 독점규제법에 위반될 여지가 있으며, 특허권의 양도나 양수가 관련시장에서의 경쟁을 실질적으로 제한하

9) 대법원 2014. 2. 27. 선고 2012두24498 판결.

는 기업결합에 해당되는 경우에도 독점규제법이 적용된다.

(2) 특허의 실시를 허락한 경우

문제가 되는 것은 특허실시계약에 있어서 특허권자가 실시권자에게 부과하는 조건에 관해서이며, 어떠한 조건이 정당한 권리의 행사에 포섭되는 것인지에 대하여는 나라마다 그 기준이 다르나 추상적이기는 마찬가지이다. 따라서 개별적인 행위마다 구체적인 경쟁질서와의 관계를 고려하여 적용제외의 인정 여부를 결정해야 할 것이다.

(3) 기타 특허권의 불행사 등

특허권의 행사 여부는 원칙적으로 권리자의 자유로운 판단에 맡겨져 있다. 그러나 그것이 독점형성의 수단 또는 경쟁자간에 실질적인 경쟁제한을 위하여 이용되는 경우에는 독점규제법에 위반된다. 예컨대, 특허권자가 상호관련된 특허를 다수 가지고 있고 또 당해분야에서 시장지배적 지위를 차지하고 있는 경우에는 그 특허권의 불실시가 독점규제법에 위반될 수 있다. 또한 특허풀(patent pool)은 특허의 개방을 통하여 공동의 이익을 도모하는 것으로 그 자체가 위법한 것은 아니지만, 특허풀 자체가 복수의 특허권자들에 의한 공동행위를 통해서 형성되므로 경쟁에 미치는 효과는 적지 않으며, 따라서 그 실시허락에 부수하는 각종 조건은 부당한 공동행위에 해당될 소지가 있다.

토의 주제

① 특허권에 배타적 권리를 부여하는 취지를 독점규제법의 관점에서 설명해보자.

② 특허권이 권리자에 대하여 법률상 '독점'을 인정한 것이라는 주장의 타당성을 토론해보자.

3. 일정한 조합의 행위

소규모의 사업자 또는 소비자의 상호부조를 목적으로 하여 설립된 일정한 조합(조합의 연합회를 포함)의 행위에 대하여는 독점규제법이 적용되지 않는다(법 60조). 조합이 적용제외를 누리기 위해서는 상호부조의 목적 외에 임의로 설립되고 조합원이 임의로 가입 또는 탈퇴할 수 있으며, 각 조합원이 평등한 의결권을 가지고 조합원에 대하여 이익배분을 하는 경우에는 그 한도가 정관에 정해져 있어야 한다.

이 규정의 목적은 시장에 있어서 소규모사업자 또는 소비자의 열악한 지위를 강화하여 궁극적으로는 소비자후생을 증진하려는 데에 있으므로, 그 행위가 불공정거래행위이거나 또는 부당하게 경쟁을 제한하여 가격을 인상하게 되는 경우에는 동법의 적용이 제외되지 않는다(동조 단서). 이러한 적용제외를 받을 수 있는 조합에는 소비자협동조합, 중소기업협동조합,[10] 농업협동조합 등이 있다.

〉〉〉 판례 대법원 2002. 9. 24. 선고 2002두5672 판결 ("한국재생유지공업협동조합" 사건)

원심은, 사업자조합이 법 제60조 소정의 법적용제외 조합에 해당하기 위하여는 소규모의 사업자들만으로 구성되어야 하고 소규모 사업자 이외의 자가 가입되어 있어서는 안 되며, 법 제60조 소정의 소규모 사업자는 대기업과 대등하게 교섭할 수 있게 하기 위하여 단결할 필요성이 있는 규모의 사업자라고 할 것인데, 국내 재생유지업계의 전체시장규모는 연간 약 1,000억 원대로 추정되고 이러한 전체시장을 약 30개의 원고 구성사업자들이 대부분 나누어 갖고 있는 상태로서 그 중 작은 규모의 업체의 매출액은 10억 내지 20억 원 정도 되고 큰 규모의 업체의 매출액은 50－60억 원 정도까지 되므로 위와 같은 각 규모를 가지고 국내재생유지업계의 전체시장 대부분을 나누어 갖고 있는 원고 구성사업자 모두를 소규모사업자로 볼 수는 없고, 따라서 이들을 구성사업자로 하는 원고를 법 제60조 소정의 법적용제외 조합에 해당하는 소규모 사업자들로 구성된 조합이라고 할 수는 없다고 판단하였다.

기록과 관계 법령 및 관계 법리에 비추어 살펴보면, 원심의 위와 같은 사실인정과 판단은 정당한 것으로 수긍이 되고, 거기에 상고이유로 주장하는 바와 같은 법리오해 등의 위법이 있다고 할 수 없다.

〉〉〉 판례 대법원 2009. 7. 9. 선고 2007두22078 판결 ("농협중앙회" 사건)

사업자조합이 법 제60조에 정한 법 적용제외 조합에 해당하기 위하여는 소규모의 사업자들

10) 다만 중소기업협동조합연합회의 경우 그 산하 지역별 협동조합에 대규모사업자가 가입되어 있다면, 비록 이들 대규모사업자가 중소기업협동조합법 제12조 제2항에 의하여 중소기업 협동조합의 회원이라 하더라도, 위 연합회는 독점규제법 제60조 소정의 소규모사업자들의 단체라 할 수 없다(서울고법 1992. 1. 29. 선고 91구2030 판결).

만으로 구성되어야 하고 소규모 사업자 이외의 자가 가입되어 있어서는 안 되며, 법 제60조에 정한 소규모 사업자는 대기업과 대등하게 교섭할 수 있게 하기 위하여 단결할 필요성이 있는 규모의 사업자라야 할 것인데, 이 사건의 경우 원고 회원은 지역조합, 품목조합 및 품목조합연합회로 이루어져 있어 소규모의 사업자 또는 소비자에 해당하지 않고, 원고는 농업협동조합법에 의하여 설립된 법인으로서 그 단결을 촉진하여야 할 필요성이 있는 임의로 설립된 조합에 해당되지 아니하므로, 법 제60조의 적용대상인 조합에 해당하지 않는다.

》》 판례 대법원 2006. 11. 24. 선고 2004두10319 판결

원심은, 법 제60조 소정의 '일정한 조합의 행위'로서 법 적용이 제외되기 위하여는 당해 사업자단체에 소규모 사업자 외의 자가 가입되어 있어서는 아니 되는 등의 법 제60조 각 호 소정의 4가지 요건을 모두 충족하여야 하고, 또한 법 제60조 단서에 의하면 당해 행위가 불공정거래행위 또는 부당하게 경쟁을 제한하여 가격을 인상하게 되는 경우에 해당되지 않아야 한다고 전제한 다음, 원고들 중 일부는 매출액이 커서 원고 중앙협의회의 구성사업자 모두가 법 제60조 제1호 소정의 소규모 사업자인 경우에 해당되지 아니하므로 원고 중앙협의회가 법 제60조 소정의 조합에 해당되지 아니할 뿐 아니라, 원고 중앙협의회가 학생복 가격의 인하율 등을 일정수준으로 유지하기로 결의한 것은 당시의 경제상황에서 당해 행위가 없다면 인하될 수 있는 가격을 인하될 수 없게 하는 행위로서 실질적으로 가격을 인상하게 되는 경우에 해당되므로, 원고 중앙협의회의 판매가격 결정 등의 행위에 대하여 법 제60조에 따라 법 적용을 제외할 수 없다고 판단하였다.

관계 법령과 기록에 비추어 살펴보면, 원심의 위와 같은 판단은 정당하고, 거기에 상고이유에서 주장하는 바와 같은 법 제60조의 '일정한 조합의 행위'에 관한 법리오해의 위법이 없다.

토의 주제

- 적용제외가 적용되는 일정한 조합에 소비자협동조합이 포함된다는 점에 대해서는 이견이 없다. 반대로, 독점규제법 제60조 단서에 따라 소비자협동조합이라도 불공정거래행위를 하거나 부당하게 경쟁을 제한하여 가격을 인상하는 경우에는 동법이 적용되는바, 이를 근거로 소비자기본법상 소비자에 대해서도 독점규제법이 적용될 여지가 있는지를 살펴보자.

제10장

손해배상과 형사벌

제1절 민사적 집행(손해배상 제도)

Ⅰ. 머 리 말

1. 공정거래법의 목적과 손해배상 제도

독점규제법의 집행 제도는 크게 공적 집행(Public Enforcement) 제도와 사적 집행(Private Enforcement) 제도로 나눌 수 있다. 사적 집행 제도는 집행을 추진하는 주체가 사인, 단체, 정부 또는 지방자치단체 등으로 분권화되고 법원의 사법절차에 의하여 이루어지는 집행을 말한다. 사적 집행 제도로서 우리 법에 규정되어 있는 것은 손해배상청구 제도이고, 입법론적으로 검토되고 있는 것으로는 행위금지청구 제도가 있다. 독점규제법상 손해배상 제도는 피해자에 대한 보상(compensation) 기능을 주된 기능으로 한다는 점에서 공적 집행과 구별되는 독자적인 의의를 갖지만, 간접적으로는 법위반행위의 억제(deterrence) 기능을 수행한다는 점에서 공적 집행을 보완하는 의미도 갖는다.

심화학습

• 독립된 경쟁정책 집행기관인 공정위에 공정거래법의 전반적인 운용을 맡기고 있는 우리나라 법체계에서는 미국과 달리 집행수단으로서의 사적 집행의 역할에 대한 경험이 부족하다. 그런 점에서 사적 집행이 공적 집행의 미비점을 적극적으로 보완하는 역할을 수행할 것으로 보는 견해부터 사적 집행의 역할이 제한적이며 오히려 사회적 비용을 증가시킨다는 견해에 이르기까지 사적 집행의 역할 자체에 대한 다양한 시각 차이가 존재한다. 사적 집행을 활성화할 필요가 있다는 논의는 그 방법으로서 크게 사후적 피해자 구제수단으로서의 손해배상청구 제도를 활성화하기 위한 개선방안을 제시하는 견해와 예방적 구제수단으로서의 행위금지청구 제도의 도입을 전제로 하여 구체적인 제도 설계방안을 제시하는 견해로 대별된다. 이에 대한 자신의 견해를 정리해 보라.

2. 손해배상청구의 방법

독점규제법 제56조 제1항은 본문에서 "사업자 또는 사업자단체는 이 법을 위반함으로써 손해를 입은 자가 있는 경우에는 당해 피해자에 대하여 손해배상의 책임을 진다."고 규정하고, 그 단서에서 사업자 또는 사업자단체가 고의 또는 과실이 없음을 입증한 경우에는 책임을 면할 수 있음을 규정하고 있다. 독점규제법상 손해배상책임은 민법상 불법행위책임과 법적 성격이 동일하면서 다만 주관적 요건의 입증책임이 완화되어 있을 뿐이다. 따라서 사업자가 독점규제법 위반행위로 인하여 피해자에게 손해를 입힌 경우 민사상 불법행위도 구성하게 되므로,[1] 그 피해자는 독점규제법상 손해배상청구권뿐만 아니라 민법상 손해배상청구권도 갖게 되고 두 청구권을 선택적으로 행사할 수 있다.

Ⅱ. 독점규제법상 손해배상청구의 절차

1. 당사자

형식적 당사자 개념을 취하고 있는 우리나라에서는 독점규제법 위반행위로 피해를 입었다고 주장하는 사람은 그 주장 자체에 의하여 원고적격을 갖는다. 따라서 거래상대방이나 경쟁관계에 있는 사업자는 물론이고 직접적인 거래관계에 있지 않은 최종적인 일반 소비자도 손해배상청구를 할 수 있고, 심리 결과 청구권이 없음이 밝혀졌다고 하더라도 청구기각 판결을 받게 될 뿐 원고적격이 없다는 이유로 소각하 판결을 받지는 않는다.

한편 법 규정에서는 사업자 또는 사업자단체가 손해배상책임을 진다고 규정하고 있으므로, 사업자 또는 사업자단체만이 피고적격을 갖는다. 이는 사업자의 피용자가 실제로 법위반행위를 하였더라도 독점규제법상 사업자가 아닌 피용자를 상대로 한 손해배상청구는 성립하지 않는다는 점에 의의가 있다.

---

1) 대법원 2009. 7. 23. 선고 2008다40526 판결.

2. 관할법원

독점규제법상 손해배상청구의 소는 일반 민사소송에서와 같이 피고의 보통재판적 소재지의 지방법원 또는 불법행위지를 관할하는 지방법원을 제1심 관할법원으로 한다.

3. 증거조사방법의 특칙

법 제56조의 규정에 의한 손해배상청구의 소가 제기된 때 법원은 필요한 경우 공정위에 대하여 당해 사건의 기록(사건관계인, 참고인 또는 감정인에 대한 심문조서 및 속기록 기타 재판상 증거가 되는 일체의 것을 포함한다)의 송부를 요구할 수 있다(법 56조의 2). 이 규정에 따른 절차는 법원이 직권으로 공정위에 송부를 요구할 수 있다는 점 외에는 당사자가 법원에 신청하는 증거조사 방법인 문서송부촉탁(민사소송법 352조)과 내용상 그다지 다르지 않다. 다만 문서송부촉탁은 법원이 촉탁의 주체가 되기는 하지만 당사자의 신청을 법원이 채택하여 절차적으로 대행하는 증거조사 방법이라는 점에서 피촉탁기관의 자료의 제출 시기나 범위에 있어 충분히 협조하지 않더라도 달리 강제할 방법이 없다. 반면에, 독점규제법상 법원의 기록 송부 요구는 법의 명시적 근거에 의하여 법원의 직권으로 이루어지는 것이라는 점에서 공정위가 사실상 이에 구속되는 효과를 기대할 수 있을 것이다. 특히 기록 송부 요구 시기에 제한이 없으므로 공정위의 조사 절차가 진행 중인 상태에서도 법원이 당해 사건의 기록 송부를 요구할 수 있다는 점에 실무상 의의가 있을 것이다.

4. 소멸시효

법상 특별 소멸시효 규정이 없으므로 독점규제법상 손해배상청구권도 민법상 소멸시효 규정에 따라 피해자가 손해 및 가해자를 안 날로부터 3년, 불법행위를 한 날로부터 10년이 경과하면 시효로 소멸한다(민법 766조). 손해 및 가해자를 안 날이란 손해의 발생, 위법한 가해행위의 존재, 가해행위와 손해의 발생 사이에 상당인과관계가 있다는 사실 등 불법행위의 요건사실에 대하여 현실적이고도 구체적으로 인식하였을 때를 의미한다. 대법원은 비록 공정위의 시정명령과 과징금부과명령이 있다고 하더라도 행정소송 판결이 확정된 때에 비로소 피고들의 공정거래법 위반으로 인한 손해의 발생을 현실적이고도 구체적으로 인식하였다고 보아야 할 것이라고 판시한다.[2)]

Ⅲ. 손해배상청구권의 성립

1. 객관적 요건

독점규제법상 손해배상청구권이 성립하기 위해서는, 객관적 요건으로서 첫째, 독점규제법 위반행위가 존재하고, 둘째, 피해자에게 손해가 발생하여야 하며, 셋째, 위반행위와 손해 사이에 인과관계가 존재하여야 한다. 객관적 요건에 대한 입증책임은 이를 주장하는 피해자에게 있다.

(1) 독점규제법 위반행위의 존재

독점규제법에 위반하는 행위로 인정되려면 그 행위가 외형적으로 법 규정이 정하는 요건을 갖추는 외에 그것이 법의 목적에 비추어 허용될 수 없는 행위여야 한다. 독점규제법 위반행위는 권리침해라는 결과의 반사회성에 중점을 두는 전통적인 유형의 불법행위와 달리 행위 자체의 반사회성을 문제 삼는 '행위지향적인 불법행위'이기 때문이다.[3)] 불공정거래행위로 인한 손해배상책임을 구하는 사건[4)]에서 대법원은 "불공정거래행위의 해당성을 조각하기 위한 '정당한 이유'라 함은 전적으로 공정한 경쟁질서 유지라는 관점에서 평가되어야" 한다고 판시하여, 불공정거래행위의 위법성을 개별적인 거래관계 그 자체가 아니라 그 배후에 있는 시장에서의 경쟁질서 전체의 입장에서 판단하여야 한다는 법리를 밝히고 있다.

이미 공정위의 조사, 심결 과정에서 그 위반사실이 밝혀지고 관련 증거가 확보되어 있다면 피해자는 그 자료를 인용함으로써 그 주장·입증 부담을 덜 수 있다. 우리 판례는 법에 정해진 시정조치가 확정된 경우 곧바로 사업자 등의 행위에 위법성이 인정되는 것은 아니고 시정조치에 있어서 공정위가 인정한 사실은 시정조치에서 지적된 불공정거래행위에 의하여 입은 손해를 배상받고자 제기한 민사소송에서

2) 대법원 2014. 9. 4. 선고 2013다215843 판결.
3) 양창수, "독점규제법에서의 손해배상", 민법연구 제5권, 박영사 (1999), 219면.
4) 대법원 1990. 4. 10. 선고 89다카29075 판결.

법원을 구속하지는 못하지만 사실상 추정을 받게 된다고 하여,[5] 시정조치의 구속력에 관하여 사실상 추정설을 취하고 있었다. 이러한 판례의 입장은 시정조치의 선확정 요건을 둔 2004년 개정 전 법 제57조 제1항의 해석에 근거한 것으로 보이나, 그 조항이 삭제된 현행법 하에서도 유지될 수 있을 것으로 생각된다.[6]

(2) 손해의 발생

공정거래법 위반행위가 있다는 사실만으로 곧 손해배상을 청구할 수 있는 것은 아니다. 법위반행위가 있더라도 손해가 실제로 발생하여야 하고 원고가 그 발생 사실을 입증하여야 한다. 손해는 이론상 현실적으로 입은 확실한 손해에 한하는 것이다. 다만 손해는 어디까지나 법적 개념이므로, 손해의 발생 여부는 사회통념에 비추어 규범적으로 판단할 수밖에 없다.[7]

(3) 인과관계의 존재

법위반행위와 피해자에게 발생한 손해 사이에는 법위반행위가 없었더라면 피해자에게 손해가 발생하지 않았을 것이라고 하는 논리적인 관계, 즉 인과관계가 존재하여야 한다. 이 문제와 관련하여 우리나라 판례는 원칙적으로 이른바 상당인과관계설을 취하고 있다. 독점규제법상의 손해배상책임도 민법상의 손해배상책임의 일종이기 때문에, 민법에서의 논의가 그대로 적용될 수 있다. 그러나 독점규제법 위반행위가 시장에서의 경쟁질서와 관련된 비교적 새로운 유형의 불법행위라는 점에서 환경오염피해소송, 의료과오소송, 제조물책임소송과 같은 특수소송에서 인과관계의 입증책임을 경감하는 판례의 입장[8]을 독점규제법 관련 소송에도 확장하여 이

5) 대법원 1990. 4. 10. 선고 89다카29075 판결.

6) 법원이 공정위가 시정조치에서 인정한 사실을 증거의 하나로 고려하면서 공정위의 사실인정 과정에 특별한 하자를 발견하지 못하면 사실상 그 판단을 존중하게 될 가능성이 높다는 견해[권오승 · 이민호, "경쟁질서와 사법상의 법률관계", 비교사법 제14권 1호(통권 36호), 한국비교사법학회 (2007), 92면]도 결론에 있어서는 마찬가지이다.

7) 채무불이행으로 인하여 배상하여야 할 손해는 현실로 입은 확실한 손해에 한하므로 채무불이행으로 인하여 채권자가 제3자에 대하여 채무를 부담하게 된 경우 채권자가 채무자에게 제3자에 대한 채무액과 동일한 금액을 손해배상금으로 청구하기 위하여는 채무의 부담이 현실적, 확정적이어서 실제로 변제하여야 할 성질의 것이어야 하나, 그와 같은 채무의 부담이 현실적, 확정적이어서 손해가 현실적으로 발생하였다고 볼 것인지의 여부는 사회통념에 비추어 객관적이고 합리적으로 판단해야 한다는 대법원 2001. 7. 13. 선고 2001다22833 판결 참조.

8) [환경오염피해소송에 관한] 대법원 1997. 6. 27. 선고 95다2692 판결; 대법원 2002. 10. 22. 선고 2000다65666, 65673 판결; 대법원 2009. 10. 29. 선고 2009다42666 판결 등. [의료과오소송에 관한] 대법원

와 같은 유형의 행위 자체의 특수성이나 입증 곤란의 문제를 고려한 재판 규범의 개발을 고려하여야 한다는 논의[9]가 있다.

〉〉〉 판례 서울중앙지법 2009. 6. 11. 선고 2007가합90505 판결 ("디지토닷컴 대 마이크로소프트" 사건)

구 공정거래법(2004. 12. 31. 법률 제7315호로 개정되기 전의 것) 제57조 제1항 단서가 '제56조(손해배상책임)의 규정에 의한 손해배상청구권은 이 법의 규정에 의한 시정조치가 확정된 후가 아니면 이를 재판상 주장할 수 없다. 다만, 이는 민법 제750조(불법행위의 내용)의 규정에 의한 손해배상청구의 소를 제한하지 아니한다.'고 규정하여 공정거래법 위반책임과 민법상 불법행위책임의 선택적 청구를 인정하고 있었으며, 공정거래법 제56조 제1항이 '사업자 또는 사업자단체는 이 법의 규정을 위반함으로써 피해를 입은 자가 있는 경우에는 당해 피해자에 대하여 손해배상의 책임을 진다. 다만, 사업자 또는 사업자단체가 고의 또는 과실이 없음을 입증한 경우에는 그러하지 아니하다.'고 규정하여 고의·과실의 입증책임을 위법행위자에게 전환시킨 점 등을 고려하면, 공정거래법 위반책임은 불법행위책임이라고 봄이 상당하다.

또한, 공정거래법 제57조가 '이 법의 규정을 위반한 행위로 인하여 손해가 발생된 것은 인정되나, 그 손해액을 입증하기 위하여 필요한 사실을 입증하는 것이 해당 사실의 성질상 극히 곤란한 경우에는, 법원은 변론 전체의 취지와 증거조사의 결과에 기초하여 상당한 손해액을 인정할 수 있다.'고 규정하고 있으므로, 위 조항을 적용하여 원고의 손해액을 산정하기 위해서는 공정거래법 위반행위인 이 사건 결합판매행위로 '인하여' 원고에게 손해가 발생하였다는 점이 입증되어야 할 것이며, 위 조항의 내용을 위법행위와 손해 사이의 인과관계에 대한 입증책임까지 완화되는 취지로 해석할 수는 없다. 따라서 불법행위책임의 일반원칙에 따라 손해배상청구권을 행사하고자 하는 원고가 위법행위와 손해 발생 사이의 인과관계를 입증하여야 한다고 봄이 상당하므로, 원고의 이 부분 주장은 받아들일 수 없다.

… (중략) …

우선 공정거래위원회가 2006. 2. 24.자 의결을 통하여 피고들의 이 사건 결합판매행위가 공정거래법 제3조의2 제1항 제3호의 '다른 사업자의 사업 활동을 부당하게 방해한 행위'에 해당한다고 의결한 것은 앞서 본 바와 같으나, 이는 피고들의 결합판매행위로 인하여 특정 사업자의 사업 활동이 실제로 침해되었는지 여부까지 심리하여 의결한 것은 아니고, 공정거래법상 위법성은 추상적 위험성이 인정되는 정도로 족하다고 할 것이므로, 이를 들어 곧 피고들의 이 사건 결합판매행위로 인하여 원고의 손해가 발생하였음이 입증되었다고 볼 수는 없다.

1995. 2. 10. 선고 93다52402 판결; 대법원 1999. 9. 3. 선고 99다10479 판결; 대법원 2003. 1. 24. 선고 2002다3822 판결; 대법원 2000. 9. 8. 선고 99다48245 판결; 대법원 2005. 9. 30. 선고 2004다52576 판결 등. [제조물책임소송에 관한] 대법원 2000. 2. 25. 선고 98다15934 판결; 대법원 2004. 3. 12. 선고 2003다16771 판결 등 참조.

9) 홍대식, "공정거래법상 손해배상청구: 실무의 관점에서", 경영법률 제13집 2호, 한국경영법률학회 (2003. 2.), 263면.

나아가 살피건대, 피고들이 이 사건 결합판매를 시작한 2000년 9월경 이후 피고들 메신저의 시장 점유율이 상승한 사실은 앞에서 본 바와 같다. … (중략) …

위 인정 사실에 의하여 알 수 있는 다음과 같은 사정, 즉 ① 원고의 주장과는 달리 피고들의 이 사건 결합판매행위가 시작된 2000년 9월경부터 2000년 12월경까지는 원고의 소프트 메신저 전체 접속자 수가 감소하지 않고 오히려 증가하고 있으며, 소프트 메신저 1.2 버전의 접속자 수는 크게 변동되지 않았고, 원고 주장에 의하더라도 일부 감소한 것은 소프트 메신저 1.2 버전 사용자가 소프트 메신저 2000 버전으로 옮겨간 것에서 기인한 현상으로서 피고들 메신저의 시장 점유율이 상승한 것과는 밀접한 연관성이 없는 점, ② 실제 메신저 시장의 점유율에 대한 조사 결과를 살펴보면, 2000년 9월경 원고의 소프트 메신저는 이미 경쟁 업체인 유아이엔닷컴에 뒤지는 등 다른 메신저 사업자와의 경쟁에서도 열세를 면치 못하고 있었던 점, ③ 피고들이 윈도우 Me에 MSN 메신저를 결합판매한 지 1년이 지난 2001년 8월이나 9월경에도 다음 메신저나 버디버디의 시장 점유율은 2000년 12월경과 거의 유사하거나 오히려 증가하는 현상을 보이는 등 피고들의 이 사건 결합판매행위가 적어도 2001년 9월경까지는 크게 영향을 미치지 않았던 것으로 볼 여지도 있는 점, ④ 원고는 1999년에 2억 289만 4,000원, 2000년 상반기에 2억 5,217만 5,000원의 경상이익을 달성하다가 2000년 말에 −13억 187만 5,000원, 2001년 말에 −43억 2,079만 4,000원의 적자를 기록하는 등 재정 상태가 급격히 악화되었는데, 이는 피고들의 이 사건 결합판매행위로 인하여 발생하였다기보다는 해외 진출, 인터넷 커뮤니티 포털화, 소메 2000 프로젝트 등 원고가 의욕적으로 벌이던 사업이 실패하고, 메신저 시장의 치열한 경쟁 상황에서 밀리는 가운데 2000년경 발생한 이른바 '벤처 거품의 붕괴' 등 원고 회사 자체의 문제 및 그 당시 경제 상황에서 발생한 것이라고 보는 것이 오히려 합리적인 점, ⑤ 특히, 원고가 산정한 기업 가치를 기준으로 하면, 2000년 상반기 178억 3,701만 1,000원이던 기업 가치가 2000년 9월경 시작된 피고들의 결합판매로 인하여 불과 4개월 만에 3억 8,988만 3,000원으로 하락했다는 것인데, 오로지 피고들의 결합판매만으로 이러한 결과가 발생하였다고 보기는 어려운 점 등 여러 사정을 종합적으로 고려하면, 피고들 메신저의 시장 점유율이 이 사건 결합판매행위 후 상승하였고 피고들이 윈도우 Me에 MSN 메신저를 결합하여 판매하기 시작할 즈음에 원고가 메신저 시장에서 이용률 감소로 인해 사업을 하지 못하게 되었다는 사정만으로는 피고들의 이 사건 결합판매와 원고의 메신저 사업 실패 사이에 상당인과관계를 인정하기에는 부족하고, 달리 이를 인정할 만한 증거가 없다.

토의 주제

- 위 하급심 판결의 태도는 회복 기능을 위주로 하여 형성되어 온 민법상 일반 손해배상책임의 법리를 독점규제법상 손해배상책임에 관한 성립요건의 증명이론에 그대로 원용하여 인과관계 요건에 관한 원고들의 증명의 정도를 엄격하게 심사하려는 태도로 볼 수 있다. 그 타당성에 대하여 토의해 보라.

2. 주관적 요건

법 제56조 제1항 단서에서는 행위자가 자신의 고의 또는 과실이 없음을 입증하면 손해배상책임을 면하도록 규정하여 주관적 요건의 입증책임을 가해자인 사업자에게 전환하고 있다. 독점규제법과 같은 경제법령의 경우 법위반행위와 손해 발생 사이에 인과관계가 인정되면 과실의 존재는 사실상 추정된다고 볼 수 있으므로, 이러한 입증책임의 전환 규정은 원고의 입증책임의 부담을 완화해 주는 기능을 한다. 다만 경우에 따라서는 피고가 반증을 들어 그 사실상의 추정을 깨뜨릴 수 있는 가능성이 있다. 대법원은 단순한 사업경영상 필요 또는 거래상의 합리성 내지 필요성만으로는 불공정거래행위의 해당성을 조각하기 위한 정당한 이유가 인정되지 않는다고 하였는데, '단순한 경영상 필요 또는 거래상의 합리성'과 같은 요소는 과실 판단에서 고려될 수 있을 것이다.[10)]

Ⅳ. 손해배상의 범위

1. 일반적인 문제

독점규제법은 법위반행위로 인하여 손해가 발생된 것은 인정되나, 그 손해액을 입증하기 위하여 필요한 사실을 입증하는 것이 해당 사실의 성질상 극히 곤란한 경우에는, 법원이 변론 전체의 취지와 증거조사의 결과에 기초하여 상당한 손해액을 인정할 수 있다는 손해액의 인정 조항(법 57조)을 두고 있다. 이 조항은 그와 같은 경우 증명도·심증도를 경감함으로써 손해의 공평·타당한 분담을 지도원리로 하는 손해배상제도의 이상과 기능을 실현하려는 취지이다. 따라서 법원이 위 규정을 적용하여 손해액을 인정할 때에도 손해액 산정의 근거가 되는 간접사실들의 탐색에 최선의 노력을 다해야 하고 그와 같이 탐색해 낸 간접사실들을 합리적으로 평가하여 객관적으로 수긍할 수 있는 손해액을 산정하여야 한다.[11)]

불법행위로 인한 재산상 손해의 산정방법에 관하여는 차액설이 판례의 입장이

10) 양창수, 앞의 논문, 228면.
11) 대법원 2016. 11. 24. 선고 2014다81511 판결.

다. 즉 위법한 가해행위로 인하여 발생한 재산상 불이익, 즉 그 위법행위가 없었더라면 존재하였을 재산상태와 그 위법행위가 가해진 현재의 재산상태의 차이가 손해로 산정되며, 여기에는 기존의 이익이 상실되는 적극적 손해와 장차 얻을 수 있을 이익을 얻지 못하는 소극적 손해가 포함된다.[12] 대법원은 위법한 입찰 담합행위로 인한 손해는 그 담합행위로 인하여 형성된 낙찰가격과 그 담합행위가 없었을 경우에 형성되었을 가격, 즉 가상 경쟁가격과의 차액을 말한다고 판단하여,[13] 부당한 공동행위로 인한 손해액 산정에 대하여 차액설의 입장을 취하고 있다.

››› 판례 대법원 2009. 7. 23. 선고 2008다40526 판결 ("납품업자 대 대형 할인점" 사건)

원심은, 채용 증거들을 종합하여, 판시와 같은 사실을 인정한 다음, 피고는 대규모소매점업자로서 거래관계에 있는 납품업자들에 대하여 거래상 우월한 지위를 가진다고 판단한 데 이어, 원고가 파견한 협력사원 소외인을 1일 2시간 정도 피고의 매장에서 원고가 납품하지 아니한 상품의 판매업무에 종사하게 한 행위는 공정거래법 시행령 제36조 제1항 [별표 1] 불공정거래행위의 유형 및 기준 제6호 (나)목 소정의 이익제공강요행위 또는 위 시행령 제36조 제2항에 근거하여 내부의 심사기준으로 고시한 구 대규모소매점업에 있어서의 특정불공정거래행위의 유형 및 기준(2005. 7. 1.자 공정거래위원회 고시 제2005-10호로 개정되기 전의 것, 이하 '이 사건 고시'라 한다) 제8조 제3항 소정의 불공정거래행위에 해당하므로 피고는 원고에게 위 소외인을 피고 자신의 판매업무에 종사하게 한 1일 2시간에 상응하는 급여 상당액을 손해배상으로 지급할 의무가 있다고 판단하고, 나머지 협력사원의 급여 상당액의 손해배상을 구하는 부분에 대해서는, 제출된 증거만으로는 피고가 거래상 우월한 지위를 이용하여 원고로 하여금 협력사원을 파견하도록 강요하였다거나 또는 소외인을 제외한 나머지 협력사원들에게도 원고가 납품하지 아니한 상품의 판매업무에 종사하게 하였다는 사실을 인정할 만한 증거가 없다고 보아 이 부분에 관한 원고의 청구를 배척하였다.

위 법리에 비추어 원심판결 이유와 기록을 살펴보면, 피고는 2003년 말 기준으로 대형 할인점 시장에서 7.6%의 시장을 점유하고 있었으며, 유통산업발전법의 규정에 의한 대규모점포의 개설등록을 하고 일반소비자에게 상품을 소매하는 종합소매업을 영위하고 있는 회사로서 공정거래법 제2조 제1호에서 규정한 사업자 및 이 사건 고시 제2조 제2항에서 규정한 대규모소매점업자에, 원고는 이 사건 고시 제2조 제3항에서 규정한 납품업자에 해당하는 사실, 피고와 같은 대형 할인점은 체계화된 유통망을 바탕으로 상품에 대한 대규모 구매력을 보유하고 있어 대부분의 납품업자가 피고와의 거래를 원하고 있으며, 피고는 납품업자의 간섭 없이 상

12) 대법원 1992. 6. 23. 선고 91다33070 전원합의체 판결; 대법원 1996. 2. 9. 선고 94다53372 판결; 대법원 1998. 7. 10. 선고 96다38971 판결 등.

13) 대법원 2011. 10. 13. 선고 2008두1832 판결.

품에 대한 판매가격을 자유롭게 결정할 수 있는 소위 Open Price 제도를 도입하고 있고, 상품에 대한 결제조건(결제기간, 현금결제비중, 어음만기의 단기 등)이 일반적으로 대형 할인점 외의 거래처에 비해 납품업자에게 유리하며, 납품업자 등이 대형할인점과 거래하기 위해 거래 개시 초기에 할인점이 요구하는 일정 규모 이상의 시설설비와 재고수준 확보 등과 같은 상당한 노력과 투자비용이 소요되고 이와 같은 사유로 인해 납품업자 등의 할인점에 대한 거래의 존도가 높은 사실, 한편 원고는 피고와 직매입거래계약을 맺고 피고에게 황태포 등을 납품하면서 이러한 직매입거래와 관련하여 피고의 8~9개 영업점에 협력사원을 파견한 사실, 원고가 협력사원을 채용하여 파견하는 형식을 취하기는 하였으나 사실은 피고가 직접 면접 후 협력사원을 채용하고, 근무시간, 근태관리 및 급여 등 제반 사항을 결정하였고 원고는 급여 등 인건비만 부담한 사실, 원고는 협력사원을 파견하면서 협력사원의 업무상의 재해나 부상시 고용주로서 전적인 책임을 부담하며 해당 사원으로 인한 제3자에 대한 손해배상책임 발생시 피고에게 어떠한 민·형사상의 책임도 묻지 않는다는 내용의 서약을 한 사실, 원고와 피고 사이에 협력사원의 업무내용, 노동시간, 파견기간 등의 파견조건에 관하여 사전에 명확히 약정하지 않은 사실, 협력사원들은 피고의 영업점에서 원고가 납품한 황태포를 물에 불린 후 뼈·가시 등을 제거하고 양념하여 판매하거나 그 일부를 즉석에서 구워 시식용으로 제공하는 등의 판촉활동을 하는 것이 주된 업무였으나 생선코너에 근무하는 등 황태포 판매와 관계없는 업무를 담당하기도 하였던 사실, 원고가 황태포 등 납품을 그만두고 다른 납품업자로 변경된 후에도 협력사원 중 일부는 다른 납품업자가 급여를 지급하는 형태로 피고의 영업점에서 계속하여 근무를 하기도 한 사실 등을 알 수 있는바, 사정이 이와 같다면 원고와의 관계에서 피고는 상대적으로 우월한 지위에 있는 사업자에 해당한다고 할 것이고, 또한 원고가 직매입거래로 납품한 황태포 등은 납품이 완료되어 매입이 확정되면 관리·처분권이 피고에게로 이전되는 것으로서 그 판매와 관리는 피고의 비용과 책임으로 수행하여야 할 피고의 고유한 업무라고 할 것인 점, 원고의 협력사원들이 피고의 영업점에서 황태포를 물에 불린 후 뼈·가시 등을 제거하고 양념하여 판매하거나 그 일부를 즉석에서 구워 시식용으로 제공하는 등의 판촉활동을 한 것이 납품업자가 대규모소매점업자에게 특수한 판매기법 또는 능력을 가진 종업원을 파견하여야 할 경우에 해당한다고 보기 어려울 뿐만 아니라 피고는 이들 협력사원들을 자신의 매장에서 납품한 상품의 판매와 관계없는 다른 업무를 담당하게 하기도 하였던 점, 원고와 피고 사이에 파견종업원의 파견조건에 관하여 사전에 서면으로 명확히 약정을 하지도 않았던 점 등을 종합하여 보면, 이러한 행위는 피고가 거래상 우월한 지위를 이용하여 거래상대방에게 경제상 이익을 제공하도록 강요하는 행위에 해당한다고 보아야 할 것이고, 이는 위 법 시행령 제36조 제1항 [별표 1] 불공정거래행위의 유형 및 기준 제6호 (나)목에서 금지하는 거래상 지위의 남용행위로서 민사상 불법행위에 해당한다고 할 것이다.

또한, 위와 같은 불법행위로 인하여 원고가 입은 손해의 범위는 다른 특별한 사정이 없는 한 위와 같은 불공정거래행위가 없었더라면 원고가 지출하지 않았을 비용, 즉 원고가 소외인 등과 같은 협력사원을 파견함으로써 지출한 인건비 등 비용의 합계액이라고 봄이 상당하다고 할 것이고, 다만 법원으로서는 원고가 협력사원이라는 명목으로 파견종업원의 인건비를 부담함으로써 피고의 매장에서 원고 제품의 매출을 확대하는 등의 이익을 얻을 수 있었던 점 및 그 밖의 기록에 나타난 여러 사정을 감안하여 신의칙 내지 공평의 원칙을 고려하여 피고의 책임을 적정한 범위로 제한할 수 있을 것이다.

그럼에도, 원심은 이와 달리 협력사원 중 소외인으로 하여금 원고가 납품하지 아니한 상품의 판매업무에 종사하게 한 부분에 한하여 불법행위책임이 있다고 판단하고 나머지 협력사원 파견으로 인한 인건비 청구부분에 관하여는 심리를 다하지 아니한 채 청구를 기각하고 말았으니, 이러한 원심판결에는 이익제공강요행위에 의한 불법행위의 성립과 그 손해배상의 범위에 관한 법리를 오해하여 판결에 영향을 미친 잘못이 있다.

토의 주제

- 판결이유를 통해 원심과 대법원 사이에 대형 할인점의 불공정거래행위로 인하여 납품업자가 입은 손해의 범위를 판단하는 방법에 어떤 차이가 있는지를 정리하고, 그 시사점에 대해 토의해 보라.

2. 초과가격의 지급으로 인한 손해액의 산정

(1) 손해액 산정에 관한 일반론

부당한 공동행위나 착취적 단독행위로 인하여 초과가격을 지급하게 된 피해자가 입은 손해액을 차액설에 따라 산정하기 위해서는 실제로 지급한 가격과 대비할 수 있는 가상 경쟁가격을 산정하여야 한다. 이는 법위반행위가 없었을 경우에 형성되었을 가격을 말하고, 그 행위가 발생한 당해 시장의 다른 가격형성요인을 그대로 유지한 상태에서 그 행위로 인한 가격상승분만을 제외하는 방식으로 산정하여야 한다.[14] 만일 이러한 가격에 대한 직접적인 증거(direct evidence)가 있다면 이를 근거로 하여 가상 경쟁가격이나 초과가격을 인정할 수도 있을 것이다. 그러나 이러한 증거가 확보되는 경우는 거의 없으므로 직접증거 방식은 실용적인 방법이라고 보기는 어렵다. 이러한 문제 때문에 현실에서 경험할 수 없는 가상 경쟁가격이나 초과가격은 법위반행위가 없는 경우의 시장성과에 대한 경제학적 증거에 기초하여 추정할 수밖에 없다.

가상 경쟁가격이나 초과가격은 그 성질상 증명이 극히 곤란한 경우에 해당하므

---

14) 대법원 2011. 7. 28. 선고 2010다18850 판결.

로 이에 관하여는 공정거래법 제57조를 적용할 수 있다. 그러나 공정거래법 제57조를 적용하더라도 원고들이 주장하는 가상 경쟁가격이나 초과가격을 기초로 담합행위로 인한 손해액을 산정할 수는 없는 경우에는 법원은 위 규정에 따라 상당한 가상 경쟁가격 또는 초과가격을 산정하기 위한 심리를 하여야 한다. 원고들이 나름의 가상 경쟁가격 또는 초과가격 산정 방법만을 주장하면서 상당하다고 평가될 수 있는 가상 경쟁가격 또는 초과가격을 제대로 증명하지 못하고 있다면 사실심법원으로서는 원고들에게 적극적으로 석명권을 행사하여 그러한 가상 경쟁가격 또는 초과가격에 관한 증명을 촉구하거나 경우에 따라서는 직권으로라도 상당한 가상 경쟁가격이나 초과가격을 심리·판단하여야 한다.[15)]

(2) 손해액 산정의 구체적 방법론

초과가격으로 인한 손해액을 산정하는 방법은 ① 전후 비교방법("before-and-after" method), ② 표준시장 비교방법(yardstick or benchmarking method), ③ 비용기반 접근법(cost-based approach), ④ 경제이론 모형(Theoretical modelling)에 의한 추정방법, ⑤ 계량경제학적 모형(econometric modelling)에 의한 추정방법으로 분류할 수 있다.[16)] ①, ②는 가격만을 관찰하여 서로 비교하는 방법인 반면에 ③ 이하의 방법은 정도의 차이는 있지만 가격에 영향을 주는 비용 또는 수요 기타 시장에서의 변수까지 고려하는 방법이다. 또한 ④, ⑤를 제외한 나머지 방법들은 계량경제학적 기법을 사용하지 않는다는 점에서 비계량경제학적 방법이라고 할 수 있다. 어느 한 방법만이 아니라 2, 3가지 방법을 복합적으로 사용하는 방법도 많이 활용되는데, 이를 이중차분법(difference in difference method)이라고 한다.

손해액 인정을 경제적 추정에 의존하여야 한다면 사실 인정에 필요한 증명의 정도를 어느 정도로 요구할 것인가? 소액 다수의 피해자가 발생하는 사건의 경우에는 손해액 인정제에 의존할 수도 있겠으나,[17)] 피해 규모가 큰 사건의 경우에는 손해액 인정제에 의존하는 것도 한계가 있다. 따라서 손해액을 증명하기 위하여 필요한 사실을 경제적 추정의 방법으로 증명하는 것이 가능하다면 이러한 경제적 증거의 증

---

15) 대법원 2016. 11. 24. 선고 2014다81511 판결.

16) 홍대식, "카르텔로 인한 손해액의 산정: 이론과 실제", 비교사법 제14권 3호(하)(통권 38호), 한국비교사법학회 (2007), 1105면 이하.

17) 이러한 사례로는 교복 담합 사건에 관한 서울고법 2007. 6. 27. 선고 2005나109365 판결 참조.

거가치에 대하여 법원이 적극적으로 판단하여 사실 인정에 활용할 필요가 있다. 구체적인 사건에서 사용된 경제적 접근법의 합리성이 인정된 사례로는 담합 후 더미 변수를 사용한 계량경제학적 분석방법이 사용된 밀가루 제조사의 밀가루 담합 사건,[18] 표준시장비교법이 사용된 약품도매상의 간염백신 가격담합 사건,[19] 시장점유율 이론이 사용된 제약회사의 역지불 합의 사건[20] 등이 있다.

특히 부당한 공동행위의 경우에 이러한 손해액 산정방법은 직접구매자가 그로 인한 손해배상을 구할 때 사용되는 것으로서, 직접구매자가 최종 소비자로서 부당한 공동행위로 인하여 초과가격을 지급하여 자신이 입게 된 손해의 전부를 자신이 부담하게 된다는 것을 전제로 한다. 그런데, 직접구매자가 최종 소비자가 아니라 중간 단계의 유통업자이거나 원재료 구매자라면 직접구매자는 자신이 입은 손해의 전부 또는 일부를 자신의 하위 단계 구매자인 간접구매자에게 전가할 수 있을 것이다. 이때 직접구매자가 입은 손해의 전부 또는 일부가 간접구매자에게 전가되었으므로 직접구매자가 주장하는 손해 중 전가된 부분을 공제해야 한다는 항변을 손해전가 항변(passing on defense)이라고 한다. 따라서 최종 소비자가 아닌 직접구매자가 원고로서 제기하는 손해배상 청구에 대하여 피고에게 손해전가 항변을 허용하여 손해배상의 범위를 제한할 것인지, 허용한다면 전가로 인한 영향을 어떻게 측정하여 반영할 것인지 하는 문제가 추가로 고려되어야 한다. 이 문제는 뒤에서 손해액 제한의 가능성의 문제로 살펴보기로 한다.

3. 일실이익의 산정

배제적 단독행위로 인하여 계속적 계약관계에 있는 피해자가 입은 일실이익 손해는 피해자가 원래의 계약기간 동안 계속해서 공급을 받았더라면 얻을 수 있었을 이익을 상실한 손해이다. 그 손해액은 예상 수익을 현재 수익으로 환산해서 계산하는 방법(기대이익의 할인된 현재가치법) 또는 그 정도의 수익을 올리는 사업을 양도하여 얻을 수 있는 시장가치를 산정하는 방법(계속기업가치법)에 의하여 산정될 수 있다.

판례에서 가장 자주 문제되는 사례인 부당한 거래거절행위의 경우 그로 인하여

18) 대법원 2012. 11. 29. 선고 2010다93790 판결.
19) 서울고법 1998. 5. 20. 선고 97나4465 판결.
20) 서울서부지법 2015. 8. 12. 선고 2014가합38388 판결.

원고의 영업이 중단된다면 영업이익이 감소하는 경우보다 예상 수익의 산정이 편리하다. 즉 손해액은 거절 행위가 있기 전의 월평균 영업이익을 산정한 후 여기에 거래거절 기간, 즉 제품 공급 중단 시기부터 계약 종료 시기까지의 기간을 곱하는 방법으로 간단하게 산정될 수 있다. 반면에 원고가 거래거절 이후 다른 사업자의 대리점으로 계속 영업한 경우에는 원고가 피고 회사의 대리점 영업을 계속하였을 경우 얻을 수 있는 이익에서 다른 사업자의 대리점을 운영하면서 얻은 이익인 중간이익을 공제하여야 한다.

이와 달리 수직적인 가격 또는 비가격제한행위로 인한 손해액의 산정은 그와 같은 제한이 없었다면 피해자가 얻을 수 있었던 이익을 산정하는 방법에 의하게 되는데, 여기에는 피해자의 손해 중 어느 정도가 위반자의 법위반행위에 의하여 발생한 것이고 어느 정도가 다른 원인으로 인하여 발생한 것인지 확정하여야 하는 어려운 문제를 야기한다. 차액설의 입장에 따를 때 법위반행위가 존재한 기간 전후의 피해자의 영업이익이 법위반행위가 존재한 기간 동안 피해자가 얻을 수 있었던 이익을 산정하는 자료가 될 것인데, 이를 그대로 피해자의 손해로 본다면 시장에서 수익성에 영향을 줄 수 있는 수많은 우연적인 요인들이 무시되는 결과가 된다. 그러나 그와 같은 다양한 요인들에 대한 입증을 피해자에게 요구한다면 손해액의 산정은 거의 불가능한 작업이 될 수 있으므로, 유연한 접근이 필요하다.

4. 과실상계, 손익상계 또는 손해액 제한의 가능성

(1) 과실상계

피해자에게 손해의 발생이나 확대에 관하여 과실이 있는 경우에는 민법의 일반원칙으로 돌아가 법원이 이를 손해배상의 책임 및 그 금액을 정할 때 참작할 수 있을 것이다. 다만 불법행위에 있어서 과실상계는 손해액을 정함에 있어 공평 또는 신의칙의 견지에서 피해자의 과실을 참작하는 것이라는 점을 감안하여 과실상계의 허용 여부를 판단할 필요가 있다.

(2) 손익상계 또는 손해액 제한의 가능성

과실상계 사유에 해당하지 않더라도 신의칙 내지 공평의 원칙을 고려하여 위반자의 책임을 적정한 범위 내로 제한할 수 있는 경우가 있다. 예컨대, 위반자의 법위반행위로 인하여 피해자가 손해를 입는 동시에 이익을 얻고 있는 경우에는 공평의 관념상 그 이익은 손해를 산정함에 있어서 공제될 수 있다.[21)]

이와 관련하여 논의될 필요가 있는 것은 손해전가 항변 허용 여부와 그에 따른 손해액 제한의 가능성 문제이다. 미국 연방대법원은 직접구매자의 손해배상청구에 대하여 피고에게 손해전가 항변을 허용하지 않는 대신 피고의 이중배상 위험을 회피하기 위하여 간접구매자의 원고적격을 부정하는 법리를 확립하였다. 그러나 미국의 판례 법리는 3배 손해배상청구 제도의 법위반행위 억제 기능의 효율성을 고려한 정책적인 판단에 근거한 것이기 때문에, 실손해배상을 전제로 한 보상적 성격에 기초하고 있는 우리 법상 손해배상 제도의 운영 과정에 그대로 받아들이기에는 적합하지 않다. 우리 법의 해석상으로는 최종 소비자가 아닌 직접구매자가 손해배상청구를 할 경우 위반자에게 손해전가의 항변을 허용하지 않을 근거는 없다고 본다. 다만 손해배상액의 산정에 있어 손익상계가 허용되기 위해서는 손해배상책임의 원인이 되는 행위로 인하여 피해자가 새로운 이득을 얻었고, 그 이득과 손해배상책임의 원인인 행위 사이에 상당인과관계가 있어야 한다는 것이 판례[22)]의 입장이므로, 위반행위와 별도로 직접구매자가 제3자에 대한 판매행위를 통하여 손해를 전가하여 취득한 이익이 손익상계의 공제 대상이 된다고 보기는 어렵다. 따라서 손해 전가의 항변을 인정할 것인지 여부는 법원이 손해 전가의 사실 및 그 정도, 간접구매자의 청구로 인한 이중 배상의 위험성 등 제반 사정을 고려할 때 손해분담의 공평이라는 손해배상 제도의 이념에 비추어 직접구매자에 대한 손해배상액을 적정하게 제한하도록 하는 재량 판단의 영역에 맡기는 것이 바람직할 것으로 보인다.[23)] 판례도 아래 판례에서 보는 바와 같이 이를 손해액 제한의 문제로 보고 있다.

---

21) 대법원 2002. 5. 10. 선고 2000다37296, 37302 판결.

22) 대법원 1989. 12. 26. 선고 88다카16867 전원합의체 판결; 대법원 2005. 10. 28. 선고 2003다69638 판결 등.

23) 이선희, "공정거래법 위반을 이유로 한 손해배상청구 – 부당한 공동행위로 인한 손해배상청구권을 중심으로 –", 민사판례연구회 편, 민사판례연구 제31권, 박영사 (2009), 936–937면; 홍대식, "공정거래법의 사적 집행에 관한 국내 동향과 쟁점", 경쟁저널 제145호 (2009). 또한 분식회계와 관련하여 회사가 얻은 이득이 분식회계로 인하여 회사가 얻은 상당인과관계가 있는 손해라고 볼 수 없다고 하여 손익상계 항변은 배척하면서도, 이를 포함한 제반 사정을 참작하여 손해배상액을 제한한 원심의 판단을 수긍한 대법원 2007. 11. 30. 선고 2006다19603 판결 참조.

››› 판례 대법원 2012. 11. 29. 선고 2010다93790 판결 ("삼립식품 대 씨제이, 삼양사" 사건)

담합에 의하여 가격이 인상된 재화 등을 매수한 매수인이 다시 이를 제3자인 수요자에게 판매하거나 그 재화 등을 원료 등으로 사용·가공하여 생산된 제품을 수요자에게 판매한 경우에, 재화 등의 가격 인상 후 수요자에게 판매하는 재화 등 또는 위 제품(이하 이를 모두 포함하여 '제품 등'이라 한다)의 가격이 인상되었다고 하더라도, 재화 등의 가격 인상을 자동적으로 제품 등의 가격에 반영하기로 하는 약정이 있는 경우 등과 같이 재화 등의 가격 인상이 제품 등의 판매 가격 상승으로 바로 이어지는 특별한 사정이 없는 한, 제품 등의 가격은 매수인이 당시의 제품 등에 관한 시장 상황, 다른 원료나 인건비 등의 변화, 가격 인상으로 인한 판매 감소 가능성, 매수인의 영업상황 및 고객 보호 관련 영업상의 신인도 등 여러 사정을 고려하여 결정할 것이므로, 재화 등의 가격 인상과 제품 등의 가격 인상 사이에 직접적인 인과관계가 있다거나 제품 등의 인상된 가격 폭이 재화 등의 가격 인상을 그대로 반영하고 있다고 단정할 수 없다. 그뿐 아니라 제품 등의 가격 인상은 제품 등의 수요 감소 요인으로 작용하여 전체적으로 매출액 또는 영업이익의 감소가 초래될 수 있고, 이 역시 위법한 담합으로 인한 매수인의 손해라 할 수 있으므로, 이와 같은 여러 사정을 종합적으로 고려하지 아니하고 제품 등의 가격 인상에 의하여 매수인의 손해가 바로 감소되거나 회복되는 상당인과관계가 있다고 쉽게 추정하거나 단정하기도 부족하다. 다만 이와 같이 제품 등의 가격 인상을 통하여 부분적으로 손해가 감소되었을 가능성이 있는 경우에는 직접적인 상당인과관계가 인정되지 아니한다고 하더라도 이러한 사정을 손해배상액을 정할 때에 참작하는 것이 공평의 원칙상 타당할 것이다.

나. 원심은, (1) 피고들의 담합에 의한 밀가루 가격 상승으로 인하여 담합기간 동안 원고가 피고들에게 경쟁가격을 초과한 가격을 지급함으로써 원고에게 발생한 손해액이 피고 씨제이에 대해서는 2,981,843,190원, 피고 삼양사에 대해서는 753,509,858원인 사실을 인정한 다음, (2) 피고 씨제이가 원고에게 밀가루를 판매하면서 판매증대를 목적으로 한 장려금 지급약정을 하였고 그 장려금 지급약정이 담합기간 이후에도 계속되었으며 장려금도 계속 지급된 사실, 피고 삼양사도 원고와 사이에 밀가루 등을 거래하면서 장려금 지급약정을 하였고 그 후 계속하여 장려금을 지급하고 있는 사실에 비추어 보면, 장려금 지급은 담합행위와 상당인과관계가 있다고 보이지 않기 때문에, 피고들이 지급한 장려금이 손익상계의 대상이 되어 피고들의 손해배상액에서 공제될 성질의 것은 아니라고 판단하고, (3) 나아가, 이 사건 담합행위로 인하여 인상된 가격으로 밀가루를 구매한 원고가 밀가루를 원료로 생산하여 판매하는 제품에 관한 가격 인상을 통하여 인상된 밀가루 가격의 전부 또는 일부를 최종 소비자에게 전가하였다는 이유로 피고들 자신이 배상할 손해액에서 위와 같이 전가된 손해액 부분을 공제할 것을 주장한 이른바 '손해전가의 항변(passing-on defence)'에 대하여, 원고가 중간 단계의 원재료 구매자로서 자신이 입은 손해의 전부 또는 일부를 하위 구매자인 간접구매자에게 전가하였다 하더라도, 사전 약정 등에 따라 원고가 초과 지급한 밀가루 가격에 대응하여 고정적으로 일정 비율 또는 그 액수만큼 제품의 가격 인상이 이루어지고 제품의 판매 수량에 변동이 없다는 등의 특별한 사정이 없는 한, 밀가루를 원료로 하여 생산한 제품의 가격을 인상하여 비

용을 전가할 것인지 여부 및 그 범위는 원고의 의사에 전적으로 맡겨진 영역이고, 제품 가격의 인상으로 인한 수요 감소를 무릅쓰고 비용을 전가할 것인지 여부는 원고의 별도의 판단에 따른 것이라는 사정 등을 참작하여, 담합으로 인한 밀가루 가격 상승에 따른 원고의 손해와 원고가 제품 가격의 인상에 의하여 취득한 가액 사이에는 상당인과관계가 없다고 판단하여, 피고들의 위 항변을 받아들이지 아니하는 한편 (4) 뒤에서 보는 바와 같이 위와 같은 장려금 지급 및 제품 가격 인상에 의한 손해 전가에 관한 사정들을 참작하여 피고들의 손해배상책임을 제한하였다.

다. 원심판결 이유를 적법하게 채택된 증거들에 비추어 살펴보면, 원심판결 이유 중에 다소 적절하지 아니한 부분이 있지만, 원심의 위와 같은 판단은 앞에서 본 법리에 따른 것으로 보이고, 거기에 담합으로 인한 손해액 산정과 손익상계 등 손해배상범위에 관한 법리를 오해하여 판결 결과에 영향을 미친 위법이 있다고 할 수 없다.

5. 사례연구: 군납유류 입찰담합 사건

부당한 공동행위 사건에서 피해자의 손해배상의 범위가 쟁점이 된 주요 사건으로는 5개 정유사의 군납유류 입찰담합 사건이 있다. 이 사건은 당사자 양쪽에서 손해액 입증을 위하여 서로 다른 자료와 방법론에 기초한 경제적 증거를 경쟁적으로 제출하는 한편 불리한 증거의 방법론의 오류를 치열하게 다투었고, 손해액 입증과 관련된 여러 가지 쟁점에 대한 판단이 상세하게 이루어진 사례이다. 항소심인 서울고법 2009. 12. 30. 선고 2007나25157 판결과 제1심인 서울중앙지법 2007. 1. 23. 선고 2001가합10682 판결은 손해액 산정의 구체적 방법론에 관하여 접근을 달리하였다. 서울중앙지법은 계량경제학적 분석방법인 '중회귀분석을 통한 이중차분법'에 의하여 추정된 가상 경쟁가격에 기초하여 손해액을 산정한 반면에, 서울고법은 계량경제학적인 방법을 배척하고 담합기간의 국내 군납유류 시장에서의 가상 경쟁가격을 담합행위 종료 후 비담합기간 동안의 싱가포르 현물시장에서의 거래가격에 부대비용을 합산한 가격으로 산정한 점에 차이가 있다. 이에 대하여 상고심인 대법원은 다음과 같이 판시하였다.

〉〉〉 판례 대법원 2011. 7. 28. 선고 2010다18850 판결("군납유류 입찰담합" 사건)

가. 위법한 입찰 담합행위로 인한 손해는 그 담합행위로 인하여 형성된 낙찰가격과 그 담

합행위가 없었을 경우에 형성되었을 가격(이하 '가상 경쟁가격'이라고 한다)과의 차액을 말한다. 여기서 가상 경쟁가격은 그 담합행위가 발생한 당해 시장의 다른 가격형성요인을 그대로 유지한 상태에서 그 담합행위로 인한 가격상승분만을 제외하는 방식으로 산정하여야 한다.

위법한 입찰 담합행위 전후에 있어서 특정 상품의 가격형성에 영향을 미치는 경제조건, 시장구조, 거래조건 및 그 밖의 경제적 요인의 변동이 없다면 담합행위가 종료된 후의 거래가격을 기준으로 가상 경쟁가격을 산정하는 것이 합리적이라고 할 수 있지만, 담합행위 종료 이후 가격형성에 영향을 미치게 하는 요인들의 현저한 변동이 있는 경우에는 그와 같이 볼 수 없다. 이러한 경우에는 그 상품의 가격형성상의 특성, 경제조건, 시장구조, 거래조건 및 그 밖의 경제적 요인의 변동의 내용 및 정도 등을 분석하여 그러한 변동 요인이 담합행위 후의 가격형성에 미친 영향을 제외하여 가상 경쟁가격을 산정함으로써 그 담합행위와 무관한 가격형성요인으로 인한 가격변동분이 손해의 범위에 포함되지 아니하도록 하여야 한다.

한편 불법행위를 원인으로 한 손해배상청구소송에서 그 손해의 범위에 관한 증명책임이 피해자에게 있는 점에 비추어, 담합행위 전후에 있어서 특정 상품의 가격형성에 영향을 미치는 요인들이 변동 없이 유지되고 있는지 여부가 다투어지는 경우에는 그에 대한 증명책임은 담합행위 종료 후의 가격을 기준으로 담합행위 당시의 가상 경쟁가격을 산정하여야 한다고 주장하는 피해자가 부담한다.

나. 원심은, 피고들이 1998년, 1999년, 2000년의 3년간 군납유류 입찰에 참가하면서 발주물량 중 일정 비율로 입찰물량을 나누어 낙찰받기로 결의하고 유종별 낙찰예정업체, 낙찰단가, 들러리 가격 등을 사전에 합의한 후 입찰에 참가하여 원고와 약 75건 금액 합계 712,845,810,000원(1998년 약 320,303,582,000원, 1999년 약 200,132,950,000원, 2000년 약 192,409,278,000원) 상당의 군용유류 구매계약을 체결하거나, 27건 금액 합계 5,494,918,091원의 유찰수의계약을 체결한 사실을 인정한 다음, 피고들은 위와 같은 위법한 담합행위로 인하여 원고에게 발생한 손해를 배상할 책임이 있다고 판단하였다.

나아가 원심은, 2001년부터 2009년까지(이하 '비담합기간'이라고 한다) 동안 싱가포르 현물시장의 거래가격[이하 'MOPS(Means of Platt's Singapore) 가격'이라고 한다]에 정부회계기준에 의해 산정한 운임보험료, 신용장 개설료, 통관료, 국내운반비, 저유비, 품관비, 첨가제 가격, 일반관리비, 이윤, 석유기금, 관세 등의 부대비용을 더한 가격이 국내외 경제사정의 상당한 변동에도 불구하고 같은 기간 동안의 국방부 군납유류의 낙찰가와 대비할 때 "+3.72% 내지 −5.61%" 범위로 나타나 그 정확도가 매우 높으므로, MOPS 가격과 정부회계기준에 의한 부대비용을 합산한 가격을 담합행위가 일어난 1998년부터 2000년까지(이하 '담합기간'이라고 한다) 동안의 가상 경쟁가격으로 볼 수 있다고 전제한 다음, 담합기간 동안 피고들의 담합행위로 인하여 원고가 입은 손해액은 피고들의 실제 군납유류 낙찰가격 내지 공급가격에서, 담합행위 무렵의 MOPS 가격과 정부회계기준에 의한 부대비용을 합산하고 여기에 원고에게 가장 적은 손해액이 계산되는 위 3.72%의 편차율에 의한 금액을 가산한 합계액을 뺀 금액이라고 판단하였다.

다. 그러나 담합행위로 인한 손해액 산정에 관한 원심의 판단은 다음과 같은 이유로 수긍할 수 없다.

(1) 원심판결 이유와 기록에 의하면, ① 피고들은 구 석유사업법(2004. 10. 22. 법률 제7240호 석유 및 석유대체연료 사업법으로 전부 개정되기 전의 것) 제4조에 의하여 석유정제업을 하는 업체로서 국내 정유시장에서 군납유류를 포함한 유류 100%를 공급하고 있는 사실, ② 정유산업은 원유를 정제할 때 비등점의 고저에 따라 휘발유, 등유, 경유, 중유 등이 거의 일정한 비율로 생산되는 연산품 산업으로서 종류별 석유제품의 생산량을 수요에 따라 임의로 조정할 수 없고, 원유의 정제 과정에서 여러 종류의 석유제품이 동반 생산되는 사실, ③ 개별 국내 시장에서는 이러한 연산품의 특성과 계절적인 요인 등으로 인하여 유종별 수급 불균형 현상이 불가피하게 나타나는데, 그 단기적인 수급 불균형을 해소하기 위해 싱가포르 현물시장과 같은 국제적인 완제품 거래시장이 형성되어 있고, 이러한 시장에서는 주로 시장의 수급상황에 의하여 현물 거래가격이 결정되어 가격과 거래량의 변동이 심하고 주로 일회성 거래가 이루어지며, 담합기간 무렵에는 대체로 공급 초과상태였기 때문에 현물 거래가격이 낮게 형성되어 있던 사실, ④ 정유사들은 높은 고정비용과 연산품 생산이라는 석유정제산업의 특성으로 인하여 가변 비용만 회수할 수 있으면 손해를 보더라도 단기적으로 생산을 계속하는 것이 유리하므로, 국내에서 소화하지 못하는 특정 유종은 싱가포르 현물시장에 국내 가격보다 낮은 가격을 받고서도 수출할 유인이 있는데, 피고들은 담합기간 동안 낮은 가격에 완제품을 싱가포르 현물시장에 수출하여 왔고 그로 인하여 입은 손실은 국내 유가에 전가하여 내수시장에서 고정비, 변동비 및 투자보수비를 반영하는 원가를 회수하여 온 사실, ⑤ 유류 구매가격은 환율, 원유도입가, 입찰규모, 연도별 차이, 입찰주체, 유종의 차이, 입찰조건, 수송방법, 포장 여부, 가격조건, 입찰제한, 입찰방법 등 여러 요소의 영향을 받는데, 국내의 군납 유류시장은 유종, 물량의 크기, 규격, 납품장소, 수송수단, 포장 여부, 저유 시설 확보 여부, 공급의 예측 가능성, 대금결제조건, 가격변동조건, 장기공급의무 및 비축의무 여부 등에 있어서 싱가포르 현물시장과 차이가 있는 사실, ⑥ 한편 국방부는 군납유류계약을 입찰방식으로 체결하면서 유가자유화 조치 이전인 1996년까지는 통상산업부 고시가를, 1997년, 1998년, 1999년에는 피고들이 통상산업부 또는 산업자원부(이하 이를 구분하지 않고 '산업자원부'라고 한다)에 신고한 공장도 가격인 산업자원부 신고가를 기초로 하여 예정가격을 산정하였고, 2000년부터는 항공유에 대하여는 MOPS 가격을 기초로 하고 나머지 유종에 대하여는 역시 MOPS 가격을 기준으로 삼는 국내 대형 민간수요처의 실거래가격을 기초로 하여 예정가격을 산정한 사실, ⑦ 국방부는 1998년에는 군납유류가격을 1년 동안 고정시키는 연간고정가 방식의 계약을 체결하고, 1999년에는 당시 시행되던 국가를 당사자로 하는 계약에 관한 법률 시행령(이하 '국가계약령'이라고 한다) 제64조 제1항에 따라 계약체결일부터 60일 이상 경과하고 품목조정율이 100분의 5 이상 증감된 경우 계약금액을 조정하는 내수가연동제 방식의 계약을 체결하였으며, 2000년에는 항공유에 대하여는 MOPS 가격을 기준으로 매월 가격을 조정하는 국제가연동제 방식의, 그 밖의 유종에 대하여는 내수가연동제 방식의 계약을 체결하였고, 2001년부터는 전 유종에 대하여 MOPS 가격을 기준으로 하는 국제가연동제 방식의 계약을 체결한 사실, ⑧ 제1심법원의 감정촉탁을 받은 서울대학교 경제연구소 기업경쟁력연구센터가 작성한 '군납유 입찰담합 민사소송에서의 손해액 감정을 위한 계량경제분석 : 원감정 보고서의 보완'

(이하 '보완감정 결과'라고 한다)의 부록 에이(A) 2의 기본모형은, 국방부의 군납유류는 환율에 의하여 낙찰가가 8% 정도의 영향을 받고, 국방부가 2001년도 이후에 채택한 국제가연동제와 대비할 때 1998년도의 고정가격제는 2.8% 정도 낙찰가를 상승시키고 내수가연동제는 9.9% 정도 낙찰가를 상승시키며, 정유사들이 외환위기로 인한 환위험에 노출되어 있던 1998년도에는 고정가격제와 상호작용으로 10.9% 정도 낙찰가를 상승시킨다고 분석하고 있고, 원고가 제출한 한국조세연구원 작성의 '보완감정 결과에 관한 검토의견서'(갑 제32호증)는 국제가연동제를 기준으로 할 경우 1998년도의 고정가격제는 3% 정도 낙찰가를 상승시키고 내수가연동제는 10% 정도 낙찰가를 상승시키며, 정유사들이 외환위기로 인한 환위험에 노출되어 있던 1998년도에는 고정가격제와 상호작용으로 11% 정도 낙찰가를 상승시킨다고 분석하고 있는 사실 등을 알 수 있다.

(2) 위 사실관계를 앞에서 본 법리에 비추어 살펴본다.

(가) 담합기간 동안의 국내 군납유류시장은 과점체제하의 시장으로서 완전경쟁시장에 가까운 싱가포르 현물시장과 비교할 때 시장의 구조, 거래조건 등 가격형성요인이 서로 다르므로 전반적으로 동일·유사한 시장이라고 볼 수 없고, 정부회계기준에서 정하고 있는 부대비용은 이러한 양 시장의 가격형성요인의 차이점을 특히 염두에 두고 군납유류의 가격책정 시 그 차이점을 보완하기 위하여 마련된 것이 아니므로, 단순히 담합기간 동안의 MOPS 가격에 정부회계기준에 의한 부대비용을 합산한 가격(이하 'MOPS 기준가격'이라고 한다)이 가상 경쟁가격이라고 단정할 수 없다.

(나) 원심은 비담합기간 동안의 MOPS 기준가격이 같은 기간 동안의 국방부 군납유류의 낙찰가와 대비할 때 '+3.72% 내지 −5.61%' 범위에서 편차가 나타난다는 점을 근거로 담합기간에도 그 당시의 MOPS 기준가격이 가상 경쟁가격이 될 수 있다고 하고 있으나, 이는 담합기간과 비담합기간의 군납유류의 가격형성에 영향을 미치는 요인이 서로 다르다는 점을 고려하지 아니한 것이다. 우선, 국방부가 2001년부터 MOPS 가격을 기준으로 군납유류에 대한 예정가격을 정하고 MOPS 가격에 의한 국제가연동제 방식으로 매월 계약금액을 조정하기로 변경한 이후에는, 피고들은 완전경쟁시장에 가까운 싱가포르 현물시장의 MOPS 가격을 기준으로 각자의 생산비용과 이윤 등을 고려하여 입찰가격을 정하게 될 것이므로, MOPS 가격과 실제 군납유류의 낙찰가격 사이에는 상관관계가 높게 형성될 수밖에 없다. 그러나 담합기간 동안의 군납유류 시장은 이와 다른 예정가격 산정방식과 가격조정방식하에서 피고들만이 제한적으로 입찰에 참여하고 당시의 환율변동 위험, 원유도입가, 생산비용, 이윤 등을 고려하여 가격결정이 이루어진 것이므로, 그 가격형성요인이 비담합기간과 동일하다고 할 수 없다. 앞에서 본 보완감정 결과와 원고가 제출한 증거자료는 물론이고 그 밖에 피고들이 제1심법원과 원심법원에 제출한 여러 증거자료들도 모두 정도의 차이는 있지만 담합기간과 비담합기간 동안의 가격조정방식의 차이점, 담합기간과 비담합기간 동안의 환율, 특히 1998년도의 외환위기로 인한 환위험 등 여러 요인이 담합기간 동안 담합행위와 관계없이 군납유류가격을 상승시킨 중요한 가격형성요인이라고 분석하고 있다.

그런데도 원심이 이러한 사정들은 고려하지 아니한 채, 단지 비담합기간 동안 MOPS 기준

가격과 실제 군납유류의 낙찰가격 사이에 상관관계가 높게 나타났다는 점을 근거로 담합기간의 MOPS 기준가격이 담합기간의 가상 경쟁가격이 될 수 있다고 본 것은 합리적이라고 할 수 없다.

(다) 한편 원심은, 2003년 이후 중국과 인도의 급격한 경제발전, 이라크 전쟁으로 인하여 전세계적인 유류 공급부족 사태가 발생하였고 현물시장의 특성상 MOPS 가격이 급격하게 상승하는 등 2003년 이후에는 담합기간과 달리 싱가포르 현물시장의 성격이 크게 변하였으므로 현재 MOPS 가격을 기준으로 입찰이 이루어지고 있다는 사정만으로 담합기간 동안의 손해를 MOPS 기준가격에 의하여 산정하여서는 아니 된다는 피고 측의 주장에 대하여, 이를 인정할 만한 증거가 없다고 배척하고 있다.

그러나 담합기간과 비담합기간을 대비할 때 싱가포르 현물시장의 성격 내지 그 거래가격의 형성요인이 전반적으로 동일·유사하게 유지되고 있다는 점에 대한 증명책임은 피고 측에게 있는 것이 아니라, MOPS 기준가격에 의하여 담합기간 동안의 가상 경쟁가격을 산정하여야 한다고 주장하는 원고 측에게 있는 것이다.

그런데도 원심이 이에 대한 피고 측의 증명이 없다는 이유로 담합기간과 비담합기간 동안 싱가포르 현물시장의 성격 내지 그 거래가격의 형성요인이 전반적으로 동일·유사하게 유지되고 있음을 전제로 담합기간의 MOPS 기준가격이 가상 경쟁가격이 될 수 있다고 본 것은 타당하지 아니하다.

(3) 결국 원심판결에는 위법한 입찰 담합행위로 인한 손해액 산정에 관한 법리를 오해하고 증명책임을 전도한 나머지 필요한 심리를 다하지 아니하여 판결에 영향을 미친 위법이 있다. 이를 지적하는 상고이유의 주장은 이유 있다.

토의 주제

■ 이 판결에서 제시된 법리는 (1) 가상 경쟁가격의 산정 원칙, (2) 행위 전후에 가격형성에 영향을 미치는 경제적 요인, 즉 가격형성 요인의 변동이 없는 경우의 산정방법, (3) 행위 종료 후 가격형성 요인들이 현저하게 변동한 경우의 산정방법에 관한 부분으로 나눌 수 있다. 이 법리에 비추어 원심 판단의 문제로 지적된 것은 무엇인가?

[관련문헌] 권영준, "공정거래법상 가격담합사건에서 있어서 손해배상액 산정", 경제규제와 법 제7권 제2호, 서울대 공익산업법센터 (2014); 홍대식, "가격담합으로 인한 공정거래 손해배상소송에서의 손해액 산정", 비교사법 제19권 2호(통권 38호), 한국비교사법학회 (2012); 이선희, "독점규제법 위반으로 인한 손해배상소송에서 손해액 산정과 손해액 인정제도", 경쟁법연구 제26권, 한국경쟁법학회 (2012)

제 2 절 형사처벌

Ⅰ. 개 설

각국의 독점금지법은 일정한 범위의 법위반행위에 대하여 형벌을 부과할 수 있도록 규정하고 있다. 이는 독점금지법을 위반하는 행위는 자유롭고 공정한 경쟁을 침해하여 경쟁자 또는 소비자의 이익을 침해할 뿐만 아니라 시장경제의 기본질서인 경쟁질서를 침해하는 행위에 해당되기 때문이다. 따라서 우리나라 독점규제법은 법 제정 당시부터 법위반행위에 대한 벌칙 조항을 두고 있었는데, 법 제66조 내지 제68조에서는 사실상 거의 모든 유형의 독점규제법상 실체법규정 위반행위에 대하여 징역형을 비롯한 형벌을 부과할 수 있도록 하고 있다.[24] 이러한 현행법의 태도에 대해서는 많은 비판이 가해지고 있다. 특히 법 제23조 및 법 시행령이 규정하고 있는 불공정거래행위의 유형들 중에 상당수는 당사자 사이의 민사분쟁의 성격을 띠고 있을 뿐만 아니라 사전에 그 성립 여부를 판단하기가 쉽지 않은 경우도 많기 때문에, 이를 형사처벌의 대상으로 삼는 것 자체가 타당하지 않다고 생각된다.

독점금지법 위반행위에 대해 형사적 제재를 가장 적극적으로 활용하고 있는 것으로 평가되는 미국의 경우에도, 대표적으로 셔먼법이 경쟁제한적 합의와 독점화행위 등을 10년 이하의 징역에 처할 수 있는 중죄(felony)로 규정하고 있지만, 클레이튼법 제7조가 금지하는 경쟁제한적 기업결합이나 연방거래위원회법 제5조가 금지하는 불공정한 경쟁방법 등에 대해서는 형벌을 규정하고 있지 않고 기타 유형의 독점금지법 위반행위에 대해서도 원칙적으로 형벌 규정이 없을 뿐만 아니라, 예외적으로 형벌 규정을 두는 경우에도 경범죄(misdemeanor)로 다루고 있다.[25] 일본의 경우에는 우리나라와 마찬가지로 독점금지법 위반행위에 대하여 널리 형벌 규정을 두

---

24) 법 제69조는 조사공무원 등의 금융거래정보의 위법한 요구 · 제3자 제공 · 누설 · 목적외 사용 또는 비밀유지의무 위반에 대한 벌칙규정이라는 점에서 사업자 측의 법 위반행위에 대한 벌칙을 규정하고 있는 법 제66조 내지 제68조와는 구별된다.

25) 미국의 경우에도 실제 형사처벌이 이루어진 경우는 특히 국제카르텔 사건을 비롯한 소수에 그치며, 그 대부분은 수평적 가격합의(horizontal price－fixing)나 입찰담합(bid－rigging)과 같이 명백히 당연위법(per se illegal)으로 분류되는 소위 경성카르텔(hardcore cartel)이다.

고 있지만, 우리나라의 불공정거래행위에 해당하는 불공정한 거래방법에 대하여는 형벌 규정을 두지 않고 있다.

독점규제법상 형벌 규정도 실질적 의미의 형법에 해당하므로 이에 대하여는 당해 규정 이외에 형법 총칙 규정들이 적용된다. 따라서 외국에서 외국사업자들이 대한민국 또는 대한민국 국민에 대하여 행한 독점규제법 위반행위에 대하여도 원칙적으로 형사처벌이 가능하다고 할 것이다(형법 6조). 그리고 독점규제법 위반행위에 대한 형사처벌과 관련하여 특기할 점은 법인(법인격 없는 단체 포함)과 행위자를 모두 처벌할 수 있다는 양벌규정(법 70조)과 공정거래위원회의 고발이 있어야 공소를 제기할 수 있다는 소위 '전속고발권한'(법 71조)이다.

Ⅱ. 양벌규정

독점규제법 제70조는 "법인(법인격 없는 단체를 포함한다. 이하 이 조에서 같다)의 대표자나 법인 또는 개인의 대리인·사용인 기타 종업원이 그 법인 또는 개인의 업무에 관하여 제66조(벌칙) 내지 제68조(벌칙)의 위반행위를 한 때에는 행위자를 벌하는 외에 그 법인 또는 개인에게도 해당 조문의 벌금형을 과한다."고 규정하고 있다. 그런데 독점규제법 위반행위로 말미암아 본래 처벌되는 자는 누구이고, 위 양벌규정에 의하여 비로소 처벌되는 자는 누구인가라는 문제가 제기된다. 즉, 독점규제법의 각 금지 및 의무 조항은 그 수범자를 사업자 또는 사업자단체로 한정하고 있는데, 그렇다면 동법상의 범죄는 형법상 소위 '신분범'에 해당한다고 볼 수 있는 것이 아닌가라는 문제가 제기된다.

일본의 통설은 법상 수범자가 사업자로 한정되는 소위 '사업자한정형 범죄'는 신분범으로서, 이들에 대한 각 형벌조항만으로는 의무자인 개인사업자가 직접 법위반행위를 실행한 경우 이외에는 형벌을 부과할 수 없다고 한다.[26] 왜냐하면 동법상 사업자한정형 범죄에 해당하는 규정을 준수할 의무는 사업자만이 부담하고, 형벌법규의 처벌대상은 '행위자'이기 때문에 개인사업자가 직접 법위반행위를 한 경우를 제외하고는 형벌조항을 적용할 수 없다는 것이다. 즉, 법인사업자의 경우에는 법상 의무자가 법인인데, 법인이 직접 법위반행위를 실행할 수 없으므로 법상 의무자와

26) 이인규, 양벌규정에 관한 고찰, 법학연구 제36권 제1호, 부산대학교, 232면 참고.

행위자가 일치하지 않아서 각 형벌조항만으로는 법인이나 직접적 실행자 누구도 처벌할 수 없고, 각 형벌법규와 양벌규정이 결합됨으로써 비로소 이들을 처벌할 수 있다고 한다. 이러한 의미에서 양벌규정은 신분범인 독점금지법 위반 범죄의 구성요건을 수정하고 행위주체를 확대하는 의미를 가지게 된다는 것이다.[27] 우리나라에서는 이 문제를 다룬 판례가 많지 않은데, 일본의 통설과 궤를 같이 하는 것으로 볼 수 있는 판결도 있고,[28] 반대의 입장에 따른 판결도 있어서,[29] 그 태도가 명확하지 않다.

그런데 2009년 법 개정을 통하여 위 양벌규정에 법인 또는 개인이 그 위반행위를 방지하기 위하여 해당 업무에 관하여 상당한 주의와 감독을 게을리하지 아니한 경우에는 벌칙을 과하지 않는다는 규정이 추가되었다(법 제70조 단서). 이를 통하여, 독점규제법상 벌칙조항은 법인 등이 아닌 그 대리인, 사용인 기타 종업원 등 법위반행위를 직접 실행하는 자를 처벌하고자 하는 것이고, 사업자인 법인 등은 위 양벌규정에 의하여 비로소 처벌하려는 취지라는 것이 비교적 명확하게 되었다고 할 수 있다.

Ⅲ. 전속고발권한

독점규제법 제71조 제1항은 "제66조 및 제67조의 죄는 공정거래위원회의 고발이 있어야 공소를 제기할 수 있다."고 규정함으로써 독점규제법 위반행위에 대하여 공정거래위원회에게 소위 '전속고발권한'을 부여하고 있다.[30] 따라서 공정거래위원회의 고발은 범죄수사의 단서에 불과한 일반적인 고발과는 달리 형사소추의 요건으로서, 고발이 없이 제기된 공소는 기각된다. 그 입법취지는 독점규제법 위반행위에 대한 고소·고발의 남용 및 기업활동에 대한 수사기관의 과도한 개입을 방지하고,

---

27) 같은 논문. 이에 반하여 법 제70조의 해석상 법 제66조 내지 제68조의 적용대상은 반드시 사업자일 필요는 없고 실제 행위를 실행한 자연인으로 보아야 하고, 법인은 양벌규정을 근거로 처벌된다는 견해로서는 임영철, 공정거래법-해석과 논점, 법문사, 2007, 513면 참고.

28) 대법원 1991. 11. 12. 선고 91도801 판결 참고.

29) 대법원 1991. 2. 26. 선고 96도2597 판결 참고.

30) 유의할 것은 지주회사의 설립·전환의 신고의무 위반, 지주회사등의 사업내용보고의무 위반, 대기업집단의 주식소유현황 등의 신고의무 위반, 기업집단지정을 위한 자료제출의무 위반, 허위감정 등 법 제68조에서 벌칙을 부과하고 있는 법 위반행위들은 공정거래위원회의 전속고발권한의 대상에서 제외된다.

형사처벌의 필요성 여부에 관하여 경쟁법 집행기관인 공정거래위원회의 전문적 판단을 존중하겠다는 것이다.[31] 그러나 공정거래위원회가 고발권한을 지나치게 제한적으로 행사하는 경우에는 피해당사자의 재판을 받을 권리 또는 재판절차상 진술권을 침해할 수 있고, 평등의 원칙이나 권력분립의 원칙에도 반하는 결과를 초래할 우려가 있다. 따라서 현행 독점규제법은 공정거래위원회의 자의적 고발권 행사를 통제하기 위한 장치를 마련하고 있다. 우선, 법 제66조 및 제67조의 죄 중 그 위반의 정도가 객관적으로 명백하고 중대하여 경쟁질서를 현저히 저해한다고 인정하는 경우에는 공정거래위원회가 검찰총장에게 반드시 고발을 하도록 하고(법 71조 2항), 검찰총장은 위의 고발요건에 해당하는 사실이 있음을 공정거래위원회에 통보하여 고발을 요청할 수 있게 하고 있다(동조 3항). 그리고 2013년 법 개정을 통하여 신설된 규정으로서 설령 공정거래위원회가 위 제2항에 따른 고발요건에 해당하지 아니한다고 결정하더라도 감사원장, 조달청장, 중소기업청장은 사회적 파급효과, 국가재정에 끼친 영향, 중소기업에 미친 피해 정도 등 다른 사정을 이유로 공정거래위원회에 고발을 요청할 수 있으며(동조 4항), 검찰총장이나 감사원장, 조달청장, 중소기업청장 등의 고발요청이 있는 때에는 공정거래위원회 위원장은 검찰총장에게 고발하여야 한다(동조 5항). 한편 공소가 제기된 이후에는 공정거래위원회는 고발을 취소하지 못한다(동조 6항).

그동안 위원회의 전속고발권한의 정당성에 대하여 끊임없이 문제가 제기되었고, 심지어 당해 조항이 위헌이라고 주장하는 헌법소원도 제기되었다. 1994년 사회적으로 커다란 문제가 된 백화점들의 식료품가공일자 변조행위에 대하여 공정거래위원회가 고발을 하지 않았기 때문에 소비자단체를 중심으로 한 가정주부들이 공정거래위원회의 전속고발권한을 규정한 독점규제법 제71조가 자신들의 형사재판을 받을 권리 내지 재판절차진술권, 평등의 원칙, 권력분립의 원칙 및 소비자의 기본권을 침해하였다는 이유로 헌법소원을 제기하였다.

이에 대하여 헌법재판소는 "법률 또는 법률조항 자체가 헌법소원의 대상이 될 수 있으려면 그 법률 또는 법률조항에 의하여 구체적인 집행행위를 기다리지 아니

31) 이에 따라 공정거래위원회는 1997년 제정된 '독점규제 및 공정거래에 관한 법률 등의 위반행위의 고발에 관한 공정거래위원회의 지침'(공정거래위원회 예규 제140호, 2012. 8. 20. 개정)에 따라, 행위유형별로 위반사업자의 규모, 동일한 법 위반행위의 반복 여부 및 법 위반행위의 악질성 등을 고려하여 고발 여부를 판단하고 있다.

하고 직접, 현재 자기의 기본권을 침해받아야 하는 것을 요건으로 하고, 여기서 말하는 기본권침해의 직접성이란 집행행위에 의하지 아니하고 법률 그 자체에 의하여 자유의 제한, 의무의 부과, 권리 또는 법적 지위의 박탈이 생긴 경우를 뜻한다(헌법재판소 1992. 11. 22. 선고 91헌마192 결정 참조). 그런데 이 사건 심판의 대상인 공정거래법 제71조는 앞서 본 바와 같이 공정거래법위반이라는 범죄행위에 대하여는 공정거래법의 집행기관인 공정거래위원회의 고발이 있어야 공소를 제기할 수 있다는 규정, 즉 공정거래법 위반죄의 소추요건을 규정하고 있는 것에 불과하므로, 그 규정 자체만으로는 자유의 제한, 의무의 부과, 권리 또는 법적 지위의 박탈 등 기본권침해와 관련한 어떠한 내용도 이를 포함하고 있다고 볼 수 없는 것이다. 그러므로 공정거래위원회가 구체적인 공정거래법위반행위에 대하여 공정거래법 제71조에 근거하여 형사처벌을 위한 고발권을 현실적으로 행사하거나 행사하지 아니하였을 때, 그로 인하여 당해 공정거래법위반행위 관련자들의 기본권이 침해되었다고 볼 수 있을 것인가의 여부는 별론으로 하고, 위 조항 자체를 대상으로 하는 이 사건 헌법소원심판청구는 직접관련성이 결여된 부적법(한 것)"이라고 판시하면서 동 헌법소원을 각하하였다.[32)]

공정거래위원회의 전속고발권한과 관련된 흥미 있는 쟁점이 합성수지제조사들의 부당한 공동행위 사건과 설탕제조업체들의 부당한 공동행위 사건에서 제기되었다. 전자의 사건에서 공정거래위원회는 9개 합성수지제조사들이 공동으로 가격을 책정하였다고 인정하여 시정조치 및 과징금 납부명령을 내리면서, 그 중 3개 사업자를 검찰에 고발하고 나머지 6개 사업자에 대해서는 자진시정 및 조사협조 또는 공소시효 만료를 이유로 고발대상에서 제외하였다.[33)] 그러나 동 고발을 접수한 검찰은 공정거래위원회가 고발대상에서 제외한 사업자 중 2개의 사업자 및 동 사업자의 임원 2인에 대해서도 함께 공소를 제기하였는데,[34)] 공정거래위원회가 고발을 하지 않은 사업자 및 그 임직원에 대해서도 공소를 제기한 법리적 근거는 친고죄에 있어서 '고소의 불가분의 원칙'을 규정하고 있는 형사소송법 제233조[35)]를 공정거래위원회

32) 헌법재판소 1995. 7. 21. 94헌마191 결정. 동 결정을 계기로 1996년 법 개정을 통하여 위에서 설명한 바와 같이 공정거래위원회의 고발권행사를 통제하기 위한 장치들이 도입되었다.

33) 공정거래위원회 의결 제2007-301호, 2007. 6. 5.

34) 설탕제조업체들의 부당한 공동행위 사건에서도 공정거래위원회는 자진신고를 한 3개 업체 중 1순위 신고자에 대해서는 고발을 면제하고 나머지 업체들에 대해서는 법인만을 고발하였으나, 검찰은 이들 이외에도 위 위원회가 고발하지 않은 1개 사업자 및 이 사건에 관여한 3개 업체의 임원들도 함께 기소하였다.

35) 위 조항은 "친고죄의 공범 중 그 1인 또는 수 인에 대한 고소 또는 그 취소는 다른 공범자에 대하여도

의 전속고발에 유추적용한 것이었다.

이에 대해 서울중앙지법은 독점규제법의 경우와 같이 일정한 범죄에 대하여 고발을 소송 조건으로 하고 있는 경우, 그 고발은 단순한 범죄사실의 신고가 아니라 범인의 소추를 구하는 의사표시를 필요로 하는 것이라고 해석하여야 하므로, 행정기관이 법률에 규정된 전속고발권을 행사할 때 법인만을 고발대상자로 명시하고 그 대표자나 행위자를 고발하지 않은 경우 또는 수 인의 공범 중 일부 행위자만을 고발하고 나머지 행위자를 고발하지 않은 경우에는 고발 대상에서 명시적으로 누락된 행위자에 대해서는 고발권자의 소추의 의사표시가 있다고 볼 수 없고, 형사소송법이 고발의 경우 고소에 관한 법 제224조만 준용하도록 하고 '고소의 불가분'에 관한 제233조를 준용하고 있지 않으며, 독점규제법은 일정 범위의 법위반행위에 대하여 공정거래위원회의 전속고발권을 규정하면서 중대한 사안의 경우 공정거래위원회의 고발의무 및 검찰총장의 고발요청권을 규정하고 있고, 전속고발과 같이 처벌과 직결되는 소송조건에 대한 유추적용은 죄형법정주의의 원칙상 신중을 기할 필요가 있으며, 그와 같은 필요성이 인정되더라도 입법적으로 해결하는 것이 타당하다고 보이는 점 등에 비추어 고소의 불가분을 규정하고 있는 형사소송법 제233조를 독점규제법상 공정거래위원회의 전속고발에 유추적용할 수는 없다고 하면서 공소를 기각하였다.[36)]

그동안 독점규제법 위반행위에 대한 형사처벌의 실제를 살펴보면 법위반행위에 대하여 공정거래위원회가 고발권한을 행사하는 경우에도 기소가 이루어지지 않는 경우도 많았고, 기소가 이루어지는 경우에도 약식기소에 의하여 소액의 벌금형을 받는 경우가 대부분이었으며, 징역형이나 거액의 벌금형을 받는 경우는 매우 드물었다. 결국 현행 독점규제법은 법 자체로는 매우 포괄적인 형벌규정을 가지고 있지만 그 실제 운영을 살펴보면 전속고발권한을 가진 공정거래위원회의 신중한 고발권 행사와 형사소추기관인 검찰과 법원의 독점규제법 위반범죄에 대한 상대적으로 관대한 태도로 말미암아 형벌처벌이 법 위반행위에 대한 실효성 있는 제재수단으로

효력이 있다."라고 규정하고 있다.

36) 서울중앙지법 2008. 2. 12. 선고 2007고단7030 판결. 동 판결에 대하여 항소가 제기되었으나 항소심법원 역시 이를 기각하였고(서울중앙지법 2008. 5. 16. 선고 2008노734 판결), 상소심에서 대법원 역시 동일한 견해를 취하였다(대법원 2010. 9. 30. 선고 2008도4762 판결).

기능하고 있다고 보기는 어렵다고 평가할 수 있다.

기억할 만한 독점규제법 관련 형사사건으로는 공정거래위원회가 고발권한을 행사하지 않았기 때문에 독점규제법 위반행위가 아니라 형법상 사기죄로 기소되어 유죄판결을 받은 백화점들의 변칙할인판매 사건[37]과 서울지방법원에서 유죄판결을 받은 교복판매업체 및 사업자단체의 교복가격담합 사건[38] 등을 들 수 있다.

토의 주제

① 현행 독점규제법은 다른 나라의 입법례와는 달리 거의 모든 실체법 위반행위에 대하여 형벌을 부과할 수 있도록 규정하고 있지만, 법상 공정거래위원회에게 광범위한 재량이 인정되는 전속고발권한이 규정되어 있을 뿐만 아니라, 실제의 법집행을 살펴보면 그동안 동 위원회가 고발권한을 매우 제한적으로 행사함으로써 사실상 형벌에 의한 법 위반행위 억제의 효과는 미약하다고 할 수 있다. 이러한 입법 및 법운용 방식이 바람직한지에 대해 각자의 의견을 말해 보시오.

② 독점규제법이 공정거래위원회에 대하여 동법을 위반한 행위에 대한 전속고발권한을 부여한 취지를 설명하고, 이와 관련하여 국가형벌권을 통한 경쟁법의 집행에 대해 각자의 의견을 제시해 보시오.

37) 대법원 1992. 9. 14. 선고 91도2994 판결.
38) 서울지법 2003. 11. 28. 선고 2001고단11843 판결.

집필자 약력

■ **권 오 승**

서울대학교 법과대학 졸업
서울대학교 대학원 졸업(법학박사)
전 공정거래위원회 위원장
현 서울대학교 법학전문대학원 명예교수
대한민국 학술원 회원

■ **이 봉 의**

서울대학교 경영대학 졸업
독일 Mainz대학교 대학원 졸업(법학박사)
현 서울대학교 법학전문대학원 교수

■ **홍 대 식**

서울대학교 법과대학 졸업
서울대학교 대학원 졸업(법학박사)
현 서강대학교 법학전문대학원 교수

■ **홍 명 수**

서울대학교 법과대학 졸업
서울대학교 대학원 졸업(법학박사)
현 명지대학교 법과대학 학장

■ **조 성 국**

서울대학교 법과대학 졸업
서울대학교 대학원 졸업(법학박사)
현 중앙대학교 법학전문대학원 교수

■ **신 영 수**

중앙대학교 법과대학 졸업
서울대학교 대학원 졸업(법학박사)
현 경북대학교 법학전문대학원 교수

■ **황 태 희**

서울대학교 법과대학 졸업
독일 Mainz대학교 대학원 졸업(법학박사)
현 성신여자대학교 법과대학 교수

독점규제법 [제7판]

2010년 9월 6일 초판 발행
2012년 3월 5일 제2판 발행
2014년 2월 25일 제3판 발행
2015년 3월 10일 제4판 발행
2017년 8월 30일 제5판 발행
2018년 9월 6일 제6판 발행
2020년 9월 6일 제7판 발행

저 자 권오승 · 이봉의 · 홍대식 · 홍명수
조성국 · 신영수 · 황태희

발행인 배 효 선

발행처 도서출판 法 文 社

주 소 10881 경기도 파주시 회동길 37-29
등 록 1957년 12월 12일/제2-76호(윤)
전 화 (031)955-6500~6 FAX (031)955-6525
E-mail (영업) bms@bobmunsa.co.kr
(편집) edit66@bobmunsa.co.kr
홈페이지 http://www.bobmunsa.co.kr
조 판 법 문 사 전 산 실

정가 36,000원 ISBN 978-89-18-91141-0